PCBI

孤独症儿童交流与行为训练：

利用游戏和日常活动干预

柯晓燕　主编

江苏凤凰科学技术出版社·南京

图书在版编目（CIP）数据

孤独症儿童交流与行为训练：利用游戏和日常活动干预 / 柯晓燕主编. — 南京：江苏凤凰科学技术出版社, 2024.5（2025.6重印）

ISBN 978-7-5713-3906-7

Ⅰ.①孤… Ⅱ.①柯… Ⅲ.①孤独症－儿童教育－特殊教育 Ⅳ.①G766

中国国家版本馆CIP数据核字（2024）第000685号

孤独症儿童交流与行为训练：利用游戏和日常活动干预

主　　　编	柯晓燕
责 任 编 辑	刘玉锋　赵　呈
助 理 编 辑	王　超
责任设计编辑	徐　慧
责 任 校 对	仲　敏
责 任 监 制	刘　钧

出 版 发 行	江苏凤凰科学技术出版社
出版社地址	南京市湖南路1号A楼，邮编：210009
出版社网址	http://www.pspress.cn
制　　　版	南京新华丰制版有限公司
印　　　刷	南京紫隆印务有限公司

开　　　本	718mm×1 000mm　1/16
印　　　张	21
插　　　页	1
字　　　数	400 000
版　　　次	2024年5月第1版
印　　　次	2025年6月第4次印刷

标 准 书 号	ISBN 978-7-5713-3906-7
定　　　价	68.00元

导 读

"医生建议多跟孩子说话，我一直跟他说，可他完全不理我……"

"医生，孩子乱跑乱动，怎么训练才能让他听话？"

"我知道要多陪孩子做游戏，可是孩子沉浸在自己的世界里……"

以上是孤独症儿童父母的常见困惑。据统计，我国孤独症儿童数量已超过 200 万，且呈增长趋势，数百万家庭受到严重困扰，亟需社会的关怀与支持。

我国对于孤独症的认识，始于 1982 年，南京脑科医院的陶国泰教授确诊了 4 名孤独症儿童，被尊称为"中国研究儿童孤独症第一人"。本书作者柯晓燕教授传承陶教授衣钵，在孤独症领域深耕 30 余年。作为南京脑科医院儿童心理卫生研究中心所长、世界卫生组织儿童心理卫生科研与培训合作中心主任，她曾参与原卫生部《儿童孤独症诊疗康复指南》的编写工作，有丰富的临床经验，广受家长和同行认可。柯教授带领团队开创了"以游戏为基础促进交流与行为的干预"（Play-based Communication and Behavior Intervention，PCBI）模式。

目前国内领先的三大孤独症干预模式，分别由邹小兵、郭延庆和柯晓燕 3 位权威专家开创。其中，柯教授的 PCBI 模式，有以下显著特点：①将疑似孤独症的儿童诊断年龄提早到了 8 个月，这会大大提升后期治疗效果（其治疗理念对于所有年龄段的孤独症儿童都有效）；②相比昂贵的机构干预，家庭训练更为经济且长效；③相比国外干预模式，此模式更符合中国孤独症儿童的特点。

本书是作者团队先进理念和多年实践经验的智慧结晶，分为"理论篇""实操篇""评估篇""交流篇"4 部分，系统地阐述了 PCBI 模式的理论和实操方法。内容切实有用，指导家长通过游戏的方式，或者在日常活动如吃饭、亲子阅读中，自然而然地提升孩子的交流和行为能力。

相信本书的出版能帮助到孤独症儿童及父母、治疗师、医生等相关人员，让更多的孤独症儿童，拥有属于自己的美好人生。

编写委员会

主　编：柯晓燕

副主编：肖　湘　封　敏　肖　婷

编　委：（按姓氏拼音排序）

　　　　方　慧　关陆阳　钱　璐

　　　　翁　娇　吴明磊　徐　亮

　　　　殷　璐　张子一

序 1

　　孤独症谱系障碍（以下简称"孤独症"）是一种以社交沟通障碍、狭隘兴趣和重复刻板行为、感知觉异常为核心特征的神经发育状况。近几十年来，在全球范围内，孤独症的发病率出现了显著提升。尽管目前学界对于孤独症的认识存在"障碍"与"神经多样性"之争，但相当一部分孤独症儿童和成人为残疾，且大多数孤独症人士及其家人生活质量和幸福感低是一个不争的事实。

　　有充分研究证据表明，早期发现、早期干预可以显著改善孤独症儿童的预后。因此早筛查、早发现、早干预已经成为业内的共识。究竟能够多早发现，多早开展早期干预呢？与以往认为孤独症只能在 3 岁后才能确诊的观点不同，国内外研究表明，孤独症儿童从 1 岁开始，甚至部分儿童在 1 岁之前，就可以表现出早期特征并得到诊断，在 1 岁半以后，孤独症诊断的可靠性已经高达 80%。一旦确诊，就应该开始干预，即使未能确诊，而只是疑诊或只是孤独症的前驱期（Prodromal Autism），目前国内外研究者也普遍建议应该立即开始科学有效的干预。随着我国公众对孤独症认识的提升、各级医院筛查工作的普遍开展以及各级医院医生诊断水平的提高，在我国，孤独症儿童的诊断年龄逐步降低，对孤独症儿童开展早期筛查、早期诊断，从而实现早期干预已经成为可能。

如何开展早期甚至是超早期干预呢？目前，国内外多数干预方法仍然主要针对3岁以上孤独症儿童，涉及1~3岁低龄儿童的干预方法和模式较少。南京医科大学附属南京脑科医院柯晓燕教授和她的团队，继承了我国儿童精神医学之父陶国泰教授的光辉传统，多年来一直深耕于儿童孤独症诊断和干预领域。通过总结团队多年的临床实践和临床研究，建立了一套基于中国育儿文化和我国国情的孤独症儿童超早期干预模式，即"以游戏为基础促进交流与行为的干预"（PCBI）。

您手上的这本书就是对这一模式的全面介绍。您可以看到，PCBI模式适用于8~30个月的孤独症幼儿，这是一个超早期干预模式。此外，该模式的干预原则也适用于更高年龄的孤独症儿童。同时您会发现，该模式符合当前孤独症干预最新的"自然发展行为干预"（Natural Developmental Behavior Interventions，NDBI）理念，理论和研究依据充分，干预内容翔实，实际案例丰富，强调专业人员指导，以家长为中介，以家庭干预为中心，以游戏为主要手段，促进婴幼儿社交沟通、亲子互动，从而实现改善孤独症儿童的核心缺陷、改善预后的目标。

读完此书，我深受启发，获益匪浅。我相信此书对广大孤独症儿童家长，尤其是低龄孤独症儿童家长认识和理解孤独症、实施早期干预大有裨益。此外，本书也对儿童保健人员、康复机构老师和特殊教育老师指导家长开展以家庭为中心的孤独症干预提供了很大的帮助，我向大家郑重推荐此书。

中山大学附属第三医院儿童发育行为中心主任医师

序 2

得知柯晓燕教授新作希望我作序时，我深感荣幸。南京脑科医院是我国第一个向国际报道孤独症儿童论文的单位——著名儿童精神医学专家陶国泰先生的所在单位，一直是世界卫生组织在中国儿童心理卫生研究的合作中心。自陶国泰先生 1982 年首次向全球报告了中国孤独症案例以来，他们数十年一直致力于对孤独症儿童的诊断、治疗、家长支持和早期干预等方面进行系统而全面的研究。

孤独症，又称自闭症，全名孤独症谱系障碍（Autism Spectrum Disorder，ASD），是一种起病于儿童早期，严重危害儿童行为、语言和社会交往等多方面能力的复杂神经发展性障碍。自 1943 年美国首次发现并报告这一障碍以来，孤独症已成为全球患病人数增长较快的疾病之一。2015 年，联合国推测全球孤独症人士约为 6700 万人，其中 0~14 岁儿童约为 1820 万人。2023 年，美国疾病控制与预防中心发布的相关报告显示，每 36 名美国儿童中就有 1 名患有孤独症。世界卫生组织的官方报告显示，全球每 100 名儿童中就有 1 名孤独症儿童。中国孤独症人口的情况也不容乐观。2006 年，中国第二次全国残疾人抽样调查的数据显示，孤独症导致的 0~6 岁精神残疾儿童约为 4.1 万人。根据国家人口总数，如果按照亚洲国家 1% 的孤独症患病率推算，中国孤独症人数约为 1368 万人，其中孤独症儿童人数至少有 300 万人，孤独症成年人数在 1000 万人以上。

　　如今，孤独症已不再是一种罕见病症，孤独症儿童的数量已经超过了患白血病或艾滋病儿童的数量总和，成为全球公共健康问题之一。家长因养育孤独症儿童承受了巨大的经济和精神压力，社会也为孤独症儿童"走丢"、遭受意外伤害或引发火灾等承担了很大的损失。大多孤独症人士仍可以创造社会财富，而部分低功能孤独症人士如果得到有效的早期干预，那么他们应该可以实现生活自理和家庭独立。由于对孤独症人士的不了解和不理解，社会大众对他们存在歧视；加上专业知识的缺乏，他们在生存、教育、就业、发展等方面举步维艰，让本就困难的家庭雪上加霜。近年来，两会上相关议案、提案不少，社会呼声很高，说明孤独症带来的难题已经成为一个重大的社会问题和民生问题。

　　我在医科大学读了 9 年本科和研究生，后来在杭州大学心理学系工作，在联合国儿童基金会等组织的支持下，我开设了儿童心理咨询门诊，并出版了我国第一套"特殊教育丛书"。那时我接触到的孤独症人士没有现在这么多，虽然孤独症在书中有论及，但书里只是介绍了当时的行为矫正技术。2012 年，我的课题有幸获得了"国家哲学社会科学重大招标项目"的资助。近十多年，我完全聚焦于孤独症研究，走遍了大半个中国，接触了近万名孤独症儿童及其家庭成员。我经常与许多著名专家联系，共同探讨孤独症问题。这些专家包括美国著名孤独症人士，美国科学院院士坦普·葛兰汀（Temple Grandin）；英国国家科学院及医学科学院两院院士，英国剑桥大学的芭芭拉·J.萨哈金（Barbara J. Sahakian）、弗朗西斯卡·哈佩（Francesca Happe）、西蒙·巴伦－科恩（Simon Baren-Cohen）；美国"孤独症之声"副主席施安迪（Andy Shih）、首席科学家杰拉尔丁·道森（Geraldine Dawson），以及美国医学科学院院士、孤独症"金标准诊断工具"的制定者凯瑟琳·洛德（Catherine Lord）；日本的孤独症泰斗小林重雄和圆山繁树；中国科学院院士杨雄里、韩济生等。经过 8 年多的艰苦努力，我主编出版了孤独症研究著作 6 部，发表国内外核心期刊论文 40 多篇，整理文献资料 10 多篇、近 200 万字。从 2015 年开始，世界卫生组织与"孤独症之声"组织等联合开发了一个公益项目，旨在为 2~9 岁残障儿童的家庭照料者提供技能帮助，帮助他们学会在家提高残障儿童参与活动、交流、积极行为和生活技能的能力，同时帮助照料者本人改善生活状态。他们与我们一起在北京、杭州、广州、厦门等 15 个城市进行试点。通过研讨论证、技术培训，家长培训技术在中国初步得到实践和应用；通过广泛深入的调研和严谨的科学研究，我们研发了一套简化的发育障碍儿童综合干预方法，针对孤独症儿童开展以家庭（自然环境）为基础的干预，可以显著改善儿童的不良预后，提升孤独症儿童的教育和康复效果。该项目是世界卫生组织"全球精神健康差距追赶行动"新计划的重要内容之一。

从本人的实践视角来看，孤独症儿童可以得到更早的发现、干预和教育，同时应该根据我国本土文化特征进行编制。柯晓燕教授团队的研究填补了我国孤独症儿童早期干预研究的一个空白。

本书有三大典型的特征：

第一，科学性。在儿童早期发展过程中，游戏是一个重要的活动形式，皮亚杰、陶行知、陈鹤琴等国内外心理学家和教育学家关于游戏对儿童早期发展的重要性与必要性的论述非常多。家长的参与在孤独症儿童早期干预中的作用已经成为全球范围内的共识。关于孤独症儿童的情绪行为问题，本书采用的方法与国际上公认的大同小异。实验结果证明数据翔实，说服力强。

第二，本土化。目前，我国多数干预方法还是从国外引进，存在"水土不服"问题。本书介绍了我国流传度较广的普通亲子游戏，家长一学即会，便于推广使用。文字又非常亲切，读者没有太多困难就能读懂。相关专业术语非常精准，这与很多已经出版的书籍，尤其是有些英译汉版本，有很大的区别。

第三，实操性强。全书既包含理论，又提供很多具体的实践提示和操作使用方法，方便读者自学或创新应用。所用的评估工具都具有较高的信度和效度，符合我国国情。

总之，本书是我所看过的一部适合我国国情的，医生、教师、家长、相关孤独症研究和服务人员都可以广泛使用的优秀著作。

近20年来，我国多次以"联合国2030可持续发展目标与孤独症人士发展""让孤独症儿童享受公平而且有质量的教育"为主题，呼吁全社会尊重、理解、关爱孤独症人士。"中国脑计划"已经启动，民生、民权和社会保障问题受到政府的高度重视。尽管我们不一定能很快地解密孤独症的发生机理，但可以尽早实现对孤独症人士的包容、关心、支持、理解与接纳行为。

回顾我国40年左右的特殊儿童发展事业的历程，我们完全有理由相信我国的一线医生、老师和相关孤独症人士服务工作人员，经过自己的大胆探索、大胆实践，正在建立中国特色的特殊儿童发展理论和实践体系。在实践中，我们不断完善、丰富和创新相关的特殊儿童发展理论，努力为世界提供中国理论、中国案例、中国样本，真正造福全球特殊儿童。

国家社会科学基金孤独症重大招标项目首席专家

浙江工业大学健行特聘教授

南京特殊教育师范学院特聘教授

序 3

　　我十分荣幸应邀为柯晓燕教授主编的《孤独症儿童交流与行为训练：利用游戏和日常活动干预》一书作序。先睹为快，受益匪浅。

　　目前，我国孤独症儿童的康复需求巨大，但现阶段无论是学术研究还是临床治疗，尚有诸多论点，一些方法尚无科学定论。种种环境乱象的影响和干扰，给伪科学、反科学打开了方便之门，给家庭和社会造成误导甚至伤害，亟需在儿童精神医学领域及行业内加强正性研究、探索，迫切需要规范、行之有效、操作性强的理论和技术的指导领引，这既是专业与社会的需求，更是专业工作者的责任。

　　柯晓燕教授师从陶国泰先生，30 余年在孤独症儿童心理卫生领域辛勤耕耘，孜孜以求、不断探索创新，秉持儿童医疗康复技术有效性的循证理念，带领团队历经 2 年的前期准备和多年的临床反复实践总结，研发了适用于 8~30 个月的孤独症幼儿的超早期干预模式。

　　什么是孤独症？书中开篇引入的"壮壮""轩轩"两个儿童典型案例一下就抓住了我的眼球。本书从孤独症的发展历史娓娓道来，基于医疗循证和专业共识，明确介绍了孤独症的症候由来、孤独症的早期识别与诊断及可改善预后的早期干预方法。早期干预，早到什么时候、谁来进行早期干预、采用什么方法和技术进行早期干预、早期干预的过程中需要注意哪些方面，本书都逐一展开阐述。

柯晓燕团队创新地提出以幼儿为中心开展个性化干预，开展"以游戏为基础促进交流与行为的干预"（PCBI），改善孤独症儿童互动交流核心障碍。在阐述理论的同时，"实操篇"根据儿童早期阶段的发展里程碑，重点阐述了幼儿时期的游戏实操方法，针对性选择感官类游戏、协调能力游戏、控制能力游戏等内容，抓住适宜时机，通过感知运动来促进发展，讲述详尽，操作性强，易于理解和推广。

儿童在发育过程中，其人格发展受心理、认知、感知运动以及社会等各方面的因素影响，在语言、行为、智力等方面的发育迟滞问题，都不是孤立出现的，很大程度上影响到儿童情绪心理和社会行为的发展。该书特别强调创造积极的生活环境，为此家庭环境和社会保障体系的构建是不可或缺的。家长是婴幼儿的第一任教师，本书就孤独症早期干预中与家长沟通的重要性做了重点深刻阐述。

本书还介绍了专业团队在临床实践中遇到的困难与解决方法，利于儿童治疗师学习实操方法，为临床精神科医生、康复医疗或教育专业人士及家长等非专业人士提供了权威科学的技术指导。

目前，柯晓燕团队近十年在南京乃至全国实践 PCBI 模式，南京已有 600 多个家庭受益，国内已有 10 余家单位运用此模式。经多方求证，反复验证，该模式业已成熟，这既是站在科学严谨探究基础上的成果，也是学术技术具备可操作性、有效性的实践落地，为行业的创新发展做出了表率。

在该书面世之际，我与业内同行及家长，特别期待作者未来能有更多针对儿童、青少年时期的精神医学专业指导佳作面世！

中国康复医学会儿童康复专业委员会副主任委员
江苏省康复医学会儿童康复专业委员会主任委员
南京特殊教育师范学院特聘教授

前　言

　　不知不觉，我所在的医院已经开展孤独症相关的临床诊疗服务 40 年了。

　　我也亲历了其中的 30 余年。回想起来，陶国泰教授带领的南京儿童心理卫生研究中心早在 20 世纪 80 年代就在病房组建了孤独症干预小组，和当时相比，我们现在的干预模式已经有了很多的变化。这些变化，不仅源于学术上的发展，也来自我们自身的直接经验。比如，早期的干预工作全由专业人员承担，但有些孩子回家后，在医院艰难习得的技能由于得不到持续的训练竟然被遗忘了。这让我们充分认识到家庭参与的重要性，20 世纪 90 年代便开始采用邀请家长共同参与训练的干预模式。

　　之后随着越来越多的国际交流，应用行为分析、结构化教学、地板时光等专门为孤独症设计的干预方案逐步被引入研究中心，成为临床服务的主流技术。与此同时，孤独症儿童的诊断年龄也在发生着变化。最初就诊的人数很少，多数是 5~6 岁儿童在小学入学困难时才被带来就诊。2007 年之后，随着每年世界提高孤独症意识日的宣传，越来越多的低龄儿童被诊断出来。2014 年，我们成立了超早期干预小组，小组成员基于当前国内干预资源不足、家长对训练机构过度依赖、家庭参与不够的现状，综合国际上已被证实的超早期干预的有效要素，包括促进社交沟通和亲子互动、以游戏为基础、以家长为中介等，研发出了适用于 8~30 个月的孤独症幼儿的超早期干预模式，将其命名为：以游戏为基础促进交流与行为的干预（PCBI）。历经 2 年的前期准备和多年的临床实践，PCBI 业已成熟，应江苏凤凰科学技术出版社的邀请，我们决定将其出版，分享给广大同行，同时也希望有更多的家长能够有缘读到此书，帮助他们实践家庭干预。

本书的第一、二、三章，主要向读者介绍孤独症临床诊断、早期干预的现状，以及 PCBI 的研发过程，分别由研究中心常年在孤独症专病门诊工作的方慧、徐亮、吴明磊医生，封敏心理师和我撰写，同时钱璐、张子一和关陆阳博士参与了文献查阅、资料整理等工作。

第四、五、六章分别介绍了 PCBI 的三大核心模块，游戏能力、促进交流和行为管理，分别由肖湘、封敏和肖婷三位临床心理师撰写，同时她们也是最初参与 PCBI 研发的核心人员。

第七章由殷璐医生和翁娇心理师撰写，主要内容为介绍 PCBI 的评估，同时也把如何将 PCBI 与其他干预方案联合使用介绍给大家。

第八章由肖湘、肖婷两位临床心理师撰写，属于经验的分享，叙述了她们在多年的临床实践中是如何应对干预中出现的种种困难的。

本书的顺利出版得到了江苏凤凰科学技术出版社的大力支持！尤其是谷建亚副社长、刘玉锋主任、赵呈和王超编辑的精心审编。王菲同学和李晓莉老师协助了本书编写过程中的组织沟通工作。借此，向各位表示衷心的感谢！

本书的编写目的是传授我们团队在孤独症早期干预领域的理念、技术和方法，总结我们的临床经验和科研成果，供广大同行和有需要的家庭参考。我们尽管已经为此目标付出了诸多努力，但难免有疏漏和不当之处，希望广大读者给予批评指正。

南京脑科医院儿童心理卫生研究中心所长

柯晓燕

目　录

理论篇

实操篇

理论篇

P C

B I

第一章　了解孤独症

本章关键词：

孤独症诊断术语；孤独症成因；全球流行病学；毕生发展；交流和社会情绪发展里程碑；早期干预的重要性

大众谈论孤独症时，往往是带着浪漫主义色彩的，但是饱受煎熬的家长和每日直面家长的专业人员很少认同这一点。大众形容孤独症儿童为"星星的孩子"，象征着他们的孤独、美丽和与众不同。电影《雨人》中的"孤僻天才"形象让很多人建立了对孤独症的最初认知。但当你真正进入这个领域后，时间越久越难用一两句话介绍孤独症，也很难用一种固定的形象来代表他们。这不仅仅是因为他们最初诊断时就是千差万别的，还因为他们每一个人的成长历程也大相径庭，结局亦迥然不同。

壮壮，一个不到3岁的男孩，虽然他还没有到上幼儿园的年龄，但父母还是早早地把他送到了家附近幼儿园的小托班。这不是因为家里没有人带他，而是因为壮壮的父母一直有些隐隐的担忧。壮壮生下来十分健康，早期的发育和其他孩子差不多，一岁左右就能讲话、走路。家长甚至觉得壮壮有些超常，因为他很小就能认字，不仅记得很快，还对汉字表现出特别的兴趣，总是指着字让家长念给他听。壮壮在家里常常很安静，独自一个人玩，能玩很久。可是，让父母担忧的是，带他下楼出门时，他的表现不同于其他孩子，他对小伙伴似乎没有兴趣，不会凑近别的孩子，甚至当别的孩子喊他时，他好像没有听见一样，自己找车牌上的数字看，有时也让父母读路边的站牌或广告牌。因此，父母决定早点让壮壮上幼儿园，希望多接触同龄孩子后壮壮能开朗一些。然而，到幼儿园半年后，壮壮的情况并没有变好，他还是不理其他孩子，集体活动时总是跟不上大家的节奏，无论是做操还是集体表演，他总是显得漫不经心、动作不到位，甚至有些游离。更糟糕的是，壮壮变得越来越不愿

3

意上幼儿园，每天晚上会反复问妈妈："明天还要不要去幼儿园？要不要去幼儿园？"

　　轩轩，一个8岁的男孩。在不到3岁时，由于他还不开口说话，家人担心是语言发育有问题，所以带他到医院就诊。令父母震惊的是，医生简短地问了问情况、和孩子玩了一会儿游戏后，就对他们说"您孩子的情况要考虑孤独症，建议去做评估"。在后面的评估、检查、复诊环节，父母都是惶恐和充满疑问的，他们总是无法把孤独症和自己看上去聪明漂亮的儿子联系在一起。因为，轩轩动作敏捷，在家中无师自通地摆弄电器，清楚地知道自己喜欢吃的东西放在哪里并且能想出各种办法拿到。尽管疑问很多，医生的一句话父母还是认同的，那就是"不管怎样，你的孩子都需要训练"。于是，妈妈立即与单位告了长假，帮孩子找机构训练，家长最大的心愿是将来孩子能和其他孩子一样顺利上学。经过3年的不懈努力，轩轩有了很大的进步，他已经能讲完整的话，尽管表达能力还是有限、语句简单且有时重复。到了上学年龄，父母把孩子送入小学后，轩轩表现出明显的困难，不时离开座位甚至跑出教室，妈妈不得不到学校陪读。陪读一年多后，虽然轩轩在妈妈的帮助下能坐得住，也能在课间和同学们追逐打闹，但他仍然学习困难，所有的内容都靠妈妈单独反复教。而且轩轩变得越来越急躁，在教室里待久了会反复要去上厕所，急了甚至打自己的头。学校老师多次劝轩轩妈妈考虑特殊教育学校，轩轩妈妈很苦恼，她不知道是应该继续坚持在普通学校陪读还是将孩子送到特殊教育学校。

　　壮壮和轩轩是我们在门诊看到的成千上万的孤独症孩子的缩影，不仅孩子在学校的表现是与众不同的，他们的父母、老师也同样是迷茫、困惑的。壮壮和轩轩的医学诊断都是"孤独症谱系障碍"（Autism Spectrum Disorder，ASD，以下简称"孤独症"），但他们看上去如此不同。孤独症到底是什么？诊断能为孤独症带来什么？仅仅给一个标签显然是不能帮助孩子、家庭和老师解决实际困难的。临床医生和心理师到底是怎么理解孤独症的，诊断孤独症的基本过程是怎样的，在早期干预领域我们自己的实践和发现如何，这些都是本书想要告诉读者的。

第一节　什么是孤独症

一、孤独症的由来

从科学文献来看，对孤独症认知的开始离不开美国儿童精神病学家里奥·坎纳（Leo Kanner）的工作。1943 年他发表了论文《情感接触的孤独性紊乱》，开启了医学界对这一疾病的广泛临床诊治史。文中详细描述了 11 个儿童的一组行为特征。他们未满 2 岁即发病，且具有下列 5 项行为特征：①极端的孤独，缺乏和别人情感的接触；②对环境事物有要求同一性的强烈欲望；③对某些物品有特殊的偏好，且以极好的精细动作操弄这些物品；④没有语言，或者虽有语言但其语言似乎不是用来与人沟通的；⑤孤立的才能，呈沉思外貌，并有良好的认知潜能，有语言者常表现极佳的背诵记忆力，而未具语言者则以良好的操作测验表现其潜能。里奥·坎纳将这组症候群称为"婴儿孤独症"（Infantile Autism）。里奥·坎纳在文章的结尾谈道："我们假设这些孩子来到这个世界时，就带着先天的、通常是生物学因素所致的与他人建立情感联结的缺陷，就像另外一些孩子会与生俱来有智能的或躯体的残疾一样。如果我们的假设是正确的，进一步研究这些患儿将有助于我们建立精确的诊断标准。"但是随后的很长一段时间里，孤独症还是被人们认为是儿童期精神分裂症的一种早期表现，是亲子精神动力学因素（如父母的淡漠和忽视）导致的情感紊乱，没有明确的定义。直到 20 世纪 70 年代，人们才不再从精神病理学的角度看待孤独症，而把它理解成一个生物源性的疾病，并与智力障碍区别开来。

1944 年奥地利医生汉斯·阿斯伯格（Hans Asperger）发表了论文《儿童期孤独性精神病质》，文中描述了 4 名高功能的男孩，称其具有"孤独症精神病性"的行为和能力模式，具体包括"缺乏同理心，缺乏建立友谊的能力，片面的谈话，对特殊兴趣的强烈专注以及笨拙的动作"。之后这种行为综合征被人们称为"阿斯伯格综合征"（Asperger's Disorder）。1966 年奥地利医生安德烈亚斯·雷特（Andreas Rett）描述了 22 名女孩，她们在出生后 5~6 个月出现了严重的孤独性行为。这些工作丰富了人们对孤独症及相关障碍的了解。1966 年英国著名儿童精神病学家迈克尔·鲁特（Michael Rutter）发表了论文《研究综述：孤独症的概念》，对 1943 年里奥·坎纳最初关于婴儿孤独症的描述以及后续的相关研究进行了系统综合，概括出婴儿孤独症的临床特征：起病于 30 个月之前、突出的社交损害、语言异常和不寻常的行为。同时他也详细讨论了孤独症与精神分裂症、智能障碍、脑损伤综合征、异常的生理唤醒以及语言感知异常等的区别。可以说这是最接近现代孤独症诊断标准的描述，在推动孤独症及其相关障碍成为一类独立疾病的过程中起到十分关键的作用。

二、与孤独症相关的诊断术语

"孤独症""自闭症""阿斯伯格综合征""广泛性发育障碍""孤独症谱系障碍"这些专业名词之间有何异同？在诊断时，弄清楚这些词对于家长来说已经不是一件容易的事情。事实上，对于那些非儿童精神病专科的临床医生，以及来自心理、教育、康复等其他学科的专业人员，弄清楚这些术语的来龙去脉也要费一些工夫。这是因为，孤独症正式进入诊断体系已有 40 多年，其间诊断标准又多次更新，加上各家医院采用的诊断体系不同，所以现实中可能出现多种说法共存的现象。在此，我们有必要为大家一一说明，以便查证。临床上常用的诊断体系有《国际疾病分类》系统和美国《精神疾病诊断与统计手册》系统，同时还有《中国精神障碍分类与诊断标准》系统和《DC：0~5 婴幼儿与儿童早期心理及发育障碍诊断分类》。

（一）《国际疾病分类》系统

世界卫生组织的《国际疾病分类》（*International Classification of Diseases*，ICD）系统中，孤独症及相关障碍被正式纳入诊断标准始于 ICD-9（1977 年，见表 1-1），当时还是归属于"特定的起源于儿童期的精神病"，包括婴儿孤独症、瓦解性精神病等。1990 年 ICD-10 出版，采用了"广泛性发育障碍"（Pervasive Developmental Disorders，PDDs）的概念，包含了儿童期孤独症、不典型孤独症、雷特综合征、其他儿童期瓦解性障碍、伴智力低下和刻板运动的多动障碍和阿斯伯格综合征 6 个亚型。在 ICD-10 中关于儿童期孤独症的诊断标准强调了 4 类特征：A. 起病于 3 岁之前，在下列 3 个领域中，即用于社会交流的语言理解或表达、选择性社交依恋或有来有往的社交互动、功能或想象性游戏，至少一个表现出显著的异常或发育受损；B. 在社交互动中存在质的损害（5 条标准）；C. 交流中存在质的损害（5 条标准）；D. 局限、刻板的行为、兴趣和行为（6 条标准）。诊断标准中要求，儿童确诊孤独症，必须符合 A 类标准中的至少 1 条，B 类标准中的 3 条以及 C、

D 标准中的各 2 条。值得一提的是，尽管早在 1944 年阿斯伯格综合征就已经被描述出来，但它到底是一个独立的临床亚型还是轻微的孤独症，一直饱受争议。ICD-10 是最早将阿斯伯格综合征列为独立的临床亚型的诊断系统。

2022 年 2 月 11 日，世界卫生组织官方网站发布消息：国际疾病分类第十一次修订本（ICD-11）正式生效。ICD-11 诊断系统采用了"孤独症谱系障碍"这一术语（表 1-1），对其描述为：孤独症的特征是在启动和维持社会互动和社会沟通的能力上持续存在缺陷，伴有一系列的局限的、重复的和不灵活的兴趣和行为模式；障碍发生在发育期，通常在儿童早期，但症状可能要到后来社会需求超过其有限的能力时才会完全显现出来；障碍严重到足以造成个人、家庭、社会、教育、职业或其他重要功能领域的损害，而且通常是个人功能的普遍特征，在所有环境中都可以观察到，尽管它们可能因社会、教育或其他环境而异；孤独症的个体可以表现出各种智能和语言能力。

ICD-11 强调孤独症目前的临床表现，并根据是否伴有智能障碍以及功能性语言损害的严重程度，组合成了 8 种临床亚型：①不伴智能障碍，没有或有轻度的功能性语言损害；②伴有智能障碍，没有或有轻度的功能性语言损害；③不伴智能障碍，且有功能性语言损害；④伴智能障碍，且有功能性语言损害；⑤不伴智能障碍，且缺乏功能性语言；⑥伴智能障碍，且缺乏功能性语言；⑦其他特定的孤独症谱系障碍；⑧未特定的孤独症谱系障碍。

和 ICD-10 对比会发现，ICD-10 中的儿童期孤独症、不典型孤独症、阿斯伯格综合征、雷特综合征等亚型的概念，在 ICD-11 中已经没有了。这并不是说这些亚型不存在了，实际上它们以不同的名字存在，如阿斯伯格综合征，属于不伴智能障碍，没有或有轻度的功能性语言损害这一亚型，这一亚型也包括部分高功能孤独症。

表 1-1　ICD 诊断体系中与孤独症相关的诊断分类及编码中英文对照

ICD 版本	中文名称	英文名称
ICD-9（1977）	299 特定的起源于儿童期的精神病	Psychoses with Origin Specific to Childhood
	299.0 婴儿孤独症（＝儿童期孤独症，婴儿期精神病，坎纳综合征）	Infantile Autism（=Childhood Autism, Infantile Psychosis, Kanner's Syndrome）
	299.1 瓦解性精神病（＝海勒综合征）	Disintegrative Psychosis（=Heller's Syndrome）

续表 1-1

ICD 版本	中文名称	英文名称
ICD-9（1977）	299.8 其他（＝非典型儿童期精神病）	Other（＝Atypical Childhood Psychosis）
	299.9 未特定的（＝未特定的儿童精神病，未特定的儿童期精神分裂症）	Unspecified（＝Child Psychosis-Not Otherwise Specified, Childhood Schizophernia-Not Otherwise Specified）
ICD-10（1990）	F84 广泛性发育障碍	Pervasive Developmental Disorders
	F84.0 儿童期孤独症	Childhood Autism
	F84.1 不典型孤独症	Atypical Autism
	F84.2 雷特综合征	Rett Syndrome
	F84.3 其他儿童期瓦解性障碍	Other Childhood Disintegrative Disorder
	F84.4 伴智力低下和刻板运动的多动障碍	Overactive Disorder Associated with Mental Retardation and Stereotyped Movements
	F84.5 阿斯伯格综合征	Asperger Syndrome
ICD-11（2022）	6A02 孤独症谱系障碍	Autism Spectrum Disorder
	6A02.0 孤独症谱系障碍不伴智能障碍，没有或有轻度的功能性语言损害	Autism Spectrum Disorder without Disorder of Intellectual Development and with Mild or No Impairment of Functional Language
	6A02.1 孤独症谱系障碍伴有智能障碍，没有或有轻度的功能性语言损害	Autism Spectrum Disorder with Disorder of Intellectual Development and with Mild or No Impairment of Functional Language
	6A02.2 孤独症谱系障碍不伴智能障碍，且有功能性语言损害	Autism Spectrum Disorder without Disorder of Intellectual Development and with Impaired Functional Language
	6A02.3 孤独症谱系障碍伴智能障碍，且有功能性语言损害	Autism Spectrum Disorder with Disorder of Intellectual Development and with Impaired Functional Language
	6A02.4 孤独症谱系障碍不伴智能障碍，且缺乏功能性语言	Autism Spectrum Disorder without Disorder of Intellectual Development and with Absence of Functional Language
	6A02.5 孤独症谱系障碍伴智能障碍，且缺乏功能性语言	Autism Spectrum Disorder with Disorder of Intellectual Development and with Absence of Functional Language
	6A02.Y 其他特定的孤独症谱系障碍	Other Specified Autism Spectrum Disorder
	6A02.Z 未特定的孤独症谱系障碍	Autism Spectrum Disorder, Unspecified

（二）美国《精神疾病诊断与统计手册》系统

在美国精神病学协会的《精神疾病诊断与统计手册》（*Diagnostic and Statistical Manual of Mental Disorders*，DSM）系统中，直到 1980 年出版的 DSM–Ⅲ才彻底将孤独症与精神分裂症区别开来。在 DSM–Ⅲ之前，DSM–Ⅰ（1952 年）中孤独症被定义为"精神反应"，属于"儿童期精神分裂症性反应"。而 DSM–Ⅱ（1968 年）中"早发婴儿孤独症"则属于"婴儿期和儿童早期精神障碍"。DSM–Ⅲ将婴儿孤独症等归属于广泛性发育障碍（PDDs）的范畴，婴儿孤独症的诊断标准共 6 条：A. 30 个月前的起病；B. 普遍对他人缺乏反应；C. 语言发育有严重缺陷；D. 如果存在语言则具有特殊语用模式，如即时和延迟的模仿、隐喻性语言和人称代词错用；E. 对环境有各种奇怪的反应，如拒绝改变、对有生命或无生命的物体有特殊的兴趣或依恋；F. 缺乏妄想、幻觉和精神分裂症中的思维松散和不连贯。DSM–Ⅲ中清楚地指出 PDDs 的临床特征应包括下列 3 个临床症候群：①对他人缺乏反应；②交流技巧的显著受损；③对环境各个方面的奇怪反应。当然，那时的 PDDs 还没有完整谱系的概念，主要关注起病年龄的不同，包括了婴儿孤独症（起病于 30 个月之前）和儿童期起病的广泛性发育障碍（30 个月至 12 岁起病）。当多种基本的心理功能发展歪曲，同时又不符合婴儿孤独症或儿童期起病的孤独症特征时，患者被诊断为不典型广泛性发育障碍。

1987 年 DSM–Ⅲ的修订版 DSM–Ⅲ–R 首先去除了儿童期起病的广泛性发育障碍的诊断，同时使用孤独性障碍替代婴儿孤独症的概念。这个新的诊断概念，包含了更为全面的、基于不同发育水平的临床表现。DSM–Ⅲ–R 中给出了有关孤独性障碍诊断的更为具体的标准，要求在 3 个主要领域的 16 条标准中必须符合 8 条以上（至少 A 类 2 条、B 类 1 条、C 类 1 条），这 3 个领域分别为：A. 社会互动质的损害；B. 言语、非言语交流和想象能力质的损害；C. 局限刻板的活动和兴趣。关于起病年龄，DSM–Ⅲ–R 中孤独性障碍的表述为起病于婴幼儿或儿童期，如果起病年龄大于 36 个月，需特别标注。同时，DSM–Ⅲ–R 中还增加了一个新的诊断分类"未特定的广泛性发育障碍"，用于那些不能完全符合孤独性障碍诊断标准的 PDDs 患者。总之，孤独症相关的诊断标准从 DSM–Ⅲ到 DSM–Ⅲ–R 发生了很大的变化，诊断标准变得更具体、更特定，这次变化使得临床上孤独症的诊出率快速增加。

1994 年 DSM–Ⅳ 出版，其中的广泛性发育障碍（Pervasive Developmental Disorders，PDDs）保留了 DSM–Ⅲ–R 中的孤独性障碍和未特定的广泛性发育障碍，同时增加了 ICD–10 中的 3 个亚型：雷特综合征、儿童期瓦解性障碍和阿斯伯格综合征，这样共包括了 5 个临床亚型。DSM–Ⅳ 关于 PDDs 诊断标准修订时的主要目标是提高专业人员诊断的精确性，因此它一方面强调了不同临床亚型具备共同的症状特征，另一方面又细分了 5 个临床亚型以说明这类患者在严重程度等方面具有显著的差异。DSM–Ⅳ–TR（2000 年）之后，术语"孤独症谱系障碍"（Autism Spectrum Disorders，ASDs）被当作 PDDs 的同义词使用；同时不典型孤独症也被作为未特定的广泛性发育障碍的同义词。

在 2013 年 DSM–5 版本中的 PDD 概念正式被"孤独症谱系障碍"（Autism Spectrum Disorder，ASD）替代了，细心的读者可以发现此时"障碍"对应的英文"Disorder"是单数而不是复数形式了。随着 DSM–Ⅳ 和 DSM–Ⅳ–TR 的出版，人们对这一类以严重社会交往障碍、语言沟通障碍及局限和刻板重复的兴趣行为为核心症状的发育障碍关注显著增加，越来越多的不同智能水平的孤独症患者被诊断出来，人们对孤独症的理解也越来越全面，逐步发现诊断标准中 5 个亚型的界限并不是十分清楚。尤其是孤独性障碍与阿斯伯格综合征诊断条目的描述十分类似，使得临床医生间诊断的一致性较差。同时，随着雷特综合征病因的明确，人们又在思考另一个问题：一个明确的单基因病放在"精神类"疾病中是否合适？关于儿童期瓦解性障碍，人们的争议主要集中在家长报告"退化"的可靠性。

DSM–5 与 DSM–Ⅳ–TR 相比的主要改变有：① DSM–5 将原来症状标准中的 3 个维度，合并成 2 个维度，即社交 / 交流障碍与刻板重复的兴趣行为；②在症状学标准中合并了若干社交 / 交流症状的标准，使得现在的条目更符合不同年龄段患者的临床表现，这样的改变不仅提高了诊断的清晰性与特异性，也提高了孤独症随时间变化诊断的稳定性；③根据需要帮助的程度，也就是病情的严重程度，提出了将孤独症分为轻、中、重 3 级；④不再认为语言发育迟缓是孤独症的核心症状；⑤将对感觉刺激的异常反应放入了症状学标准；⑥关于起病年龄，DSM–Ⅳ 在孤独性障碍的诊断标准中做出了明确的限制，起病年龄为 3 岁之前，而在 DSM–5 中孤独症的起病年龄宽松了很多，只是谈到了要起病于儿童早期。DSM–5 中提出的孤独症包含了 DSM–Ⅳ 中的孤独性障碍、阿斯伯格综合征、儿童期瓦解性障碍和未特定的广泛性发育障碍 4 个亚型（表 1-2）。

2022 年 4 月美国精神病学协会出版了 DSM-5 的文本修订版（DSM-5-TR），其中关于孤独症的部分仅做了两处微小的修改。一处是 2013 年发布的 DSM-5 中指出孤独症的 A 组症状需要在多种情境下的社会沟通和社会互动方面持续存在缺陷，表现在以下方面——社交情感互动方面的缺陷，用于社交互动的非语言交流行为方面的缺陷，以及发展、维持和理解关系方面的缺陷。新版 DSM-5-TR 中在"表现在以下方面"的描述中增加了两个英文单词"All of"（全部），强调判断患者是否符合 A 组症状时必须要求同时符合 3 个方面。第二个变化是 DSM-5 中"特别标注"中用于描述共患疾病时原本的用词是"障碍"（Disorder），而在 DSM-5-TR 中修改为"问题"（Problem），意味着一些没有达到障碍程度的问题，如自伤等，也可以标注出来。总体说来，DSM-5-TR 没有做太大的修改，基本的疾病概念等同于 DSM-5。

表 1-2　DSM 诊断体系中与孤独症相关的诊断分类及编码中英文对照

DSM 版本	中文名称	英文名称
DSM-Ⅲ （1980）	广泛性发育障碍	Pervasive Developmental Disorders
	299.0X 婴儿孤独症	Infantile Autism
	299.9X 儿童期起病的广泛性发育障碍	Childhood Onset Pervasive Developmental Disorder
	299.8X 不典型广泛性发育障碍	Atypical Pervasive Developmental Disorder
DSM-Ⅲ-R （1987）	广泛性发育障碍	Pervasive Developmental Disorders
	299.00 孤独性障碍	Autistic Disorder
	299.80 未特定的广泛性发育障碍	Pervasive Developmental Disorder–Not Otherwise Specified
DSM-Ⅳ （1994）， DSM-Ⅳ-TR （2000）	广泛性发育障碍	Pervasive Developmental Disorders
	299.00 孤独性障碍	Autistic Disorder
	299.80 雷特综合征	Rett's Disorder
	299.10 儿童期瓦解性障碍	Childhood Disintegrative Disorder
	299.80 阿斯伯格综合征	Asperger's Disorder
	299.80 未特定的广泛性发育障碍	Pervasive Developmental Disorder–Not Otherwise Specified
DSM-5 （2013）， DSM-5-TR （2022）	299.00 孤独症谱系障碍	Autism Spectrum Disorder

（三）《中国精神障碍分类与诊断标准》系统

我国对于儿童孤独症的认识，始于南京的陶国泰教授，他于 1982 年首次报告了 4 例儿童孤独症。而在诊断分类上，《中国精神障碍分类与诊断标准（第二版）》（ *Chinese Classification of Mental Disorders–2* ，CCMD–2）中最早有了"儿童孤独症"的诊断名称，虽然归属于"儿童精神病"的分类名目下，但其后注明为广泛性发育障碍。到了 1995 年，CCMD–2 的修订版 CCMD–2–R 已经将其明确归属于广泛性发育障碍之中了。2001 年 CCMD–3 出版了，在广泛性发育障碍诊断标准的制订时，它直接借鉴和吸收了 ICD–10 和 DSM–Ⅳ 的经验，达到了与国际诊断标准并轨的目的，但是尚缺乏对国内孤独症儿童研究验证的证据支持。

（四）《DC：0~5 婴幼儿与儿童早期心理及发育障碍诊断分类》

基于病程发展的研究发现，婴幼儿孤独症的症状发展轨迹存在个体差异，且婴幼儿期的症状也有与其年龄相关的特殊性。孤独症儿童从婴幼儿期开始的前瞻性研究，也一致性地提示早期诊断时就要求临床医生依据完全的孤独症诊断标准诊断存在弊端。确实存在部分婴幼儿具有严重的、持续性的、可识别的孤独症症状，却没有完全符合孤独症诊断标准的现象。2016 年发布的《DC：0~5 婴幼儿与儿童早期心理及发育障碍诊断分类》中不仅有孤独症谱系障碍的诊断概念和更适合低龄儿童的症状学描述，还新增了一个早期非典型孤独症谱系障碍（Early Atypical Autism Spectrum Disorder，EAASD）的概念。EAASD 患者为 9~36 个月大的婴幼儿，其表现出严重的社交沟通异常及限制性和重复性行为，但尚未完全满足孤独症的诊断标准，其中 3 种社交沟通症状中符合 2 种，以及 4 种限制性和重复性症状之中符合 1 种。EAASD 的概念给了有部分症状的孤独症婴幼儿一个可用的过渡性诊断，既有助于将这些孩子纳入早期干预，又不至于扩大诊断。

至此，我们介绍了出现在各大诊断系统中各种孤独症相关的诊断术语，大家会发现并没有出现"自闭症"的介绍。自闭症是一种不同的翻译，并不是一个不同的概念。孤独症和自闭症都是对"Autism"的翻译，陶国泰教授在最早报告中国 4 例病例时采用的是"孤独症"的翻译，后续我国各类诊断体系中的用语都沿用了孤独症的说法。而"Autism"一词在港台地区以及日本的翻译是"自闭症"。所以，读者们可以理解为两个词的内涵是一样的。

同时虽然现行诊断体系的规范用语已经统一为"孤独症谱系障碍",但这个词还是过于书面化和冗长,在口语交流或者非正式科学论文中,很多的时候大家更乐意将它简称为"孤独症",读者可以理解为多数时候"孤独症"是"孤独症谱系障碍"的俗称,内涵也是一样的。

第二节 孤独症是由什么原因引起的

为什么孩子会得孤独症?家长很容易产生各种各样的猜想,甚至相互间的埋怨。比如,壮壮的父母工作都很忙,孩子主要由爷爷奶奶带,加上所住的楼层比较高,老人带孩子出门相对比较少。发现问题后,壮壮的爸爸就认为是父母带孩子下楼少、没有同龄玩伴的缘故,而壮壮的妈妈则认为壮壮是遗传了孩子爸爸的性格。当他们与医生讨论为什么孩子会这样时,医生强调是神经发育障碍,这又让壮壮的父母更是不解,在他们看来自己都受过高等教育,加上怀孕过程一切顺利,孩子没有道理出现发育问题。

在实际工作中,除了一些找到明确致病基因的症候群性孤独症(Syndromic Autism),又称继发性孤独症(Secondary Autism),医生能够给家长较为明确的病因学的解释,其余的都难以解释,不能找到确切的病因。而症候群性孤独症仅占孤独症群体的15%~20%,所以对于绝大多数患儿来说,还只能粗略地解释为孤独症是由多种因素导致的、具有生物学基础的神经发育性障碍,它也可以理解为是遗传因素与环境因素共同作用的结果。下面根据目前的研究进展,我们概括地介绍一下与孤独症成因相关的遗传因素和环境因素。

一、遗传因素

遗传因素在孤独症病因中扮演极为重要的角色。双生子和其他家系研究结果能很好地证明这一点。

2016年蒂克等发表的一项孤独症双生子的研究指出,64%~91%的孤独症风险是由遗传因素引起的(Tick et al.,2016)。双生子和家系研究表明,一个孩子患病,其他兄弟姐妹也有较大概率患孤独症。同卵双生子,即由同一个受精卵发育而来、两者拥有完全相同原始脱氧核糖核酸(DNA)的双胞胎,孤独症共患率高达77%,而异卵双生子由两个不同受精卵发育而来,两者的 DNA 性状不同，孤独症共患病率和非双生子兄弟姐妹类似，不到 31%。同胞共患孤独症可能性为 7%~20%，在已有 2 个孤独症孩子的家庭，同胞再患率会进一步增加。并且，孤独症患者与广泛孤独症表型（Broad Autism Phenotype，BAP）存在明显家族聚集性，指孤独症患者亲属更容易出现孤独症相关亚临床的表现。这些研究结果说明，如果家中已经有一个孩子确诊孤独症，那么其他孩子会属于孤独症高风险人群，需要予以更多警惕。

小贴士

生双胞胎这件事本身，并不会增加孤独症风险。即便是同卵双生子，孤独症共患率也不是 100%，并且也会有不同的症状表现。一方面，琼森等发现孤独症不符合单基因遗传的特征，存在着多种遗传变异，早期胚胎发育中也会发生基因突变，这使得同卵双胞胎携带不同的基因突变（Jonsson et al.，2021）。另一方面，基因的表达受到各种环境因素的影响，最终产生不同的结果。

与孤独症有关的遗传变异主要包括核型异常、罕见和新发拷贝数变异、罕见和新发单核苷酸变异以及其他常见变异等，下文将作简要介绍。

目前认为核型异常在孤独症患者中所占的比例在 1%~3%，包括染色体的重复、缺失、异位和倒位。报道频率较高的主要有 5p15、15q11-q13、17p11 和 22q11.2 异常。15q11-q13 异常是孤独症最常见的染色体异常。通过对携带异常核型患者的断裂点定位或对候选突变进行筛查，研究者已经鉴定了多个孤独症的候选致病基因，如：CHD8、NLGN4、NLGN3、SHANK3、CNTNAP2 和 NRXN1 等。

自 2007 年《科学》杂志发表文章认为拷贝数变异（Copy Number Variants, CNVs）与孤独症相关联（Sebat et al.，2007），CNVs 的研究被认为是孤独症遗传研究中显著的进展，研究发现孤独症人群中 CNVs 发生比例为 6%~10%，高于正常群体的 1%~3%，且发现了一些与孤独症相关的新的 CNVs，但是这些结果在后来的研究中没有得到重复验证，进一步的功能研究发现起作用的可能不是 CNVs 的数量和大小，而是 CNVs 所在位置（如：16p11.2、7q11.23、22q11.2、1q21.1、15q13.3、15q11-q13、PTCHD1/

PTCHD1AS、NRXN1、SHANK2、SHANK3、NLGN3、NLGN4X 等）和它们所参与的功能，如突触发育、轴突生长、神经元运动等。同时，值得注意的是，这些 CNVs 与多种临床表型相关联，除了孤独症的临床特征，还与发育畸形、面部畸形、严重的神经系统疾病等相关，这些均增加了对 CNVs 结果解释的难度。

自韦斯等 2009 年首次报道孤独症的全基因组关联研究（Genome-Wide Association Studies，GWAS）（Weiss et al.，2009），至今国内外共有 6 份大样本研究分析新发及罕见遗传的 CNVs 和单核苷酸变异（Single-Nucleotide Variants，SNVs），但是与其他复杂疾病相比，孤独症的 GWAS 发现的变异较少而且难以重复。有分析认为可能是病例组临床特征的异质性和人群遗传的异质性降低了 GWAS 研究的统计效率。2011 年奥洛克等利用外显子组测序对 20 个散发孤独症的核心家系进行了研究，发现了 21 个新生突变与孤独症相关，且后续的基因功能研究证实其中的 11 个变异导致了蛋白的改变（O'Roak et al.，2011）。2016 年一项基于中国人群的候选基因靶向测序研究也发现，约 4% 的患者携带了 29 个基因的新生突变（Wang et al.，2016）。全基因组外显子测序（Whole-Exome Sequencing，WES）被用来寻找孤独症相关的新生突变，至今国际上已有 10 份大样本研究共检测了 10609 例散发病人，研究发现新生突变主要影响了与突触可塑性、β-连环蛋白、染色质重塑等神经发育相关的基因，还有一些突变则位于 SCN1A、SCN2A、GRIN2B 等已知的与智能低下相关的基因上，同时研究还发现新生突变的数量与父母的生育年龄呈正相关，这些与孤独症其他领域的研究发现相互验证。

尽管遗传学研究已有不少发现，所累积的孤独症易感或致病基因已达 100 多个基因、400 多个位点，但这些发现仍然只能够解释 30%~40% 孤独症患者的情况，绝大部分患者遗传相关的机制仍然不明。

二、环境因素

环境风险因素是指任何可能影响患孤独症的风险并且没有编码在个人 DNA 中的因素。在过去 15 年左右的时间里，科学家们研究了许多因素，并探究它们对孤独症风险的影响，但是这些因素是否与孤独症存在因果关系，并不一定有确切的证据。

首先，有些研究的结果并不一致，例如，一些研究表明，怀孕期间服用抗抑郁药会增加孩子患孤独症的风险，也有研究否认了这种关联。有些研究是流行病学研究，多种因素相互影响，很难确定因果关系。例如，有研究发现父亲年龄大的孩子比父亲年龄小的孩子更容易患孤独症，但并不清楚是父亲高龄会增加后代患有孤独症的风险，还是说携带更多孤独症风险遗传因素的男性更倾向于晚孕。而且，环境因素也难以衡量。很多研究依靠父母报告，父母可能遗忘或者忽略了一些细节，而过分重视他们认为可以解释孤独症原因的细节。

其次，研究发现环境因素是与遗传因素相互作用的。上文提到，携带遗传风险的孩子未必一定出现孤独症特征。环境因素可能在不改变 DNA 序列的情况下，改变基因的表达和功能，增加或减少孩子患孤独症的风险，即科学家所说的"表观遗传"。这些原因都增加了探究环境因素与孤独症关联的难度。

目前比较确定的环境风险有哪些呢？2019 年一项综述定量评估了之前研究中环境因素与孤独症的关联，并把结果分为了 5 类（Kim et al., 2019）。

第 1 类为确定的因素，包括：产妇年龄大于 35 岁、孕妇患有慢性高血压或妊娠高血压或先兆子痫、孕妇孕前或孕期超重、孕期使用选择性 5- 羟色胺再摄取抑制剂（一种抗抑郁药物）。

第 2 类为高度危险的因素，包括：产妇年龄为 30~34 岁、产妇患有自身免疫性疾病、怀孕期间使用对乙酰氨基酚、父亲年龄大于 40 岁。

第 3 类为危险的因素，包括：任何自身免疫性疾病的家族病史、银屑病家族病史、类风湿关节炎家族史、Ⅰ 型糖尿病的家族病史、5 分钟阿普加评分得分小于 7、听力受损、孕妇糖尿病、孕产妇患有需要住院程度的感染。

第 4 类为证据不充分的因素，包括：在产前或产后的接触汞、出生后的二氧化氮（NO_2）暴露、怀孕期间的臭氧（O_3）暴露、产前或产后的可吸入颗粒物（PM_{10}）暴露、产前产后的细颗粒物（$PM_{2.5}$）暴露、甲状腺功能减退家族史、先天性巨细胞病毒感染、极低的出生体重、新生儿黄疸氧气处理、视力障碍、孕期发生母体自身免疫性疾病、孕期产妇感染、孕期孕妇肥胖、母亲精神障碍但未使用选择性血清再吸收抑制剂（Selective Serotonin Reuptake Inhibitor，SSRI）、怀孕期间使用 SSRI 以外的抗抑郁药、使用辅助生殖技术、剖宫产、胚胎或婴儿早期的硫柳汞暴露等。

　　第 5 类为无关因素：怀孕期间的 NO_2 暴露、出生后的 O_3 暴露、出生后的 PM_{10} 暴露、怀孕期间的 PM_{10} 暴露、怀孕期间的 $PM_{2.5}$ 暴露、新生儿酸中毒、低怀孕年龄、自身免疫性甲状腺疾病、母体怀孕或怀孕期间的低体重、怀孕三个月前使用 SSRI、母亲孕期抽烟、麻疹 – 腮腺炎 – 风疹疫苗、硫柳汞暴露。

　　简单地说，目前最为广泛接受的危险因素是：①高龄生产，也就是父母的生育年龄过高；②妊娠和分娩并发症，比如妊娠高血压和妊娠糖尿病；③母亲的免疫因素，比如严重的流感和自身免疫性疾病等。这背后的机制还不清楚，有理论和动物研究表明，母亲孕期的免疫因子会影响胎儿的基因表达和大脑发育，这可能和孤独症有关。但是，尽管母亲的免疫因素与孤独症之间存在关联，但在怀孕期间进行的常规疫苗接种，如流感的疫苗接种，并不增加孤独症的风险。儿童疫苗如百日咳疫苗同样如此。一些研究探究了环境因素的保护作用，比如在怀孕期间服用维生素 D、维生素 B_9 或叶酸补充剂是否可以降低婴儿患孤独症的风险，只是目前这些证据还不确凿。

　　总的来说，孤独症是遗传因素与环境因素共同作用的结果。遗传因素和环境因素导致了孤独症患者的大脑神经发育异常，那大脑神经发育异常是如何导致孤独症呢？研究者通常会从病理生理机制以及神经心理学机制两个方面来解释（图 1–1），具体研究请见附录二。

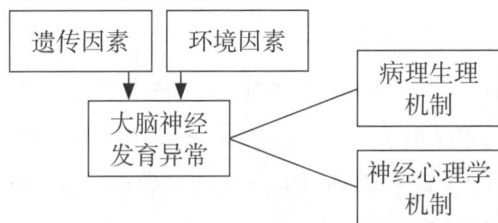

图 1–1　孤独症成因

　　本书列出了很多来自各个层面的孤独症病因相关的研究结果，目的是想让家长或研究者了解到已经有很多证据表明，孤独症是一类具有生物学基础的神经发育障碍。尽管这些结果大部分是来自成组比较的结果，不能直接推演到每一个个体，但我们认为让家长们相信孤独症是有神经生物学基础的，可能有助于他们接纳孩子的独特性，也有利于他们不武断地把成因全部归结于养育过程中可能存在过的种种不利因素。

那个叫壮壮的孩子，在确诊为孤独症之后，家长带他做了基因检测和头颅核磁共振，都没有阳性的发现，父母想这是不是就意味着孩子的遗传和脑发育没有问题。经过再次与医生讨论壮壮的病因，父母慢慢理解了脑影像学成组比较与孩子个体发现之间的差异，也理解了大脑结构与大脑功能之间的差别，开始接受虽然没有找到确切原因，但孩子的脑功能特征也就是心理功能确实可能存在着异于其他孩子之处。

第三节　全球流行病学状况和毕生发展

近 20 年，全球范围内罹患孤独症的人数在快速地增加。以南京脑科医院儿童心理卫生研究中心为例，自从 1982 年陶国泰教授报道中国的孤独症患儿以来，该院就一直有孤独症的相关临床服务，但 2000 年之前，前来就诊的人数很少，一年只在几十例，到 2010 年之后，每年前来就诊的人数已急剧上升到数千人。轩轩的妈妈也感受到这种变化，她说："以前我都没有听说过孤独症，但现在我发现身边这样的孩子还真不少，我在轩轩学校就发现好几个和他类似的孩子。"除了人们直观的感受，客观的流行病学资料提供了更为翔实的证据，表明孤独症已经由一种罕见的问题，演变成了儿童期较为高发的问题。

一、全球流行病学状况

20 世纪 80 年代以前，孤独症的诊断仅仅基于里奥·坎纳等研究者的临床描述，当时的流行病学显示英国或美国大概每一万名孩子中有 5 名患有孤独症。20 世纪 80 年代之后，人们意识到孤独症通常发生在语言和智能正常的情况下，孤独症的诊断更加标准化，孤独症的患病率开始上升。

近 10 年来，全球各地孤独症的平均患病率为 1%~2%（范围为 1.09/10000~436/10000），平均男女比例为 4∶1~5∶1。其中大约 33% 的孤独症患者伴有智力障碍。美国疾病控制与预防中心于 2000 年建立了孤独症和发育障碍监测网络（Autism and Developmental Disabilities Monitoring Network，ADDM），旨在收集 8 岁儿童的医疗和教育记录，同时对 4 岁儿童和 16 岁儿童进行随访。ADDM 网络数据显示，孤独症的患病率已从 2000 年的 0.67%（即 150 名 8 岁儿童中有 1 名孤独症），增长到了 2020 年的 2.76%（即 36 名 8 岁儿童中有 1 名孤独症）（表 1-3）。其中，31% 的孤独症儿童有智力障碍（智商低于 70 分），25% 处于边缘范围（智商 71~85 分），44% 的智商分数在平均及以上范围（即智商大于 85 分）。孤独症的确诊中位年龄为 49 个月，共患智力障碍的孤独症儿童确诊中位年龄（43 个月）早于智力正常的孤独症儿童（53 个月）（Maenner，2023）。

表 1-3　2000—2020 年美国儿童孤独症患病率

监测年份	儿童出生年份	每 1000 个儿童的平均患病人数	大约多少个儿童中就有 1 个孤独症
2020	2012	27.6	36
2018	2010	23.0	44
2016	2008	18.5	54
2014	2006	16.8	59
2012	2004	14.5	69
2010	2002	14.7	68
2008	2000	11.3	88
2006	1998	9.0	110
2004	1996	8.0	125
2002	1994	6.6	150
2000	1992	6.7	150

在我国，孤独症患病率为 0.26%~1%，相当于 14 亿人口中有 390 万 ~1450 万人患有孤独症（Zeidan et al.，2022）。2022 年《中国孤独症教育康复行业发展状况报告（Ⅳ）》的数据统计显示，我国成年孤独症人士数量可能超过 1000 万，孤独症儿童数量超过 200 万。但是这些数据可能是被低估了的。我国不同地区的孤独症患病率差异受到多种因素的影响，其中经济、医疗水平和社会认知度可能是主要因素。研究数据显示，福建省在 2000 年的患病率相对较低，仅为每万人 2.8 例；江苏省在 2002 年的患病率则相对较高，达到每万人 17.89 例；天津市在 2004 年的患病率为每万人 10 例，处于中等水平（Wang et al.，2018）。一般而言，随着经济水平和医疗条件的提高，孤独症的诊断和治疗水平也会提高，这可能会导致患病率的统计水平上升。另外，一项涉及吉林、佳木斯和深圳 3 座城市的 2019 年流行病学调查显示，这 3 个城市普

通学校 6~10 岁儿童的孤独症患病率分别为 0.15%、0.19% 和 0.42%（Sun et al.，2019），进一步证实了不同地区的患病率存在显著差异。

孤独症患病率的增加可能是受多种因素的综合影响。如今孤独症的诊断条件已比最初的"孤独症"宽泛了许多，使得更广泛的人被描述为孤独症。随着医学的发展，专业人员对于孤独症特征的认识、理解不断提高，诊断筛查工具不断更新，诊断能力也提高了许多。近年来，部分国家重视孤独症的早期筛查工作，将孤独症纳入常规体检项目。社会对孤独症的疾病意识也在提高。2007 年 12 月 18 日，联合国大会通过第 62/139 号决议，从 2008 年起每年的 4 月 2 日被定为"世界提高孤独症意识日"（World Autism Awareness Day）。影视作品、媒体报道、公益活动等都帮助提高了人们对孤独症的认识，宣传早期诊断和干预治疗的重要意义，减少了孤独症未被发现的可能。这些都使得越来越多的孤独症患者得以确诊。那么，是不是说，其实孤独症患者比例一直是如此，只是过去受限于技术和疾病认识，未能将这些患者确诊呢？并非如此。上述这些因素无法全部解释患病率的增加，环境中的某些因素也可能导致孤独症患病率的上升。对于孤独症患病率升高的解释，还需要更多系统科学的研究。

二、从全生命周期看孤独症的终身发展

总体认为，孤独症是可能导致终身残疾的疾病，长期预后较差。预后与是否早期发现早期诊断、疾病的严重程度、病前语言功能、智商高低、是否共患疾病以及是否得到及时适宜的干预和治疗有关，同时也与家庭参与、社会支持等环境因素密切相关。

孤独症的症状和能力会随着年龄的变化而变化，一般在 4~6 岁时孤独性症状最为典型，之后会有不同程度的改善，如对父母产生依恋，刻板动作减少，语言、认知等能力也有一定的发展，极少数出现行为衰退。大多数情况下，孤独症的症状会伴随终生，往往严重影响患者及其家人的生活质量。幼儿时，缺乏社交和沟通能力可能会妨碍其与同龄孩子社交互动，从而影响他们学习知识与技能。而他们坚持常规、厌恶改变以及感官敏感的特点，可能会干扰饮食和睡眠，影响日常生活。等他们进入学校，适应性上的缺陷会使他们在计划、组织和应对变化等方面存在困难，即使部分孤独症儿童智商高于平均，

这些困难也会对学业成绩产生负面影响。在成年期，他们由于固执己见以及难以接受新鲜事物的特点，可能难以独立工作、融入社会环境。

早期的预后研究发现：只有15%的孤独症个体在随访中功能正常，35%的个体介于"尚可与良好"之间，60%的个体功能严重受损。随着早期诊断以及早期干预项目的不断实施，最新的证据显示，预计有3%~25%的孤独症儿童可以"痊愈"，即不再符合严格的孤独症诊断标准，达到正常的认知水平、适应能力和社交能力。约50%的预后相对良好，虽然在社会交往和人际关系方面存在困难，但能接近正常生活。约50%的患者预后较差，生活不能自理，需要终身监护（Fuller et al.，2020）。

除了孤独症症状，孤独症患者成长过程中还面临着其他挑战。国外调查结果显示，孤独症患者肥胖和癫痫等健康问题的风险会增加，共病精神障碍也很常见。孤独症共患焦虑的比例约为30%，共患抑郁的比例约为26%。他们还可能出现精神分裂症或双相情感障碍。此外，注意缺陷多动障碍（Attention Deficit and Hyperactivity Disorder，ADHD）也是孤独症患者中非常常见的精神障碍共病（比例为28.2%），会对执行功能、同伴关系和情绪产生负面影响。

在美国6~15岁的孤独症儿童中，近2/3的人受到过欺凌。近28%的8岁孤独症儿童有自残行为。撞头、咬胳膊和抓皮肤是常见的自残行为。溺水是孤独症儿童死亡的主要原因，在14岁及以下与流浪或逃逸有关的死亡中，溺水约占90%。超过一半的孤独症年轻人在高中毕业后的2年内失业，没有接受高等教育。2014年，在接受美国国家资助的职业康复项目的近1.8万名孤独症患者中，60%的人离开项目后找到了工作。这些人中，80%的人从事兼职工作，每周工资中位数为160美元，远远低于贫困线。在我国，大部分大龄孤独症患者在义务教育结束后只能选择重回家庭生活，大约72%的家长也不得不选择长期与患者待在家中，患者和家长都难以走出家门。

完全从孤独症中康复不太可能，但是及时的干预可以显著提高个体的自主水平及社交技能，从而有利于改变结果。不同症状程度的孤独症儿童有着不同的康复目标。重度孤独症的康复目标为生活自理；症状较轻，智能发展正常的孤独症儿童，通过科学的干预，他们的目标是可以独立融入社会，在擅长的行业发光发热。更高的智商、接受性语言水平、语言和运动模仿能力、运动技能，以及更早的诊断和治疗可以预测更好的早期干预结果。尽管这并不意味着这些个体一定可以完全精神健康地适应社会，他们可能在社会功能、沟通、注意力、自我控制和情感成熟方面存在较轻的困难（Helt et al., 2008）。

对孤独症的全生命支持需要包括早期干预、融合教育、职业培训以及社会支持等方面。早期干预指在 0~6 岁进行系统性科学性的干预，这对预后非常关键，本章第四节会详细介绍早期干预的重要性。早期干预后，根据不同的需要，孩子会进入特殊教育学校、普通教育学校或者接受融合教育（Integrated Education）。

融合教育是指将有特殊教育需要的学生安排在普通学校接受教育，出发点是让孤独症人群能够在最少限制的环境里，与普通人一起就学，根据孩子的能力设定随班就读的时间。融合教育对普通孩子和特殊儿童（包括孤独症儿童）都有益。特殊儿童可以有更多的机会提高自己的社交互动能力、生活自理能力和学习能力；对普通儿童则可以从小培养他们的爱心，学会尊重他人，助人为乐，懂得换位思考，懂得感恩。我国《"十四五"特殊教育发展提升行动计划》也单独列出了"推进融合教育，全面提高特殊教育质量""让每一名残疾儿童青少年都有人生出彩机会"。孤独症患者完成义务教育后，鼓励其从事独立的工作活动有助于减少孤独症症状，提高他们的日常生活技能，从而使其真正融入社会。

然而，目前社会孤独症干预和支持服务主要还是集中于儿童阶段，对大龄孤独症人士提供的服务与支持成"断崖式"下降。让孤独症患者能独立有尊严地生活，需要尽可能地聆听他们的观点，满足他们的特殊需要。

第四节　早期诊断、早期干预的重要性

在孤独症的临床实践中，早期识别、早期诊断将有助于实现早期干预并改善预后，这已经成为共识，有证据表明在 2.5 岁之前就开始的强化行为干预（Intensive Behavioral Intervention），可以有效地改善孤独症儿童的交流能力、适应性行为和认知水平（柯晓燕，2020）。美国儿科学会残疾儿童委员会建议每周至少进行 25 小时的孤独症相关干预。综述研究发现，相比于没有进行

干预的孤独症儿童，进行高强度早期干预的孤独症儿童主动发起的社交更多，情绪表达的深度和广度都有所提升，这使得他人的正面回应率升高。同时，他人的积极回应又会促进孤独症儿童的语言发展，提升社交主动性。

脑电研究结果也支持了早期干预的效果。一项早期丹佛模式干预（一种孤独症干预方式）的疗效研究发现，干预后，这些孩子在孤独症症状、智商、语言、适应和社会行为方面表现出更大的改善（Rogers et al., 2012）。他们在观看人脸而不是物体时大脑皮质激活增加，这种模式和正常儿童一致。在观看人脸时，大脑皮质的激活程度越高，代表着社交行为就越好。

这促使各国政府投入了相当大的成本建立孤独症早期筛查和早期干预服务体系，我国也是如此。然而在这个领域也存在疑虑，比如低龄儿童诊断的可靠性如何、如果诊断错误对患儿及家庭可能造成的潜在危害等。

一、孤独症的早期识别到底能早到什么时候

（一）低龄儿童诊断的可靠性如何

我们都知道孤独症是一类起病于儿童早期的神经发育障碍，其中大多数患儿出生后不久就逐渐表现出行为学层面上的异常，道森等总结了现有高危孤独症的前瞻性随访研究后发现：高危孤独症婴儿在生命的最初几个月与低风险婴儿仅表现出细微的差异，往往也表现出有明显的社会参与；但到 12 个月时，最终发展为孤独症的儿童与没有发展为孤独症的儿童开始有显著差异；虽然到 1 岁这些明确的差异可以被观察到，但是并没有一个单一的非典型行为可以区分哪些孩子会继续发展为孤独症（Dawson et al., 2013）。美国儿科学会关于孤独症早期筛查和早期干预的临床实践指导总结道："24 个月时，孤独症诊断的长期稳定性已经被确立，同时 18~24 个月期间筛查阳性是有临床意义的。"2016 年在美国的预防服务工作组发表的报告中，专家针对早期干预的利弊进行充分分析讨论后认为，"基于现有的流行病学状况、筛查的准确率以及行为干预的较小危害等方面来看，孤独症筛查以及随之而来的干预的危害很小"。

国内的临床观察与研究也支持这一观点。越来越多的低龄儿童由于语言发育问题、与人互动问题以及一些其他的异常行为被家长带至门诊就诊，同时也有一些孩子被有经验的儿童保健医生或其他儿科医师等专业人员发现疑

似孤独症，针对这部分群体，无论是预约完成进一步的诊断性评估，还是重复观察以确定其症状的稳定性都需要时间，仅仅让其等待而不给予干预显然是不合理的。

因此，无论是基于临床干预需与早期筛查相平行的现实需要，还是基于儿童神经发育可塑性具有关键时期的理论基础，以及基于 2 岁儿童与 3 岁以上儿童发展性任务具有显著差异的事实，为 2 岁以下确诊的孤独症或是疑似孤独症人群提供早期干预服务都势在必行，业内把 2.5 岁以内的干预称为超早期干预。

（二）孤独症儿童早期行为标识

研究者总结前瞻性研究发现，社交注意力和社交交流水平的降低，非典型物体使用方式的增加，以及异常的身体动作是 12~24 个月的孤独症早期标识（Zwaigenbaum et al.，2015）。

具体包括：①照顾者通过凝视、指向或语言的方式引导孩子注意远处的物体时，孩子能否转身并看向该物体；②孩子能否能结合手势（例如指点）、发声和目光来向他人分享自己感兴趣的物体；③孩子是否异常地摆弄物品，例如将物品排成一排，重复旋转玩具的局部，长时间注视物品；④是否有身体、手臂、手或手指的重复动作或姿势，例如手拍动、手指轻弹和行走时的非典型性手臂和脚的运动。当然，鉴于儿童早期发展的个体差异性极大，将 18 个月以下的孩子确诊为孤独症要极为谨慎。

除了这些典型的孤独症早期标识，婴幼儿的交流和社会情绪发展里程碑为我们提供了更详细的孤独症预警线索。我们整理了各类文献中提及的 2 岁以内儿童交流和社会情绪能力发展里程碑，供大家参考（表 1-4）。如果发现孩子在相应月龄没有达到这些里程碑，则需要咨询医生，进行进一步的发育和诊断评估。同时如果孩子在任何年龄段出现语言或社交技能的倒退，同样需要及时咨询医生。

表 1-4 0~24 月婴幼儿交流和社会情绪发展里程碑

月龄	交流和社会情绪发展里程碑
3个月	（1）在周围环境突然出现较大声音时，宝宝有反应，可能的反应包括：眨眼、皱眉、身体惊动、活动停止、活动增加或者哭泣等； （2）在不触碰宝宝的情况下逗乐宝宝或者朝宝宝笑，宝宝会回以微笑或者发声； （3）与宝宝面对面（相距 20~30cm）时，宝宝会注视人脸； （4）在宝宝面前走动或者移动物品时，宝宝会用头或者目光追随人或者物品
6个月	（1）自主发音，会笑出声； （2）会主动伸手抓面前的物品或玩具； （3）认识熟悉的人； （4）能够和家长互动时发声，发出吹气声和尖叫声
9个月	（1）在耳后附近拍手或说话，有反应且会把头转向声音； （2）对陌生人出现拒抱、哭、不高兴或惊奇的表现； （3）家长离开时会看向家长、试图靠近家长或哭； （4）有多种面部表情，包括哭、笑、生气、悲伤和惊讶； （5）玩躲猫猫游戏时会笑； （6）能够发出音节； （7）能够伸手表示要抱抱； （8）能够让家长知道他饿了、困了或不舒服了； （9）能够让自己平静下来
12个月	（1）在背后附近呼唤其名字，会转头寻找呼唤的人； （2）会模仿成人以挥手表示"再见"，拍手表示"欢迎"； （3）能够指认自己的五官； （4）能够叫"爸爸""妈妈"； （5）明白"不"的意思
18个月	（1）见到爸爸妈妈（爷爷、奶奶）时，有意识并正确地叫出称呼； （2）能按成人要求指出家中熟悉的人或物； （3）成人跟他说话时，不会大部分时间无目光对视，或回避目光接触； （4）在没有支持的情况下，宝宝能够自己走路； （5）自己感兴趣的东西能够指给别人看，同时别人指远处时能够沿着别人指的方向看
24个月	（1）能说出 3 个日常熟悉物品的名称，如灯、车、杯等； （2）会按家长的吩咐做简单事情，如拿东西； （3）会自己拿小勺吃饭； （4）能扶着楼梯扶手或墙，上台阶或上楼梯

二、早期干预中临床医生和家长的任务

（一）临床医生的职能或任务

概括地说，确保孤独症儿童能够在发展的最佳时期获得有实证支持的干预是临床医生的基本任务，因此在早期干预领域我们除了关注早期，同时也需要了解现有干预方案的实证依据。目前国外针对 3 岁以下的孤独症幼儿的超早期干预都是在发展框架下，根据学龄期儿童干预模式改编而来。主要的学龄前干预模式有关键反应训练（Pivotal Response Training，PRT，适用年龄 3~8 岁）（Koegel et al.，2014）和早期丹佛模式（Early Start Denver Model，ESDM，适用年龄 12~48 个月）（Dawson et al.，2010；Rogers et al.，2012），早期社会互动项目（Early Social Interaction Project，ESI，适用年龄 0~8 岁）（Wetherby et al.，2006），汉恩的超越语言（Hanen's More Than Words，HMTW，适用年龄 12~24 个月）（Carter et al.，2011），共同注意介导学习（Joint Attention Mediated Learning，JAML，适用年龄 30 个月以内）（Schertz et al.，2007），以及基于英国孤独症同胞研究开发的干预（Intervention within the British Autism Study of Infant Siblings，iBASIS，适用年龄 12 个月及以内）（Green et al.，2013）。PRT 和 ESDM 都是基于发展和行为理论，PRT 强调社交动机，而 ESDM 强调关系。汉恩中心设计的 HMTW 将以家庭为中心、基于日常活动的方法作为干预的有效要素（Carter et al.，2011）。舒尔茨等设计的 JAML 强调以父母为中介、家庭为中心的方法，关注共同注意的发展基础（Schertz et al.，2007）。iBASIS 则高度强调依恋理论和父母 – 幼儿同步的重要性。

国内，我们课题组从 2013 年起研发孤独症的超早期干预方案，为"以游戏为基础促进交流与行为的干预"（Play–based Communication and Behavior Intervention，PCBI）（封敏等，2019），适用于 8~30 个月的孤独症幼儿。PCBI 以发展理论和行为管理策略为基础，主要有三大核心理念：P 代表"Play"（游戏），强调干预以适应儿童发展水平的游戏的方式进行；C 代表"Communication"（交流训练），强调采用促进沟通的策略，改善孤独症幼儿的言语交流、非言语交流及亲子间的双向沟通;B 为"Behavior"（行为管理），指运用行为管理的策略处理不当行为及塑造好行为。PCBI 的主要内容包括：基于游戏的社交技能训练和行为管理。PCBI 的工作模式为培训—练习—反馈，

先由治疗师培训家长，然后由家长在以家庭为主的自然环境中进行每天2.5~3.5小时的干预练习，再由治疗师给予反馈，不断提高家长的操作技能。

综合来看，现有超早期干预方案与目前常用的早期干预方案相比，理论基础上更强调发展、关系和自然环境，而在执行模式上都卷入了家长，强调以家长为中介。

（二）早期干预中家长参与的重要性

为什么在早期干预中家长的因素如此重要呢？首先，孤独症的核心损害之一是社会交往的障碍，亲子互动受损不仅是最早出现的症状之一，也是影响儿童后续学习环境的重要因素。改变每一次亲子互动的质量，就是在对孤独症的核心损害进行干预，或许这就该被称为"光能透进去的地方"吧！其次，当家长掌握了训练技能后，不仅能把低龄儿童的碎片时间利用起来，达到真正意义上的高强度干预，而且这样在日常生活情景下展开的训练更自然、更实用、更利于泛化。最后，培训家长掌握技能，还有利于提高家长的自我效能感，提高他们自身处理儿童行为的自信心，恢复家庭的正常功能，也避免了家庭对专业人员的过度依赖。所以我们常说，培训家长是一个重新给家长赋权的过程。

（三）家长参与早期干预的难度

客观地说，将家长卷入孤独症儿童的早期干预中来，并不是一件容易的事情，其中有两点难点。

一是，难以确保家长能正确地掌握核心技术。不同的干预方案采取了不同的质量控制办法，常用的办法是通过评估—反馈的模式来考核并提高家长技能的掌握水平，但家长关于训练或干预的接受度等观念层面的问题也值得关注。在PCBI的疗效因素研究中，我们就发现家长对课程的接受度、家长对课程的掌握水平和亲子二元互动的质量同样都是重要的预测因子（翁娇 等，2019）。因此，对于这一类以培训家长技能为主的干预方案，不仅需要有对家长技能掌握程度的结果评估，更需要有针对每一次干预接受度、满意度的过程评估以及对家长价值观的评估。

二是，不是所有的家长都能胜任治疗者的角度。除了时间、经济、精力等客观因素，家长自身的情绪状态、家长是否能成功地应对如此多的压力，是影响家长参与训练的关键。而目前专业人员所提供的家长心理评估、心理支持与孤独症儿童的干预方案，几乎都是割裂的，只有世界卫生组织的照管者技能培训（Caregiver Skills Training，CST）包含了照管者的自我关爱模块（该干预的服务对象为2~9岁的儿童），但仍然缺乏个体层面或家庭层面的家长心理支持或干预部分。黑尼等使用2011年美国国家孤独症诊断和服务调查的数据，运用逻辑回归模型检验了父母对孤独症的认知与孩子出现情绪、行为问题之间的关联（Haney et al.，2018）。结果发现：如果将孩子患孤独症的原因归因于环境因素、家长对孤独症的认知混乱（如认为这种情况是永久性的）、家长自身经历情绪问题、家庭负担过重，未来孩子会更高比例地出现显著的情感和行为障碍。这再次用数据说明了家长的观念、情绪状态以及其他社会文化因素，与儿童的远期结局密切相关。

可见，在孤独症的早期干预中，家庭的参与是至关重要的部分。而在已知的结论中，我们认识到家长培训不仅仅是技能的培训，更需要兼顾家长的价值观、家长的压力状态以及家庭的资源等诸多因素。而在资源匮乏的地区，仅仅由医疗卫生部门同步提供家庭支持性服务就更为困难，需要全社会，如教育系统、残疾人联合会以及其他社会组织等多部门的参与，才能构建起整个支持系统。

本章·小·结

本章介绍了孤独症相关背景知识。从1943年里奥·坎纳报告"婴儿孤独症"后，这类孩子逐渐被医学界以及大众关注。多年来，儿童精神病专家们不断探讨、研究孤独症的特点与成因，相关诊断标准以及诊断术语也几经变动。最新的ICD-11以及DSM-5诊断系统都用"孤独症谱系障碍（ASD）"替代了"广泛性发育障碍"，并囊括了各种临床亚型。根据孤独症的诊断标准，尽管每个孤独症患者具体的症状表现不尽相同、严重程度也大相径庭，但他们都存在社交/交流障碍以及刻板重复的兴趣行为两类核心症状。

临床工作中，医生很难为家长提供明确的病因学解释，因为只有15%~20%的孤独症能找到明确致病基因，其余的可能是由于遗传和环境因素相互作用，最终表现出孤独症症状。孤独症患者可能在孤独症易感或致病基因上存在遗传或者新发突变。母亲孕期的风险因素同样会影响相关基因的表达。

目前，全球各地孤独症的平均患病率为 1%~2%，孤独症患者共病其他精神障碍的情况也很常见。孤独症带来的困难会伴随终生，没有全生命支持难以真正融入社会。及时的早期干预可以帮助提升认知水平、适应能力和社交技巧，有助于让患者的生活接近正常。开展及时有效的早期干预，一方面需要医生和家长关注典型的孤独症早期标识和婴幼儿的交流和社会情绪发展里程碑，尽早识别孤独症；另一方面，家长参与的行之有效的早期干预方式十分重要。适用于 8~30 个月孤独症幼儿的超早期干预方案（PCBI）是本书将要详细介绍的干预方案，其干预原则也适用于更高年龄的孤独症儿童。后续章节里，家长将会了解到更为详细的孤独症知识，以及 PCBI 各个模块的干预方法。

第二章　孤独症的诊断与干预

本章关键词：

行为特征；诊断；干预原则；综合干预

　　临床上我们常说，"正确的诊断带来正确的治疗"。这句话对于每一个家庭、每一个孩子意味着什么呢？拿第一章中的轩轩来说，起初家长是因为孩子不会讲话就医的。如果一个医生判断他为语言发育迟缓，那么给他的建议或许就是丰富语言环境、进行语言训练。而另一个医生如果考虑的诊断是孤独症，给他的建议就会有很大的差别。不仅如此，医生和家长对于孩子未来的结局预测也会因此而有很大的不同。因此，即便我们在孤独症领域中十分强调早期干预，正确的诊断仍然是至关重要的。

　　在本章中，我们将介绍孤独症的行为特征、诊断过程、诊断要点以及早期干预原则和综合干预方法。

第一节　孤独症的行为特征

　　一个孩子是怎样被医生或心理治疗师怀疑有孤独症的，一直让家长感到很迷茫。我们不时听到家长类似这样的表达，"今天我孩子的状态不好，他在家不这样的，我们喊他他都是理的，不知道今天怎么了""我孩子害怕到医院，害怕看穿白大褂的人，害怕关门，他到哪里都要开着门""我填表格的时候，其实也不确定，是不是我表格填得不对"。这些表达提示我们，需要重新和家长讨论一下，最初是什么原因带孩子就诊或咨询的。这时候家长往往会回答：因为讲话晚，因为不和别的孩子玩，因为喊他他不理、到医院查听力又没问题等。也有的家长会回答："是幼儿园老师或者体检医生建议来的。"你再追问"幼儿园老师／体检医生发现了什么特殊的地方"，家长或许会回答：因为不看人，因为经常一个人站在角落里，因为不听指令，因为抢其他小朋友玩具或者因为推其他小朋友。

这些讲话晚、不看人、不应人、不听指令、用不恰当的方式和人交流等表现，我们称之为"疾病线索"。还记得我们在第一章介绍的壮壮和轩轩吗？壮壮在 2 岁时表现出的"带他下楼出门时，他的表现不同于其他孩子，他对小伙伴似乎没有兴趣，不会凑近别的孩子，甚至当别的孩子喊他时，他好像没有听见一样，自己找车牌上的数字看，关注路边的站牌或广告牌，上幼儿园后不理其他小伙伴"就是疾病线索。而轩轩的疾病线索是"在不到 3 岁时他由于还不开口说话，家里人担心是语言发育有问题，所以带他到医院就诊"。

一、孤独症常见的疾病线索

孤独症的疾病线索是多种多样的（图 2-1）：可以是典型的孤独症行为学特征，如不看人；可以是非孤独症特异性的行为学特征，如极端难养的气质；可以是突出的功能损害，如不肯去幼儿园；可以是患有常见的共患病，如语言发育障碍等；也可以是某项检查的结果，比如家长怀疑听力有问题、听力测试却是正常的。此外，儿童是一个不断发育的个体，必须以发展的观点来看待疾病的线索，不同年龄阶段孤独症的疾病线索有所不同。

图 2-1　孤独症的疾病线索是多种多样的

（一）幼儿期孤独症的常见疾病线索

幼儿期孤独症的常见疾病线索是孤独症的早期行为学特征。这些行为学特征有助于家长或专业人员早期发现孤独症，从而实现孤独症的早期识别、早期诊断和早期干预。

2010年中国《儿童孤独症诊疗康复指南》（卫办医政发〔2010〕123号）中列举了孤独症的早期行为学线索：①4个月时不会看着别人的脸微笑；②6个月时没有明显的快乐情绪；③12个月时听力没有问题，但喊其名字不理睬；④16个月时不会说任何一个单词；⑤18个月时不会用手指指点东西；⑥18个月时目光不会跟随别人的指点看东西；⑦18个月时不会玩假扮游戏。

2023年广田等（Hirota et al.，2023）发表的综述中，将孤独症的早期行为学特征分为两类，第一类是正常发展里程碑的缺失，第二类是异常行为的出现。

第一类正常发展里程碑的缺失，包括：①回避或没有持续的眼神接触；②9个月时对叫自己名字没有反应；③9个月时没有体现情绪的面部表情；④很少与照管者分享快乐；⑤12个月时不会玩简单的互动游戏；⑥不使用或很少使用手势；⑦不与他人分享兴趣；⑧很少或不模仿别人，或不会假扮；⑨18个月时，不会指给照管者看有趣的东西。

第二类异常行为的出现，包括：①将玩具按特定顺序排列，当顺序被改变时就会变得烦躁不安；②使用重复的单词和短语；③以不寻常的方式动其手指、手或身体（如：弹手指、拍手、摇晃身体、自身旋转等）；④对特定的物体表现出过度的兴趣；⑤对某些物体有痴迷的兴趣和对不寻常的物体有依恋；⑥对感官刺激有不寻常的反应（如：对衣服的标签很烦躁、避免食用某些质地的食物）；⑦对不寻常的感官刺激有强烈的兴趣和寻求（如：对着某些灯光过度眯眼或拍手、摩擦特定的纹理、舔或闻物体）。我国有临床调查显示，讲话晚是导致家长就诊的最常见的原因之一，这说明大众对儿童非言语性交流行为的观察和认知能力还有待提高。

（二）较晚诊断孤独症的常见疾病线索

较晚诊断的孤独症是指在幼儿期后被诊断为孤独症，也就是首次诊断为孤独症的年龄大于等于6岁。解决孤独症晚诊断的问题，毋庸置疑可以提早孤独症的诊断与干预。临床医生要特别关注以下情况：①过度好动的孩子，上课跑出教室的孩子；②学习障碍突出的孩子，或者明明会也不做卷子的孩子；③上课自己玩、做自己事情的孩子；④不愿讲话、在学校特别安静的孩子；⑤特别守规则，不能接受变化的孩子；⑥情绪极端的孩子；⑦行为不能被周围人理解的孩子等。这些往往是学龄孤独症的疾病线索，医生要沿着这些线索，展开完整的病史采集和必要的心理评估，及时正确地给出诊断。

此外，在临床实践中，医生还需要关注那些并非以孤独症核心症状为主、但以孤独症相关线索就诊的患者。例如当患者以其他优先诊断的共患病就诊，或者有其他线索更突出的复杂情况时，医生需要回顾其是否存在孤独症的可能。例如，低龄（学龄前）的儿童存在极端的多动表现，这往往可能是孤独症所致。另外，儿童选择性缄默的背后可能存在孤独症的问题。曾有一个6岁的男孩，因为选择性缄默在我们医院住院，住院期间观察到其和家人不亲、不关注周围环境且特别固执，追问病史后发现其在小的时候就有孤独症的表现，只是因为家长没有这方面的意识未发现。有一个7岁的女孩因为自言自语来住院，在与孩子的接触中发现其自言自语的内容为最近看的短视频或新闻；且整个过程中该儿童均不看人，语言较同龄儿童简单，进一步追问病史，该儿童还存在孤独症的其他症状。

二、孤独症的核心症状

孤独症的核心症状包括两大类：一是社交障碍和交流障碍；二是兴趣狭窄、行为方式刻板和感知觉异常。我们接着看壮壮和轩轩的故事。

3岁的壮壮在爸爸妈妈的陪同下来到诊室。进入诊室时，壮壮手里还拿着一只恐龙玩具。在被叫到名字时，三五声后壮壮才会抬头看一眼医生，眼神很快转移开。当工作人员问他手里拿的是什么玩具的时候，壮壮则能准确地介绍他手里拿的是霸王龙，并且不停地说霸王龙的各种知识点，被打断后还会重新介绍一遍。壮壮在讲霸王龙故事的时候拖着长腔，且根本不关心周围人的表情。当被问及喜不喜欢幼儿园的时候，壮壮则称不喜欢幼儿园。当被问及为什么不喜欢幼儿园时，壮壮则称"不给玩玩具"，原来是壮壮看到同学的玩具直接去抢，被老师批评了，小朋友也不怎么和他玩了。当看到医生在键盘上打字后，壮壮用手去拍键盘，被爸爸妈妈拉开后还在不停地挣扎向前，想去拍键盘。壮壮在诊室还会自言自语，讲一些动画片里的内容，有时候会看手，手部有一些刻板的动作。进一步了解壮壮的成长经历后发现，在1岁前壮壮的家长没有发现孩子有明显的问题。壮壮18个月左右逐渐开始不怎么回应周围的人，以前会讲的话也很少说了，有的时候要引导很久才肯说。

壮壮的主要临床表现为，1岁前家人没有发现他和其他儿童的差别；18个月左右他逐渐开始出现社交和语言的倒退，不主动和人交往，不会察言观色，与人交往时具有明显的单向性，更多地关心自己感兴趣的话题；兴趣狭窄，喜欢恐龙、广告牌、数字和键盘；存在刻板动作，总喜欢看手。

轩轩8岁时在妈妈、爸爸和奶奶的陪同下进入诊室。轩轩能回答一些简单的问题，如"叫什么名字""是男孩还是女孩"和"多大了"等，但不管被问到上面的哪一个问题轩轩都用同一段话回答，他每次都说"我是轩轩，我是男生，我8岁了，我家住……"，就像背书一样。在外人看来，轩轩根本不会像有的小朋友那样会看脸色，会变通。轩轩要用固定的被子，家里吃饭的时候，他不止自己要坐在固定的位置，还要求家里其他人按照第一次吃饭时的位置坐，否则就不停地拉着家人换位置。当听到家长和医生提到学校时，轩轩明显情绪特别激动，在诊室大声喊叫，甚至用手打自己的头，好像根本不知道疼痛。妈妈补充说，轩轩自小对疼痛不敏感，打针从来不哭，摔倒了也不闹，并且根本没有危险意识，有过多次走丢的情况，家人报警后才找回。

轩轩的主要临床表现为讲话迟，自幼社交不足。虽然带着对诊断的疑问，家长还是看到了轩轩和其他孩子的差距，对轩轩进行了干预。经过干预，轩轩各方面的能力均得到了提高。上学后虽然有妈妈的陪读，轩轩仍然面临很多的困难和很大的挑战。轩轩不能理解社交规则，在学校不听指令，随便离开座位；在人际交往中也有明显僵化的方式，按照固定的语言回答姓名、性别和年龄的问题；对家里的环境比较敏感，抗拒变化，要求家人坐在固定的位置吃饭；痛觉不敏感；对语言的理解和表达能力仍不足；在面临各种困难和压力的时候，轩轩情绪不稳定，出现了打头的自伤行为。

壮壮和轩轩虽然年龄不同，起病的形式和特点也不同，但他们有共同的特点，就是都存在社交／交流障碍和兴趣狭窄、行为方式刻板、感知觉异常两个维度的异常。下面我们来详细地梳理一下孤独症的核心症状（中华医学会儿科学分会发育行为学组，2017；郑毅 等，2023）。

（一）社会交往障碍

孤独症儿童在社会交往方面存在质的损害，他们不同程度地缺乏与人交往的兴趣，社交技巧不足，或存在不恰当的交往方式。具体表现随年龄和疾病严重程度的不同而有所不同，以与同龄儿童的交往障碍最为突出。

（1）婴儿期。有些孤独症儿童在12个月内就呈现孤独症的症状（Hadders-Algra，2022），可表现为：对人脸缺乏兴趣，不愿与人亲近，更多地关注无生命的个体，或者一些闪闪发光的物体；社会性微笑减少或缺乏，被别人逗弄时，极少以微笑来回应别人的笑容；目光接触异常，不看人的眼睛或者眼神飘忽、目光对视不持续；对叫名反应不敏感，当别人喊自己名字时没有反应或者看一眼声音的来源继续他的事情；很少模仿或不模仿他人的动作。

（2）幼儿期。仍然存在目光接触异常，叫其名字经常不理会。这个年龄段的儿童常常表现为对同龄的儿童不感兴趣，或不主动与其他小朋友交流，经常自己一个人玩，给别人的感觉是孩子沉浸在自己的世界里，自娱自乐。他们给大人的感觉往往是不如其他小朋友贴心，不会察言观色，不太会分享自己的感受，也不会安慰人，不会通过眼神和声音引起别人对他所指物体的注意。

交往技巧缺乏。有的儿童想去和人交流，但会用一些不恰当的方式接近其他人，如用直接抱人或推人的方式和人打招呼。有些能力好的儿童，可以表达自己的想法，但不能维持友谊，有些儿童在与人交流的时候只谈自己感兴趣的话题而不管别人的回应和感受，经常玩着玩着就又变成了一个人玩。

不能很好地区分人的亲疏远近。有一个5岁的男孩，在家长带其坐火车时，在火车的车厢里挨个往别人身上爬，要别人抱。

不会玩假装游戏。有些儿童和其他小朋友在一起的时候多是追着跑，不会玩想象性的游戏和角色扮演，或者只会扮演固定的角色。

在幼儿园或集体活动中不服从指令，随便离开座位。之前遇到一个4岁的男孩，在幼儿园自己离开了教室，最后老师和同学在一棵树下找到了他，问其原因则称是到树下看蚂蚁。

（二）交流（语用）障碍

交流障碍是孤独症的常见表现。大部分孤独症儿童语言发育较同龄儿童晚。少数孤独症儿童在2岁前有语言表达，起病后语言逐渐减少、消失。但孤独症儿童更突出的表现是非语言交流障碍。

（1）孤独症儿童非言语沟通技能的障碍主要表现为：很少使用肢体语言和面部表情进行交流，如不会使用点头表示是、摇头表示不是、摆手表示再见等；他们的面部表情也较同龄儿童变化少，与人交流时不会用社交性的面部表情如微笑、看人的眼睛等，不了解的人还以为是孩子性格比较"酷"、比较"冷"。

（2）孤独症儿童即使有语言功能，他们的语言内容及形式也存在异常。如：经常用一些不恰当的语言进行交流，说一些让别人觉得尴尬的话；有些儿童会仿说别人讲话的内容或者用同样的方式回答别人的问题，也有一些儿童会自言自语或者讲一些别人听不懂的话；有些儿童的语音、语调和语速存在异常，缺乏抑扬顿挫的感情色彩。

（三）兴趣狭窄或异常

过分专注于一些单调、重复的物体，如圆的、旋转的物体。他们会全神贯注地看这些物体，如有的儿童会盯着家里的风扇、空调或洗衣机看；喜欢开门、关门，开灯、关灯以及上下电梯；着迷于地铁、公交车的站名或广告、天气预报等；玩玩具的时候玩玩具的一部分，而不是玩具的整体，如只转车轮；或者对一般儿童喜欢的玩具和游戏不感兴趣，而专注于一些正常儿童不太关注的事物，如小棍子、木块、车标等；有些儿童长期特别依恋特定物体，会整天拿着它，如果依恋的物体被强行拿开，他们则表现出烦躁不安；有些功能高的儿童会对数字、认字、天文、地理或绘画等表现出特殊的兴趣和才能。

（四）重复刻板动作及刻板行为

（1）重复的刻板动作。刻板动作可能是：把手放在胸前盯着看；拍手，并且边拍手边蹦跳；站立时摇摆身体或头部；旋转身体；轻弹手指；踮着脚尖走路；扑打、撞击自己的头部和身体。另外，有的小朋友喜欢玩重复或刻板的游戏，例如按照之前第一次玩游戏的规则玩游戏，如果改变游戏规则则表现得非常抗拒。

（2）固定的仪式行为。孤独症儿童常常不愿意改变日常生活习惯，一旦养成一定的生活规律，就会固执地坚持，拒绝改变自己的生活习惯和环境，对变化或新情况产生极端情绪反应。如：吃饭的时候要求家里每个人都要坐在固定的位置，要用固定的餐具，上厕所要用自己的马桶，在外面坚决不上厕所，不愿意吃没吃过的食物、换新的衣服，回家要走固定的路线等，不得以改变时他们往往焦虑不安。

（五）感知觉异常

孤独症儿童可表现为各种感觉的过敏、不足或寻求。如：有的儿童对某些声音特别敏感，在听到吹风机或吸尘器的声音时会非常烦躁、发脾气；有的儿童视觉上喜欢看闪闪发光的或旋转的物体；有的儿童对触觉敏感，不愿意用淋浴洗澡；有的儿童对痛觉不敏感，打针时从来不哭，摔伤时也不感到疼痛；有的儿童会闻别人头发的味道；有的儿童会见到什么东西都用舌头去舔；有的儿童平衡能力特强，怎么转也不晕；有的儿童对食物的味道、气味、质感、外观过分关注，或极端地挑食。

（六）其他

目前孤独症共患智力障碍的比例在 50% 左右（中华医学会儿科学分会发育行为学组，2017）。孤独症儿童的智力水平与社会交往能力、智力内部各维度之间也呈现出明显的不均衡。一般来说，孤独症儿童的操作智商高于语言智商。也有少数孤独症儿童在个别能力上表现超常，即其智力在普遍低下的基础上，某一方面的能力超过其整体能力或表现出超出正常人的一些特殊能力。孤独症儿童常伴有行为和情绪问题（Lai，2019），如注意力不集中、多动、冲动、攻击性行为、破坏性行为及自伤行为等。学龄期和青春期的儿童易出现焦虑、抑郁、情绪不稳定等情绪问题，还可能伴有进食和睡眠障碍，如挑食、入睡困难或睡眠时间少等。

在前面的部分，我们从孤独症常见的疾病线索、孤独症的核心症状两方面介绍了孤独症的行为特征。尽管症状描述得很清晰，但并不是每个孩子都按照描述的情况来生病。孤独症疾病本身的复杂性，孤独症儿童不同的气质特点、年龄和智商可能会表现出的不同症状，孤独症儿童家长的文化水平、对疾病知识的了解和接受度等都会影响疾病的诊断。只有接受过专业培训的临床医生才能给出准确的诊断。

第二节 孤独症诊断过程与方法

一、诊断过程

对于绝大多数非症候群性孤独症来说，诊断过程往往是从详细而客观的采集病史开始，结合专业的精神检查，相关发育水平、智力、孤独症症状等临床心理评估，以及必要的躯体检查、神经系统检查、听力测试、基因检测、脑电图和影像学等辅助检查，最后依据诊断标准，综合分析予以诊断。

二、诊断要点

在临床工作中，孤独症的诊断要点包括：

（1）起病于发育早期；

（2）以在多种场合下社交互动和社交交流方面存在的持续性缺陷和受限的、重复的行为模式、兴趣或活动为主要临床表现；

（3）上述症状导致社交、职业或目前其他重要功能方面的有临床意义的损害；

（4）上述症状不能用智力障碍（智力发育障碍）或全面发育迟缓等来更好地解释。

最后由临床医生综合病史、精神检查、心理评估、辅助检查结果，并结合 ICD-11 孤独症谱系障碍诊断标准或 DSM-5 中孤独症谱系障碍的诊断标准（见附录一）对患儿做出诊断。

下面我们一起来回顾一下壮壮的情况，综合起来可以发现：壮壮起病的年龄是 3 岁之前；同时他在社会情感互动方面常不听指令、唤名常不理、交流单向；非言语交流方面不能察觉社交信号，自顾自说自己感兴趣的话题；维持关系方面较困难，在交流互动时，不理解规则意识，且抢夺他人玩具；也存在着不能打断其说话、反复敲击键盘、双手放置眼前、看手等刻板的兴趣和行为。从病史和精神检查中我们也可以判断壮壮的这些行为特征已经给他的幼儿园生活以及家庭生活带来了明显的损害。在门诊过程中医生给壮壮进行了智力测验、孤独症诊断性评估后，结果也提示壮壮存在孤独症的相关症状。最后，临床医生结合 DSM-5 中孤独症相关的诊断标准，给壮壮做出了孤独症的诊断。

三、鉴别诊断

孤独症虽然有两大类核心症状，但仍容易与很多疾病相混淆。比如第一章中的轩轩，其首次就诊的主要原因是语言发育迟缓。不同的疾病有可能存在相似的一些症状和表现，很容易造成误诊和漏诊，因此需要我们去仔细鉴别它们之间的区别，便于进一步明确诊断（表 2-1）。

表 2-1　孤独症与其他常见疾病的鉴别诊断

疾病名称	相同点	不同于孤独症的特征
智力发育障碍	言语交流、理解困难	无社会交往质的缺陷，无明显狭窄兴趣和刻板重复行为
发育性言语或语言障碍	存在语音、构音、表达、理解等相关问题	在非言语交流方面的能力相对完好
选择性缄默症	很少主动与人交流	在至少一个场合中言语交流良好，没有明显的狭窄兴趣和刻板重复行为
注意缺陷多动障碍	存在交流障碍	交流障碍的原因不同，无狭窄的兴趣和刻板重复行为
反应性依恋障碍	社交关系模式异常	通常有极端缺乏照料经历，当重新获得有关爱的充分照养后，其症状则可明显缓解；无狭窄的兴趣和刻板重复行为
早早发精神分裂症	可能表现出孤僻、退缩、自言自语、傻笑和怪异行为	有一个正常的发育阶段，言语方面没有实质性损害，往往存在病理性幻想或幻听
社交（语用）交流障碍	在通过沟通达成社交目的方面存在缺陷	非言语交流尚可，无狭窄的兴趣和刻板重复行为
儿童期瓦解性障碍	存在社交缺陷	患者在 2 岁前，言语、人际交往、其他生活和社会功能的发育完全正常，在病后几个月内，个体发育过程中所获得的技能逐步丧失
雷特综合征	符合孤独症两大核心症候群	只见于女孩，由 MECP2 基因突变所致；症状严重时会出现癫痫和走路困难

（一）智力发育障碍

智力发育障碍（Disorders of Intellectual Development，IDD），是一种可由多种原因引起的神经发育障碍所致的综合征，以智力低下和社会适应困难、未能达到相应年龄发育水平为主要临床表现。智力发育障碍儿童与孤独症儿童在与他人言语交流方面、对言语的理解方面存在相似的问题，但两者仍存在明显的区别，智力发育障碍儿童无社会交往质的缺陷，其发育水平与其智力水平相一致，无明显狭窄兴趣和刻板重复行为。

（二）发育性言语或语言障碍

发育性言语或语言障碍（Developmental Speech or Language Disorder，DLD）是 ICD-11 中的诊断用语，在生长发育期起病，表现为理解或产生语言上的困难或使用语言的困难，导致与外界的沟通受到限制，语言发育水平低于年龄和智力功能的预期值。孤独症儿童与语言发育迟缓儿童都存在语音、构音、表达、理解等相关问题，但相比单纯语言发育迟缓儿童，孤独症儿童在非言语交流方面仍存在障碍。DLD 儿童在参与假伴游戏、使用手势进行交流和对语言做出反应的能力相对完好，可以运用表情和动作来表示自己的需求。

（三）选择性缄默症

选择性缄默症（Selective Mutism，SM）是一种相对罕见的儿童疾病，特征是已具有语言功能的儿童在特定社会环境如学校、社交场合中，不能用语言表达，但在其他环境如家里，能正常说话和进行肢体交流。其症状轻重不同，有的孩子可以参加社会性活动，有的孩子不参加活动，有的孩子只和同龄人说话，有的孩子只回答成年人的问话；据报道，62% 的 SM 儿童也可以被诊断为孤独症（Steffenburg et al.，2018）。虽然 SM 儿童与孤独症儿童同样很少主动与人交流，然而 SM 儿童在发育早期未见明显异常、言语发育良好，在至少一个场合中言语交流良好（如家庭内），而缄默不语的现象常出现在另一个甚至多个场景下。同时 SM 的孩子也没有明显的狭窄兴趣和刻板重复行为。

（四）注意缺陷多动障碍

注意缺陷多动障碍（Attention Deficit Hyperactivity Disorder，ADHD）表现为注意缺陷和/或多动 – 冲动的持续性模式（至少 6 个月），在生长发育期（通常是中期）起病。注意缺陷或多动 – 冲动的程度超出了年龄和智力功能的正常变化范围，显著影响个体的学业、职业、社交功能。ADHD 儿童主要表现为注意难以维持在缺乏高水平刺激或频繁奖励的任务上，容易分心，组织性、条理性存在问题；过多运动性活动，难以保持安静不动，在需要自控的结构化情境下尤其明显；易冲动，有一种对刺激立即做出反应的倾向，不考虑风险和后果。

临床上孤独症与 ADHD 共病的情况很普遍，有研究指出甚至已经达到 40%~70%（Joshi et al.，2017；Salazar et al.，2015）。孤独症和 ADHD 在症状表现上也有所重叠，如交流障碍在孤独症和 ADHD 中普遍存在，但 ADHD 儿童的交流障碍主要是对社交线索的不注意、冲动和分心，而不是无法理解微妙的社会互动并做出相应的反应。孤独症个体的社交困难更多是由于积极行为（如社交接近、眼神接触等）的缺乏而不是由于消极行为的存在。相反，ADHD 儿童的社交困难更可能是由于消极行为的存在，如打断谈话等。此外，与孤独症儿童不同，ADHD 儿童无狭窄的兴趣，只是专注力不能维持很久，也并无孤独症中的刻板重复行为。这些特征有助于两者的鉴别诊断。

（五）反应性依恋障碍

反应性依恋障碍（Reactive Attachment Disorder，RAD）是儿童依恋障碍的一种类型，发生于婴幼儿和童年早期，其特征是儿童社交关系模式的长期异常，伴有行为紊乱并与周围环境改变有关。主要的临床表现有：对周围环境存在极大的恐惧；对周围环境的刺激表现出高度警惕，不与他人交往；通常不与同伴交往和游戏。这些症状很容易与孤独症混淆，但 RAD 儿童在 5 岁前有极端缺乏照料的经历（包括社会性忽视和剥夺），经常变换主要照养人，严重缺乏形成选择性依恋的养育环境。当重新获得有关爱的充分照养后，其症状则可明显缓解。而孤独症儿童通常不涉及被忽视的经历。另外，RAD 儿童通常不存在限制和重复的行为，不会过度遵守仪式和常规，没有受限制的、固定的兴趣以及异常的感觉反应。尽管他们都可能伴有发育迟缓，但孤独症儿童还包括特定的社交沟通行为（如交流意图）的问题，以及假扮游戏的问题。

（六）早早发精神分裂症

精神分裂症（Schizophrenia，SCH）是一种精神科疾病，是一种持续、通常慢性的重大精神疾病，是以基本个性改变，思维、情感、行为的分裂，精神活动与环境的不协调为主要特征的常见的精神病之一。它包含一种早早发精神分裂症，早早发精神分裂症（Very Early Onset Schizophrenia，VEOS）是指起病于 13 岁之前的精神分裂症，虽然患病率很低，但确实也可以见到 4~5

岁就起病的 VEOS 孩子。VEOS 儿童也可能表现出孤僻、退缩、自言自语、傻笑和怪异行为，这些都容易与孤独症相混淆。但是 VEOS 儿童通常有一个正常的发育阶段，且 VEOS 儿童言语方面没有实质性损害，往往存在病理性幻想或幻听；通过抗精神病药治疗可使 VEOS 症状取得明显改善。

（七）社交（语用）交流障碍

社交（语用）交流障碍 [Social（Pragmatics）Communication Disorder] 是 DSM-5 新增的一个语用障碍，社交（语用）交流障碍指的是在通过沟通达成社交目的方面存在缺陷，调整沟通以适应语境或听者需要的能力存在缺陷，难以遵守谈话和讲故事的规则如轮流交谈，难以理解没有明确陈述的内容如进行推断，难以理解语言的非字面意义或模糊意义。该障碍可能与孤独症儿童一样存在交流问题和社交困难。然而，该障碍儿童存在特定的语言障碍，但非言语交流表现尚可，也没有受限的、重复的行为、兴趣或活动模式。

（八）儿童期瓦解性障碍

儿童期瓦解性障碍（Childhood Disintegrative Disorder，CDD）是广泛性发育障碍（ICD-10）中的一个亚型，又称婴儿痴呆或衰退性精神病。其大多数起病于 2~3 岁，症状在半年内会十分显著，无明显性别差异。该障碍主要表现为已获得的正常生活（如大小便自控能力）、社会功能及言语功能迅速衰退，甚至丧失；对亲人、游戏及社交等均无兴趣。在大龄儿童中首次就诊的孤独症与 CDD 患儿经常容易混淆，他们同样都存在社交缺陷，但通过详细询问病史会发现，CDD 儿童在 2 岁前，言语、人际交往、其他生活和社会功能的发育完全正常，随后出现言语贫乏与丧失、伴有行为瓦解，即在病后几个月内，个体发育过程中所获得的技能逐步丧失，除语言的严重退化或丧失外，还有游戏技能、社交技能和适应行为的退化，有时出现运动控制能力衰退、活动无目的性，部分儿童可出现自残行为。

（九）雷特综合征

雷特综合征（Rett's Disorder）起病早，一般 6~18 个月起病，是一种严重影响儿童精神运动发育的疾病，主要累及女孩，是引起女孩重度智力障碍的主要原因之一，发病率为 1/10000~1/15000。其主要表现为头部生长缓慢、语言倒退、手部失用及刻板样动作，并伴有严重精神运动发育迟滞及倒退、孤独行为，且其是基因突变所导致的。雷特综合征儿童在 2~5 岁期间的行为表现常符合孤独症两大核心症候群，称为症候群性孤独症，但其与孤独症主要区别在于该疾病目前只见于女孩，由 MECP2 基因突变所致，可以通过基因检查得到明确诊断；且雷特综合征症状严重的儿童会出现癫痫和走路困难的症状。

四、共患病

大多数患儿在诊断孤独症之前、同时或之后还发现共患各种其他发育障碍、营养问题、躯体疾病、心理行为问题甚至精神障碍等，且多数患儿共患 2 种以上问题。有研究基于社区和临床的数据指出，共病智力发育障碍（社区中为 30%~70%）、发育性言语或语言障碍（社区中 10~14 岁约为 56%）、便秘(基于社区和临床证据为 4%~46%)、腹泻(基于社区和临床证据为 2%~76%)、睡眠觉醒障碍（社区约 11%，临床约 13%）、注意缺陷多动障碍（社区约 22%，临床约 28%）、焦虑障碍（社区约 15%，临床约 20%）、强迫障碍（社区约 4%，临床约 9%）、对立违抗障碍（社区为 28%）、攻击性行为和行为障碍（社区约 7%，临床约 12%）、非自杀性自伤（社区 27%~50%，临床约 42%）、癫痫（社区约 10.8%）。患儿还可能存在染色体及基因病，当我们在临床上发现孤独症以外的问题已经严重影响其日常生活时，应当给予重视，重新评估其是否患有共患病，以便更好地对症治疗及进行康复训练（Lord et al.，2022）。

五、检查方法

（一）病史采集

发现疾病线索后专业人员往往就要开始病史采集，对象可以是家长或其他了解情况的人，大龄患者也可以自己提供部分病史。病史采集的目标是全面了解患者的疾病特征、功能受损情况及其他重要信息。现病史、既往史、个人史和家族史等信息采集都包含在病史采集中。

现病史是指详细了解患儿的生长发育过程，包括运动、言语、认知功能等的发育，并针对发育落后的领域和让家长感到异常的行为进行询问，了解疾病发生、发展的过程，突出时间概念，注意异常行为出现的年龄、持续时间、频率、影响因素及目前情况如何，了解疾病对日常生活的影响程度。儿童是一个不断发育的个体，专业人员必须以发展的观点看待儿童的症状，必须熟悉不同年龄阶段儿童正常的心理发育水平，分辨儿童的行为表现是否异常。

虽然孤独症不是由家庭不利因素造成的，但我们仍要关注是否存在家庭不和睦或父母未参与照料、不懂回应性照护、过度屏幕暴露等不利于儿童正常发展的风险因素。因此，病史采集应包括对孤独症患儿和家庭有负面影响的任何信息。另外，病史采集还包括出生时父母的年龄（父亲年龄较大是孤独症的危险因素）、围生期危险因素以及妊娠或分娩并发症，如母亲糖尿病、妊娠期糖尿病或感染、早产、低出生体重和潜在的产前暴露等。

其他病史采集还包括：对医疗问题的评估，特别关注那些孤独症儿童常见的问题（如喂养和胃肠道问题、睡眠障碍等），以及异食癖／铅暴露的评估；询问有关药物和维生素的使用、补充和替代疗法、饮食治疗或过敏／不耐受（食物和药物）情况；详细询问相关疾病史，如耳部频繁感染、听力减退以及重大疾病或损伤（头部损伤）史、癫痫和癫痫发作、遗传／代谢和自身免疫疾病、语言迟缓或语言问题、智力障碍或学习困难，或注意力问题；行为表型或合并的疾病也可为潜在的遗传或代谢疾病提供线索，频繁患病、呕吐、生长问题或退化的病史可能提示代谢紊乱；精神疾病（如精神分裂症、情绪障碍或焦虑）的家族史，并询问该家庭成员是否有可能的血缘关系；依恋、创伤、忽视或社会心理剥夺史；发展和教育服务的情况，包括治疗或教育的总时数和服务、治疗或教育规划的类型。

（二）精神检查

通过全面的精神检查，观察儿童与人的互动沟通、对人对物的反应、目光对视情况、注意力状态、有无特殊言语表现、情绪状况、有无特别的兴趣和异常行为、躯体活动和运动协调性等方面的行为表现，从而为诊断和鉴别诊断提供依据，精神检查的内容和记录一般包括以下几个方面：

（1）观察患儿对陌生环境、陌生人和父母离开是什么反应。例如，案例一中的壮壮刚进入诊室时，根本不关心周围人的表情，不会主动探索新的环境；而轩轩同样不会关注诊室的环境，无任何探索新环境的行为。

（2）观察患儿的言语理解及表达的发育水平是否与年龄相当，有无刻板重复语言、即时或延迟模仿性言语及自我刺激式言语，是否能围绕一个话题进行交谈以及遵从指令情况。结合案例一中的壮壮，其在诊室交流互动时，存在语音语调异常，说话拖着长腔，常自言自语、有重复语言；案例二中的轩轩，存在死记硬背的现象，每次回答问题时，只会用之前家长教过的同一段话回答，难以变通。

（3）观察患儿是否回避与人目光对视，是否会利用手势、点头、摇头、面部表情等非言语交流。案例一的壮壮在被叫到其名字三五声后才会抬头看一眼医生，眼神很快转移，想要他人玩具，常直接去抢，不会使用言语及肢体动作示意。而轩轩也不会用非言语动作等来表达自己情绪。

（4）患儿是否有同理心。如父母或检查者假装受伤痛苦时患儿是否有反应，是什么反应。通常正常儿童面对家人假装受伤时，常表现出同理心，会去关心家人，嘘寒问暖，或者通过表情和动作等来表达自己的关心。案例一的壮壮根本不关心周围人的表情；而轩轩主要表现为不会察言观色，常按照自己意愿去做事，如安排他人吃饭的座位。

（5）患儿是否对玩具及周围物品感兴趣，玩具使用的方式及游戏能力如何。大部分孤独症儿童兴趣狭窄，玩玩具的方式方法单一，如壮壮在诊室会反复诉说霸王龙玩具的各种知识点。

（6）患儿是否有刻板动作、强迫性仪式性行为及自伤行为。刻板动作是诊断孤独症的必要条件，但往往每个人常表现出不同的刻板行为。壮壮和轩轩都不同程度地表现刻板行为，如壮壮会反复拍打键盘、看手、玩手，而轩轩则表现出机械式的语言，用同一种句式回答他人的问题，且存在明显易激惹行为，当要求不被满足时，在诊室大喊大叫，甚至出现自伤的行为。

（7）患儿智能发育的水平是否与年龄相当，是否有相对较好或特殊的能力。智能水平也是我们在诊断及评估过程中需要考虑的一个重要因素，当实际智能水平与年龄不匹配时，要观察其心理行为发育水平是否与实际智能水平相匹配。通过对壮壮和轩轩的观察，我们发现其心理发育水平与年龄不相匹配，而壮壮对文字类具有较好的记忆能力。

（三）体格检查

了解体格生长情况，测量头围、身高、体重，了解发育情况，观察面部特征及全身皮肤，检查有无先天畸形、视听觉障碍，检查神经系统有无阳性体征等。

常规的体格检查对于发现躯体疾病的相关体征有所帮助。在孤独症的诊断中常见的阳性体征可能与某些症候群性孤独症的特殊体征相关，可能与共患的其他发育异常相关，也可能与共患的躯体疾病或营养问题相关。临床上需要重点检查的内容有：躯体发育情况，如头围、面部特征（如脆性 X 综合征中突出的大耳朵，与遗传或代谢综合征有关的眼距宽、眼角高或低、低鼻梁、招风耳、三角嘴、嘴角向下、下颌后缩等）、皮肤检查（有无结节性硬化症相关的色素减退斑或灰叶斑，或神经纤维瘤相关的色素沉着）；身高、体重、有无先天畸形、视听觉有无障碍、神经系统是否有阳性体征（神经系统检查应关注患者的颅神经、肌力、肌张力、运动协调性、病理反射和步态）等。部分低龄孤独症患儿检查不合作，或者部分医生忽视体格检查，都可能漏掉重要的阳性体征。

（四）临床评估

（1）孤独症的筛查工具：在孤独症的早期诊断中，儿童保健体系的早期定期筛查，采用提示发育异常的预警征或适用于婴幼儿的孤独症相关筛查量表。常用的筛查量表包括：克氏孤独症行为量表（Clancy Autism Behavior Scale，CABS，见表 2-2）、婴幼儿孤独症筛查量表 – 修订版（Modified Checklist for Autism in Toddlers，M-CHAT，见表 2-3）、孤独症行为量表（Autism Behavior Checklist，ABC）、婴幼儿孤独症筛查量表（Checklist for Autism in Toddlers，CHAT）、婴幼儿孤独症筛查量表 –23（Checklist for Autism in Toddlers-23，CHAT-23）、社交反应量表（Social Responsiveness Scale，SRS）、孤独症谱系障碍筛查问卷（Autism Spectrum Screening Questionnaire，ASSQ）、两岁儿童孤独症筛查量表（Screening Tool for Autism in Two-Year Olds，STAT）、孤独症谱系商数量表（Autism-Spectrum Quotient，AQ）等（中华医学会儿科学分会发育行为学组，2017）。

表 2-2　克氏孤独症行为量表（CABS）

儿童姓名：_____　性　别：_____　出生日期：_____　填表日期：_____

项目	从不	偶尔	经常
（1）不易与别人混在一起玩			
（2）听而不闻，像听不见一样			
（3）教他学什么，强烈反抗，如拒绝模仿、说话或做动作			

续表 2-2

项目	从不	偶尔	经常
（4）意识不到危险			
（5）不能接受日常习惯的变化			
（6）以手势表达需要			
（7）莫名其妙地笑			
（8）不喜欢被人拥抱			
（9）不停地动			
（10）不望对方的脸，避免视线的接触			
（11）过度偏爱某些物品			
（12）喜欢旋转的东西			
（13）反反复复地做些怪异的动作或玩耍			
（14）对周围不关心			

注：该量表由14项组成，行为出现频率分"从不""偶尔"和"经常"三级，分别评分为"0""1""2"

分。累计分数≥14分且"从不"≤3项、"经常"≥6项者，可能为自闭症，分数越高，

可能性越大。

表 2-3 婴幼儿孤独症筛查量表 - 修订版（M-CHAT）

请按照你孩子平常的状况回答下列问题。尽量每个问题都回答。如果某种行为很少出

现（例如：你只看过一两次），请以孩子没有做过来作答。

项目	是	否
（1）你的孩子喜欢你摇他或是把他放在你的膝盖上等之类的事吗？		
（2）你的孩子对其他孩子有兴趣吗？		
（3）你的孩子喜欢爬东西，比如上楼梯吗？		
（4）你的孩子喜欢玩捉迷藏吗？		
（5）你的孩子会玩假装游戏（例如，讲电话或照顾洋娃娃），或假装其他事情吗？		
（6）你的孩子曾用食指指着东西，要求要某样东西吗？		
（7）你的孩子曾用食指指着东西，表示对某样东西有兴趣吗？		
（8）你的孩子会正确玩小玩具（例如车子或积木），而不是只把它们放在嘴里、随便乱动或是把它们丢掉吗？		
（9）你的孩子曾经拿东西给你（家长）看吗？		

续表 2-3

项目	是	否
（10）你的孩子会注意看着你的眼睛超过一两秒钟吗？		
（11）你的孩子曾对声音过分敏感吗？（例如捂住耳朵）		
（12）你的孩子看到你的脸或是你的微笑时会以微笑回应吗？		
（13）你的孩子会模仿你吗？（例如：你扮个鬼脸，你的孩子会模仿吗？）		
（14）你的孩子听到别人叫他的名字时，他会回应吗？		
（15）如果你指着房间另一头的玩具，你的孩子会看那个玩具吗？		
（16）你的孩子会走路吗？		
（17）你的孩子会看你正在看的东西吗？		
（18）你的孩子会在他的脸附近做出一些不寻常的手指头动作吗？		
（19）你的孩子会设法吸引你看他自己的活动吗？		
（20）你是否曾经怀疑你的孩子听力有问题？		
（21）你的孩子能理解别人说的话吗？		
（22）你的孩子有时候会两眼失焦或是没有目的地逛来逛去吗？		
（23）你的孩子碰到不熟悉的事物时会看着你的脸，看看你的反应吗？		

注：其中第 2、7、9、13、14、15 项为关键性问答项。第 11、18、20、22 项回答"是"为未通过，其他项回答"否"为未通过。如果关键性问答项有 2 项及以上为未通过，或 23 项中有任意 3 项未通过，则可能为孤独症，需进行进一步评估。

（2）孤独症的诊断工具：诊断量表包括儿童孤独症评定量表（Childhood Autism Rating Scale，CARS）、孤独症访谈量表修订版（Autism Diagnostic Interview–Revised，ADI-R）、孤独症诊断观察量表（Autism Diagnostic Observation Schedule，ADOS）。后两个量表需要经过系统培训获得资格后方可使用。

例如：第一章中我们根据轩轩的临床表现及特征，选择了孤独症相关的筛查及诊断性的评估工具，以便于进一步地明确诊断，其临床心理评估提示如下。

ABC：78 分（筛查界限分 53 分，诊断分 67 分）；CHAT：高度危险组；M–CHAT: 可疑组；CARS: 38 分；婴儿—初中生社会生活能力量表: 中度问题；ADI-R：社交 18 分（截止分 10 分），语言 13 分（截止分 8 分），刻板 4 分（截止分3分），起病3分（截止分1分）。ADOS：沟通15分（截止分5分），社会互动8分（截止分6分），游戏2分，刻板行为4分。

最后综合其临床心理评估结果，发现这些结果均符合孤独症诊断相关指标。

（五）病因学检查及其他辅助检查

正如第一章中的壮壮，其经常出现唤名不理的情况，1岁以前发育基本正常，随后出现类似倒退的现象，且经常容易走神等。结合现病史、体格检查、精神检查等结果，医生给予听力、脑电图、头颅核磁共振等辅助检查；检查后的相关结果未见明显异常。

孤独症还需要与神经系统疾病、代谢性疾病等精神障碍进行鉴别，医生需要根据患儿的具体情况，选择适当的辅助检查。常见的辅助检查包括：听力检查、基因检查、电生理检查（脑电图、诱发电位）、影像学检查等。

（1）听力检查。对诊断（或怀疑）为孤独症的所有语言发育迟缓及唤名欠佳的儿童均应进行相关的听力检查。

（2）基因检测。基因检测是通过血液、其他体液或细胞对DNA进行检测的技术。基因检测可以诊断疾病，也可以用于疾病风险的预测。家族存在遗传性疾病、外貌异常或智力障碍的患者，建议考虑基因检测。如脆性X综合征（Fragile X Syndrome）、结节性硬化症（Tuberous Sclerosis Complex）、天使综合征（Angelman Syndrome）、唐氏综合征（Down Syndrome）和威廉斯综合征（Williams Syndrome）等，对具有这些遗传综合征症候群表现的患者，基因检测有助于病因学诊断。

（3）电生理检查。有部分孤独症儿童伴有癫痫发作、先天性风疹、结节性硬化，尽管脑电图对诊断孤独症无特异性的诊断价值，但有部分病例脑电图检查可发现非典型改变，如α节律不规则、慢波活动增加、痫样放电等。

（4）影像学检查。磁共振等常规影像学检查并不是诊断孤独症的必要手段。检查的目的主要是用于排除其他可能潜在的神经发育问题，如结节性硬化等。当出现小头症、肌张力增高或神经退行性疾病的情况时，也可以考虑进行神经影像学检查。

（5）其他。针对生长发育过程中出现的一些问题，必要时采取相应的检查，如维生素D、过敏原检测、甲状腺检查等。

第三节 孤独症的早期干预原则

经过病史采集、精神检查、体格检查和临床评估等一系列环节，患儿被诊断或疑似诊断为孤独症后，就医流程就进入了孤独症干预治疗这一重要环节。目前医生没有办法治愈孤独症，但可通过教育训练的方法来改善孤独症的核心症状，减少患儿在日常生活中的障碍，教育训练是目前比较公认且循证依据最多的治疗孤独症的方法，对于孤独症的早期干预我们应关注以下四原则（图2-2）。

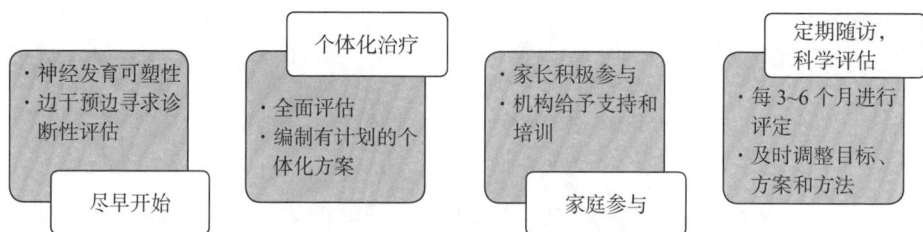

- 神经发育可塑性
- 边干预边寻求诊断性评估

尽早开始

个体化治疗
- 全面评估
- 编制有计划的个体化方案

- 家长积极参与
- 机构给予支持和培训

家庭参与

定期随访，科学评估
- 每3~6个月进行评定
- 及时调整目标、方案和方法

图2-2 孤独症早期干预四原则

一、尽早开始

孤独症是严重影响儿童发展的神经发育障碍性疾病，鉴于生命早期神经发育具有很强的可塑性的特点，干预越早越好，就算是疑似孤独症，也需要趁早干预。早期干预是目前有效的治疗手段，可有效改善孤独症儿童的交流能力、适应性行为和认知水平。针对疑似孤独症的干预，我们也应边干预边寻求诊断性评估，不能一味寻求确切诊断而错失干预的黄金时间。

二、个体化治疗

孤独症儿童的个体能力差异大，且阻碍个体发展的行为多样，不同儿童在社交、情感、智力、行为、运动、躯体健康、共患病等诸多方面存在差异，干预时应在全面评估各项发育水平的基础上制订有计划的个体化方案，进行个体化治疗。

三、家庭参与

家庭参与训练是孤独症家庭不得不去面对的一个现实，也是孤独症儿童干预的重要组成部分。家庭参与的必要性有以下几个方面：孤独症儿童在家庭的时间比在机构的时间要多得多；机构里训练的内容不能完全覆盖日常生活所需的全部技能，需要家庭参与予以补充；家庭可以把机构里训练的能力在不同的场合、情景中进行泛化；参与度较高的家庭成员往往具有较高的训练技能，可有效促进孤独症儿童的能力发展，减少问题行为，改善情绪和社交能力，并可缓解自己和其他家人的心理情绪问题；家长长期与孩子生活，可及时发现孤独症儿童的困难，寻求医疗帮助，从而获得最佳解决问题的时机。

家庭参与对于孤独症儿童的全面干预是不可或缺的，各医疗机构及训练机构都应鼓励家长积极参与干预，对家长进行全方位支持和培训，提高家庭在干预中的参与程度。

四、定期随访，科学评估

对于接受干预训练的孤独症儿童，教育、康复及医疗机构人员应定期随访，每 3~6 个月对核心症状的改善、能力的发展、生活质量的提高等干预效果进行合理、科学的评定，了解干预训练的效果。科学、合理的干预效果评价，可帮助减轻家长负担，帮助干预机构及时调整目标、方案和方法，让后面的训练更有的放矢。

小贴士

美国儿科学会列出的有效早期干预方法所具备的共同特征如下：

（1）一旦诊断为孤独症就应尽早干预；

（2）提供给孩子适合其发展水平的、针对性的学习活动，至少每周 25 小时，并且是全年 12 个月都进行干预；

（3）有小班化的小组学习活动，同时保证每一个孩子与治疗师或老师有一对一的学习时间；

（4）有针对父母和家庭的特殊训练；

（5）有设置孤独症儿童与正常儿童一起的活动，同时要求孤独症儿童活动时达到特定的学习目标；

（6）评估并记录每一个孩子的进展，适时调整干预方案；

（7）提供高度结构化的、规则性的、伴有视觉提示的环境；

（8）指导孩子学习适应新环境和新设置的技巧，并维持学习技能；

（9）课程中常包含以下内容：针对语言和交流的课程；社交技巧的学习，比如共同注意的学习等；生活自理能力的学习，如穿衣、梳洗等；应用有研究证据的方法减少问题行为，如攻击性行为、发脾气等；认知能力的学习，如假扮游戏或理解别人的观点；传统的学校技能，如认字、计算等。

第四节　孤独症的综合干预

孤独症干预的目的在于改善核心症状，减少干扰性行为和促进发展。孤独症具有丰富多样的症状，个体差异突出，这就意味着每一个孤独症患儿需要根据其症状特点、共患问题、家长需求和所拥有的医疗资源等制订不同的干预方案。

针对个体的综合干预通常涉及多个专业人员或环境，应当根据患儿的实际情况，采用教育干预、药物治疗、心理治疗、补充及替代疗法等相结合的综合干预措施。我们可以通过以下案例来了解什么是孤独症的综合干预。

轩轩，一个 8 岁的男孩，在他不到 3 岁时因跟人交流差，到医院就诊，经过一系列的评估、观察，最后诊断为孤独症。当时轩轩说话就像背书一样，不能灵活地与人沟通且我行我素，用固定的东西、坐固定的位置。

治疗时，医生先建议轩轩做应用行为分析（Applied Behavior Analysis，ABA）训练。经过半年的训练，轩轩的认知和语言有明显提高，打自己头的行为也较之前好转，但轩轩交流的主动性还是欠佳，社交中的关系处理不好，时常出现打人、推人的现象，表达能力不足，常不知道如何表达，情绪调节偏差，虽没有像之前打头这样激动的行为，但常有不符合场景的情绪变化。

于是后面医生又给轩轩做了半年的地板时光训练。训练之后轩轩的表达能力和情绪调节能力较之前好转，轩轩顺利进入幼儿园学习。一段时间里轩轩常被老师批评，在幼儿园规则意识差，常常不听集体指令，常脱离群体自己玩。医生建议半天上幼儿园、半天做学前技能干预训练，就这样经过 3 年的干预训练，轩轩进步很大，顺利进入小学。

小学一年级入学后，轩轩出现了较明显的困难，老师提问时，轩轩为了展示自己，不顾课堂纪律离开座位，跑到老师面前抢答，易与同学发生冲突，写作业时会跳题、漏题，成绩差。妈妈不得不到学校陪读。陪读一年多后，虽然轩轩在妈妈的帮助下能坐在课堂，也能在课间和同学们追逐打闹。但在上二年级后，轩轩又出现了一些困难，情绪变得越来越急躁，着急时再次出现打自己的头的现象，并出现破坏性行为，常因与同学的矛盾扔砸同学的书，并大喊大叫，以致不能上学。家长因此带轩轩到医院就诊，做完一系列检查和评估后，轩轩被诊断为"①孤独症谱系障碍，②注意缺陷多动障碍"，予以药物治疗，并建议进行ABA训练或融合教育。治疗3个月后轩轩的冲动行为减少。

家长因担心药物有副作用，而自行停药。二年级下学期开学，轩轩冲动行为加重，稍不顺意会尖叫、躺地上、踢人，用剪刀刺伤同学，砸学校东西，偶尔会有自伤行为，用头撞墙（力度不大），开窗户说要跳楼，学校生活适应困难。轩轩再次就诊于医院，医生予以药物治疗，并给轩轩做认知行为治疗，缓解轩轩的焦虑情绪，教授学校技能适应学校生活，给家长做家长技能培训。综合干预2个月后效果明显，轩轩冲动行为明显减少，不再推人、打人，尖叫、躺在地上的行为减少，在妈妈陪读半天的情况下也能适应学校生活。

在案例中我们使用了行为干预、药物治疗和心理治疗，综合干预后效果明显。那么孤独症综合干预究竟有哪些具体内容呢？业内一般将其分为以下五大类。

一、教育与交流性干预

孤独症儿童的治疗以教育与交流性干预（教育训练）为主，教育训练的目的在于促进社会交往能力、言语和非言语交流能力的发展，减少刻板重复行为；同时，促进智力发展，培养生活自理和独立生活能力，减少不适应行为，减轻残疾程度，改善生活质量，缓解家庭和社会在精神、经济和照顾方面的压力；力争使孤独症儿童在成年后具有独立学习、工作和生活的能力。

根据个体症状、共患问题、家长需求及资源情况所制订的教育训练方案，重要的是它们需要有循证证据。2020年美国国家孤独症专业发展中心（National

Professional Development Center on ASD，NPDC）发布的 28 种聚焦干预的实践（Focused Intervention Practices）（表 2-4）和研究者奥多姆等总结的 30 种综合干预模式（Comprehensive Treatment Models）（Odom et al.，2010）提供了各类孤独症干预的方法。由此可见孤独症的教育训练方法众多，如果从干预方案的理论基础可以大致分为：基于行为学原理的干预策略，如应用行为分析；基于发展框架的干预策略，如言语与语言疗法、作业治疗、早期介入丹佛模式等；基于关系框架的干预策略，如基于发展、个体差异和人际关系的模型（也称为"地板时光"）、关系发展干预、社交故事及社交技能小组；针对孤独症核心损害的干预策略，如基于视觉提示的结构化教育和共同注意；综合性干预策略，如自然发展行为干预。

表 2-4　针对孤独症干预的 28 种聚焦干预法

循证实践	定义	文献数量		
		1990—2011	2012—2017	1990—2017
基于前因的干预	在一项活动或需求之前安排一些时间或情境，以增加某项行为的发生，或使得问题行为 / 干扰行为减少	29	20	49
增强交替交流促进疗法	使用和 / 或教授使用一种非语言 / 非声音的交流系统进行干预，该系统可以是辅助性的（如设备）或非辅助性的（如手语）	9	35	44
行为动力干预	将预期行为整理成一个序列，将小概率的或较困难的回应嵌入一系列高概率或较简单的回应中，以增加预期行为的持久性和低概率反应的出现	8	4	12
认知行为 / 教学策略	指导管理或控制导致行为、社交、学业行为变化的认知过程	7	43	50
对替代行为、不相容行为或其他行为的区别性强化	通过提供积极的结果来增加理想行为、消除不良行为或减少非期望行为的系统过程。这样的结果可以在学习者发生以下情况时提供：①参与特定理想行为，而非问题行为；②表现出一种行为，该行为与问题行为不可能同时出现；③不参与问题行为	27	31	58
直接教学	一种系统化的教学方法，使用既定的、不同等级内容的课程教学包进行教学。其强调师生互动，通过团体训练、个别训练、系统教学和修正错误来促进学生对内容的掌握和泛化	2	6	8

续表 2-4

循证实践	定义	文献数量		
		1990—2011	2012—2017	1990—2017
回合式操作教学法	经典的教学方法，分解步骤来教授所需的行为或反应。把目标行为或反应分解成孩子可接受的简单部分，强化期望的反应和行为，忽略不恰当反应和行为	16	22	38
锻炼和运动	包括使用体力活动和／或正念运动来形成各种技能和行为。锻炼可以作为一项先行活动来提高任务或行为的表现，也可以用来提高身体健康和运动技能。运动包括体育／娱乐活动、武术、瑜伽或其他专注于特定运动技能和技术的正念练习	6	11	17
消退	消除问题行为的强化物，以减少该行为在未来的发生	13	12	25
功能行为分析	一种确定行为的基本功能或目的，以便制订有效干预计划的系统化方法	11	10	21
功能性沟通训练	一套实践活动，用更恰当或更有效的交流行为或技巧来取代具有沟通功能的问题行为	12	19	31
示范	通过对一个期望的目标行为进行演示，学习者模仿该行为并最终习得该目标行为	10	18	28
音乐介入干预	结合了歌曲、旋律音调和／或韵律的干预措施，旨在支持技能／行为的学习或表现。这包括音乐治疗，及其他利用音乐来习得目标技能的干预措施	3	4	7
自然情境干预	嵌入学习者参与的典型活动和／或日常惯例活动中的一系列技术和策略，以自然地促进、支持、鼓励目标技能／行为	26	49	75
家长执行式干预	由家长对孩子进行干预，促进他们的社交沟通或其他技能，减少他们的问题行为	13	42	55
基于同伴的教学和干预	在该干预措施中，同伴直接促进孤独症儿童的社会交往和／或其他个人学习目标，或由教师／其他成人组织社交情境（如游戏小组、社交网络小组、课间休息），并在必要时为孤独症儿童及其同伴提供帮助，以便他们参与社交互动	19	25	44
辅助	给予学习者语言、手势、身体上的帮助，支持他们学习或参与某种目标行为或技能	55	85	140
强化	在学习者使用某种回应或技能后，应用某种结果以增加学习者未来使用这种回应或技能的可能性	53	53	106

循证实践	定义	文献数量		
		1990—2011	2012—2017	1990—2017
反应阻断 / 重新定向	在干扰行为发生时引入提示、评论或其他分散注意力的因素，旨在将学习者的注意力从干扰行为上引开，减少干扰行为的发生	13	16	29
自我管理	重点是使学习者区分适当行为和不当行为，精准检测、记录他们自己的行为，并在其独立做出适当行为时给予奖励	14	12	26
艾尔斯感觉统合	对个体整合来自其身体和环境的感觉信息（视觉、听觉、触觉、本体感觉、前庭功能）的能力进行干预，以便使其用有组织的、适应性的行为进行回应	1	2	3
社交故事	干预期间，描述社交情境，以强调某种目标行为或技能的相关特征，并提供合适的回应的例子	15	6	21
社交技能训练	一种团体或个人教学，旨在教会学习者如何适当、成功地参与他们与其他人的互动	18	56	74
任务分析	将一项活动或行为划分为小的、可管理的步骤以便评估和教授技能。常使用其他做法，如强化、视频示范或时间延迟，来促进学习者对小步骤的掌握	9	4	13
技术辅助教学与干预	以技术为核心的教学或干预，技术被专门设计或采用以支持学习者学习或表现某项行为或技能	10	30	40
时间延迟	在教学活动中系统地淡化提示的使用，在最初的指令和任何附加指令或提示之间应用一个短暂的延迟	16	15	31
视频示范	向学习者展示目标行为或技能的录像演示，以帮助学习技能或参与目标行为	35	62	97
视觉支持	为学习者提供参与目标行为或技能的视觉提示，而不需其他的提示	34	31	65

案例中的轩轩在 3 岁时就进行了 ABA 训练，经过半年的训练，认知、语言能力显著提高，并达到了一定的水平，但与人的关系依然很差，不知道如何与人社交，表达主动性欠佳。医生借此机会引入地板时光训练，很好地训练了轩轩与人相处的能力，以及情绪调节的能力，随后轩轩顺利地进入幼儿园。

二、家长教育及技能培训

当专业人员发现某儿童在一定程度上符合孤独症的表现时，应坦诚告诉家长孩子出现的发育问题，并耐心解释后续评估和及早开始针对性行为干预的重要性；可以提供给家长一些科普视频或材料，让家长对孤独症的临床症状有所了解，这有助于其做出准确描述，从而使后续的综合评估更为有效地进行；应向家长提供科学有效的信息资源或补助政策，例如介绍干预训练方法、民生工程等。

关于家长技能培训，我们会推荐世界卫生组织照管者技能培训（Caregiver Skills Training，CST），CST 是由世界卫生组织专家团队研发、针对资源匮乏地区的孤独症及发育迟缓儿童家庭的照管者技能培训项目。它包含 4 个主要模块，分别是儿童交流及游戏能力的评估、游戏常规和日常常规的建立、问题行为处理和家长自我关爱。

三、药物治疗

目前尚没有药物用于治疗孤独症的核心症状，但孤独症的共患病可通过药物进行治疗，帮助孤独症患者更好地发挥潜力。例如，药物可以有效治疗高兴奋状态、注意力不集中或自我伤害行为（如撞头或咬手）；可以帮助治疗情绪障碍，如焦虑或抑郁；还可以治疗癫痫、睡眠问题、胃肠道问题等医学问题。

目前治疗孤独症共患病的药物疗效存在争议，所以在考虑使用药物时，需要与具有孤独症儿童治疗经验的医生合作。个人、家庭和医生必须共同努力监测疗效及不良反应，以确保药物的副作用不会超过疗效。

四、心理治疗

心理治疗可以帮助孤独症患者应对焦虑、抑郁和其他心理健康问题。认知行为疗法（Cognitive Behavioral Therapy，CBT）是一种心理学方法，专注于思维、感受和行为之间的联系。在 CBT 治疗期间，治疗师和患者共同努力确定目标，然后改变患者对突发状况的看法，以改变他们对突发情况的反应。

一般来说，CBT 的核心内容包括心理教育和社交指导，常用于增强社会技能，提升自理能力，提供高度结构化的工作表和视觉提示。基于孤独症特征修订的 CBT 技术和方案，能改善孤独症的症状，这些症状和困难也会给标准的 CBT 带来挑战，如识别、理解自己和他人的想法和感受的问题。在高功能孤独症群体中，CBT 是一种常用的干预方法，可用于治疗难以理解的焦虑和抑郁症状、破坏性行为和孤独症的核心症状。

CBT 可以做个体治疗、家庭治疗及团体治疗。CBT 个体治疗可能更有效，因为它可灵活地和个性化地增加孤独症儿童的具体技能、满足其需求；团体治疗对孤独症儿童也有一定的优势，CBT 团体中允许增加社会互动，鼓励分享经验，提升自我认同，提高对孤独症儿童相关的优点和困难的洞察力。多项研究表明 CBT 可以显著改善孤独症儿童的情感交流、社交技能、认知和面部表情感知能力，在孤独症中使用 CBT 的一个主要目标是建立认知能力来理解他人的认知和精神状态，并建立互动所需要的社交技能。

由此，我们得出结论：CBT 治疗是一种基于证据的、有效的干预方法，可以为核心症状的改善作出贡献。案例中轩轩就是做了 CBT 治疗，它缓解了轩轩的焦虑情绪，帮助轩轩适应学校生活。

此外，家庭治疗、精神动力学治疗、游戏治疗等也有在孤独症及其伴发问题中的应用，只是相对 CBT 来说研究证据较少。

五、补充及替代疗法

有些孤独症患者和父母使用的治疗方法不属于上述干预方法中的任何一种。这些治疗被称为补充及替代疗法。补充及替代疗法通常用于补充传统的方法。它们包括饮食干预、中药制剂、中医推拿、动物疗法、艺术疗法、正念或放松疗法。个人和家庭在开始补充及替代治疗之前应与医生交谈。

本章小·结

孤独症的疾病线索一旦被发现，家长需带儿童及时地就诊于专业医疗机构。经过病史采集、精神检查、体格检查、专业的孤独症评估等一列就诊过程后，若其被诊断为孤独症或疑似孤独症，专业人员需根据孤独症患儿的症状、共患问题、家长需求、资源等制订综合干预方案，及时干预，尽可能改善患儿的孤独症核心症状，矫正不适应行为，尽量恢复患儿的社会功能，最终消除障碍。

第三章　PCBI 模式的建立与发展

本章关键词：

　　PCBI；模式建立；理论背景；实证研究；家庭参与

　　我国孤独症相关教育行为干预的历程，大致可以分为 3 个阶段：第 1 阶段在 20 世纪 80 年代，干预方案主要参考针对智力发育障碍患者的特殊教育；第 2 阶段在 1990—2010 年，随着越来越多的国际交流，应用行为分析、结构化教学、地板时光等专门为孤独症患者设计的教育训练方案逐步被引进到国内，并成为临床服务的主流技术；第 3 阶段大约开始于 2010 年，国内的各个研究团队，基于不同的服务人群的需要，开始自主研发成套的干预技术。其中比较有代表性的有：邹小兵教授团队的结构化社交行为干预模式（Behavior-Structured-Relationship，BSR）；郭延庆教授团队提出的基于 "ALSO" 理念（学业 / 认知技能 Academic Skills，生存生活技能 Living Skills & Life Skills，社交规则技能 Social Rules & Social Skills，职业技能 Occupational Skills）的干预模式；柯晓燕教授团队提出的以游戏为基础促进交流与行为的干预模式（Play-based Communication and Behavior Intervention，PCBI）。

　　我们在临床实践中明显发现，自从 2007 年 12 月联合国通过了将每年的 4 月 2 日定为 "世界提高孤独症意识日" 的决议之后，2008 年起全球（包括我国）每年都会开展大量的孤独症相关的大众宣传、科学倡导等活动。随后参与孤独症临床诊疗、教育干预的专业人员越来越多，全社会对孤独症的关注度也越来越高。临床上有越来越多的像轩轩、壮壮一样的孩子被诊断出来，不仅如此，越来越多的 3 岁以下的孤独症幼儿被识别出来，亟需相应的干预方法。

第一节　PCBI 模式产生的背景

一、孤独症教育行为干预的现状

针对孤独症儿童的教育行为干预包括一系列针对孤独症行为或症状的方法，关于如何对其分类业内并没有达成一致的意见。根据理论概念模型，干预方法大致包括行为的（依据行为治疗原则的行为矫正和塑造）、结构化教学（改变环境以提供最佳结果）、发展 / 关系为基础的（促进相互的社交互动、共同注意和共同情感）、针对具体功能域的（如社交、语言、认知功能）、可在各种环境中进行的（如自然环境或非自然环境）疗法，尤其当干预是在家中进行时，以父母为中介的干预是一种重要的干预手段。孤独症研究者马廖内等的系统综述中指出，并没有充足的证据表明任何特定的干预模式优于另一个；然而有中等程度的证据表明，更大强度（每周以小时为单位）和更长持续时间（以月为单位）的治疗会有更好的效果（Maglione et al.，2012）。另一位研究者韦特拉夫等的系统综述则发现，早期行为的、以发展 / 关系为基础的干预可改善低龄儿童多方面的结果（Weitlauf et al.，2014）。

孤独症常用的教育行为干预方法见图 3-1。

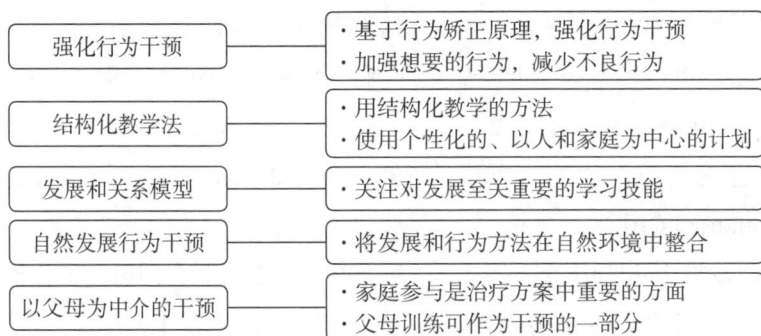

图 3-1　孤独症常用教育行为干预方法

（一）强化行为干预

强化行为干预努力对孤独症症状进行定义，即社交互动、沟通缺陷和刻板、重复的兴趣、行为。强化行为干预基于行为矫正原理，旨在加强想要的行为和减少不良行为。干预措施可在各种环境设置（例如，家庭、独立的教室、全纳课堂、社区）中进行。

具体的强化行为干预的例子包括：

（1）回合式操作教学法（Discrete Trial Training，DTT），它是由伊瓦·洛瓦斯（Ivar Lovaas）等开发的强化行为治疗结构化程度较高的形式；

（2）应用行为分析（Applied Behavior Analysis，ABA），目前是在更自然的环境设置中进行，包括关键反应训练（Pivotal Response Treatment，PRT）和随机教学（Incidental Teaching，IT，教学活动在自然环境中发生）；

（3）早期强化行为干预（Early Intensive Behavioral Intervention，EIBI），实证研究发现，它是一种对孤独症儿童积极有效的干预方式。

孤独症强化行为干预方案已经在随机对照试验和队列研究的系统综述中被评估过，美国国家孤独症中心发布的《国家标准报告》中，一份经过同行评审的行为和教育方面的文献综述（1957—2007）认为，强化行为干预是一种已被证实的治疗。有研究表明，有效的强化行为干预方案包括高水平的干预强度。例如，在5岁之前开始，以每周30~40小时的强度进行一对一的干预，并持续2年或2年以上。然而，这些证据不可一概而论，即难以得出所有孤独症儿童均需要这种干预水平的结论。

（二）结构化教学法

结构化教学（Treatment and Education of Autistic and Related Communication Handicapped Children，TEACCH）用结构化教学的方法帮助个体克服缺陷，以改变环境和提高技能为目标。该模型将治疗师作为通才（意味着治疗师理解整个儿童而不只专注于某一个发展方面），治疗方案对患者来说是个性化的，同时家庭参与其中。TEACCH 教学方法主要传授孤独症知识，使用个性化的、以人和家庭为中心的计划，组织物理环境，制作视觉时间表，以可预见的活动顺序、有灵活度的例程、结构化的工作/活动系统及视觉结构化的活动为特点。

非随机研究将 TEACCH 组与无干预组进行对照，发现 TEACCH 组在精细动作技能、粗大运动技能、认知功能、社会适应能力和沟通技巧上有改善。2011年美国卫生保健研究与质量管理处（Agency for Healthcare Research and Quality，AHRQ）的一份关于 TEACCH 4 项研究的系统综述，发现了其在认知和运动功能方面的一些有益证据，但是有关效果大小的证据是不充分的。这一结论与早期的系统综述相似，有综述基于共识将 TEACCH 归为可能有益的方案（Esposito et al.，2008）。

（三）发展和关系模型

以发展和关系为基础的模型关注对发展至关重要的学习技能（例如，社交沟通、情感关系、认知能力），孤独症患者这些技能在预期的年龄并没有得到充分地学习。以发展和关系为基础的模型包括：地板时光（Floor Time）即基于发展、个体差异和人际关系的模型（Developmental Individual Difference Relationship-based Model，DIR），关系发展干预（Relationship-Development Intervention，RDI），反应性教学（Responsive Teaching，RT）和上文提到的 PRT、IT 等。

发展性治疗常被用于临床实践。然而，目前的证据并不能完全令人信服（Spreckley et al.，2009）。

（四）自然发展行为干预

许多干预程序用综合性方法将发展和行为方法在自然环境中整合到一起，被称为自然发展行为干预（Naturalistic Developmental Behavioral Interventions，NDBI）。

NDBI 的特点包括：以儿童为中心，跟随儿童的兴趣和偏好；以游戏为形式，利用自然语言框架和多种材料；以强化为手段，运用不同类型和水平的强化；以数据为依据，根据儿童的进步和反馈调整干预目标和策略。

NDBI 的具体实施方法有多种，例如早期介入丹佛模式（Early Start Denver Model，ESDM），共同注意、象征性游戏、参与和监督（Joint Attention, Symbolic Play Engagement and Regulation，JASPER），早期社会互动（Early Social Interaction，ESI），社交沟通、情绪调控与执行支援（Social Communication, Emotional Regulation and Transactional Support，SCERTS）和 PRT 等。

其中，ESDM 将强化 ABA 干预和发展性关系方法相结合，同时家长参与作为治疗师。一份随机对照研究将 ESDM 模式与社区中常见的一般性干预相比较发现，采用 ESDM 模式对 48 个学步儿进行为期 2 年的干预后，其语言、认知和适应功能方面有显著的改善，干预结束后这些干预疗效可维持 2 年。此外，在 2 年的随访期间，与社区干预组相比，ESDM 组的孤独症核心症状和适应行为都有更多改善（Estes et al.，2015）。

另外，尽管 SCERTS 干预计划可被归为关系模型，但它同时也是 NDBI

的一个例子，它提供个性化、合作性干预方案，运用各种有研究支持的策略和行为干预，以解决社交沟通缺陷问题，帮助儿童增强其能力和独立性。

这些方法都有实证研究支持其对孤独症患者的疗效，尤其是对于早期干预和父母参与的干预。NDBI 适用于不同年龄段、不同功能水平和不同环境设置中的孤独症儿童，是一种灵活、有效且可持续的干预模式。

（五）以父母为中介的干预

对于孤独症儿童来说，家庭参与是治疗方案中一个重要的方面。一些治疗可在家庭中进行，尤其是对于年龄较小的儿童，父母训练可作为干预的一部分。在具体的行为管理策略方面对父母进行训练可能比孤独症的一般性教育更有效。在为期 24 周的随机试验中，孤独症儿童的父母被随机分配，加入家长训练组接受具体的行为训练来管理不良行为，或者接受一般的孤独症教育（例如，了解孤独症的发展性变化、治疗方法的选择等）。通过临床双盲干预评估，家长训练组的儿童对临床总体印象改善量表的反馈更积极。两个组中孤独症儿童的破坏性和不服从行为在干预之后都有所改善，家长训练组略有较大的改进（Bearss et al.，2015）。

以父母为中介的干预可能有助于帮助家庭与孩子互动，促进孩子发展，提高父母满意度及心理健康水平。然而，父母干预的最大效果是未知的。以父母为中介的干预方案对于儿童来说必须是个性化的，并且方案的改变要基于儿童的进步。2010 年格林及其同事对 77 名参与以父母为中介的干预模式（Preschool Autism Communication Trial，PACT）和 75 名参加正常治疗的儿童进行了控制严格的随机对照研究，研究将干预的主要结果和次要结果分别进行分析，发现在第 13 个月干预结束时两组孤独症症状都有改善，两组结果差异较小，但是 PACT 干预效应很强，结果表明 PACT 对于儿童以后的社交沟通功能有积极作用（Green et al.，2010）。2016 年该团队相隔 5 年对同一批被试进行了随访研究，这也是第一个随机对照研究中对孤独症进行长期随访的研究，研究表明 PACT 干预对于儿童社交沟通的改善功效能够长期持续（Pickles et al.，2016）。

二、孤独症幼儿的超早期干预

早期识别和筛查的最终目标是要确保孤独症儿童能够在发展的黄金时期

获得有实证支持的干预。现今越来越多的孤独症可在 2 岁前被诊断，针对这一年龄的孤独症干预方案的需求日益迫切（Zwaigenbaum et al.，2015）。研究者认为 2 岁左右是孤独症儿童发展的关键时期。首先，幼儿出生后第 2 年是大脑发展的重要时期，在这一时期脑容量和非典型连接第一次出现，这是大量神经可塑性的关键时期；其次，在出生后第 2 年，有一部分的孤独症幼儿被报告在这一时期能力发生倒退。在此期间的干预可能会减轻疾病的累积效应，有助于减慢症状的发展进程。

小于 3 岁幼儿的干预方案需要与其发展特点相适应。大年龄孤独症儿童的社交、认知和沟通等特点不同于小年龄幼儿，因此针对大年龄儿童的干预不能直接用于小年龄幼儿。此外，对大年龄孤独症儿童研究得出的结果也无法直接应用到 2 岁以内的孤独症幼儿当中。幼儿的学习依赖于在其自然环境中的经验，以及在日常护理活动的背景下发生的社交游戏中的互动。国内尚未见关于 2 岁以内孤独症幼儿早期干预的报道。国外在近 10 年中，逐步开始有专门针对小于 3 岁孤独症幼儿设计的干预方案。以下对国外超早期干预训练方案的理论基础、方案设计、疗效及目前存在的问题等方面进行介绍。

（一）超早期干预的理论基础

目前国外大多数研究所采用的超早期干预模型都来自对学龄期儿童干预模式的改编，倡导自然的教学方法和环境。如 PRT、ESDM 及汉恩的超越语言（Hanen's More Than Words，HMTW）等之前都有对大年龄儿童进行研究过。所有研究者都报告研究程序和目标被改编成与 2 岁以下的儿童发展相适应的干预。乔纳森·格林（Jonathan Green）、奥丽奥尔·德鲁（Auriol Drew）、汉娜·H.舒尔茨（Hannah H Schertz）和塞缪尔·L.奥多姆（Samuel L Odom）、艾米·M.韦瑟比（Amy M Wetherby）和朱利安·伍兹（Juliann Woods）等人是第一批对小年龄幼儿进行超早期干预研究的代表。PRT 和 ESDM 都是基于发展和行为理论，PRT 强调社交动机，而 ESDM 强调关系。由韦瑟比（Wetherby）等推行的 ESI 项目和汉恩中心设计的 HMTW 都将以家庭为中心、基于日常活动的方法作为干预的关键成分。汉娜·H.舒尔茨（Hannah H Schertz）等设计的共同注意介导学习（Joint Attention Mediated Learning，JAML）采用以父母为中介、家庭为中心的方法关注共同注意的发展基础。基于英国孤独症同胞研究开发的干预（Intervention within the British

Autism Study of Infant Siblings，iBASIS）高度强调依恋理论和父母幼儿同步的重要性。

（二）以父母为中介

几乎所有的超早期干预都是以父母为中介的。也就是说，在治疗期间，培训者培训父母特殊干预的技能并希望父母在治疗情景之外能够进行应用。通过练习—反馈的模式，家长能够在日常生活中对孩子进行干预，治疗师再对家长的干预进行反馈。家长干预大都发生在自然环境中，如家中。

2014 年一份关于针对孤独症幼儿家长培训的干预综述表明，家长介导的早期干预能够帮助家长与幼儿进行互动沟通，因此也可能成为促进孤独症幼儿社交沟通技能最好的选择之一。2016 年杰西卡等人对 20 名年龄在 12~32 个月的幼儿进行为期 12 周的家长培训，结果表明家长成功地学习了这些技术，并且对于干预的接受程度较高（Jessica et al.，2016）。培训家长、家长介导实施干预是一个可行的和可接受的方法，为在年龄非常小的孤独症幼儿出现症状迹象时进行有效的强化干预提供了机会。

（三）超早期干预时长和强度

已有的超早期干预治疗的时间长度从 4 周至 2 年不等，但治疗师的干预一般都是低强度，平均每周不超过 2 小时。所有干预方案都期望家长能够将干预策略整合到日常生活中。2010 年道森等对家长参与在临床以外的干预时间量进行了收集，发现家长在自然环境中的干预时间为平均每周 16.3 小时（Dawson et al.，2010）。

（四）超早期干预的目标和策略

大多数干预都是将行为学原理作为干预的基本成分。提供干预框架的行为学原理的组成成分包括：提供学习机会（前事），等待儿童做出反应（行为），以及提供适当的强化（结果）。此外，所有干预用自然的方法，如在日常活动中干预，幼儿自然的兴趣或偏好的活动被注入治疗程序中。

干预目标通常都在社交沟通这一广泛发展的领域之下，社交沟通即 DSM-5 规定的孤独症的两个核心症状之一。所有干预都有一个发展框架，通过调整干预目标和干预策略使之适应于被试年龄。如，对于一个 6~9 个月的幼儿其干预目标可能是增加社交参与、明显的积极情感和社交兴趣，而对于 20 个月的学步儿则关注其接受性和表达性语言交流。因此，超早期干预程序分为两大发展阶段：出生第一年和第二年。第三年及以后逐渐进入早期干预训练阶段。

（五）超早期干预训练方案的疗效

总体而言，干预疗效是通过干预前后行为学评估结果对比得出的。2012年罗杰斯等人以一般干预为对照组采用随机对照试验进行研究（Rogers et al., 2012），2006年韦瑟比和伍兹通过准实验设计将干预后的结果与一般治疗对照组相比较，但是干预前并未进行比较（Wetherby et al., 2006）。2013年格林等人在一个小样本的案例设计中，将治疗组的被试与危险非干预对照组、低危险非干预对照组进行了比较（Green et al., 2013）。施泰纳、舒尔茨和凯格尔等人运用多重基线设计通过在干预前、干预中和干预后进行重复观察来评估干预发生的变化（Steiner et al., 2013；Schertz et al., 2007；Koegel et al., 2014）。超早期干预对于幼儿的社交沟通发展有效，大多数研究表明干预前后，在语言和非语言沟通、社交参与及孤独症症状上都有改善，这些为超早期干预提供了初步证据。

然而，目前研究多为小样本，得出的研究结论易受样本数量的限制，难以进行可重复性测量和大规模的临床推广应用。另外，用一般治疗作为对照的研究发现，试验组 [父母介导的早期介入丹佛模式（Parent Delivery of the Early Start Denver Model，P-ESDM），HMTW] 并没有比一般治疗组改善更大。唯一一个有效的干预，是高强度、临床治疗和父母训练相结合的（Dawson et al., 2010）。这强调对于这一更小年龄群体的干预其有效成分需要更严格的进一步研究。罗杰斯（Rogers et al., 2012）等人也指出，事实上，一般治疗对照组接受的干预时间比 P-ESDM 组更多，而且干预时间能够预测儿童干预的效果。接受家长教育的一般治疗在很多方面与 P-ESDM 组相似，因此需要进一步考虑真正使得两组干预疗效不同的有效成分是什么。最后，一些测量工具（如孤独症诊断观察量表和文兰适应行为量表）评估短期内改变的适用性尚存质疑。因此，对于准确评估早期干预的有效性来说，一般治疗的效度和选择合适的结果测量工具是重点要解决的问题。

（六）超早期训练方案存在的问题

目前超早期干预训练相关研究数量相当有限，尤其是针对 12 个月以内幼儿的超早期干预很少。在研究情境之外，对小于 24 个月的孤独症幼儿的特定干预尚未得到广泛使用。

　　最适合孤独症幼儿的干预方案尚未确定。研究方法的多样性和结果的不一致需要进行重复验证，以确定每种新颖的干预方案的真正疗效。有证据表明，综合的发展行为模型在年龄较小的孤独症儿童中是有效的，但研究干预疗效不明确，有关干预对减少孤独症症状的有效性、对父母压力的影响及实施干预的可行性，以及评估干预疗效的方法等问题需要进一步研究。虽然，干预后观察到的儿童进步和高水平的家长满意度令人欣慰，但我们仍需长期的跟踪随访，以丰富我们对于超早期干预治疗效果的理解。

第二节　PCBI 模式的理论框架与主要内容

　　2013—2015 年，南京脑科医院儿童心理卫生研究中心超早期干预小组基于当前国内干预资源不足、对训练机构过度依赖、家长参与不够的现状，综合国际上已被证实的超早期干预的有效要素，包括促进社交沟通、亲子互动、以游戏为基础、以家长为中介等，研发出了适用于 8~30 个月的孤独症幼儿的超早期干预模式，命名为"以游戏为基础促进交流与行为的干预"（PCBI），编制了统一操作手册并进行了疗效验证。

一、PCBI 的理论框架

　　PCBI 是综合性的干预，即基于幼儿发展的，以游戏为形式、家长为中介，促进孤独症幼儿的交流能力和行为管理能力的干预。该干预模式强调以照顾者为介导，以适应儿童发展水平的游戏形式对孤独症儿童进行干预，同时提升孤独症儿童照顾者的行为管理与社交训练能力。

　　PCBI 主要有三大核心理念：P 代表"Play"（游戏），强调干预以适应儿童发展水平的游戏的方式进行；C 代表"Communication"（交流训练），强调采用促进沟通的策略，改善孤独症幼儿的言语交流、非言语交流及亲子间的双向沟通；B 为"Behavior"（行为管理），指运用行为管理的策略处理不当行为及塑造好行为。

二、PCBI 的主要内容

PCBI 课程的主要内容包括三大模块，三个模块相互联系，分别是：游戏、交流训练及行为管理（图 3-2）。

（一）游戏训练

由于儿童的交流训练一般是基于游戏进行的，因此孤独症儿童还需要进行游戏能力训练。游戏能力主要包括五大主题。

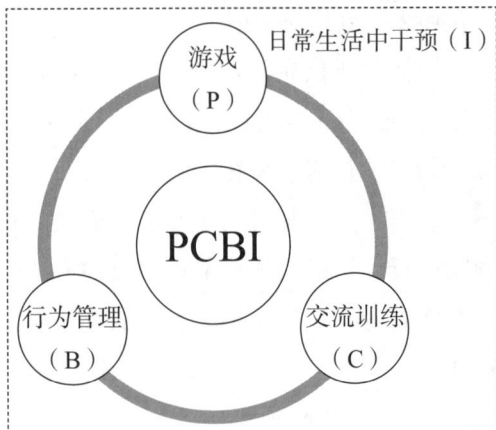

图 3-2　PCBI 的三大模块

（1）了解儿童游戏发展阶段，如逗乐游戏、感觉游戏、组合游戏和假扮游戏。根据儿童独立玩耍时表现出的游戏水平，评估儿童当前的游戏水平，制订游戏训练的目标。这一主题将在本书第四章第二节做详细讲解。

（2）开始游戏训练的策略，包括设置游戏训练环境、在游戏中与孩子建立亲子同频，进行平行或轮流游戏以提高家长与孩子游戏互动的能力等。具体策略包括：选择恰当的亲子游戏，选择与儿童游戏水平匹配的游戏内容，合理设置游戏训练的环境和时长频率等。这一主题将在本书第四章第三节做详细讲解。

（3）建立游戏步骤的策略，包括游戏步骤应当符合常规、清晰明确，在重复练习时可以适当修改，游戏步骤应当尽量包含"结束"等。具体有结合儿童兴趣建立符合常规的游戏步骤，总是让孩子先尝试进行下一步，通过等待—示范—等待—辅助的模式帮助孩子维持游戏步骤，对于孩子没有掌握的游戏步骤，反复练习使之熟练掌握和建立兴趣，保持游戏的完整性等具体操作技巧。这一主题将在本书第四章第四节做详细讲解。

（4）拓展游戏内容，包括拓展游戏的时机和拓展游戏的方法，以及一些关于拓展游戏的建议和思路，如观察、示范、等待、辅助等具体操作技巧。这一主题将在本书第四章第五节做详细讲解。

（5)在游戏中设置挑战，通过对游戏内挑战技能、游戏外挑战技能的讲解，进一步提升家长和儿童的游戏水平，促进儿童能力的发展。这一主题将在本书第四章第六节做详细讲解。

（二）交流训练

交流训练主要有"评估亲子二元同频，提高家长敏感性""引导共同注意""促进需求性交流""示范分享性交流"四大主题。

（1）评估亲子二元同频，提高家长敏感性干预策略。主要有提高家长的敏感性的训练，家长参与状态觉察能力的训练，实时评估和改善亲子参与状态的技能训练等策略。这一主题将在本书第五章第一节做详细讲解。

（2）引导共同注意的具体干预策略有引导共同注意、增加眼对视、进行平行游戏、轮流作转、及时回应，具体操作可在示范游戏中进行。家长要学会观察孩子的喜好，跟随孩子的兴趣，模仿孩子的行为，等待孩子的回应，将孩子对物的注意转移到人，通过物体分享情绪，引导共同注意，发展平行游戏及轮流游戏。这一主题将在本书第五章第二节做详细讲解。

（3）促进需求性交流通过增加儿童对物的需求和对人的需求来进行技能训练，包括选择提高动机、避免过度满足、设置环境、延时满足（即不立刻给予孩子满足），主要可采用慢动作、停顿、装傻、故意犯错等具体技巧。这一主题将在本书第五章第三节做详细讲解。

（4）示范分享性交流促进儿童主动分享性交流的语言，促进肢体动作的表达，更多使用游戏和强化来帮助孩子获得乐趣和建立主动性。这一主题将在本书第五章第四节做详细讲解。

（三）行为管理

行为管理的基础是 ABC 理论，A（Antecedent）代表行为的前事，B（Behavior）代表行为本身，C（Consequence）代表行为的结果。这个理论主要教授家长掌握三个原则：①好的行为获得好的后果；②不好的行为不能获得好的后果；③用好的行为替代不好的行为，获得好的后果。

行为管理主要分为"关注正向行为""应对问题行为""训练计划的制订执行"三大主题，分四节课完成。具体干预策略包括通过强化，辅助关注正向行为，应对问题行为，采用清晰、简洁、统一的指令训练计划的制订执行等。详见本书第六章内容。

三、PCBI 的组织形式

PCBI 的主要课程内容以家长指导为主，工作方式是治疗师在课堂上指导家长，家长回去后每日对孩子进行训练。为了达到课程效果，整个干预过程要求一位家长能够全程跟随课程，不要中途换人。

PCBI 课程设置为每周一节课，每节课一小时，连续 12 周。一节课 60 分钟的时间大致分为 3 段，每段 20 分钟。第一个 20 分钟是复习课，家长现场演示上节课学习的技巧和在家进行的游戏，治疗师给予反馈和建议。中间 20 分钟，治疗师向家长简要介绍一些理论知识，请家长记录，供以后参考。同时，治疗师会运用当日所讲的知识技巧，选取一个示范游戏与儿童互动，家长观察和学习。最后 20 分钟，家长根据刚才观察到的游戏方式和互动技巧与孩子进行游戏，治疗师给予及时的指导和反馈。课后要求家长在自然环境中进行每日 2.5~3.5 小时的干预。

第三节　PCBI 模式的实证研究成果

在 PCBI 被提出、完善并最终建立的过程中，其有效性也得到了 PCBI 超早期干预团队相关研究成果的支持。柯晓燕、封敏、翁娇、付林燕、丁宁等人分别采用自身对照研究和随机对照研究探讨 PCBI 治疗孤独症幼儿的近期疗效，以及影响疗效的相关因素。通过这些研究，我们可以看到 PCBI 模式对孤独症幼儿有哪些积极的影响，以及哪些因素会影响干预效果。这些发现对于理解孤独症幼儿的发展特点和需求，以及提供更优化的干预服务，都有重要的意义。下文简要阐述了 PCBI 模式的核心研究成果。

一、PCBI 超早期干预治疗孤独症幼儿的自身对照研究
（一）研究对象及方法

该研究以 2016 年 11 月至 2018 年 5 月于南京脑科医院儿童心理卫生研究中心进行康复训练的 8~30 个月的孤独症儿童作为研究对象。共有 104 例孤独症幼儿及家庭参与整个研究。

所有参与研究的孤独症幼儿均接受为期 12 周的 PCBI 训练。训练前后分别采用波特奇早期发育核查表（Portage Early Development Checklist，Portage）、孤独症疗效评估量表（Autism Treatment Evaluation Checklist，ATEC）及简式育儿压力量表（Parenting Stress Index–Short Form，PSI–SF）进

行患儿发育水平、干预疗效及父母养育压力的评估,采用 t 检验、方差分析等方法对训练前后的评估结果进行对照比较,并进一步分析孤独症幼儿的性别、父母受教育水平以及家庭经济水平等因素对 PCBI 疗效的影响。

(二)主要研究结果

孤独症男孩 83 名,平均年龄(23.29±4.715)个月;女孩 21 名,平均年龄(22.86±3.637)个月。男女年龄差异不显著。父亲平均年龄(32.95±4.231)岁,母亲平均年龄(30.65±3.540)岁。

1. PCBI 模式对 8~30 个月的孤独症幼儿是适应且有效的

将干预后 Portage 核查表各项分数与干预前的分数相减,差值大于 0 者为发展结果更好;差值小于 0 者为发展结果变差;干预前后分数差值为 0,则为无改善。即差值越大,发展程度越好。

干预 12 周后,104 例孤独症幼儿 Portage 核查表总分及各项得分均显著提高,差异有统计学意义($P<0.001$)(表 3-1)。

该研究结果显示,PCBI 超早期干预对促进孤独症幼儿发育、缓解孤独症幼儿临床症状是有效的。干预 12 周后,104 例孤独症幼儿的 Portage 核查表总分及各项得分较干预前均有显著提高。这表明,以游戏为基础、以家长为中介的 PCBI 模式对于年龄在 8~30 个月的孤独症幼儿是适应且有效的。

表 3-1　干预前后 104 例孤独症幼儿 Portage 核查表评分比较

指标	T1	T2	差值	t	P
总分	125.46±42.693	167.20±53.032	41.748	15.704	0.000
社会行为	25.54±10.990	34.262±10.8556	8.7184	12.500	0.000
语言	5.91±7.386	12.72±12.152	6.806	9.650	0.000
生活自理	19.85±8.464	27.05±12.114	7.194	8.937	0.000
认知	14.81±8.211	23.51±12.524	8.709	13.461	0.000
运动	59.34±16.126	69.66±14.142	10.320	9.942	0.000

注:T1—基线期,T2—干预后阶段。

2. PCBI 模式能在一定程度上减轻孤独症核心症状

将干预前 ATEC 各项目的分数与干预后的分数相减,差值大于 0 者为症状减轻;差值小于 0 者为症状加重;干预前后分数差值为 0,则为症状无改善。即差值越大,改善程度越好。

干预 12 周后，104 例孤独症幼儿 ATEC 量表的总分及各项得分均显著降低，差异有统计学意义（$P<0.001$）（表 3-2）。这一结果表明对 30 个月以内的孤独症幼儿进行 PCBI 超早期干预，能够在一定程度上减轻孤独症核心症状。这与已有的研究结果一致。大多数研究表明干预后，患儿在语言和非语言沟通、社交参与及其他孤独症症状上都有改善，这些为超早期干预的有效性提供了证据。

表 3-2　干预前后 104 例孤独症患儿 ATEC 量表评分比较

指标	T1	T2	差值	t	P
总分	74.45 ± 21.464	58.26 ± 18.597	16.184	11.360	0.000
语言	21.74 ± 5.767	18.80 ± 5.481	2.940	5.098	0.000
社交	17.25 ± 8.393	10.75 ± 6.119	6.505	10.356	0.000
感知觉	19.18 ± 6.577	15.94 ± 6.398	3.245	7.093	0.000
行为	16.32 ± 8.774	12.82 ± 6.989	3.502	5.677	0.000

注：T1—基线期，T2—干预后阶段。

3. 干预后家长养育压力总体减轻

将干预前 PSI-SF 各项目的分数与干预后的分数相减，差值大于 0 者为压力减轻；差值小于 0 者为压力增大；干预前后分数差值为 0，则为压力无改善。即差值越大，压力减轻程度越大。

干预 12 周后，104 例孤独症幼儿家长的 PSI-SF 量表的总分及亲子互动失调项目得分均显著降低，差异有统计学意义（$P<0.05$）；而 PSI-SF 量表的育儿愁苦和困难儿童项目的得分下降不明显，差异无统计学意义（$P>0.05$）（表 3-3）。研究结果表明，干预后家长养育压力总体减轻，特别体现为亲子互动失调程度的降低。

表 3-3　干预前后孤独症患儿家长育儿压力评分比较

指标	T1	T2	差值	t	P
总分	100.39 ± 18.430	97.02 ± 19.783	3.375	2.486	0.015
育儿愁苦	34.95 ± 8.510	34.20 ± 8.996	0.750	0.986	0.326
亲子互动失调	32.44 ± 6.974	30.58 ± 7.255	1.865	3.163	0.002
困难儿童	33.00 ± 7.303	32.24 ± 7.053	0.760	1.374	0.172

注：T1—基线期，T2—干预后阶段。

（三）研究发现及其意义

1. 2 岁前后是孤独症儿童大脑发展和发育的关键时期

该研究结果也与孤独症幼儿一旦确诊就需要进行干预的治疗理念是一致的。2 岁是孤独症儿童大脑发展和发育的关键时期（Courchesne et al., 2011, Lewis et al., 2014），在这一时期进行干预，利用神经可塑性，可能会改变发育过程（Dawson, 2008）。同时，出生后第二年也有一部分孤独症幼儿会发生倒退（Ozonoff et al., 2011），在这一时期进行干预，可能会减轻疾病的累积效应，有助于减慢症状的发展进程，并最终在症状完全显现之前，防止孤独症相关的损伤（Dawson, 2008）。

2. PCBI 模式的干预强度有效

此外，该研究结果也表明，每周 1 小时、连续 12 周的家长培训的频率及每日 2.5~3.5 小时的干预强度是有效的。这与国外平均每周 16.3 小时的自然环境中干预的普遍研究结果类似（Dawson et al., 2010）。目前已有的超早期干预治疗的时长从 4 周到 2 年不等，但一般都是低强度，平均每周不超过 2 小时。该研究干预后儿童结果的改善及家长养育压力的减轻也表明这样的干预强度是有效可行的。

3. 通过家长介导的 PCBI 超早期干预模式可行

总的来说，PCBI 超早期干预是通过家长介导的方式实施干预。目前国际上已有的针对 24 个月大孤独症幼儿的早期干预大部分也为家长介导的干预模式，也就是说，在治疗期间，培训父母特殊干预的技能并希望父母在治疗情景之外能够应用。越来越多的研究表明（Campbell et al., 2017），家长微笑的增加能够显著预测孩子微笑及社交倾向的增加，家长介导的早期干预能够帮助家长与幼儿进行互动沟通，因此它可能成为促进孤独症幼儿社交沟通技能的最好选择之一。

4. 行为管理及训练是孤独症幼儿干预措施的重要目标

有研究表明，未进行超早期干预的小年龄幼儿父母比大年龄的孤独症儿童的父母体验到更高水平的养育压力。这表明，3 岁前是孤独症儿童父母养育适应的一个关键时期。有研究报道（Estes et al., 2013），孤独症幼儿的父母其养育压力增加的主要影响因素是儿童的行为问题，而不是儿童的日常生活技能。因此，为改善孤独症儿童功能并减少与父母有关的压力，父母处理和减少行为问题的能力是孤独症幼儿干预措施的重要目标。

二、PCBI 超早期干预与 ABA 治疗的随机对照研究

（一）研究对象及方法

该研究将 2017 年 11 月至 2018 年 5 月来我院进行康复训练 74 例 19~30 个月的孤独症患儿通过随机数字表法随机分为 PCBI 组（干预组）37 例和 ABA 组（对照组）37 例。训练前后分别采用 Portage 核查表、ATEC 量表进行发育水平、干预疗效的评估。采用 t 检验对比分析两组干预前后各项评估得分是否存在显著差异。

（二）主要研究结果

1. PCBI 模式能有效促进孤独症幼儿认知发展

将干预后 Portage 核查表各项分数与干预前的分数相减，差值大于 0 者为发展结果更好，差值小于 0 者为发展结果变差，干预前后分数差值为 0，则为无改善。即差值越大，发展结果越好。

干预后两组 Portage 核查表总分及各项目得分均明显上升（表 3-4），与干预前比较，差异有统计学意义（$P<0.01$）。与 ABA 组相比，PCBI 组干预 12 周后 Portage 核查表的认知得分增加较多，差异有统计学意义（$P<0.001$）。这表明以家长指导为主的 PCBI 与 ABA 干预的疗效相当，在促进孤独症幼儿认知发育水平上更具优势。

2. PCBI 模式有助于改善社交、感知觉和行为能力

将干预前 ATEC 各项分数与干预后的分数相减，差值大于 0 者为症状减轻，差值小于 0 者为症状加重，干预前后分数差值为 0，则为无改善。即差值越大，改善程度越好。

与 ABA 组相比，PCBI 组患儿干预 12 周后 ATEC 量表的社交、感知觉及行为得分下降的程度相当（表 3-4），差异无统计学意义（$P>0.05$）。这表明 PCBI 模式和 ABA 干预模式一样，能改善孤独症幼儿社交、感知觉和行为能力。

表 3-4 两组患儿干预前后量表评分比较

量表类型	指标	PCBI (N=37)					ABA (N=37)					两组差值比较	
		T1	T2	差值	t	P	T1	T2	差值	t	P	t	P
Portage	总分	146.49±34.72	190.59±39.28	44.11	-9.082	0.000	143.19±48.38	195.92±81.91	52.73	-7.924	0.000	-1.043	0.304
	社会行为	29.68±9.05	38.54±6.79	8.87	-8.785	0.000	28.89±10.85	45.80±20.73	16.91	-8.751	0.000	-4.022	0.000
	语言	8.68±8.47	17.57±12.99	8.89	-6.027	0.000	10.19±11.29	25.61±31.85	15.42	-4.477	0.000	-1.744	0.090
	生活自理	23.49±8.90	31.46±10.18	7.97	-5.951	0.000	24.19±10.53	29.40±12.80	5.21	-8.660	0.000	1.812	0.078
	认知	18.65±7.84	27.68±9.69	9.03	-8.344	0.000	18.62±9.93	22.89±12.93	4.27	-7.581	0.000	3.997	0.000
	运动	66.00±10.92	75.35±9.21	9.35	-5.975	0.000	61.30±17.46	72.22±21.69	10.93	-9.732	0.000	-0.791	0.434
ATEC	总分	69.62±17.82	54.73±16.08	14.89	7.940	0.000	72.32±19.57	50.11±18.90	22.22	8.544	0.000	2.209	0.034
	语言	19.14±6.22	16.24±5.57	2.89	2.819	0.008	20.03±5.87	13.59±6.92	6.43	6.757	0.000	2.515	0.016
	社交	15.92±6.93	9.89±4.70	6.03	7.743	0.000	15.51±7.00	9.16±6.04	6.35	4.804	0.000	0.199	0.843
	感知觉	17.03±4.70	14.49±5.33	2.54	3.374	0.002	18.16±6.09	15.78±6.68	2.38	2.722	0.010	-0.138	0.891
	行为	17.51±8.67	13.68±7.80	3.84	3.072	0.004	19.00±9.02	11.81±6.00	7.19	5.838	0.000	1.920	0.063

注：Portage—波特奇早期发育核查表，ATEC—孤独症疗效评定量表，T1—基线期，T2—干预后阶段。

（三）研究意义

该研究通过随机对照试验对74例孤独症患儿分别进行PCBI和ABA干预，结果表明，干预12周后两组孤独症幼儿在Portage核查表的总分及语言、运动、生活自理得分及ATEC评估的社交、感知觉及行为分量表得分均增加相当，这表明以家长指导为主的PCBI模式在促进孤独症幼儿发育水平、减轻孤独症的核心症状方面与进行日间强化训练的ABA干预的疗效相当。该研究表明，以家长指导为主的PCBI可推广用于30个月以内的孤独症幼儿的治疗。

认知方面，与ABA组相比，PCBI组幼儿干预12周后Portage核查表的认知得分增加较多。这可能是因为PCBI的发展模式在该研究中发挥了作用。游戏是儿童生活的主要部分，是儿童的语言，是儿童交流和学习的方式。小年龄的儿童因为发育能力的限制，往往难以适应高强度的课堂学习，因此，在自然环境中基于游戏的训练就扮演了更重要的角色。游戏的方式，能遵循孩子的兴趣，适应孩子的发展水平。在PCBI课程中采用合理而恰当的指令，适应孩子的语言能力；跟随孩子的兴趣，模仿孩子的行为，等待孩子的回应；进行平行游戏；采用视觉辅助等训练因素体现了发展的干预框架，这些都对孩子认知的发展起了重要作用。

三、照顾者因素对PCBI超早期干预疗效的影响

（一）研究对象及方法

该研究以2017年10月至2019年2月于南京脑科医院儿童心理卫生研究中心进行PCBI超早期干预训练的13~30个月内的101例孤独症幼儿及其照顾者为研究对象，孤独症幼儿的平均月龄为22.15个月，照顾者的年龄范围在25~42岁之间，平均年龄30.94岁。所有照顾者在加入本研究之前均已参加过两天半的家长培训，对早期干预和照顾者参与的重要性以及PCBI超早期干预的训练设置有一定的了解。

采用ATEC量表、格塞尔发育诊断量表（Gesell Developmental Scales，GDS）、孤独症行为量表（Autism Behavior Checklist，ABC）评估干预的疗效，采用PSI-SF问卷、一般自我效能感量表（General Self-Efficacy Scale，GSES）、自编的照顾者训练课程评价表和家庭作业完成程度表评估干预的疗效以及照顾者的养育压力、自我效能、课程满意度和干预接受性。采用配对样

本 t 检验对孤独症儿童干预前后的孤独症症状、发育水平、照顾者因素进行分析，通过多元回归分析探讨照顾者因素与 PCBI 超早期干预疗效之间的关系。

（二）主要研究结果

1. 干预后孤独症儿童症状得到改善

干预前 ATEC 各项分数与干预后的分数相减，差值大于 0 者为症状减轻，差值小于 0 者为症状加重，干预后分数差值为 0，则为无改善。即差值越大，改善程度越好。干预后孤独症儿童的 ATEC 总分明显降低，与干预前相比，差异有统计学意义（$P<0.05$）。

在 GDS 量表评分中，发育商的分数越高表明儿童发育得越好，干预后孤独症儿童适应性发育商、精细动作发育商、语言发育商、个人 - 社交发育商显著提高，与干预前的评分相比，差异具有统计学意义（$P<0.05$）。大运动的发育商分数干预前后无统计学意义（$P>0.05$）。该结果表明 PCBI 超早期干预对孤独症儿童的适应性、精细动作、语言与个人社交发育具有积极作用。

在 ABC 量表评分中，各项维度的分数越高表明孤独症特质越明显，干预后孤独症儿童的 ABC 量表总分及各维度评分均明显降低，与干预前的评分相比，差异具有统计学意义（$P<0.05$）。

这些研究结果再次表明，PCBI 模式能够减轻儿童孤独症核心症状，促进其语言能力、社交能力及行为技能的提升。

2. PCBI 模式能降低照顾者的育儿压力

在照顾者因素中，干预后的育儿压力分数明显降低，差异具有统计学意义（$P<0.05$）（表 3-5）。自我效能干预前后变化不显著，差异无统计学意义（$P>0.05$）（表 3-5）。这表明，PCBI 模式对降低照顾者的育儿压力有积极作用。

表 3-5　干预前后照顾者因素的分析比较

量表类型	指标	T1	T2	差值	t	P
PSI-SF	总分	94.88 ± 26.49	89.76 ± 25.62	5.11 ± 14.43	3.57	<0.01
	育儿愁苦	32.68 ± 10.64	31.53 ± 10.47	1.15 ± 8.96	1.29	0.20
	亲子互动失调	30.92 ± 9.91	28.10 ± 8.60	2.82 ± 6.09	4.66	<0.01
	困难儿童	31.45 ± 9.16	30.29 ± 8.78	1.16 ± 6.03	1.92	0.06
GSES	总分	24.60 ± 5.03	24.32 ± 4.62	0.29 ± 4.32	0.67	0.51

注：PSI-SF—简式育儿压力量表，GSES——般自我效能感量表，T1—基线期，T2—干预后阶段。

3. PCBI 疗效与照顾者因素有关

照顾者技能的掌握程度、对课程的接受性、对课程的满意度、一般自我效能感的差值以及育儿压力总分的差值与 ATEC 差值的相关分析结果表明，照顾者技能的掌握程度、对课程的接受性与 PCBI 疗效呈显著正相关（$P<0.05$）（表 3-6）。

表 3-6　照顾者因素与 PCBI 疗效的相关分析

指标	ATEC 差值	技能掌握 程度	对课程的 接受性	对课程的 满意度	GSES 差值	PSI-SF 总分差值
ATEC 差值	—					
技能掌握程度	0.221*	—				
对课程的接受性	0.665**	0.119	—			
对课程的满意度	−0.066	0.240*	−0.092	—		
GSES 差值	−0.112	0.039	−0.061	−0.058	—	
PSI-SF 总分差值	0.120	0.001	0.106	−0.057	−0.073	—

注：ATEC—孤独症疗效评定量表，PSI-SF—简式育儿压力量表，GSES——般自我效能感量表，*$P<0.05$，**$P<0.01$。

以照顾者技能的掌握程度、对课程的接受性、育儿压力差值、自我效能差值以及对课程的满意度作为自变量，干预前后 ATEC 的差值作为因变量，进行线性回归分析。回归模型表明，照顾者因素中照顾者技能的掌握程度、对课程的接受性是 ATEC 评分的显著预测因子，对其干预后分数的降低具有正向预测作用（$P<0.05$）。

这两种分析结果都表明，当照顾者技能掌握度越高，且更接纳干预课程时，PCBI 的效果会更好。

（三）研究意义

PCBI 模式能降低父母的育儿压力。照顾者因素在以父母为介导的干预模式中可能扮演着重要的角色。有研究表明，孤独症幼儿的父母面临更高的压力风险，父母过高的育儿压力可能会降低早期干预治疗的效果（Susan，2016；Hemdi et al.，2017）。本研究结果表明，照顾者的压力总分在干预后显著降低。该研究中，照顾者满意度的 4 个条目平均分均超过 9 分，表明了在 PCBI 模式中治疗师与照顾者之间的工作联盟稳定，且该课程形式比较符合孤独症家庭的需要。一般自我效能感是指个体对自己是否有能力完成某一行为所进行的推测与判断（Roman-Oyola et al., 2017），因此，自我效能感高的照顾者对处理孩子的问题行为会更加自信，而照顾者积极的态度有助于提高干预的疗效。

回归分析发现照顾者因素中对课程的接受性、对干预技巧的掌握程度这两个因素对 PCBI 疗效有显著影响。照顾者接受性是指家庭作业的完成程度，在该研究中照顾者基本能完成每周治疗师布置的家庭作业，这表明治疗师教授的干预技能易被照顾者掌握，同时也方便在家庭中实施干预。照顾者对所学技能的掌握程度与干预疗效呈正相关，说明 PCBI 教授的掌握技能对改善孤独症症状具有积极作用。照顾者因素中的照顾者满意度、接受性和掌握程度都反映了照顾者对 PCBI 模式的态度。

四、PCBI 超早期干预中亲子二元同频的研究

二元同频是指在两个人（如，父母和孩子）之间，情绪、行为和生理状态的协调和同步。亲子二元同频在情绪发展和依恋关系的建立上起着关键作用。本书第五章将对其进行详细讲解。

（一）研究对象及方法

研究对象为 2017 年 12 月至 2019 年 1 月在南京脑科医院进行 PCBI 超早期干预训练的 13~30 个月的孤独症儿童及其照顾者 70 例。在干预前后通过量表收集孤独症儿童发育水平与照顾者因素的数据。采用自由游戏（Free-Play）情境在干预前后分别录制 15 分钟的亲子互动视频，通过 5 秒间隔的方式对每个视频最后 5 分钟的亲子互动状态进行编码。采用配对样本 t 检验对干预前后的亲子互动状态进行分析，采用双变量相关分析对二元同频与 PCBI 疗效进行分析，并通过多元回归分析探讨二元同频及照顾者与儿童的参与状态对 PCBI 超早期干预疗效的作用。

（二）主要研究结果

1. 干预前后孤独症儿童与照顾者的互动状态得到改善

干预结束后，照顾者在亲子互动中的积极互动状态较干预前增加，消极互动状态、脱离状态较干预前减少，差异具有统计学意义（$P<0.05$）；孤独症儿童在亲子互动中的积极互动状态较干预前增加，物体状态（专注操作物

体、缺乏和人互动的状态）较干预前减少，差异具有统计学意义（$P<0.05$）；亲子互动中的二元同频较干预前增加，差异具有统计学意义（$P<0.05$）（表3-7）。

由该研究的结果我们可知，干预后，照顾者与孤独症幼儿的积极互动状态更多、消极互动状态更少了。二元同频在干预后是显著增加的，二元同频的次数越多，说明孤独症幼儿主动加入、回应照顾者的积极性越高。

表3-7　干预前后孤独症儿童及其照顾者的互动状态分析比较

角色	指标	T1	T2	差值	t	P
照顾者	积极互动状态	53.54 ± 1.05	56.66 ± 0.63	3.11 ± 8.11	3.10	<0.01
	消极互动状态	3.81 ± 0.81	1.96 ± 0.48	−1.86 ± 7.52	−2.07	0.04
	脱离状态	2.50 ± 0.47	1.17 ± 0.24	−1.33 ± 3.21	−3.47	<0.01
儿童	积极互动状态	9.16 ± 0.99	16.3 ± 1.37	7.14 ± 9.39	6.37	<0.01
	消极互动状态	3.46 ± 1.07	3.06 ± 0.93	−0.4 ± 10.19	−0.33	0.74
	脱离状态	5.51 ± 0.96	5.94 ± 0.87	0.43 ± 8.93	0.40	0.69
	物体状态	41.81 ± 1.58	34.54 ± 1.53	−7.27 ± 14.82	−4.11	<0.01
	二元同频	9.03 ± 1.00	16.00 ± 1.38	6.97 ± 9.41	6.19	<0.01

注：T1—基线期，T2—干预后阶段。

2. 照顾者因素、儿童的孤独症症状、发育水平与亲子二元同频具有相关性

照顾者因素中照顾者对课程的接受性与二元同频的差值呈显著正相关（$P<0.05$）（表3-8）。幼儿的孤独症疗效评估得分、基线阶段的适应性发育水平、语言发育水平，以及孤独症幼儿积极互动状态的差值与二元同频呈显著正相关（$P<0.05$）。孤独症幼儿在干预前后亲子互动中的物体状态差值与二元同频呈显著负相关（$P<0.05$）（表3-9）。

回归分析结果表明，照顾者对课程的接受性、孤独症幼儿在基线阶段的语言发育水平是二元同频的显著预测因子，对PCBI超早期干预后的二元同频的增加具有正向预测作用（$P<0.05$）。

这些研究结果指出，照顾者对课程的接受程度越好，亲子二元同频程度可能越高。另外，二元同频程度与孤独症幼儿一开始的语言能力、孤独症干预疗效及幼儿积极互动状态有关。

表 3-8 照顾者因素与二元同频的相关性分析

指标	二元同频差值	对课程的接受性	对课程的满意度	技能掌握程度	GSES 差值	PSI-SF 总分差
二元同频差值	—					
对课程的接受性	0.33**	—				
对课程的满意度	−0.06	−0.01	—			
技能掌握程度	0.024	0.04	0.31*	—		
GSES 差值	0.06	−0.11	−0.08	0.14	—	
PSI-SF 总分差	−0.05	0.18	−0.09	0.02	−0.05	—

注：PSI-SF—简式育儿压力量表，GSES——一般自我效能感量表，$*P<0.05$，$**P<0.01$。

表 3-9 幼儿孤独症症状及发育水平与二元同频的相关性分析

指标	二元同频差值	ATEC 差值	适应性	大运动	精细动作	语言	个人 - 社交	儿童积极互动状态	儿童物体状态
二元同频差值	—								
ATEC 差值	0.25*	—							
适应性	0.25*	0.20	—						
大运动	0.12	0.11	0.56**	—					
精细动作	0.08	0.20	0.70**	0.56**	—				
语言	0.28*	0.10	0.55**	0.29**	0.45**	—			
个人 - 社交	0.06	0.19	0.69**	0.62**	0.73**	0.56**	—		
儿童积极互动状态差值	0.99**	0.23	0.26*	0.12	0.07	0.27*	0.06	—	
儿童物体状态差值	−0.51**	−0.02	−0.05	0.09	0.07	−0.10	0.07	−0.51**	—

注：ATEC—孤独症疗效评估量表，$*P<0.05$，$**P<0.01$。

3. 二元同频越强，PCBI 疗效越好

回归模型结果表明，二元同频差值、儿童物体状态差值、儿童消极互动状态差值和儿童脱离互动状态差值是 ATEC 差值的显著预测因子，对 PCBI 疗效具有正向预测作用（$P<0.05$）。这表明，二元同频及儿童消极状态得以改善后，PCBI 的疗效可能会更好。

（三）研究意义

1. PCBI 模式能提高亲子互动中的二元同频

二元同频在干预后是显著增加的，二元同频的次数越多，说明孤独症幼儿主动加入、回应照顾者的积极性越高。孤独症幼儿在年龄较小的时候已经表现出了对物体的关注多于对社会的关注，且在其早期发展过程中，对社会的关注仍会不断减少，而对物体的关注会不断增加（Bhat et al., 2010; Koterba et al., 2014）。有效的干预可以增加孤独症幼儿对社会的关注，而在亲子互动中孤独症对社会关注的增加提高了亲子互动中的二元同频水平。

照顾者在干预前的积极互动状态也是较高的，但照顾者常会因为不断地去指导、命令孤独症幼儿而错过孤独症幼儿发出的社交信号（Warreyn et al., 2007; Jahromi, 2012），照顾者在干预后运用所学的技能与孤独症幼儿进行互动，对孤独症幼儿的社交线索变得更加敏感，照顾者对社交线索感知的变化也是二元同频增加的重要原因。

2. PCBI 模式中，照顾者的接受性越高，二元同频的变化越大

照顾者因素中照顾者对干预模式的接受性与二元同频的变化之间存在显著的正相关。照顾者对干预模式的接受性越高，则对治疗师的信任度也更好，在学习新的技能和完成家庭作业方面的依从性更好，在亲子互动中会更多地、正确地使用干预中所教授的技能。此外，照顾者对干预模式的高接受性也使其在课程和日常生活中给予了孤独症幼儿更多的支持，这种支持不仅包括情感上的支持，也包括日常指导的技术支持，这些都可以增加亲子互动中二元同频的次数（Weiss 2017）。

3. PCBI 模式能够改善亲子互动质量，提升社交互动能力

二元同频与 PCBI 疗效密切相关，由回归分析的结果可知二元同频对PCBI 疗效具有显著的正向预测作用，这与以往的研究具有相似性。该研究中孤独症幼儿及其照顾者经过 PCBI 超早期干预后，亲子互动中的二元同频显著增加，说明干预后的亲子互动质量得到了提高。

孤独症幼儿的核心症状即社交方面存在缺陷，经过干预后亲子二元同频的改善表明了孤独症儿童在干预后增加了与照顾者的互动时间，即社交互动方面的能力得到改善，该结果证明了 PCBI 模式在提高孤独症幼儿的社交互动能力方面是有效的。

第四节　PCBI 模式特色

一、PCBI 和其他干预之间的异同

（一）相同点

从事孤独症早期干预的专业人员可能会了解，同 ESDM 与其他干预模式存在众多相似之处一样，PCBI 和其他超早期干预模式之间也存在众多相似之处。如都是基于发展和行为理论，强调社交动机、关系和自然环境的重要性；都是以父母为中介、家庭为中心的方法，指导父母在日常生活中对孩子进行干预；都是以游戏为形式，利用孩子的兴趣和偏好进行互动和教学；都是针对 8~30 个月的孤独症幼儿设计的，根据孩子的发展水平和需要调整干预目标和策略。

（二）不同点

PCBI 是一个基于中国文化背景下的超早期干预方案。它以亲子二元同频、提高家长敏感性为基础，更加强调提高家长的自我觉察，更深层地改善家长在亲子互动中的表现。在技能方面，PCBI 更加注重行为管理的训练，教授家长如何运用 ABC 理论和强化、替代等策略处理不当行为和塑造好行为。PCBI 更加注重交流技能发展的训练，教授家长如何促进需求性交流和分享性交流。PCBI 更加注重游戏能力的训练，教授家长如何进行简单游戏、功能游戏和假扮游戏，提高孩子的认知、社交和情感技能。PCBI 更加注重实证研究的支持，编制了统一操作手册，并进行了疗效验证。

二、为什么选择 PCBI 超早期干预模式

选择 PCBI 超早期干预模式有以下几个理由：

（1）PCBI 是综合性的干预，涵盖了孤独症幼儿在社交沟通、行为管理和游戏能力方面的主要需求，能够全面促进孩子的发展；

（2）PCBI 是适应性的干预，根据孩子的年龄、发展水平和个性特点制订个性化的干预计划，能够灵活应对孩子的变化；

（3）PCBI 是有效性的干预，有实证研究证明其能够改善孤独症幼儿的社交沟通、行为管理和游戏能力，并且提高家长的满意度和自信心；

（4）PCBI 是可行性的干预，操作简单易学，家长可以在自然环境中进

行每日训练，不需要过多的专业资源和设备。

三、现有证据已展现的 PCBI 超早期干预模式的优势

PCBI 超早期干预模式是一种综合性的、基于发展的、以游戏为形式、家长为中介的行为干预，能够提升孤独症幼儿的社交沟通和行为管理能力，同时提高家长的参与度和满意度。PCBI 主要有三大核心理念：强调干预以适应儿童发展水平的游戏的方式进行，强调采用促进沟通的策略以改善孤独症幼儿的言语交流、非言语交流及亲子间的双向沟通，运用行为管理的策略处理不当行为及塑造好行为。PCBI 模式能够帮助孤独症幼儿建立积极的情感关系，增加社交参与和共同注意，提高语言和认知能力，减少刻板和破坏性行为，从而改善孤独症幼儿的生活质量，提升其发展潜力。综上，PCBI 超早期干预模式具有以下 5 个方面的优点（图 3-3）。

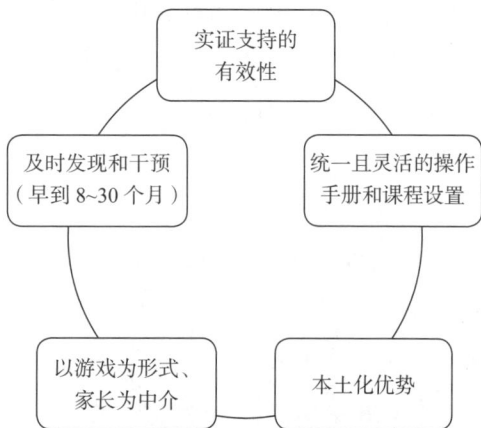

图 3-3　PCBI 超早期干预模式的优势

（一）有实证支持的有效性

PCBI 超早期干预模式有多项研究支持其有效性，包括自身对照研究和随机对照研究，研究结果显示干预后孤独症幼儿的发育水平有所提升，在孤独症症状和父母养育压力等方面都有显著改善。例如，临床心理师封敏等人对104 名 8~30 个月的孤独症幼儿进行了为期 12 周的 PCBI 训练，结果表明干预后孤独症幼儿在 Portage 核查表、ATEC 核查表和 PSI-SF 问卷表现上都有显著改善。付林燕等医生对 40 名 8~30 个月的孤独症幼儿进行了随机对照试验，结果表明 PCBI 组在 Portage 核查表、孤独症诊断观察量表和 PSI-SF 问卷表现上都优于对照组。这些研究证明了 PCBI 能够有效地促进孤独症幼儿的发展进程，改善孤独症的核心症状，减轻家长的心理负担。

（二）能及时发现和干预孤独症的早期迹象

PCBI 超早期干预模式尤其适用于 8~30 个月的孤独症幼儿，能够及时发

现孤独症的早期迹象并进行干预，减轻疾病的累积效应，促进神经可塑性关键时期的大脑发育。孤独症是一种神经发育障碍，其起源于胎儿期或出生后早期，但往往在 3 岁以后才被诊断出来。越来越多的证据表明，孤独症的早期识别和干预能够改变大脑结构和功能，提高认知、语言和社交能力，降低长期的医疗和教育成本。PCBI 能够针对孤独症幼儿的发展特点和需求，提供个性化和合作性的干预方案，运用各种有研究支持的策略进行行为干预，改善孤独症幼儿的社交沟通缺陷和行为问题。

（三）统一且灵活的操作手册和课程设置

PCBI 超早期干预模式有统一的操作手册和课程设置，便于培训和推广，同时也具有灵活性和个性化特点，能够根据不同孩子的发展水平和兴趣进行调整。PCBI 的操作手册详细介绍了干预的理论框架、主要内容、组织形式、评估方法和实施步骤，为治疗师和家长提供了清晰的指导和参考。PCBI 的课程设置为每周一节课，每节课一小时，连续 12 周，每节课分为复习、理论知识、示范游戏和家长互动 4 个部分，保证了干预的连贯性和系统性。PCBI 也允许治疗师和家长根据孩子的具体情况进行适当地调整，如选择孩子喜欢的玩具和活动，采用不同的游戏技巧和互动策略，以及根据孩子的反应和进步调节干预的难度和强度，从而实现干预的灵活性和个性化。

（四）以游戏为形式、家长为中介的干预

PCBI 超早期干预模式是以游戏为形式、家长为中介的干预，能够充分利用幼儿熟悉的自然环境和感兴趣的学习方式，增加幼儿的主动性和乐趣，同时提高家长的参与度和满意度。游戏是幼儿学习的最佳方式，能够激发幼儿的兴趣、好奇心和创造力，促进幼儿的认知、语言、社交、情感等多方面能力的发展。PCBI 通过选择适合幼儿发展水平的游戏，并运用各种游戏技巧和互动策略，来创造语言环境，引导共同注意，延长注意和启发回应，促进语言发展，以及培养功能游戏和假扮游戏等社交技能。

（五）PCBI 的本土化优势

PCBI 重视家庭的作用，培训家长成为干预的主要执行者，符合中国传统的家庭观念和亲子关系。PCBI 采用自然环境中的日常活动和游戏作为干预的载体，不需要专业的设备和场所，降低了干预的成本和难度，适应了中国更多家庭的社会经济条件。PCBI 注重发展孤独症幼儿的社交沟通、行为管理和

游戏能力，这些能力对于孩子的学习和生活都是非常重要的，符合中国家长对于教育的期望和需求。

家长是幼儿最重要的照顾者和教育者，他们与幼儿有着最亲密、最持久、最频繁的互动。PCBI通过培训家长掌握交流训练和行为管理的技能，并指导家长在日常生活中对孩子进行干预，来增强家长对孩子行为的影响力，改善家长与孩子之间的沟通质量，提升家长对孩子发展的信心和对干预效果的满意度。

第五节　家庭参与的优势

PCBI模式强调家庭参与，家庭参与是孤独症幼儿早期干预的重要策略，它指的是家长在专业人员的指导下，对孩子进行日常生活中的干预。家庭是早期干预的"大本营"，家长是帮助孩子向上发展的"脚手架"。家长及家庭参与早期干预不仅对于孩子症状的改善、能力的发展有多方面的优势，而且对于整个家庭的和谐和孩子未来进行社会融合具有重要意义。

一、提高干预连续性，增强干预效果

在孤独症早期干预中，家庭的参与不仅对于维持干预连续性起到了至关重要的作用，而且还可以提高干预的效果和质量。毫无疑问，专业人士如心理咨询师、行为治疗师和语言病理学家等在提供早期干预服务方面扮演着重要角色。但是，家庭成员的日常参与可以覆盖这些专业人士无法覆盖的领域。

首先，我们注意到，家庭成员与孤独症儿童的互动时间远远超过专业人士。孩子们在家庭环境中平均每天有超过12小时的觉醒时间。这意味着，家庭成员有大量的机会在日常生活中应用和实践干预策略，从而增强干预的连续性和一致性。这与孩子每周只在专业人士那里接受几小时的干预服务形成了鲜明的对比。

其次，家庭成员可以实时观察和应对孩子的需求和反应。他们可以根据孩子的情绪、行为和反应进行干预策略的微调。这种灵活性和适应性对于孤独症儿童来说非常重要，因为他们的行为和需求可能会受到许多因素的影响，

如环境变化、日常生活压力以及其自身的生理和情绪状态等。

家庭参与在孤独症早期干预中的作用已得到广泛的研究和肯定，它具有显著的增强干预疗效的作用。研究已经证实，父母和其他家庭成员的积极参与可以显著提升早期干预的效果。家庭成员在日常生活中运用干预策略时，能为孤独症儿童提供更多的实践和学习机会。近期的研究进一步支持了这一观点，并对家庭参与的具体影响进行了深入的探索。

（1）父母参与早期干预不仅能提高孩子的语言和社交技能，还能增强他们自己的信心和满意度。

（2）当父母接受专门的训练并将这些策略应用在日常生活中时，他们的孩子不仅语言和社交交流技能显著提高了，而且信心和满意度得以增强（Rush，2018）。

（3）父母参与早期干预能让干预更符合家庭的需求和文化。

（4）父母参与早期干预能让干预更有效和持久。

（5）家庭参与不仅提高了干预的效果，让父母和其他家庭成员对孩子的行为有了更深的理解，而且使他们将干预措施融入日常生活中的各个环节，使干预更为连续（Pang，2010）。

（6）在实施了家庭参与的早期干预策略后，孩子的行为改善程度明显提高，尤其在社交技能和沟通技能方面有了显著的进步。越来越多的研究结果强调了家庭成员在干预过程中的关键作用（Fuller et al.，2020）。

这些研究都表明，家庭参与是早期干预的重要组成部分。

二、促进家庭成员的心理健康

在孤独症早期干预的实践中，家庭成员的参与显著促进了他们的心理健康。

（1）家庭成员参与孤独症儿童的教育和治疗，可以增强他们对孤独症的理解，提升心理韧性，增加应对压力的技巧。参与早期干预，他们更有能力应对挑战，如压力处理、决策制订，也提升了自信心。

（2）家庭成员积极参与早期干预，更可能采用寻求社会支持和积极思考的应对策略，避免逃避和自责，从而提升心理健康并增强自我效能感。临床观察表明，参与早期干预的家庭在应对孩子社交技能和适应性行为的问题上更有信心。

（3）早期干预不仅有助于提升家庭成员的心理健康，也显著改善了孤独症儿童的干预效果。父母的心理健康状况与孩子的社交适应性、沟通能力和行为问题的改善呈显著相关性。参与早期干预训练的家庭成员焦虑和抑郁水平显著降低，对孤独症儿童的干预效果也更佳。

然而，这并不意味着家庭参与干预的过程就一帆风顺。尽管多数父母都对他们的孩子寄予高度的期望，但他们也面临着情绪压力和时间压力。专业人士需要提供适当的支持和培训，以保证家庭成员能在实施干预的过程中感到自信和得力。

三、增强家庭凝聚力，促进理解和接纳

近年来的研究表明，家庭参与的早期干预对于增强家庭凝聚力、促进家庭的理解和接纳具有重要作用。有研究发现，包括家庭在内的跨领域的早期干预可以显著增强家庭的适应力和凝聚力（Patterson et al., 2014）。早期干预还可以增强家庭成员对孤独症的认识，改变对孤独症的误解，可以使其更好地应对压力，使得家庭凝聚力得以提升，进一步促进家庭的接纳。

家庭参与干预的重要性不仅在于提升孤独症儿童的生活质量，也在于为家庭成员提供一个理解和接纳孤独症的环境。更深层次的是，家庭参与干预通过改善家庭环境，改善孤独症儿童的社会适应，减少孤独症儿童的行为问题，提高他们的生活质量。

本章小·结

总的来说，新近的研究进一步证实了家庭参与对孤独症早期干预的重要性，它可以增强干预疗效、提高干预的持续性和连贯性；增强家庭的凝聚力，并能提升家庭成员的心理应对能力。然而，我们也必须关注家庭成员在实施干预过程中可能面临的压力，提供适当的支持和培训，确保他们能有效地参与孤独症早期干预的实践中去。

本章对 PCBI 模式的理论框架、核心内容、实证研究成果及其优势进行了扼要的整体介绍（图 3-4），接下来我们将具体进入 PCBI 的各个核心理念。

第四、五、六章将从游戏能力、交流能力和行为管理三大方面，为您详细展示如何进行家庭干预，使干预循序渐进、卓有成效地推进。

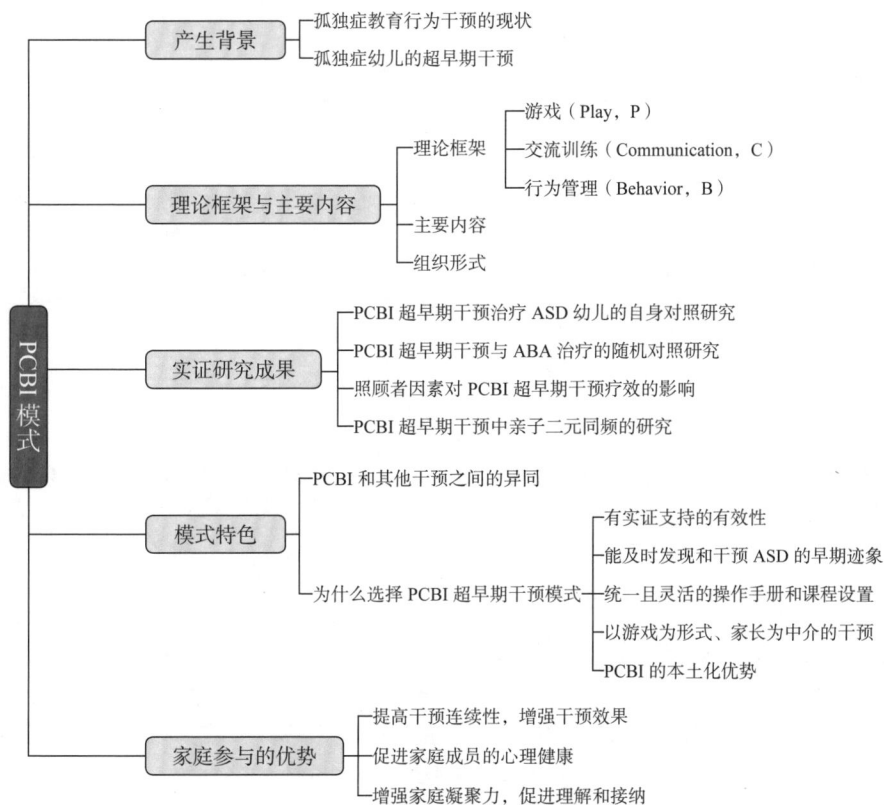

图 3-4　PCBI 模式的建立与发展

实操篇

本书的干预原则既适用于专业人员，也适用于家长和其他照料者。但为了便于表述，本书统一以"家长"为直接教授对象，因为专业人员指导的对象同样为家长。

P C
B I

第四章　游戏能力发展

本章关键词：

游戏；亲子同频；游戏水平；游戏步骤；拓展；挑战

写在本章之前：

让我们回忆一下那个叫轩轩的孩子。

轩轩3岁的时候，父母因为担心他的语言发育问题带他来医院就诊，医生在询问家长情况之外，还和孩子玩了一会儿游戏。医生拿出了摇铃、积木和娃娃等玩具让轩轩选择。轩轩首先拿起了摇铃，自顾自地一边摇一边满场跑，跑够了又回到桌前，换了积木。他左右手各拿了一块积木，使劲地敲击，听到声音好像很高兴，最后更是把积木丢了出去。医生尝试示范将积木搭起来，轩轩一眼都没看，医生唤他的名字试图引起他的注意，轩轩也没反应。最后医生把娃娃和一个小奶瓶递给轩轩，轩轩接过娃娃，一下子就扯掉了娃娃的裤子丢在一边，随后把娃娃也丢了，只是反复摇晃那个里面有液体的玩具奶瓶。

为什么这样简短的一段游戏，会令医生考虑轩轩有患孤独症的可能呢？

首先，在描述中我们可以发现，轩轩全程与医生无交流。即使玩具就摆在医生面前的桌子上，医生也一直处在他的视线范围内，主动参与他的游戏，还通过唤名试图引起他的注意，但整个过程中，轩轩沉迷于自己的事情，完全无视医生和身边人的存在。这说明他存在着交流障碍。

其次，轩轩的游戏水平落后于年龄水平。轩轩已经3岁了，3岁的正常发育儿童已经可以自主进行较为复杂的假扮游戏，但轩轩不能理解娃娃和奶瓶的象征性，也不能使用常规玩法玩积木，唯一的乐趣是视觉与听觉的刺激。

这就是我们为什么如此重视游戏、关注游戏的原因。游戏是我们看见儿童精神世界的窗口，也是儿童各项能力的综合体现。

第一节　游戏与儿童

本节目标：

（1）了解什么是游戏。

（2）了解游戏对儿童发展的重要性。

（3）了解游戏在孤独症儿童发展中的特殊性。

一、什么是游戏

游戏，在词典中的解释是"娱乐活动"和"玩耍"。不管是作为名词还是动词，大众认知中的游戏，都具有以娱乐为目的的特点。追寻乐趣是人的天性，从公元前 2600 年起，游戏就已经出现在人类文明中，乌尔王族局戏、塞尼特及播棋都是有记载的、历史悠久的游戏。近现代以来，人们对于游戏的研究更趋理论化。

即使不关注科学理论，任何一个普通人对游戏都不会感到陌生。从小时候的扮家家，到成年以后的电子游戏，从一个人默默完成的拼图，到和伙伴们一起畅快对决的球赛，我们自己的成长过程中就伴随着无处不在的游戏。而当我们成为父母后，又会看着孩子在襁褓中摆弄摇铃，陪他去公园跑闹嬉戏，为他第一次搭起的积木、摆对的嵌板而鼓掌，再和他一起化身医生、老师或是超级英雄去拯救世界——这些与孩子一起经历的各种各样天马行空的故事和"事故"，构成了亲子之间美妙的回忆。游戏就是这样贯穿于我们生活中的每一个空间与时间，产生着非常深远的影响。这种影响，在儿童期尤其明显。

然而，在与孩子的相处过程中，有时会出现这样的情况：父母想训练孩子的某种能力，主动发起了"游戏"，但孩子并不感兴趣，问他不感兴趣的原因，孩子可能嘟囔着"这不是游戏，不好玩"。这时，父母不妨反思一下，自己是真的在和孩子做"游戏"，还是在单方面让孩子进行某种学习。

游戏和学习有哪些区别呢？研究者眼中，游戏必须具备以下要素和特点。

19 世纪的英国哲学家路德维希·维特根斯坦第一次提出游戏的几个要素，包括玩耍、规则及竞争等；1961 年，法国哲学家罗杰·凯洛斯提出游戏须具有自由、非日常、不确定性、无功利性、自有规则、假想性 6 个特点；近年来，游戏设计者克里斯·克劳福德试图用一系列的二分法精确地定义游戏，包括是否具有创造力，是否有互动，是否有目标，是否有对手，是否可以攻击对手等。

除了对游戏定义的探索，科学家们也提出了很多关于游戏行为理论的假说，如英国哲学家弗里德里希·席勒提出的"本能说"，他认为"人类在生活中要受到精神与物质的双重束缚，在这些束缚中就失去了理想和自由。于是人们利用剩余的精神创造一个自由的世界，它就是游戏。这种创造活动，产生于人类的本能"。

随后，英国哲学家赫伯特·斯宾塞进一步将本能说补充为"剩余能量说"，这种理论认为，"人类在完成了维持和延续生命的主要任务之后，还有剩余的精力存在，这种剩余的精力的发泄，就是游戏。游戏本身并没有功利目的，游戏过程的本身就是游戏的目的"。

德国心理学家卡尔·谷鲁司对游戏理论再次进行修正，提出"练习理论"，这种理论认为，"游戏不是没有目的的活动，游戏并非与实际生活没有关联。游戏是为了将来面临生活的一种准备活动"。

奥地利精神分析学家西格蒙德·弗洛伊德也提出了"宣泄理论"，他认为，"游戏是被压抑欲望的一种替代行为"。

总结以上成果会发现，相比孩子的学习，游戏更自由，它是孩子主动愿意参加的活动；更有创意，在游戏中可以进行异想天开的假想活动；游戏初衷是无功利性的，但实际上，它能帮助孩子宣泄欲望，为未来的生活做准备。所以，孩子不愿意、家长要求孩子玩的刷牙"游戏"其实不是游戏，它既不自由，也没有创意，只能说是一种刷牙训练，自然也无法实现游戏的功能。

二、游戏在儿童发展中的重要地位

游戏在儿童发展中到底占怎样的重要地位呢？它的意义主要体现在 4 个方面。

（一）身体发展

从宝宝刚出生开始，我们就会捏捏他们的小胳膊小腿，帮他们做做被动操活动身体，一边享受愉悦的亲子互动，一边促进他们肢体动作的发展。随着孩子慢慢长大，我们准备的玩具对动作的要求会越来越高，从练习大运动的蹦床、皮球，到需要复杂精细动作的嵌板、穿珠（图 4-1），再到需要高

图 4-1　锻炼孩子大运动和精细动作的玩具

度计划能力的搭建类玩具——玩具的升级，反映了儿童身体能力的发展历程。

除此之外，不同的游戏活动，还带来了不同的感觉刺激体验，硬的软的、冷的热的、粗糙的光滑的、沉重的轻盈的……这些不同的感觉刺激体验帮助孩子建立对于复杂环境的生理耐受能力，让他们在将来的生活学习中能够更好地适应环境。

（二）智能发展

儿童开始正确地使用玩具，就意味着他了解了这个物品的功能，了解了物品与物品之间的联系，甚至了解了物品的引申含义，这是认知水平发展的体现。

同时，当他开始参与集体游戏时，他就有了沟通的需要，他要运用自己的言语及非言语交流技巧与玩伴沟通，以保证游戏继续进行下去。这意味着言语功能也在随之发展。

游戏的复杂程度进一步提升。他不仅能够模仿他人，同时还会加入自己的想法，创造性思维和逻辑思维出现在游戏当中，他的内在精神世界也在逐渐地建立。

总之，儿童在游戏中展现的智能水平，并不局限于单一的记忆力、计算能力、命名能力，而是一种灵活而综合地运用各项技能、在实践中完成工作或解决问题的能力。从这个意义上来说，相比于背诵儿歌或辨认物品这些单一的任务，完成一个复杂游戏的能力，更接近于大众所定义的"聪明"。

（三）社交发展

无论是和家人一起玩，还是和同龄玩伴一起玩，游戏都给儿童提供了参与人际交往的机会。

在人际交往中，儿童逐渐开始体会到自己与他人的界限，理解不同的人有不同的想法，克服自我中心，产生共情能力，学会根据环境调节自己的行为，掌握社交技巧。

同时，当儿童的游戏水平达到假扮游戏以后，他们会自发地将生活经验的碎片融入游戏，进行整理和重塑，直至内化成自己的社交模式。可以说，假扮游戏是儿童社会化的阶梯，儿童在游戏中体会不同的生活事件，扮演不同的社会角色，与同伴一起在不同的社交情境中合作、冲突、磨合，这不仅可以帮助孩子形成将来进入集体环境所必需的社交规范，同时，也是他意志品质和道德观念的启蒙。

（四）情感发展

当宝宝第一次摇晃摇铃、发现这个东西竟然可以发出声音时，他抬起头，笑着看了一眼对面的妈妈——这个瞬间，惊奇、喜悦、得意交织在一起，这就是游戏带给孩子的一次丰富而独特的情绪情感体验。

随着儿童的游戏水平越来越高，这种体验也会越来越复杂。在假扮游戏中，扮演医生的孩子会对受伤的小动物充满同情，又会因为自己治好了它的伤痛获得成就感和信心；扮演园丁的孩子正在打理一个花园，美丽而奇特的花朵让他忍不住发出赞叹，审美的体验发展了他的美感；除了正面情感，负面情绪一样可以在游戏中得到处理，当扮演司机的孩子在公路上遇到了车祸时，他感到难过、不安、恐惧，他可以向扮演警察的同伴描述自己的经历，命名自己的情绪，表达自己的需求，甚至他可以索求安慰和拥抱，扑到游戏里的"妈妈"怀里大哭一场。这些情绪管理的技巧，都是对现实生活中相似情况的演练，也体现着他功能情绪水平的发展。

不难看出，游戏在儿童能力发展中占据着不可替代的地位。会玩、能玩、玩得好，不仅是孩子的乐趣，也是他成长的需求，更是家长应当密切关注的发展内容。

三、游戏在孤独症儿童发展中的特殊性

对于孤独症儿童来说，在很早期，其特殊的游戏特征就会成为孤独症早期指征之一。研究表明，孤独症儿童在 6 个月时就会表现出目光对视的异常，相比于亲人的面孔，他们更愿意看物，这就导致了他们很难被吸引注意和逗乐。随着年龄的发展，孤独症儿童的两大核心症状，社交 / 交流障碍和狭窄兴趣、刻板行为更为凸显。

一方面，因为交流障碍，他们对和他人一起玩的游戏兴趣不足，很难通过共同游戏发展技能；另一方面，狭窄的兴趣和刻板的行为特征，又会使他们沉迷于一些非常规的游戏方式，难以融入集体环境。这两种损害的模式互为因果，使孤独症儿童陷入一种越来越封闭的恶性循环中，严重影响着他们各项能力的发展。

因此，游戏既是孤独症儿童症状的行为体现，也是我们改善他们核心损害的途径与窗口。通过有效的评估与训练，家长不但可以在游戏中提升孩子的各项能力水平，更能与孩子改善亲子关系，同享家庭和乐。

第二节　了解儿童的游戏水平

本节目标：

（1）了解游戏水平的定义。

（2）学习游戏水平的评估方法。

一、游戏发展过程

就像任何一项技能一样，儿童的游戏发展也遵循着一定的发展规律。根据游戏形式的不同，我们可以将儿童游戏的发展大致分成 4 个发展阶段（表4-1）。

表 4-1　儿童游戏发展的 4 个阶段

游戏水平	大致年龄	特征	举例
逗乐游戏	0~6 个月	被逗引时感到快乐	挠痒痒、抛高高
感觉游戏	6~12 个月	寻求感觉刺激而获得快乐	摇铃、吹泡泡
组合游戏	12~18 个月	理解物品之间的联系，将物品组合起来	搭积木、放嵌板
假扮游戏	18 个月以上	理解物品的象征性，象征性地使用物品	厨房游戏、超市游戏

（一）第1阶段：逗乐游戏

当婴儿刚出生、还不具备什么活动能力的时候，家长就开始和他们做起了游戏，可能会捏捏宝宝的小脚，戳戳他的肚子，亲得他咯咯直笑。这个时候，虽然宝宝还没有什么主动发起和参与游戏的能力，但他享受与家长的互动，被逗得很开心，甚至可以用眼神、动作和声音进行一些简单的交流。这样的游戏，因为其"被逗而乐"的特点，我们称之为逗乐游戏。

逗乐游戏是儿童游戏的起点，虽然简单，但很重要，亲密而愉悦的早期互动帮助儿童形成安全型依恋，是他未来一切社交关系泛化的根源。

（二）第2阶段：感觉游戏

孩子慢慢长大，最先发展的是动作技能。他学会了爬行，坐下，舞动自己的小胳膊，用自己的手指互相配合，拈起各种物品。也是在这个时候，家长开始给孩子准备玩具。不妨回想一下，你最早给孩子买的一批玩具是什么呢？摇铃，拨浪鼓，会唱歌的小钢琴，按了会弹出来的小盒子，还有软软的皮球和爬行垫……观察这些玩具不难发现，它们都具备一个特征，那就是都能够提供感觉刺激。

摇晃的拨浪鼓里面有滚动的珠子，搭配咚咚的鼓声，同时提供了视觉和听觉刺激；皮球可以捏也可以扔，捏的时候充分挤压孩子的小手，提供触觉刺激，扔的时候又能让孩子通过观察物体下落，获得视觉刺激。在这一阶段，孩子通过使用这些玩具，获得感觉刺激的快乐，就像成年人钟爱听歌和看电影一样，这种快乐是孩子合理且必须满足的需求。

（三）第3阶段：组合游戏

孩子继续成长，他的认知能力也逐渐发展起来。这个时候，他不仅可以使用物品获得感觉刺激，还能够进一步通过观察，总结和归纳物品的特征，理解物品之间的关系，将其组合起来。

这个阶段，典型的游戏特征就是配对行为的出现。为什么圈圈要套在杆子上呢？因为他发现，圈圈的洞洞和杆子可以配对。为什么正方形的嵌板要放在正方形的孔里呢？因为正方形和正方形可以配对。为什么乐高积木可以搭在一起呢？因为积木凹进去的部分，和凸出来的部分可以配对。

有一个规律，家长通常会发现孩子在玩乐高一类的积木时，都是先学会拆，再学会搭。本质上，用手"哗啦"一下扒开积木的过程，是一种感觉游戏，而搭起来，却是组合游戏的形式，这正反映了游戏发展的阶梯性。

（四）第4阶段：假扮游戏

孩子的认知水平随着年龄增长发展得更加成熟，此时，他已经不再局限于理解物品之间的联系，他可以对物品进行引申和联想，理解其象征意义，发展出创造性思维。

比如，看见一个空杯子，他就会想到，这是可以喝水的杯子，所以他会假装拿起杯子"咕嘟咕嘟"地喝水；再比如，他用乐高积木搭了一个宇宙飞船和发射架，将飞船发射到"月球"上，然后在"月球"上探险。简单如前者，复杂如后者，都是假扮游戏，并没有非常明确的界限区分简单假扮和复杂假扮，不妨认为，简单之下有更简单，复杂之上有更复杂。

简单之下有更简单，家长但凡发现孩子有可以理解假扮的迹象，比如模仿用空杯子喝水或拿遥控器打电话，都可以大胆引导孩子象征性地使用物品，开始简单的假扮游戏。

复杂之上有更复杂，意味着假扮游戏是可以无限发展的。在孩子已掌握的假扮游戏内容中，添加更多的假扮元素，设置更复杂的情节，制造挑战和困境，可以提升孩子的逻辑性和抽象思维能力。

从某种意义上来说，成人的戏剧和小说都是假扮游戏的延伸，同样的，儿童发展假扮游戏，也是在发展自己的精神世界。

为了让家长更直观地了解不同游戏水平的玩法，本章的第七节"经典游戏推荐"中，按儿童游戏发展的水平，分别为4个阶段各列举了2个游戏作为例子，注明了游戏的目标、步骤和可能进行的拓展方法，家长可以参考这些内容，试着体验一下这些游戏，身体力行地感受上文提到的，不同阶段游戏水平的特征。

二、评估游戏水平的注意事项

掌握了游戏发展的阶梯模型，家长们就可以通过观察儿童的游戏方式，来确定他当前的游戏水平，制订下一步游戏训练的目标。

但在观察评估的时候，有两点需要注意。

（一）儿童的真实游戏水平，必须是他独立玩耍时表现出的游戏水平

很多儿童习惯了和家长一起玩耍，也习惯了由家长指导其进行游戏，甚至家长会服务到位地做好所有的准备工作，只需孩子做其中一两个步骤即可。长期维持这样的玩耍方式，虽然看起来孩子可以完成这个游戏，但一旦失去家长的辅助，孩子很可能面对玩具束手无策，或是只能展现更低的游戏水平。

所以，想要制订出合适的训练目标，不妨让孩子独自尝试不同游戏水平

的玩具，再观察记录其玩耍方式，方能得到较为准确的结论。

（二）游戏水平是阶梯状发展的，但并不像真的阶梯那样存在断层

事实上，游戏水平发展过程，更接近于一个谱系，每两个水平之间，存在交叉地带。

比如家长用小手偶戳戳孩子的不同身体部位，进行挠痒痒游戏，玩了一会儿后，孩子展现对手偶的兴趣，拿过手偶，用手捏捏手偶的耳朵和嘴巴，这个时候，这个游戏就同时具备了逗乐和感觉的特征。

同样的，家长和孩子一起搭积木，孩子垒了五块积木，突然高兴地宣布，"哇，我搭了一座高楼"，孩子主动在组合游戏之中添加了假扮元素，使其也具备了假扮游戏的特征。所以，当我们观察孩子的玩法时，一定要细心而周密，不要错过任何一点信息，才能全面地判断儿童当前的游戏水平。

第三节　开始一个游戏

本节目标：

（1）了解游戏训练的目标。

（2）了解游戏训练环境设置的原则。

（3）了解如何在游戏中与孩子建立共同注意，进行平行或轮流游戏。

一、理论依据

对很多家长来说，开始一个游戏，往往是最困难的部分。很多家长都有这样的经验，当你兴致勃勃地准备好一切，坐下来，试图和孩子一起玩一会儿时，但孩子的反应却不尽如人意。他可能转身跑开，或是对玩具表现得完全不感兴趣，甚至出现不恰当的行为（比如一味地扔砸或啃咬玩具），这时候你的感受是怎样呢？想必挫败感是无法避免的。很多家长就是在这样一次又一次的挫败感中丧失了信心，甚至下了论断，"我的孩子不玩游戏，没办法跟他玩"。

任何孩子都是可以玩游戏的。正如前文所述，游戏是儿童的天性，是追寻快乐的本能，不会被任何力量消灭。但家长的困境也是真实的，这类束手无策的场景在很多家庭中一直不停地重复上演："我想和他玩，他不和我玩，他玩的我看不懂，我该怎么办？"

这就是本节试图回答的问题。本节将详尽地描述开始一个游戏的步骤，从家长的视角出发，学习如何观察和思考，最终真正地和孩子共同参与一个游戏。

万事开头难，但好的开头是成功的一半，我们的目标不仅是引导家长学习开始一个游戏的技巧，更希望帮助家长建立"我了解孩子，可以和他一起玩"的信心。

二、选择恰当的亲子游戏

首先需要明确，游戏训练的本质是以游戏为形式的训练，所以其具有目标性，旨在提升儿童的能力，并不是单纯让孩子开心的游戏活动。和被诊断为发育障碍的儿童家长讨论他们的担忧时，得到的答案常常是"不理人""不说话""目光对视少""不会玩玩具"等。仔细分析这些描述，不难发现其实孤独症儿童的落后主要体现在 2 个主要能力区域，即交流和智能。

目光对视不足，呼名不应，对小朋友和家人都不感兴趣，这是交流障碍的体现。

语言发展落后，不会说也听不懂，不能像同龄人那样使用玩具，这些是智能发育落后的体现。

因此，PCBI 倡导的亲子游戏训练，以这 2 个能力区域为主要训练目标。我们希望通过游戏训练，让孩子既"会玩"，又能"跟人玩"，即同时提升交流和智能水平。

（一）恰当亲子游戏的 2 个特征

想让孩子"会玩"，又能"跟人玩"，那么我们选择的游戏就需要兼具 2 个特征：①在亲子双方的同频状态中进行游戏；②选择与儿童游戏水平相符的游戏。

1. 在亲子双方的同频状态中进行游戏

这里我们将"亲子同频"定义为，参与游戏的人关注着同一个事物，同时也关注着对方。两个人同频互动的游戏，可以想象成一个三角形般的关系，作为顶点的两个人分别关注着第三个顶点的游戏内容（可以是有形的，比如玩具；也可以是无形的，比如一首歌、一个故事）。与此同时，两个人之间，也有着相互关注的箭头。亲子同频是在游戏中与孩子产生交流的必要条件，只有家长和孩子处在亲子同频的状态，才能产生真正有效的交流。

什么样的游戏形式容易产生亲子同频呢？

首先是平行游戏，对于年龄较小的孩子，他们之间可能没有太多交流的手段和内容，但他们会关注对方在做的事，使用相同或相似的玩具，互相模仿，给取玩具，微笑搭话。一个常见的例子就是宝宝爬爬大赛，宝宝们在不同的赛道上向家长爬去，但中途也会注意到身边其他的宝宝，停下来观察模仿对方，甚至尝试触碰对方。

当孩子能力有了进一步提升的时候，他们可以进行轮流游戏。在轮流游戏中，在等待对方完成他的轮次时，孩子必然同时注意到对方和他在做的事，亲子同频也就自然而然地产生了。

所以，为了保证游戏训练中有形成亲子同频的条件，我们会选择可供2个人同时使用的、多轮次的玩具（如2个差不多的摇铃或球，8个硬币的投币罐，6枚嵌板等），以便与孩子平行或轮流地玩耍。

2. 选择与儿童游戏水平匹配的游戏内容

前文章节中，我们详细描述了儿童游戏水平的发展过程，从逗乐游戏，到感觉游戏，到组合游戏，最后到假扮游戏。通过对儿童独立游戏时玩耍方式的观察，我们可以评估出孩子当前所处的游戏发展阶段，并确定目标游戏水平。

还记得吗，前文提到，游戏水平的发展不是完全割裂的阶梯状，而是一个连贯的谱系。同一个游戏可以兼具不同游戏水平的特征，具有训练价值的游戏，正是在巩固当前游戏水平的同时，添加下一阶段的游戏元素。

比如对于一个感觉游戏阶段的孩子，我们可以一边陪他玩他喜欢的抛球，同时准备一个篮子，尝试示范将球抛进篮子里——这就是在感觉游戏的基础上，添加了抛球进篮这个组合游戏的元素。

同样，对于一个酷爱堆高高的组合游戏水平的孩子，我们可以在堆高高之后拿出一个小动物模型，爬到积木顶端，说："哇，小兔子爬楼啦！"这是一个在组合游戏中添加假扮元素的例子。

前文强调过的另一点是，游戏水平的选择基于我们对孩子独立游戏水平的观察，只有孩子独立玩耍时展现的游戏水平，才是真正属于他自己的游戏水平。家长和孩子一起游戏时，常常会有很多指导性的指令，孩子或许可以跟从，但那只体现了他服从指令的能力，而不是他真实的游戏水平。确定了目标游戏水平之后，在选择玩具时，家长也不可过于刻板，而应根据实际情况灵活地组合玩具。

比如前文"小兔爬楼"的例子，因为有添加假扮元素的计划，准备一些小动物模型是必要的选择，它们很容易与其他玩具搭配，产生假扮意念，同理，一些有动物或者小人图案的玩具，也比较容易发展出假扮元素。

综上所述，选择游戏的目标是，一个能和孩子产生亲子同频状态的、匹配他游戏水平同时有向下一阶段水平发展空间的游戏。听起来确实有一点复杂，但磨刀不误砍柴工，只要多看多听多思考，相信家长们一定可以选择到一款最合适的游戏！

（二）游戏训练的环境设置和时长频率建议

环境设置：建议专门设置一个明确视觉边界的游戏区域，比如几平方米的地垫，或是阳台的一角，甚至小栅栏，视觉边界的目的是帮助孩子建立不离开的规则，尤其适用于一些安坐困难的孩子。在游戏区域内，除了游戏进行时需使用的物品，尽量不要摆放任何物品，包括可能引起视觉、听觉、触觉刺激的任何干扰物。如果要在此处储存玩具，务必放在孩子拿不到、最好也看不到的地方。

时长频率：对于18~30个月的幼儿，建议一次游戏训练时长在15~20分钟之间，18个月以下的幼儿可酌情减少至10~15分钟。一次游戏训练中，建议更换3次以内的玩具，保证孩子对每个玩具的关注能维持5分钟左右。当然啦，具体每次和孩子玩多久，还要根据孩子的专注水平及游戏兴趣进行个性化调整。

三、正式进入亲子游戏

选定了游戏和玩具以后，下面就要正式进入开始一个游戏的阶段了。为了方便各位家长记忆和练习，我们把开始游戏的步骤编成了一小段顺口溜。

排除干扰，提供选择；

对面安坐，物置中间。

观察兴趣，了解玩法；

对则跟随，错则示范。

减少指令，等待辅助；

参与游戏，尝试轮流。

下面将会对这个顺口溜进行详细的讲解和示例。

（一）步骤1：排除干扰，提供选择

在一切训练开始前，我们需要排除环境中的干扰物。孩子的注意力很容易分散，这是由他的大脑发育水平决定的，为了帮助他更好地参与，排除干扰是必不可少的步骤。

环顾四周，在你的游戏区域内，有没有散落的、随手可以拿到的物品？有没有走来走去的人？有没有吸引人的声音和灯光？甚至地垫上的花纹会不会使他感兴趣？这些都会导致孩子的注意力从游戏中转移，请尽量地减少这些干扰。

同时，排除干扰也不仅在游戏开始前，在游戏进行中，当你发现孩子的注意力被任何你不希望他注意的事物吸引时，也要尽量地控制干扰物。

举个例子，妈妈正在和孩子玩一个轮流投雪花片的投币游戏，妈妈基本排除了环境中的干扰物，但她发现当她倒出了8枚雪花片并把它们放在一边时，孩子的注意力被花花绿绿堆成一堆的雪花片吸引了，开始控制不住地用手去拨。这个时候，即使雪花片是本来要使用的玩具，仍然成为干扰物，所以妈妈把所有的雪花片都放到了自己的身后，每次只拿出2片，让孩子选一片，剩下的一片自己放，继续了这个游戏。

确保环境合适之后，我们给孩子提供选择玩具的机会。提供选择是一种非常重要的分享控制权的技巧，分享控制权能有效地提高孩子的参与动机，就好像自己点的菜，自己总是爱吃一样。但此处的选择并不是无限制的选择，而是经过家长筛选后的选择，筛选的过程需像前文所述的，兼顾"亲子同频"和"游戏水平"。把这两三个筛选出来的玩具，放在孩子面前，或是拿在你的手上，让孩子选出他中意的，就此开始一个游戏。

小贴士

这个过程中，很多家长会遇到一个困境，孩子对我们给出的选项都不感兴趣，一个也不想要，怎么办呢？等待3秒钟之后，你帮他选定一个。同时，注意是不是环境中仍然存在更吸引他的事物，才导致这种情况的发生。如果是，找到干扰物，排除掉，并记住这个经验，防止类似情况再次发生。

（二）步骤2：对面安坐，物置中间

选好玩具之后，游戏正式开始。家长和孩子在游戏区域面对面而坐，保证要使用的玩具放在两人之间，以便共同玩耍。这听起来是一个简单的步骤，但在实际操作中常常出现很多困难，下面将分享一些解决方案。

（1）有些孩子很难接受延迟满足，无法等待，在选玩具的环节会忍不住伸手去够拿，甚至抢夺玩具。如果这个时候家长任由孩子拿走玩具，通常的后续就是孩子带着玩具离开原定的游戏区域，更不要谈安坐游戏了。所以，建议家长在提供选择的时候，一定要控制住玩具，孩子选好之后，也应先示范或示意孩子坐下，再将玩具摆放在两人之间。

（2）有些孩子使用玩具时习惯独占，玩着玩着就会取走玩具，甚至带着玩具离开。所以请家长在游戏过程中，时时注意确保玩具摆放在两人之间，是两个人都可以使用的状态。如果孩子试图独占玩具（比如把轮流投雪花片的罐子抱在自己怀里），务必固定住玩具，使其不能成功拿走。

（3）有些孩子很难安坐，表现为总是试图站起来，可能想要离开，也可能是在家长的游戏轮次中感到不耐烦，想要起身抢夺玩具。安坐是一项重要技能，即使是几个月的幼儿也可以保持几分钟的安坐状态，以专注于眼前的事或物。不能安坐意味着注意力的游离，也就无法形成亲子同频的状态，所以我们应当尽量帮助孩子安坐。

小贴士

除了上文提到的建立规则、通过示范和示意孩子安坐才能开始游戏，在游戏过程中也要密切关注孩子的状态。相比于将已经跑开的孩子拉回来，在

他起身前就注意到行为线索（比如蹲起、蹬腿、扭转身体等），及时防止起身的动作更为有效。对于刚开始练习安坐游戏的孩子，应制订合理的目标，比如每5分钟安坐游戏后，可给予一次短暂的休息（1分钟的起身活动时间），再逐渐提高要求，减少休息，直至达到前文所述的15~20分钟的安坐。

综上所述，在这个步骤中，家长通过建立安坐游戏的模式，帮助孩子形成专注力，通过控制玩具的位置让孩子习惯分享，同时，面对面的状态也有利于引导目光对视——这些都是有效游戏训练的重要基础，请务必重视这些设置，成功源于对每一个细节的把握。

（三）步骤3：观察兴趣，了解玩法

面对面坐好，摆好玩具以后，家长需花费5~10秒的时间观察孩子，了解他的兴趣和玩法，为接下来的游戏活动做准备。这一点和传统的亲子游戏有很大的区别，也是对家长的挑战。

前文提到，游戏训练的目标包含提升孩子的游戏能力。如果每一次的游戏都是由家长发起和带领，我们不但很难了解孩子自己的游戏能力，也无法判断他是真的掌握了游戏玩法，还是仅仅能够跟随家长的指导。所以，把发起游戏的机会留给孩子，等待他展现自己的兴趣和游戏方式，是一个很好的策略。

家长需要观察什么呢？

（1）观察孩子的兴趣。同样的玩具，不同的孩子展现的兴趣取向也会有所不同。同一个套圈用的圆环，有的孩子喜欢视觉刺激，和妈妈隔着小孔互相看，有的孩子喜欢听觉刺激，将其拿起来晃动听声音。

（2）观察孩子的游戏方式。同一个玩具的玩法有很多，孩子也有自己的偏好。比如超市购物的假扮游戏，有的孩子想当售货员，有的孩子想当顾客。

只有了解到这些兴趣和玩法，家长才能在游戏训练中投其所好，提升孩子共同参与游戏的动机。

（四）步骤4：对则跟随，错则示范

通过观察，我们不仅可以了解孩子的兴趣和玩法，也会基于观察结果判断下一步训练方案。此时不外乎两种情况：

（1）孩子的游戏方式符合目标游戏水平，比如家长拟定的目标游戏水平

是组合游戏，孩子在选用了积木玩具后，将积木堆高。此时，家长应立刻跟随孩子的兴趣，模仿他的做法，也搭一块积木。这就是"对则跟随"。

（2）孩子的游戏方式不符合目标游戏水平，比如在上文的例子中，孩子没有堆高积木，而是拿着两个积木互相敲打。经过观察，我们发现这是一个典型的感觉游戏，不符合目标游戏水平，所以我们会立刻示范一个更恰当的玩法。家长可拿起积木，演示堆高高。注意，对于孩子的不恰当玩法，我们不必使用语言阻止，也不必给予关注，只要专注于示范就好。这就是"错则示范"。

（五）步骤 5：减少指令，等待辅助

"对则跟随"通常都不会出现什么困难，家长可以顺利地将游戏进行下去。但需要"错则示范"的时候，家长可能会遇到孩子不愿意跟随，甚至不关注示范的情况，此时，应当遵循"先等待后辅助"的原则，尽量不下指令。

用一个例子来描述这个过程。孩子选择了雪花片投币罐玩具，家长和孩子面对面做好，罐子放在两人中间，家长遵循了先等待和观察的原则，发现孩子的玩法是拿着罐子晃动，经过前期评估，目前这个孩子的目标游戏水平定位在组合游戏，而晃动罐子听声响是一个典型的感觉游戏，所以家长打算示范投币进罐子的游戏方式。取出雪花片以后，家长先拿起一枚雪花片，在孩子眼前轻微地晃了一下，吸引他的关注，然后投进罐子里。只要孩子没有表现出明显的逃避或脱离举动，家长可以安静地等待 3 秒钟左右，观察他是否可以主动跟随，也投一枚雪花片。

这个案例中，孩子没有立即跟随，并且开始走神。这时家长立即拿起一枚雪花片，递到孩子手里，同时将罐子举到孩子手边，通过位置示意孩子可以投进去。再次等待 3 秒钟后，孩子仍然没有主动投进雪花片，这时家长握住孩子的小手，投进雪花片，并立刻拍手和夸奖，给予社交强化。

在这个过程中，需要注意以下几点：

（1）尽量减少指令。言语指令是一种过于强大的辅助，很多孩子都会因为长期密集的指令环境而产生指令依赖，在没有指令的时候不会思考自己该做什么。所以，在游戏中，即使需要辅助孩子跟随我们，也应尽量避免指令。

（2）辅助前等待 2~3 秒钟。当我们示范活动以后，孩子可能不会立刻作出反应，建议家长在提供辅助前等待 2~3 秒钟，因为有的时候孩子只是反应

有些慢。但如果家长发现孩子已经处于脱离的边缘,则应尽量加快活动的推进,等待就不是必需的。总之,观察和了解孩子当前的状态,是家长的必修课。

（3）最少的辅助是最好的辅助。不使用指令的前提下,我们常使用间接辅助和直接辅助。

间接辅助一般指指点、示范、调整位置等辅助方式,比如上文中提到的把雪花片递给孩子和把罐子放在手边,甚至调整罐子位置让雪花片对准缝隙。

直接辅助通常指身体动作的辅助,比如上文提到的握住孩子的手辅助他做出投币的动作。

不难看出,间接辅助的强度比直接辅助要低,总的来说,在保证完成活动的前提下,我们会尽量提供给孩子强度更低的辅助,因为这代表着孩子自己参与的程度更高。根据这个原则,即使同样使用身体辅助,家长也应尽量降低辅助强度。一般来说,辅助的时候,你的手离孩子的手指尖距离越远,你的手在孩子身体上停留的时间越短,则辅助强度越低,也是更好的辅助。

（六）步骤 6：参与游戏，尝试轮流

当一开始谈到和孩子轮流游戏的时候,很多家长都认为,这是极大的挑战,毕竟谁没有试图和自己的孩子一起玩,又无从下手的经历呢?

但如果按照上面的步骤整理自己的行为后,你会发现,轮流自然而然就发生了。如果孩子使用了恰当的玩法,模仿他;如果孩子的玩法不恰当,示范一个恰当的玩法,并通过等待或辅助帮助孩子模仿你,再加上你选择的玩具本身就提供了多轮次游戏的可能,那么你们必然可以进入轮流的模式。这个过程中,真正困难的部分,在于家长如何保持一颗始终积极参与的心,以及对自我的正确觉察和定位,这里给出一些简单的提醒。

（1）不要成为家具式家长。可能因为孩子的游戏对家长来说确实过于枯燥无趣,也可能因为孩子惯于独占玩具、拒绝共享而产生了挑战行为,我们经常会观察到,本来一开始还积极参与游戏的家长,在几次受挫后,会慢慢地退出游戏。虽然仍然保持对孩子的关注,但已经没有任何动作,默默地变成了一个摆在旁边的家具。孩子是绝对不会和家具互动交流的,不要把自己从游戏中屏蔽掉。

（2）不要成为服务员式家长。还有一种情况,家长保持着对游戏的参与,但出于对孩子的疼爱,或是希望孩子多多锻炼,家长会慢慢让出自己的游戏

轮次，转而变成一个帮助孩子捡拾、递送玩具的服务员，甚至主动帮他解决遇到的困难，比如打开他开不了的瓶盖、完不成的嵌板等。

这种情况下，家长的参与并不是真正的参与，你们并没有事实上在做同一件事情，孩子自然也不会将对物的注意转移到你的身上，更遑论与你交流。并且，过度代劳的行为，反而会降低孩子学习使用需求性交流求助的动机，可以说是负面的训练效果。

（3）不要成为指挥官式家长。前文提到，指令作为一种过于强大不易撤除的辅助方式，不宜出现在游戏训练中。其实除了这个原因，家长也可以设身处地想象一下，如果你和一个一刻不停下指令的指挥官在一起，你会觉得舒适吗？我们的孩子虽然年幼，能力有限，但他也有逃避压力的本能，在游戏这种相对宽松的环境设置中，压力会导致关系的破裂，带来很难控制的脱离行为。

那家长到底该将自己定位成什么样的角色呢？相对于老师，在游戏训练中，家长更像一个擅长玩游戏的玩伴，想和孩子一起玩，也想引导他玩得更好。最理想的游戏训练，其实是一种接近自然状态的家庭和乐，家长和孩子都能享受彼此的陪伴，同时从游戏中获得快乐，希望大家都能以此为目标。

以上就是如何开始一个游戏的全部步骤，希望大家勇于尝试，多多练习，按照这个步骤（图4-2）做一做吧。

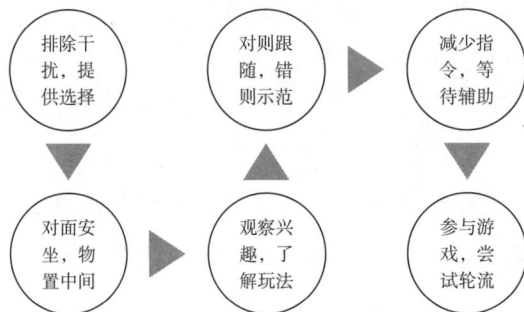

图4-2 开始游戏的步骤

注意事项

（1）设置合适的游戏环境。专门设置一个明确视觉边界的游戏区域，并排除环境中的干扰物。

（2）选择合适的游戏水平与玩具。注意哦，只有孩子独立玩耍时展现的游戏水平，才是真正属于他自己的游戏水平。在游戏过程中，还可以根据实际情况进行灵活调整，最终让游戏和玩具既符合孩子的现有水平，同时也能推动他向下一个水平发展。

（3）在亲子同频中与孩子进行平行或轮流游戏。和孩子关注同样的目标，同时又相互关注。借助游戏顺口溜完成平行游戏或轮流游戏吧！

第四节　建立游戏步骤

本节目标：

（1）了解什么是游戏步骤。

（2）学习如何建立游戏步骤。

一、理论依据

步骤，在词典中的解释是"事情进行的程序"。细究的话，这个解释包含了两个元素，一个是"事情"，一个是"程序"。"事情"就像珠子，"程序"就像绳子，能熟练地用绳子串起珠子，才可称为完全掌握了这件事的做法。

打个比方，我们每个人都会刷牙，意味着我们会做刷牙的每一个步骤，从挤牙膏，到刷牙，到漱口，到擦嘴，到收拾牙具，同时我们能记住连接这些步骤的顺序，毕竟就算会挤牙膏也会擦嘴，但如果顺序反了，也只能带着一嘴泡泡上班了。

同样的，在游戏中，当我们描述孩子掌握了一个游戏时，他也要在会操作每一个步骤的同时，记住连接这些步骤的顺序——这正是我们提升儿童游戏水平的最终目标，具备独立完成一个游戏的能力，而不是在家长的服务下，只参与其中一部分。

孩子只会参与部分游戏，并不是一个鲜见的现象，在对家长的观察评估中，我们经常看到玩雪花片投币游戏的时候，家长把开罐子、拿出雪花片、关罐子全包揽了，孩子只要完成投币这一个动作。试想一下，当这个孩子单独面对一个装满了雪花片的投币罐时，他可以顺利地按照常规玩法去使用吗？

答案是不一定的，他很可能不知道要打开罐子，也不知道要取出雪花片，

111

最后只能拿着这个罐子晃动听响声。这是我们不希望看见的，因为这代表着他具备组合游戏的能力，却只能玩感觉游戏。

那什么是游戏步骤？

上文中提到，步骤是事情进行的程序，同理，游戏步骤就是游戏进行的程序。无论处在什么样的游戏水平，每一个游戏都自有其章法，需要按照一定的步骤程序进行下去。

（一）符合常规

常规这个词不太常见，但按照字面意义理解非常合适，谓之"常人都会守的规则"。我们对一个发育障碍儿童进行康复训练，最大的目标不就是使他变成一个常人吗？我们期待他能适应同龄人的学习和社交环境，正常地发展与成长。具体到游戏方面，想要和同龄人一起玩耍，他就应当具备和同龄人相似的游戏水平，且兴趣取向不可过分偏差。

打个比方，小朋友们围坐在玩具桌前一起搭积木城堡，有一个孩子却不断把积木扔在地上，他在这个环境中就很难与他人互动，更不要谈有效参与。

但需要注意的是，常规玩法不是唯一的玩法，家长也要避免过于沉迷于自己的剧本而忽略了孩子的正常兴趣偏好。比如上面那个例子，别的小朋友都在搭积木城堡，这个小朋友不想搭城堡，但他宣布，他要搭一个大桥把城堡连起来，这不仅是符合常规的玩法，更是一次很棒的创新。

（二）清晰明确，在重复练习时可以被适当修改

对于游戏能力不足的孩子，我们示范了常规游戏方法以后，他很难能够一次就完全模仿和掌握，所以练习是必需的。想要练习有效率，就要保证步骤的清晰明确，就像小时候通过抄写掌握汉字的写法，老师都会要求每次抄写的时候笔画顺序相同。

比如一个做饭的假扮游戏，家长给孩子示范了 6 个步骤，分别是切菜、放在锅里、开火、加调料、关火、盛到盘子里。那么在接下来的练习中，为了让孩子完全掌握这个游戏，我们既要保证每个步骤都要做到，也要保证顺序没有混乱。当然这中间也有一些可以灵活变通的地方。

在这个例子中，我们第一次做的是番茄，第二次可以做青菜，第一次放的调料是糖，第二次可以放盐，这样的灵活变换，可以在保证游戏步骤完整性和流程性的同时，增加游戏的乐趣，启发孩子发挥创造力。

（三）尽量包含"结束"

在孩子很小的时候，帮助其形成"结束"的概念是一种很好的行为训练理念。我们经常发现，有的孩子好像很有规矩，玩完玩具会收拾好，知道碗里的饭要吃完，洗澡或刷牙都能在浴室待到结束才离开；另一些孩子则令家长担心，他随时会中断活动随意地离开。这是因为在日常行为中，前者的家长已经为其建立了"结束"的常规。

这个常规如何建立呢？不妨利用游戏训练的机会，将"结束"步骤加在每个游戏之中。无论是游戏结束时收拾玩具，还是假扮游戏中演绎一个完整的生活事件（比如吃完饭收拾碗筷，在超市买完东西带回家等），都意味着一种仪式化的结束，当孩子习惯于这种有始有终的行为模式后，也会把这种良好的生活习惯泛化到生活日常中去。

家长只需遵循以下5个关键点，就能顺利地建立游戏步骤。

（1）结合儿童兴趣建立符合常规的游戏步骤。

（2）总是让孩子先尝试进行下一步。

（3）通过等待—示范—等待—辅助的模式帮助孩子维持游戏步骤。

（4）对于孩子没有掌握的游戏步骤，反复练习，熟练掌握和建立兴趣。

（5）保持游戏的完整性。

操作要领

二、结合儿童兴趣建立符合常规的游戏步骤

前文提到，游戏步骤须符合常规，才能帮助孩子以后融入社交环境。但很多家长因此过于执着自己的剧本，完全罔顾孩子的兴趣点，这会导致游戏很难进行下去。在游戏训练这种低控制的环境设置中，孩子如果对你做的事毫不感兴趣，必然会出现脱离行为。

所以家长一定要善于观察孩子的兴趣，面对一堆积木，他可以搭高高，可以排成小火车，也可以假装这是分给小动物们吃的小蛋糕，只要在目标游戏水平的范围内，尽量让孩子发挥自己的创造力，提升他参与的动机。

三、总是让孩子先尝试进行下一步

步骤建立后，假装和孩子一起参与游戏，平行或轮流地推进游戏步骤。在每一个步骤前，家长等待3秒钟，给孩子先进行下一步的机会。这是一个

很重要的技巧，只有掌握每个步骤的做法，且记住连接的流程，才算是真正会玩这个游戏。所以，如果每次都是由家长先走出下一步，那就无法确定孩子是否真的记住了流程。甚至有一种可能，他记住了流程，但仍等待着家长的提示与指令，这是一种习得性无助的体现，更应当避免。

想象你正带着孩子认识回家的路，每到一个路口，如果都是你先决定方向，那你永远无法知道孩子是不是真的认识路，游戏亦如此。

四、通过等待—示范—等待—辅助的模式帮助孩子维持游戏步骤

当我们等待孩子先进行下一步时，难免会出现孩子不知道该做什么甚至脱离游戏的情况。这个时候我们应当遵循等待—示范—等待—辅助的原则，帮助孩子将游戏进行下去。

第一次等待在每一个步骤开始前，给孩子提供一个大概 3 秒的、思考和开启下一步游戏的空间；第二步示范是在孩子无法做出反应，或出现不恰当的行为后，及时地示范恰当的步骤；然后，再次等待 3 秒左右的时间，期待孩子主动跟随模仿我们；同样，每当孩子无法跟随模仿的时候，再使用辅助帮助其回到游戏中，继续进行步骤的练习。

小贴士

在这个过程中，等待是很需要技巧的。过长的等待会使孩子失去耐心，给予他更大的脱离机会；过短的等待又会妨碍孩子主动思考和参与游戏的空间。所以，家长需要根据自己孩子的情况进行谨慎的评估。一般来说，可以以 3 秒为基准线，多退少补，慢慢尝试即可。

同时，还需要注意及时降低辅助的强度，在重复练习的过程中，给予同一个步骤的辅助都应该比上一次更少，才能保证孩子在每一次练习中有所进步。

五、对于孩子没有掌握的游戏步骤，反复练习

建立游戏步骤的目的是帮助孩子学习常规玩法，以更好地融入正常环境，这可以类比成一种技能的教学。既然是教学，自然很难一次学会，所以对于

孩子没有完全掌握的步骤，可以通过反复练习令其掌握，并且，当孩子对游戏步骤越来越熟练以后，兴趣也会随之提升，因为人总是会对自己擅长的事情感兴趣。

在练习中，注意既要保持步骤的清晰、完整、统一，也可如前文描述的那样，做一些恰当的灵活变通，引入更多元素，增加游戏的趣味性。

六、保持游戏的完整性

在练习游戏步骤的过程中，家长最常反映的难题就是孩子没有耐心，坐不住，中途就想跑开。从行为分析的角度来说，无论是哭闹，跑开，还是发脾气，行为的功能都是逃避当前常规的进行，如果我们直接让游戏就此中断，就会强化这种逃避行为，而且难免会让逃避行为泛化到日常生活，既然游戏可以说停就停，那吃饭为什么不能吃一半跑掉，刷牙为什么不能不愿意就不刷呢？所以，我们要避免让这些逃避行为直接得偿所愿，同时，我们也要顾虑孩子的情绪和身体情况。

如果确实已经玩了一定时间，孩子也确实明显表现出疲劳和兴趣缺失，我们可以采取一种折中的办法，即降低强度和难度后，仍保持游戏的完整性。

比如家长和孩子在玩雪花片投币游戏，一轮过后，家长询问孩子是否还想继续，孩子选择继续游戏，但这一轮中，一共 10 枚雪花片，投完第 4 枚的时候，孩子表现出了明显的不耐烦，丢下玩具想跑开。家长拦住了孩子，同时将剩下的雪花片中的 4 枚拨到身后，只剩下 2 枚，首先示范投了 1 枚雪花片，再坚持辅助孩子完成了最后 1 枚，同时说"好的，我们放完啦"。

这种方法既可以避免孩子产生哭闹、逃避可以立即中止游戏的经验，同时也不会让孩子的情绪过分激烈，破坏亲子关系。

以上就是关于如何建立游戏步骤的介绍，游戏训练之所以具备训练价值，不是单纯的玩耍，而是因为这些小小的步骤及其内在联系建立起了儿童最初的流程感与逻辑性，是他们未来发展工作能力的基石，希望家长们以此为起点，为孩子们打开学习和互动的窗口。

注意事项

（1）建立符合常规的、清晰的游戏步骤。不过如果孩子冒出有意义的奇思妙想，记得给他大大的鼓励。

（2）对游戏步骤进行反复练习。反复练习时，在保证游戏步骤完整性和流程性的同时，对部分元素进行灵活变通，着重练习孩子没有掌握的步骤。

（3）总是让孩子先进行下一个步骤。当孩子不能连接步骤时，通过等待——示范——等待——辅助的方式让游戏继续进行。等待以3秒为基准，多退少补。

（4）尽量保持游戏的完整性。如果发现孩子疲劳或没兴趣了，可以降低难度和强度，制造一个完美收官。

第五节　拓展游戏内容

本节目标：

（1）了解拓展游戏的时机。

（2）掌握拓展游戏的方法。

（3）一些关于拓展游戏的建议和思路。

一、理论依据

正如前文提到，游戏能力就像是儿童的"工作"，他能够做越复杂的游戏，就意味着他具备越高超的"工作能力"。反过来说，我们也可以通过提升儿童游戏的复杂程度，增强他的游戏能力，进而达到提升他综合能力水平的目标。

拓展游戏的过程，接近我们平常所描述的教孩子玩游戏，但需注意，教亦有道。毕竟，就算是与配合度很好的孩子玩耍时，说教太多都会让他对你敬而远之，何况是本就存在交流困难的孩子呢？所以，选择合适的时机、使用恰当的技巧是成功拓展游戏的关键。人们经常形容好的老师可以"寓教于乐"，传授技能的过程仿佛"润物细无声"，这也是我们的目标。

下面用一些例子来说明，什么是合适的拓展时机。

（一）当孩子已经熟练掌握目前的步骤而没能自己添加步骤的时候

任何学习都应当遵循循序渐进的原则，不可建造空中楼阁，只有当孩子对目前的游戏步骤已经基本掌握的时候，才是添加新步骤的合适时机。并且，在游戏中，我们需时刻谨记以儿童兴趣为先这一原则，保持对孩子的观察，特别注意孩子是否有主动添加游戏步骤的迹象。兴趣是孩子最好的老师，当孩子在游戏中参与程度高的时候，时常能展现出令家长惊讶的创造力。

比如孩子和家长一起玩切水果的游戏，家长切了一个西瓜，孩子切了一个桃子，家长又拿出一个柠檬，打算继续轮流这切的步骤时，孩子拿着切好的桃子，往嘴边放了放，假装吃桃子。这就是孩子自然拓展出的步骤，家长应当立刻跟随，拿起之前切好的西瓜，模仿孩子的动作，用夸张有趣的声调表情夸奖孩子，并在之后每一轮切完水果后，都保留这个吃掉的步骤。这个游戏，也从单一步骤的切水果，被孩子拓展成了更复杂的两个步骤——切水果和吃水果。

（二）当孩子"卡住"的时候（重复多次当前玩法，或走神）

很多时候，孩子已经熟练掌握了目前的步骤，并没有完全失去对游戏的兴趣，却因为能力所限，不能添加新的步骤，从而重复当前的玩法或慢慢走神，呈现一种"卡住"的状态，这个时候，如果家长不能及时地添加新的步骤，让孩子被新的刺激吸引，很可能游戏就会因为孩子彻底失去兴趣而中断，所以，敏锐地察觉到这个状态，是家长应具备的重要技巧。

比如孩子和妈妈一起在玩搭玩具火车的游戏，第一步是将两三个小火车连接起来，第二步是假装"嘟嘟嘟"地开火车。因为不能自主拓展接下来的游戏内容，孩子此时只能反复把小火车从左往右"嘟嘟嘟"，再从右往左"嘟嘟嘟"。虽然孩子仍然留在游戏中，但家长已经很明显地感觉到，他有点儿走神，甚至玩得有点刻板。

这时候，家长选择主动添加一个新步骤，开着开着就让火车停下，说"火车到站啦"。此处添加了一个到站的步骤，终止了孩子重复单调的玩法，同时可以引入新的假扮元素，比如车站名，到站后可以做的事情等。因为孩子仍保留着对小火车的兴趣，所以这样的拓展较容易被他接受和模仿。

（三）当孩子表现出拓展步骤的想法却没有付诸实践的时候

还有一种常见的情况，孩子能表现出拓展步骤的想法，却因为能力所限，不能付诸实践，这个时候，家长要非常敏锐地察觉他的想法，并接住这个想法，帮助他在游戏中运用玩具和动作展现出来。

同样是上面那个搭火车的游戏，孩子在搭好火车后，"嘟嘟嘟"地来回开了几次，突然联想到生活中发生过的事，说了一句"去游乐园"。但孩子并没有能力继续引入更多与游乐园相关的假扮元素，只是简单地嘟囔了这么一句。

家长听到以后，应当立刻开心地接话："好的，我也带娃娃去游乐园！"同时拿出游乐园的玩具（滑梯秋千等）和配套的小人偶，先将小人偶放在火车上，开到游乐园玩具旁边停下，说"到了，下车啦"，再让小人偶从滑梯上滑下，一边开心地说："娃娃滑滑梯啦！"这样的拓展，不仅跟随了孩子的兴趣，同时还通过联系两组玩具，在场景转换中建立了简单的逻辑，对帮助孩子形成连续性的思维能力很有益处。

（四）当孩子拓展了游戏步骤，但技巧欠佳的时候

一些能力更好的孩子，他们不仅能表现出拓展步骤的想法，还能够完成具体的步骤。这个时候，家长的工作就是帮助孩子进一步细化步骤，完善游戏内容，使故事情节更加丰满，从而提升孩子的知识储备和逻辑水平。

仍然用搭火车的游戏举例子。孩子搭好火车后，"嘟嘟嘟"地开了几个来回，然后自己取来小人偶放到车上，一边开一边说，"带娃娃去游乐园啦"，同时把游乐园的玩具放在一边，开车到游乐园停下，说"下车啦"，然后打算进游乐园去玩耍。这个时候，家长可将"进游乐园"这个步骤进一步地细化。

比如，家长可在停好车、小人偶下车后示范，"进游乐园，要先买票哦"。然后，示范用积木搭一个售票厅，和售票员对话。"一张门票多少钱呀？""五块钱。""好的，我刷手机付钱。"最后验票进入游乐园，继续在游乐园玩耍的步骤。这样的拓展不仅能够引入更多的假扮元素，丰富游戏内容，使游戏更加真实有趣，同时，也是在潜移默化地教给孩子一些基本的生活常识，提升他的生活技能。

二、掌握拓展游戏的方法

想要成功地拓展游戏，除了注意时机，还要运用恰当的技巧，总的来说，主要是观察—示范—等待—辅助—练习这几个步骤的循环。

（一）要点1：观察

观察是对拓展时机的把握。观察的内容包括以下3方面。

孩子的参与状态：是否对正在进行的游戏感兴趣？是否感到无聊和厌烦？是否出现刻板的玩法与行为？

孩子的游戏技能：是否已经掌握了现有的步骤？是否具备理解和模仿计划拓展的步骤的能力？

孩子的拓展意向：是否有意愿自主拓展当前的游戏，即使是不完整的步骤？

收集到这些信息以后，家长就可以根据前文所述，找到合适的拓展时机切入，提高拓展游戏的成功率。相反，如果没有观察作为基础，而是完全按照自己的"剧本"硬性地指导孩子，很可能难以成功。

（二）要点2：示范

找到合适的拓展时机以后，家长要进行新游戏步骤的示范，注意动作清晰，语言简洁，让孩子能一目了然、一听就懂。

我们仍然用搭火车的游戏举例。当家长看到孩子卡在了反复开车这一步、计划拓展去游乐园的步骤时，一定要由家长自己首先拿出小玩偶坐上车，然后到游乐园门口下车，同时雀跃而简洁地描述自己的行为，"我带娃娃去游乐园啦"。当然此处需匹配儿童的语言水平，这个例子中，我们假设孩子可以说简单句。切忌使用问题"你要去哪儿呀"或是指令"你带娃娃去游乐园吧"。

问题与指令的不当之处在前文中多有描述，此处再次提醒，没有人喜欢和考官或领导一起玩，孩子也有逃避压力的本能，特别是当他们本身参与度和游戏技能就不足的时候，家长更应努力地创造舒适的游戏氛围，维持孩子的兴趣。

（三）要点3：等待

家长示范了新步骤以后，等待3~5秒的时间，给孩子留出反应的空间。等待是必要的，因为有的孩子并不是不反应，而是反应较慢，如果此时家长焦急地进一步催促或过早辅助，都会掩盖掉孩子的自然反应，这是很可惜的。

但等待时间也不宜过长，因为孩子如果真的没有兴趣，那么过长的等待留出的空隙，就会让孩子有逃离的机会。

（四）要点4：辅助

经过等待，我们会得到孩子的反应，如果孩子能够主动跟随我们，完成新的步骤，那么应当给予他强烈的赞扬和反馈，强化这一行为。但也有可能孩子并不能立刻跟随，这可能出于不同的原因，可能是他确实对家长拓展的步骤不感兴趣，也可能步骤的难度超出了他的能力。此时，家长可以尝试辅助孩子跟随，辅助的原则仍然遵循前文的描述，不使用指令，尽量少地使用辅助。

某些情况中，辅助会奏效，孩子在家长的辅助下完成了新的游戏步骤，同样应该得到家长的强化与反馈。另一些情况中，孩子始终难以跟随，即使辅助了，也不能完成，甚至出现情绪问题，这个时候，家长不必过于强求，可以在停顿一下后，尝试其他的拓展方法。

用前面的例子来说，如果孩子不愿跟随家长开火车带娃娃去游乐园，很可能是他现在不想去游乐园，或者游乐园游玩的经历没有给他留下深刻的印象，不足以让他理解和重现这个场景。经过两到三次的重复示范与辅助后，如果孩子仍不能成功，家长可以考虑换一个新步骤，比如，开火车带娃娃去超市买东西，或是在开火车的路上遇到了红绿灯。替换成这些更简单、更贴近孩子生活的步骤，也许可以提高成功率。

（五）要点5：练习

孩子学习新步骤的第一步是模仿，但能模仿并不代表他自己已经理解和掌握了这个步骤，更不代表他具备了连接旧步骤与新步骤的逻辑能力。所以反复的练习是必要的。就像我们小时候学写作文，总要背一些好词好句与范文，通过反复的背诵和引用，将其内化为自己的知识，为将来的独立写作打下基础。家长教会孩子一些基本的游戏步骤和方法也正是这个道理。通过模仿与练习，孩子掌握一些游戏的常规套路。随着孩子能力逐步提升，这些套路就会成为他自己组织、发展游戏的养分，为他将来形成独立的创造性思维打下基础。

在搭火车游戏中，家长首先示范带着小兔子去游乐园的步骤，再辅助孩子带小青蛙去游乐园，此为第一轮的示范与模仿。在下一轮的练习中，家长可稍稍等待孩子，看他是否记得刚刚模仿过的步骤。如果孩子主动拿起了小猪，继续送他去游乐园，则家长可带着另一只小动物跟随。如果孩子未能完全掌握，则家长可再次示范，但在这一轮练习中，尽量减少辅助。比如家长示范带小猪去游乐园后，不再像上一轮一样，将小狗递到孩子手中，握着他的手把小狗放到车上，而是通过指指小狗，再指指火车，提醒孩子让小狗上车。这样逐步减少辅助，直至最后孩子练习成功，可完全独立完成新步骤。

这个时候，再回到第一步"观察"，寻找拓展另一个新步骤的时机。如此循环往复，不断丰富游戏内容，提升游戏水平，发展孩子的综合技能。

三、一些关于拓展游戏的建议和思路

在与家长交流的过程中，我们发现，当谈到游戏可以提升孩子能力的时候，大多数家长都表现得踌躇满志，但一旦真正进入实践，又总是觉得无所适从。这种"一学就会，一做就废"的情况，很大程度是来自家长的焦虑。家长对自己的游戏能力不自信，觉得自己不会玩，在和孩子玩的时候，总怕做错了会影响孩子的发展，这些忧虑都是可以理解的，但也是没有必要的。

首先，养育孩子，并不是什么精密的科学实验。再专业的治疗师，与孩子一起工作的过程中，都充满了试错与纠偏。所以家长不必因为游戏中有几次卡住了，或是有不成功的拓展而沮丧，并没有一子错满盘皆输的道理，只要遵循符合行为科学的基本原则，总会做得越来越好。其次，游戏的本质是对生活的再现，从这个角度来说，没有一个成人是不会玩游戏的，毕竟大家都会过日子。

总的来说，游戏拓展的思路可分为两个层面：

（1）当孩子刚刚到达当前的游戏水平时，训练目标为巩固当前的游戏水平，此时拓展的内容应当为当前游戏水平的更多步骤。

（2）当孩子已经基本掌握了当前游戏水平时，训练目标为下一个水平的游戏，此时拓展游戏的内容应当具备下一个水平的游戏元素。

为了帮助家长厘清思路，这里提供一些典型的游戏拓展案例。让我们按照游戏水平的发展——说明（表4-2）。

表4-2 不同游戏水平的游戏拓展示例

游戏水平	添加同水平步骤	添加下一水平步骤
逗乐游戏	从挠痒痒，拓展成跟着简单儿歌，做一套挠痒痒的手势游戏（小虫子爬爬，爬到头上，爬到肚肚上，爬到小手上）	从挠痒痒，拓展成用小摇铃或触感球轻碰孩子小手，最后交到孩子手中，示范和辅助孩子挥动或是捏弄小玩具
感觉游戏	从晃动装着积木的小罐子，拓展成先晃小罐子，再用小木槌敲击小罐子，或是把小罐子滚给对面的人	从晃动装着积木的小罐子，拓展成打开罐子倒出小积木，放进去，盖上盖子，再晃动
组合游戏	从投币雪花片，拓展成打开罐子，先将雪花片拼成一条，再拆开，投币进罐子	从投币雪花片，拓展成打开罐子，先将雪花片拼成飞机（飞呀飞呀）、花（闻一闻好香）等，再拆开，投币进罐子
假扮游戏	从切水果吃掉，拓展成洗水果、削皮、切水果、吃掉	—

不难看出，拓展游戏的思路并不复杂，只要家长放平心态，主动参与，运用自己的生活经验自然地发展游戏内容，就一定可以帮助孩子拓展游戏，教会他更多更好的游戏技能。

注意事项

（1）最好的拓展是孩子自发的拓展。家长要做的只是观察他的状态、技能掌握情况和意愿。

（2）在合适的时机拓展游戏步骤。在孩子熟练重复了多次当前玩法，或表现出拓展步骤的意愿时，家长可以帮助他拓展游戏。

（3）使用观察—示范—等待—辅助—练习的方式拓展游戏。建立游戏步骤的方式仍然是示范—等待—辅助。在观察的基础上，家长帮助孩子建立拓展游戏的游戏步骤，然后带着他不断练习就好。

（4）拓展的内容与孩子的能力水平相匹配。家长在孩子刚刚达到当前游戏水平时，添加同水平步骤；当孩子已基本掌握了当前游戏水平时，就可以带他更上一层楼了。

第六节　在游戏中设置挑战

本节目标:

（1）理解为什么要设置挑战。

（2）了解什么是挑战。

（3）学习设置挑战的技巧。

一、理论依据

（一）为什么要设置挑战

游戏训练的目标，是提升孩子跟人玩的能力，为他将来能够顺利地回到现实社交环境中做准备。从这个意义上来说，家长扮演的角色其实是孩子的同龄玩伴。这是一个很有挑战性的角色。家长需要摒弃身为长辈的权威与指导，也要克服身为亲人的疼爱与周到，以一个同龄人的水平与态度，和孩子平等地互动。

可是，在没有成人参与的情况下，孩子如何解决游戏中遇到的难题，如何将游戏继续下去，如何引入和使用不熟悉的玩具，如何处理可能发生的冲突，如何面对小伙伴犯的错误……这些挑战都会在真实的社交场合中发生，如果孩子从未体验过，也没有练习过应对的技能，却让他直接在无辅助的状态下独立面对，就很可能会发生情绪问题，甚至产生社交退缩等更严重的后果。因此，在游戏训练中，设置挑战，引导孩子学习和练习应对挑战的技能，为将来融入真实社交环境时可能遇到的困难做准备，是一个有效的未雨绸缪的策略。

同时，与任何技能学习的目标一样，我们对孩子游戏能力的训练也绝不止满足于建立示范—模仿的模式。古人说"举一隅不以三隅反，不可复也"，只有当孩子可以运用所学到的技能举一反三，解决不同的问题，产生新的创造性思维时，游戏才能达到真正地提升其发展水平的目标。从这个角度来说，设置挑战像是一种对于已教授的技能进行"考核"的方式，通过这样有趣又自然的"考核"，进一步巩固孩子的游戏技能。

（二）什么是挑战

按照性质的不同，我们可以把挑战分成两种类型。

1. 游戏内挑战

这种挑战一般是指和游戏内容相关的困境或问题，大多与认知技能相关，主要训练的是孩子运用常识解决问题的能力。这样的挑战通常根据游戏水平的不同，可简单，也可复杂。

比如在家长和孩子轮流放嵌板的组合游戏中，板上原本有八个位置可放，但两人轮流放到最后，发现少了一块嵌板。这时，家长做出疑惑和惊讶状，说"咦，怎么少了一块呀"并等待几秒钟，观察孩子是否可以应对这个挑战，主动提出要找一找，或是想其他的办法。

在假扮游戏中，挑战就更加多样化了。比如孩子给家长扮演的小兔子手偶喂食，喂白菜的时候，小兔子说"嗯嗯真好吃"，喂茄子的时候，小兔子发出不高兴的声音，说"我不喜欢吃茄子"，然后等待几秒钟，观察孩子是否能够根据小兔子的反应，改喂别的蔬菜。

再举一个难度更高的例子。孩子和家长一起玩厨房游戏，两人正在做饭，突然家长把锅给打翻了，被烫到了手，家长发出痛呼"好疼啊，我被烫到啦"，然后等待孩子的反应。我们希望孩子不仅可以能够运用生活常识，带着家长冲冷水、包扎、涂药，甚至打电话叫救护车去医院，而且能从情感层面给予安慰，对家长的疼痛表现出心疼——在这个游戏中，挑战不仅仅是认知层面，还有情绪层面，而共情力正是孤独症儿童最为薄弱和难以训练的一种能力。这种假扮游戏的场景，可以最大程度地帮助孩子模拟真实体验，引导他关注他人的情绪并给予反馈，这是靠其他方法很难达到的效果。

2. 游戏外挑战

这种挑战一般指和社交规则相关的挑战，主要训练的是孩子运用社交技巧解决冲突的能力。毕竟当他和小伙伴们一起游戏时，冲突是无法避免的。家长扮演的玩伴也应像孩子一样敢于表达自我需求，坚持维护自己的利益，即使可能导致冲突的发生。

举一个社交规则挑战的案例。一个能力很好的 3 岁孩子，他的问题主要表现在社交中极度的自我中心，当需求不能满足时会大发脾气。这一问题导致他很难在幼儿园待下去，老师建议其进行相关训练。

治疗师在与他的互动中发现，他很喜欢一套公路玩具中的红绿灯，每次玩这个玩具，他总要得到这个红绿灯。于是治疗师结合他的兴趣，与妈妈一起制订了针对"需求冲突"这一社交规则挑战的训练计划。

首先，治疗师拿出那套公路玩具，一下子就先拿到了那个红绿灯。孩子有需求性语言，所以他对治疗师说"老师，我要红绿灯"。治疗师拿着红绿灯，一边摇头，一边像个孩子一样拒绝，"不，是我先拿到的，我也喜欢，不给你"。他索要未果，就像平时在幼儿园的反应一样，大发脾气，在地上又哭又滚。治疗师和妈妈都忽视了他的哭闹，玩起了公路玩具。他哭了一会儿，发现没有人搭理他，就自己坐了起来。这个时候，他通过实践，学习到了第一条解决"需求冲突"的策略，即"要不到哭闹，是无效的"。

当他平静后，妈妈按计划靠近他，并引导说"你是想要那个红绿灯，但老师不给对吗？你可以尝试一下，拿一个也很漂亮的路灯，和老师交换试试"。这个孩子听取了妈妈的建议，拿了另一个路灯递给治疗师，说"老师我想和你交换可以吗"，治疗师答应了他。但注意，治疗师不会每一次都答应，因为在现实社交中，任何策略都不是永远有效的。当这个孩子发现，"交换"的策略也不管用以后，因为惯性，他仍然情绪崩溃了，但这次崩溃的强度与长度都要明显低于之前。

待他再次平静以后，他想起上次是妈妈给了建议，所以转而求助于妈妈。妈妈这时候出了第二个主意："你可以再试试和老师商量，看看能不能轮流玩这个红绿灯，一个人玩 5 分钟。"因为他的能力很好，能够看懂数字，所以治疗师用时钟帮助他计时，"好吧，长针指到 5 的时候，我就给你"。同样，这个"轮流"的策略也不会每一次都管用，治疗师仍然会拒绝他说，"不，我不跟你轮流"。而这时候，这个孩子几乎已经没有明显发脾气的行为了。

他已经可以主动求助于妈妈。但妈妈并不是万能的，在现实社交中，妈妈也有无能为力的时候，所以妈妈这个时候很无奈地对他说："那妈妈也没有办法了，老师先拿到了就是老师的，我们这次就先玩别的吧。"这就是妈妈教给他的最后一个策略——放弃。

总结一下，在这个训练中，这个 3 岁的孤独症儿童体验了很多在遇到"我想要别人的东西"这种需求冲突的社交挑战时，可以使用的策略，包括了：①提出需求；②哭闹（无效）；③可以向妈妈求助；④尝试交换；⑤尝试轮流；⑥放弃。这一系列的策略，虽然看起来像说明书一样，有一点点死板，对于社交技巧缺乏的孩子，却是他们通俗易懂的行为秘籍，能够帮助他们避免大部分的社交冲突和情绪爆发。并且，随着这些技巧在实践中不断地被应用与练习，孩子也会越来越融会贯通，灵活熟练。

二、选择恰当的挑战时机

挑战作为一种特殊形式的拓展，也需要注意使用技巧。挑战本质是给孩子设置困境，必然会导致游戏难度的提升。因此，如果孩子对正在进行的游戏兴趣不足、继续游戏的动机不强的话，很可能会逃避和中断游戏，这样就得不偿失了。

家长一定要在对孩子进行充分的观察，确定你们之间的关系已经建立，且孩子对游戏很有兴趣后，再设置挑战，保证孩子能够尽他最大的努力来应对挑战。

三、挑战与游戏内容相关

切忌将挑战和认知问题混淆。比如，在玩切水果的游戏时，家长想设置挑战，可以说"哎呀，这个苹果有点脏"。这一句带有情绪的分享性交流，作为挑战的引导语，其实是在引导孩子思考苹果脏了怎么办，希望他能运用生活常识中的"脏了就洗一洗"来解决问题（当然也可以是把脏的部分切掉或扔掉，只要符合常规的做法都是可行的）。这就是一个非常自然的挑战，因为在生活中，我们确实可能在切水果的时候，发现水果是脏的。

与之相反的，有的家长在切水果的时候，会提问"苹果是什么颜色的"。这就是一个纯粹的认知问题，与游戏所展现的自然情境没有关联，非常生硬和突兀。这样的问题，会令家长成为一个随时随地都在考试的考官，给孩子带来压力，不利于亲子之间建立良好的游戏关系。

四、针对孩子刻板的兴趣和玩法设置挑战

还有一种恰当的挑战，是针对孩子的刻板兴趣和玩法设计的。孤独症儿童的游戏方式，有时候会展现刻板的特征。比如有的孩子摆放嵌板的积木一定要按照相同的顺序，有的孩子玩积木一定要排成一排，这些刻板的兴趣和玩法不仅阻碍了他们发展游戏技能，也令他们很难融入集体游戏中去。所以，家长不妨在孩子出现这样的行为时，表现得像一个很有自己想法的玩伴一样，坚持自己的玩法，和孩子争辩，产生冲突也没有关系，因为这又恰好是一个

可以练习解决冲突的机会。

小贴士

需要注意的是，一个"很有自己想法的玩伴"是不会像成人那样苦口婆心地讲道理的。家长在扮演这个角色的时候，务必学习小朋友们是怎么拒绝别人和坚持自我的，越惟妙惟肖，越能达到训练效果。

五、挑战的难度与儿童的能力相匹配

设置挑战时，家长需要考虑到孩子本身的发展水平。比如，对一个智能水平在 2 岁左右的孩子，家长可以根据游戏情节，设置类似"兔兔饿了""兔兔困了""兔兔受伤了"的挑战内容，这些都是这个智能水平的孩子可以通过自己的思考，或加上一些家长的辅助能够解决的问题。成功地应对这些挑战，可以给孩子带来自我效能感，增加他对游戏的兴趣和应对下一个挑战的信心，以及帮他建立独立思考和尝试的习惯。

但如果家长设置的挑战是"兔兔想去月球""兔兔拉肚子了"，这些挑战内容过于困难，孩子并不具备解决这些问题的知识水平。如果家长总是设置这样不合适的挑战，累积的失败经验会让孩子产生习得性无助，使他丧失兴趣与信心。

从另一个角度来说，孩子应对挑战的技能来自哪里呢？大多来自他的生活经验。想让孩子具备更多思考的能力，就应当帮助他积累足够的生活素材。在临床中，我们经常遇到智能水平尚可、但生活经验极度匮乏的孩子，这些孩子在假扮游戏中可选的内容就非常少。因为家长的过度保护，孩子没有进厨房看过家人做饭，也没有坐过地铁公交，甚至没有去超市买过东西。可以想到，这些元素相关的假扮游戏，他都很难理解，更不要说应对挑战了。

所以，在生活中给予孩子更多不同场景的体验，也是发展儿童游戏技能的重要渠道。

六、必要时，辅助孩子处理挑战

所有的挑战最终都要得到解决。如果孩子可以独立应对挑战，那是最理

想的状况；但如果孩子没有足够的能力解决问题，家长应当及时给予辅助，切忌让挑战成为悬而未决的悬案，防止孩子养成逃避困难的习惯。

应对挑战时，家长的辅助仍应当遵循"能少则少"的原则，尤其在假扮游戏中，多使用暗示和示范，是帮助孩子把握社交线索的好机会。

举一个例子，家长和孩子玩做饭吃饭的游戏时，吃到了辣椒，然后发出惊呼"哇，好辣啊"，此时通过停顿几秒钟，等待孩子的反应，看他是否能解决"吃辣了怎么办"这个问题。如果孩子未能给出答案，家长进一步暗示，"好辣啊，想喝点水"，再次停顿几秒钟，看孩子是否能倒水给家长。如果孩子仍未能主动为家长倒水，再进一步提出要求，"你能给我倒点水吗？"这样一步一步地增加辅助，确保了以最少的辅助帮助孩子完成挑战，最大程度地增加孩子的主动思考和尝试。

七、挑战次数不宜过多，以免破坏关系

最后，注意挑战的次数。挑战会提升游戏难度，难免会令孩子产生压力和逃避行为。所以，除了要注意在孩子对游戏兴趣正浓时才设置挑战，也要注意，就算兴趣正浓，也经不起反复地为难。一般来说，4~5步的游戏，可设置一步挑战。通过练习，将挑战产生的新步骤完全掌握后，再考虑下一轮挑战。

如果挑战设置得过于密集，很可能孩子会觉得你是一个非常"麻烦"的玩伴，不想和你玩也是情理之中，所以千万不要这样做哦！

注意事项

（1）挑战的内容与游戏内容或社交情境自然相关。这样孩子更容易接受，也更能把战胜挑战的成果运用到日常生活中。

（2）挑战的难度还要与孩子的能力水平相匹配，减少其挫败感。家长不妨在日常生活中带孩子多多积累经验。

（3）当孩子不能完成挑战时，通过逐步添加辅助的方式帮助孩子。当然，辅助越少越好，一点一点地增加辅助，确保以最少的辅助帮助孩子完成挑战。

（4）挑战次数不宜过多。一般来说，4~5步的游戏，可设置一步挑战。

第七节　经典游戏推荐

在这里，我们为家长推荐一些经典的家庭游戏，阐明游戏目标，简介游戏流程，提供拓展及变化的思路，希望能帮助家长在家庭中快速而顺利地开展游戏。

以下 8 个游戏，每 2 个为一个游戏阶段，难度由易到难，适用的儿童游戏水平由低到高。家长根据自己孩子的游戏水平，选择合适的游戏，参考练习。

一、逗乐游戏：挠痒痒

◎目标

（1）对家长给予的感觉刺激感兴趣。

（2）在互动中保持 5 分钟左右的专注。

（3）关注家长的动作、表情和声音。

（4）使用眼神、动作或声音表达需求和分享。

◎材料

硅胶刷、小刺球或空手。

◎游戏步骤

（1）和孩子面对面坐好，尽量视线平行。

（2）把手举到自己的面孔前面（空手或是拿着小玩具都可以），用夸张有趣的声音说"来咯"，一边伸手轻触孩子的脸颊（或是其他身体部位，如肚子、脚等）。注意，手伸向孩子时动作可以缓慢一点，给孩子预测和期待家长动作的空间。同时，手始终处在你与孩子的视线连接线上，将孩子的视线导向你的面孔附近。

（3）当孩子对触碰表现得兴奋和享受时，回以夸张有趣的笑声或拟声词。

（4）继续游戏时，家长再次把手举到自己面孔前边，做出预备挠痒痒的动作，但这一次可停顿 3 秒钟左右，观察孩子是否表现出需求，如伸手向家长、望着家长，或是发出声音。如果有的话，立刻给予更加热烈的回应，强化主动交流。

（5）维持这种"预备—需求"的互动模式，反复练习。

◎拓展及变化

（1）如果孩子已经可以熟练地用手势和眼神表现出"要"的意思，家长可尝试让孩子做出更复杂的表达。如家长一边指点一边提问"手手还是肚肚"，再引导孩子通过指点或伸手的方式做出选择。当孩子掌握了如何选择时，家长可进一步直接提问"要挠哪里呀"，让孩子通过出示身体部位或指点直接表达需求。不难看出，通过这个游戏，我们在一步步提升孩子表达需求的能力。

（2）家长还可以将一些简单的儿歌与挠痒痒相结合，每唱一句，给予一次碰触，在停顿等待孩子需求的时候，也同时期待着孩子可以发出歌词中的音。如，妈妈唱"一闪一闪亮晶晶"，给孩子挠一下，再唱"满天都是小星——"，然后停顿等待几秒钟，观察孩子是否能发出最后一个"星"的音。如果可以的话，给予更兴奋的强化（如亲吻拥抱），即使没有发音，有眼神与动作的需求家长也可满足。这个策略可以有效地引导孩子发音。

（3）当使用儿歌搭配挠痒痒游戏时，变换歌曲的节奏，可以增加游戏的趣味性，延长儿童的兴趣。如果使用小玩具来挠痒痒，也可以在游戏开始前，给孩子展示不同的小玩具，由他选择使用哪一样。提供选择可以增加儿童参与游戏的动机。如果孩子具备基本的动作能力，可以在一次家长挠痒痒后，将小玩具递给孩子，引导他挠家长，形成更加清晰的轮流。

（4）需注意的是，理想的游戏状态是平静而愉悦，如果孩子表现得过分兴奋，感官过载，建议停顿一下，待孩子稍微恢复平静后，再继续游戏。

二、逗乐游戏：躲猫猫

◎目标

（1）对家长给予的感觉刺激感兴趣。

（2）在互动中保持 5 分钟左右的专注。

（3）关注家长的动作、表情和声音。

（4）运用眼神、动作或声音表达需求和分享。

◎材料

不同材料及大小的布，比如毛巾、丝巾、绒布等。

◎游戏步骤

（1）和孩子面对面坐好，尽量视线平行。先向孩子展示毛巾，吸引他的注意。当孩子对毛巾感兴趣并尝试触摸时，家长就可以开始这个游戏。

（2）获得孩子的注意后，家长慢慢地把毛巾盖在他的头上，说："（孩子名字）呢？"等待孩子把毛巾掀开。

（3）如果孩子未能自己掀开毛巾，等待3秒钟后，家长可将毛巾掀开。

（4）当孩子掀开毛巾时，家长以惊喜夸张的声音回应他，也可以拥抱亲吻，表达喜悦的情绪。

（5）当孩子熟悉游戏模式后，家长在为孩子盖上毛巾前，可将毛巾放置在自己眼前，同时以有趣夸张的声音倒数"1、2、3、来咯"，让孩子产生期待的感觉。倒数的节奏可以在每个轮次的游戏中进行变换，增加新鲜感和趣味性。

（6）如果在倒数的过程中，孩子表现出了眼神、动作或声音的需求，家长应立即满足孩子，将毛巾盖上，一定要注意孩子细微的表情和动作的示意，并给予积极的回应。

◎拓展及变化

（1）当孩子对游戏感兴趣后，可以提升孩子需求性交流的能力，如，当孩子将毛巾掀开，并且希望再次被盖上时，家长可伸出手，示意孩子将毛巾交到其手上，再继续游戏。

（2）当孩子熟悉游戏后，家长也可以变化为盖住自己的脸让孩子掀开毛巾。如果孩子没有回应，可以通过喊孩子的名字或是吹起毛巾来吸引孩子注意。

（3）可以用毯子把孩子整个裹起来，提供更强烈的刺激。

（4）可以将活动转化为更复杂的捉迷藏或追逐游戏。例如家长在稍微远离孩子的位置，躲在毯子内并喊孩子的名字，让孩子来找；或是家长将毯子披在背上张开双手好像翅膀，与孩子追逐打闹，抓到孩子抱住他，用毯子把他也裹住。

三、感觉游戏：寻宝箱

◎目标

（1）享受玩具带来的感觉刺激，并尝试主动寻求刺激。

（2）关注家长的动作、表情和声音。

（3）模仿家长的游戏方式。

（4）与家长产生共同注意，尝试进行需求和分享性交流。

◎材料

木屑箱子（用透明的箱子装着半满的木屑），小玩具（比如小球、小摇铃等）。

◎游戏步骤

（1）在孩子面前摇晃放有木屑的透明箱子，示范用双手探索箱子里面的木屑，产生摩擦的声音，吸引孩子的兴趣，再盖上盖子。

（2）观察孩子对木屑箱的反应，让他自己探索和摆弄。如果孩子示意家长将箱子打开，则打开箱子，让孩子主动自由探索木屑。

（3）家长将准备好的小玩具逐一埋进箱子里，并示范探索和取出，同时发出夸张有趣的声音并展示找到的物品，如"哇，找到了（物品名）"。

（4）通过等待（以及必要时辅助，如拨开木屑漏出玩具的一角）引导孩子模仿家长的玩法取出物品，并给予热烈的回应。

（5）下一轮游戏时，家长可引导孩子与自己轮流将小玩具埋进箱子，再轮流取出。

◎拓展及变化

（1）当孩子熟悉这个游戏的玩法后，可增加游戏的复杂程度，如示范用勺子或小铲子寻找埋起来的玩具，进一步提升孩子的精细动作水平。

（2）找寻的玩具可以会发声、发光，更强烈的感觉刺激会让孩子产生更加强烈的寻找动机。

（3）也可将木屑箱子替换成不透明的布袋子，增加伸手去触摸、然后辨识物体的游戏内容。但注意，一定由家长先示范，而不是直接对孩子提出问题和指令。

（4）若孩子过分沉迷玩具而缺乏互动，或把小玩具和木屑放进嘴巴里，则暂停这个游戏，更换其他不会让孩子过分沉迷的游戏。

四、感觉游戏：吹泡泡

◎目标

（1）享受玩具带来的感觉刺激，并尝试主动寻求刺激。

（2）关注家长的动作、表情和声音。

（3）模仿家长的游戏方式。

（4）与家长产生共同注意，并尝试进行需求和分享性交流。

◎材料

吹泡泡玩具。

◎游戏步骤

（1）将泡泡棒举到自己的面孔前面，笑着看孩子，等待孩子运用眼神、动作、声音主动提出需求。如果孩子没玩过类似的泡泡玩具，可先吹一次泡泡，让孩子理解游戏的玩法。

（2）等待（或辅助）孩子提出需求后，慢慢地吹出泡泡，尽量往高处吹，让泡泡留存的时间长一些，并指着泡泡，以有趣夸张的声音说："哇，泡泡！"示范分享性交流。

（3）观察孩子对泡泡的反应，如果孩子尝试用手指戳泡泡，模仿他，若没有，示范戳泡泡，并发出有趣夸张的声音"哇，破了"。

（4）当泡泡消失后，再次等待（或辅助）孩子主动提出对泡泡的需求，并立刻给予满足。

（5）如果孩子可以做吹的动作，则可以和孩子轮流使用泡泡棒吹泡泡。

◎拓展及变化

（1）当孩子做出对泡泡的需求性交流时，家长尽量非常缓慢地做出吹泡泡的动作，且每次不要吹太多，延长孩子的关注时间，并保持他持续需求的动机。

（2）当孩子要求家长吹泡泡时，家长可假装不明白孩子的意思，将泡泡水合上递给孩子，等待（或辅助）孩子进一步解释自己的需求，如将泡泡水递还给家长，并说"打开"。

（3）当孩子要求家长吹泡泡时，家长还可以故意将泡泡棒上的泡泡水吹完，假装很奇怪吹不出来的样子，然后等待（或辅助）孩子要求家长再蘸一些泡泡水。

（4）如果孩子能理解更多的语言，家长也可先示范吹出大小不同的泡泡，当孩子要求家长吹泡泡时，引导孩子选择要大泡泡或小泡泡。

五、组合游戏：投币罐

◎目标

（1）能安坐游戏，保持5分钟的专注。

（2）与家长产生共同注意，进行轮流游戏。

（3）在游戏中展现需求与分享。

（4）掌握组合游戏的方法，能主动串联起游戏的步骤，并完整地结束游戏。

◎材料

罐子（用透明的罐子或瓶子，盖子上有一长条缺口可投进雪花片）、多色雪花片。

◎游戏步骤

（1）摇晃放有雪花片的透明罐子，产生咔嚓咔嚓的声音，以吸引孩子的兴趣。

（2）将罐子放在孩子面前，与孩子面对面而坐，观察孩子对雪花片罐子的反应。

（3）打开盖子，取出一些雪花片放在一边。

（4）将雪花片投入罐子中，轮流将雪花片投完。

（5）如果孩子被堆成一堆的雪花片干扰了注意力，则将雪花片挪到家长身后，每次拿出两片，展示给孩子，让其选择一片。当轮到家长投放雪花片的时候，可使用展示或指点加语言的分享方式示范分享性交流，给孩子模仿的机会。

（6）将罐子放回储存玩具的地方。

◎拓展及变化

（1）注意让孩子参与游戏的每一个步骤，而不仅仅是投雪花片的动作，孩子不能独立完成的步骤可以辅助（如打不开盖子，家长可将盖子开至松动，让孩子一取即下）。打开盖子—拿出雪花片—盖上盖子—投放雪花片—收拾玩具，这5个基本步骤，不仅应该让孩子全部参与，且应尽量让孩子主动串联这些步骤。

（2）待孩子掌握了基本步骤以后，可添加新的步骤，如取出雪花片后，先和孩子一起轮流拼一个形状（如棒子或小花），再拆掉，投入罐子中。

（3）如果孩子语言能力较好，分享的时候，除了可以分享物品的名词"雪花片"或"片片"，还可分享雪花片的颜色，如一边展示雪花片一边说"蓝色的"，对孩子进行语言的输入。

（4）坚持轮流，如果孩子不能理解轮流，则家长应坚决地守护自己的轮次，如果孩子抢着要放，家长可挡开孩子的手，并用言语提示"轮到我啦"。

（5）对于刚开始学习轮流游戏的孩子，轮次不宜过多，两人加起来8~10个轮次为宜，如果孩子仍有兴趣，可尝试更多轮。

六、组合游戏：串珠珠

◎目标

（1）能安坐游戏，保持5分钟的专注。

（2）与家长产生共同注意，进行轮流游戏。

（3）在游戏中展现需求与分享。

（4）掌握组合游戏的方法，能主动串联起游戏的步骤，并完整地结束游戏。

◎材料

串珠玩具。

◎游戏步骤

（1）与孩子面对面安坐，将玩具放在两人中间。

（2）拿起绳子串珠，与孩子轮流将串珠穿完。

（3）串珠的时候，家长可通过指点展示、声音分享自己使用的珠子的图案，如"我穿一个兔兔"。在轮到孩子的轮次时，一边将绳子递给孩子，一边说"给"，示范用给予来分享玩具。对于动作能力不佳的孩子，家长可给予辅助，但须注意及时减少辅助。串珠的步骤可分为拿珠子—拿绳子—对准—穿—换手—拉绳子6个步骤，家长需要评估孩子在哪几个步骤中需要辅助，哪些步骤又是他可以独立完成的，尽量让孩子做到自己能做的步骤，减少辅助，帮助孩子更快地提升技能。

（4）取下串好的珠子。

（5）将珠子和玩具放回容器中，放回储存处。

◎拓展及变化

（1）如果孩子刚开始学习轮流，还不能很自觉地遵守轮流的规则，建议家长与孩子共用一根绳子串珠，通过来回传递绳子，进一步让孩子理解轮流的概念。如果孩子已经可以很好地轮流，则可分别使用两根绳子，有利于之后拓展假扮元素的步骤。

（2）串珠玩具最好选择带有一些图案的珠子，如小动物或小汽车，在串珠之前，家长可示范一些具有假扮意味的分享，如，拿着一个小兔子珠子，在地板上碰两下，说"小兔兔跳过来啦"。

（3）当孩子完全掌握串珠游戏的所有步骤后，可添加一些新的步骤，如将串好的珠子首尾相连，说"这是一串项链"，然后戴上。或是用串好的珠串当成火车，弯曲腿假装是山洞，让火车钻山洞。注意，这种带有假扮内容的拓展，只有当孩子具备一定的认知基础时，他方可理解。

（4）游戏结束后，引导孩子参与收玩具的过程，形成有始有终的常规。

七、假扮游戏：切水果

◎目标

（1）能安坐游戏，保持5~10分钟的专注。

（2）与家长产生共同注意，轮流进行游戏步骤。

（3）在游戏中展现需求与分享。

（4）产生假扮意念，能主动串联起假扮游戏的步骤，形成有逻辑的情节。

◎**材料**

切水果玩具套装。

◎**游戏步骤**

（1）与孩子面对面安坐，将玩具放在两人中间。

（2）选择一个水果，切开水果。

（3）将切好的水果装进一旁的碗或盘子里。

（4）切水果的时候，家长可通过指点展示、声音分享自己切的水果，如"我切一个苹果"。对于动作能力不佳的孩子，家长可辅助其切水果，同样需要注意辅助的程度，尽量少的辅助是更好的辅助。

（5）切完水果后，家长可使用挑战的方式，提示孩子吃掉切好的水果，如捂着肚子说，"我好饿啊"。如果孩子不能主动做出反应，家长可示范吃水果，一边吃一边说"哇，（水果名）好甜啊""吃饱了"。

（6）将切好的水果拼回去。

（7）将玩具收回储存处。

◎**拓展及变化**

（1）当孩子可以理解"吃水果"这个假扮意念以后，可以进一步扩展这个意念，比如喂小手偶吃水果，小手偶可以挑食（如喜欢吃苹果，不喜欢吃香蕉），利用这样的小挑战促进孩子思考如何解决问题。

（2）当孩子已经掌握了切水果—吃水果的步骤后，可继续拓展游戏步骤。将情节向前或向后推进，比如切水果之前，可以买水果、运水果、种水果、摘水果，或是在吃水果之前，洗水果、煮水果，也可以在吃完之后，突然肚子痛，要去医院检查。

（3）配合上面提到的新步骤，可引入不同的玩具，如超市、花园、厨房、医生等玩具。

八、假扮游戏：小医生

◎目标

（1）能安坐游戏，保持 5~10 分钟的专注。

（2）与家长产生共同注意，轮流进行游戏步骤。

（3）在游戏中展现需求与分享。

（4）产生假扮意念，能主动串联起假扮游戏的步骤，形成有逻辑的情节。

◎材料

医生玩具套装（包括听诊器、针筒、体温计），小动物玩偶。

◎游戏步骤

（1）与孩子安坐，将玩具放在两人中间。

（2）选择一个小动物玩偶作为来看病的患者。

（3）使用听诊器给小动物听心跳。

（4）使用体温计给小动物量体温。

（5）使用注射器给小动物打针。

（6）给小动物吃药。

（7）小动物病愈了，送小动物回家。

（8）收拾玩具。

◎拓展及变化

（1）量体温听心跳的顺序可变，吃药打针的顺序也可变，可由孩子自由选择，但检查和治疗的顺序应符合逻辑。

（2）在所有的步骤中，家长都应当示范出对小动物的担心，包含语气和神态的变化，使用"你看起来很难受吧""不怕不怕，我轻点打针"这样的语言，表达共情，引导孩子发展出同理心。

（3）小动物治愈回家后，可以延展出休息、洗澡等情节；也可在来医院前，添加小动物因为受凉、吃坏东西等原因生病的情节。

本章小结

本章着重介绍了游戏在孤独症儿童发展中的重要地位，包括如何通过对儿童的游戏水平进行评估，确立游戏训练的目标，开始一个与儿童同频互动的、符合其技能水平的游戏。在这个游戏中，需注意建立清晰的游戏步骤、进行恰当的拓展与挑战，通过反复的练习，达到提升儿童交流能力和智能水平的目标（图4-3）。

本章还提供了很多经典的游戏案例，并佐以如何拓展的建议，希望家长们在阅读后积极尝试，在实践中积累经验，不断进步。

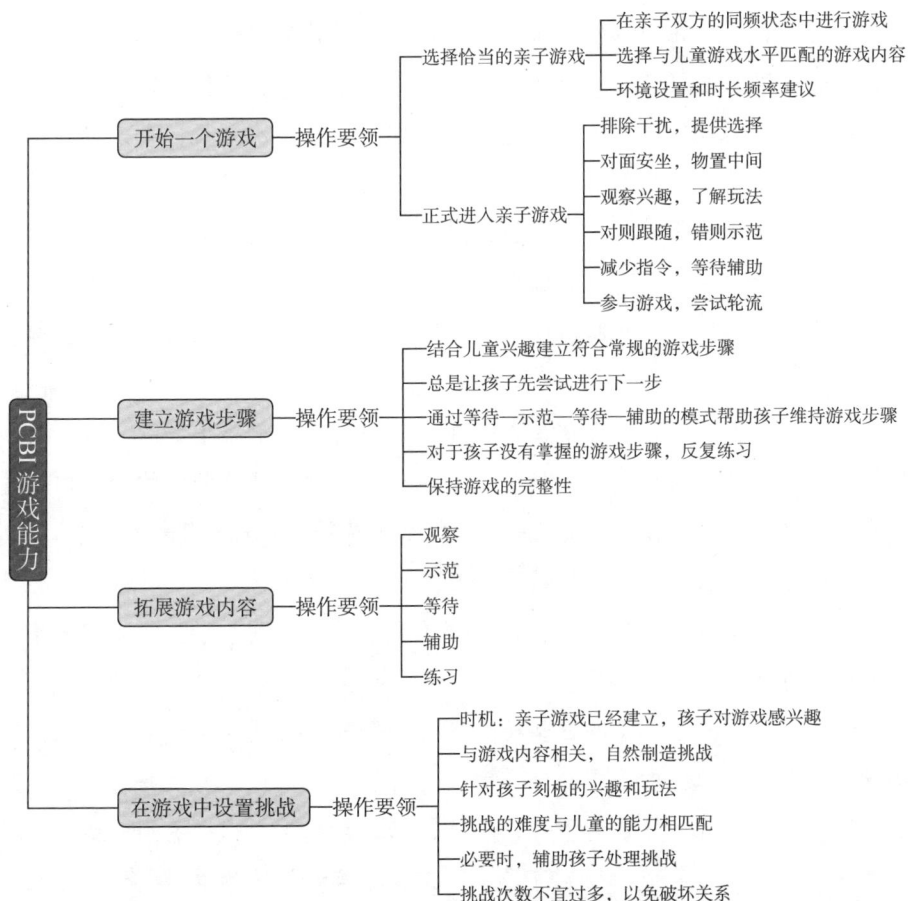

图 4-3 PCBI 游戏能力训练的操作要领

第五章 交流能力提升

本章关键词：

亲子二元同频；家长敏感性；共同注意；需求性交流；分享性交流

写在本章之前：

28个月的壮壮被妈妈抱着进来。

进门前壮壮站在门口停住脚步，妈妈看到壮壮突然停下，于是主动抱起壮壮，往观察室里面走来。被妈妈抱着的壮壮看到我，身体随即转过去，背对着我，脸往门口的方向望去。这是壮壮和我的第一次见面，也是壮壮第一次来行为观察室。妈妈尝试通过转身让壮壮面对我，跟我打招呼。壮壮并不理会，迅速把刚要面向我的脸又扭到另一边。于是妈妈把壮壮的脸用手掰过来说，"跟老师说你好"，壮壮眼睛看着地小声地说了一下，但是眼睛并没有看着我。妈妈又说"眼睛看着老师说"，说着便又把壮壮的脸向上托起。壮壮比较慢热，见到陌生人和陌生环境要适应一会儿。

进到观察室，妈妈停下来，兴奋地指着地垫上提前准备好的一些玩具，跟壮壮说"壮壮，看！好多玩具呀"，同时转过身方便让壮壮的脸面向地垫玩具的方向，壮壮盯着玩具看了一下，但是表情平静，只是盯着看了几秒钟。妈妈见状把壮壮放到地上，继续问壮壮"你想不想玩呀"，壮壮依旧停在那里，没有要上前的动作。妈妈自己把鞋子脱下后，坐到垫子上，随即，拿起一个玩具电话，按动电话的按钮，音乐从电话里面出来，"小兔子乖乖，把门儿开开"。壮壮依旧没有往垫子上走，妈妈放下电话，走过去帮壮壮把鞋子脱掉，然后拉起他的手走到玩具旁，这次壮壮顺从地跟着妈妈走了，走到小电话前，壮壮开始慢慢蹲下身，见状，妈妈拿起正在唱歌的小电话，试图放到壮壮手里，壮壮把手往后缩了一下，没有接妈妈给的电话。然后壮壮的目光转向了旁边的一个小汽车。壮壮伸手过去拿起小汽车，独自用手拨弄起小汽车的车轮。

　　妈妈决定尝试另一种方法，她拿起一只毛绒动物手偶，轻轻地把它放在壮壮的肩膀上。壮壮似乎注意到了这个新玩具，但很快注意力又回到了自己的汽车车轮上。尽管感到失望，但妈妈并未放弃，她继续尝试各种玩具和游戏，希望找到一个能够吸引壮壮参与的方式。妈妈又拿起一本动物卡片书，并坐在壮壮身后大声地说"壮壮你看，这是什么？我们家里是不是也有呀"，说着便把手里的书放到壮壮脸前面，并说"来，壮壮，坐下，我们来读书了"，并把壮壮的小汽车从手里收走放到身后，让壮壮跟自己看书。"壮壮你看，这是什么？"妈妈指着书上的动物问道。但壮壮似乎并不感兴趣书上的动物，总想去抓被藏起来的小汽车。最终，他还是拿到了小汽车并跑到墙角，继续专注地拨弄小汽车车轮。每当妈妈试图与他交流时，壮壮总是不回应，继续专注地玩着小汽车。妈妈感到有些焦虑，她担心自己无法有效地与孩子建立联系。但是，她并没有放弃。她不断地尝试着参与壮壮的活动，希望能找到一个契机，让孩子对她敞开心扉。

　　评估结束后，壮壮妈妈问："医生，你看我们家孩子，怎么训练才能让他听话？""医生说多跟孩子说话，我一直跟他说，可他还是不理我……""我担心他以后跟其他孩子社交有问题……"壮壮跟妈妈的互动情形非常常见，我们经常听到家长说，孩子就喜欢一个人玩，根本就注意不到别人，就算偶尔注意到，注意的时间很短。壮壮妈妈说她在观察室与壮壮互动的情形跟在家里一样，很难找到跟壮壮沟通的途径。她很想知道怎么才能够让壮壮更多地注意到别人，让他像其他小朋友那样一起玩，而不是一个人沉浸在自己的世界。

　　那么，壮壮妈妈究竟怎样才能获得壮壮的注意呢？如何改善妈妈和壮壮的互动，使他们能够在一个频道上沟通？训练是只训练孩子吗？或者说给孩子上上课就可以了吗？

　　希望本章能够对家长想要通过改变孩子来改变互动的观点有所启发。希望家长能够发现更多新的角度，以帮助自己进行改变和调整，来更好地引导孩子参与互动。

　　在了解如何促进孩子的交流能力之前，家长先需要明确理想的亲子互动是什么样的，有哪些因素影响亲子互动，实际在开展亲子互动训练前还需要做哪些观察和评估，在亲子互动中又有哪些可操作的促进交流的策略和技能。根据以上问题，本章将会从亲子互动的理想状态，即二元同频讲起；然后教授如何观察家长和孩子亲子互动的状态，这也是亲子互动的重要影响因素——亲子双方的参与状态，先有观察然后才会明确哪些地方需要调整和改变；最终，通过促进亲子互动，提高孩子的交流水平。

第一节　亲子互动之二元同频

本节目标：

（1）学习亲子二元同频的概念。

（2）学会观察和调整家长的参与状态。

（3）学会观察和调整儿童的参与状态。

在生命的第一年，随着婴儿学会匹配社交同伴的行为并调整他们的行为以响应对方，婴儿参与持续同步互动的能力也在此过程中得到发展。在这些早期社交互动中表现出的困难会影响后来的语言技能、共同注意和情绪调节能力。对于患孤独症风险较高的儿童，早期二元同频和反应困难可能表明其正在出现孤独症或其他发育问题。了解亲子互动中的二元同频状态，并学会观察亲子互动过程中双方的参与状态，将为接下来的训练提供重要参照。

开展亲子训练就如同进行一场亲子度假游。如果家长要带孩子去度假旅游，首先要明确度假游的目的是什么（也就是首先明确训练目的），然后才考虑想要去哪里度假、出发前还需要做哪些准备以保障度假时光顺利快乐（观察评估互动中的参与状态，觉察哪些方面需要调整），一切准备就绪后才是规划乘坐什么样的交通工具到达目的地（实施干预技能）。这样的一个过程，会让家长的干预进展起来更加科学。因此，观察评估一定是干预的第一步。

一、什么是亲子二元同频

亲子二元同频（Dyadic Synchrony）是指在两个人（如，父母和孩子）之间，情绪、行为和生理状态的协调和同步。这种关系中的双方相互影响，并调整自己的行为以适应对方。二元同频就像是一支精心编排的双人舞蹈，两位舞者——父母和孩子——在互动的舞台上，他们的情绪、行为和注意力如同舞步一般，精确且和谐地相互配合。他们不仅需要关注自己的动作，还需要对另一位舞者的动作进行敏感的反应。就像在双人舞蹈中，舞者之间需要通过目光、动作和节奏来建立和保持连接，二元同频也是如此。

父母需要注意并回应孩子的情绪和行为提示，比如他们的眼神、表情、声音和动作，从而调整自己的行为来适应孩子的需求和情绪。在这个"舞蹈"中，父母的敏感性和反应性至关重要。如果孩子生气或沮丧，父母需要理解这些情绪，然后以适当的方式回应，比如提供安慰或帮助解决问题。这样，孩子就会感到被理解和支持，从而学会如何更好地调节自己的情绪。

他们在理解与回应的旋律中，共享着彼此的体验，感受着彼此的情绪，一同走过每一个高潮与低谷。这"舞蹈"的美，便在于这无声的同步与默契，让观者对生活的复杂性有了更深的理解，对人与人之间的联系有了更深的感悟。想象一下，一个晴朗的周末午后，年轻的妈妈和她的小女儿站在公园的滑梯旁。小女孩紧张地眨着眼睛，看着高高的滑梯，犹豫不决。妈妈看到了这一幕，她走过去，蹲下来，看着女儿的眼睛，用充满理解和耐心的声音说道："这看起来很高，对吧？但是我知道你可以的，我在你身边。"她的眼神充满了鼓励和安慰。接着，小女孩鼓起勇气，爬上滑梯，滑下来，妈妈在下面接住她。当她成功地滑下滑梯时，妈妈大声欢呼，笑容满面，她们的情绪如同在同一频率上振动，彼此的喜悦在空气中共鸣。这个故事就是一个典型的二元同频的例子。二元同频就是这样的一种奇妙之舞，它无声地在我们的日常生活中上演。

二元同频不仅为孩子们描绘出一幅生动的成长图景，而且也在他们的心里种下了情绪理解与同理的种子。在这场"舞蹈"中，孩子们学会了更积极的情绪状态和更强的应对压力和逆境的能力。同时，每一次的同步，每一次的默契，可以促进其同理心和社交技能的发展。通过二元同频的过程，孩子们学会识别和回应他人的情绪暗示，这对于形成积极的关系和进行社交互动至关重要。二元同频可以帮助孩子培养积极的自我意识。当父母提供敏感的回应和敏感的照顾时，孩子们就会知道他们的需求很重要，并且他们作为个体受到重视，这可以给孩子带来更大的自尊感和更积极的自我概念。

　　总的来说，二元同频在孩子的情绪发展中起着至关重要的作用。通过增强情绪调节能力，培养情绪安全感，促进同理心和社交技巧的发展，帮助孩子培养积极的自我意识，二元同频为健康的情绪发展和整个生命周期的积极关系奠定了基础。孩子进行二元同频时，他们能够建立一种安全的依恋关系，促进健康的情感发展。

二、为什么在交流模块强调二元同频与教授家长交流技能

　　这是基于南京脑科医院儿童心理卫生研究中心的重要研究。在孤独症儿童有效干预元素的综述中发现，亲子二元互动失衡是一个影响高危孤独症儿童发展和干预效果的重要因素。与无家族史的低危组相比，孤独症儿童的同胞，即高危组中家长指导性更强，对儿童行为的敏感性更低，同时高危组儿童的注意力和情感反应、活力更少。这与专业人员的临床观察也是一致的，往往孤独症儿童家长在亲子互动中占主导地位，而孤独症儿童在社交互动中会更被动和退缩，孤独症儿童的被动和退缩又会反过来让家长更主动，二者互为因果，相互影响，并相互强化和维持他们失衡的二元互动。

　　PCBI 理论假设，要改变失衡的二元互动，打破恶性循环，只需要改变其中一方，另一方就有可能会改变。直接改变孩子是困难的，孤独症儿童的核心调节能力较低，与正常发育儿童的亲子二元同频相比，孤独症儿童会在刻板的社交状态或物体状态上花费更多时间，而未经训练的家长往往在这时是不知所措或者难以用有效方法跟孩子同频互动的。因此改变家长，从家长入手对其二元互动进行调整，对达到亲子同步、平衡的状态具有重要意义。

　　研究表明，父母对孤独症儿童行为线索的敏感性和反应能力可以预测孤独症儿童的语言结局。PCBI 模式也提出假设，提高家长对儿童行为线索的敏感性，能够促进亲子同步，这对于建立良好的亲子关系、改善孤独症儿童的核心症状具有重要意义。

　　二元同频的调节是动态的，在这个过程中照顾者与儿童不断地改变自身情感的唤醒和抑制以保持最佳的情绪状态。图 5-1 可以帮助家长更清楚地理解 PCBI 交流模块的核心理论。

提高父母
敏感性　→　促进亲子
同频　→　改善核心
症状

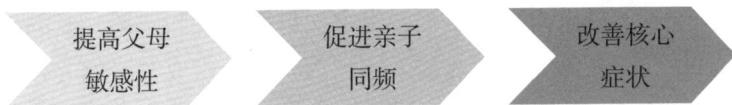

图 5-1　PCBI 交流模块的核心理论

三、进行提高父母敏感性的训练

父母敏感性是一项极其重要而又容易被忽视的能力。它可以被定义为父母对儿童需求等信号的感知、理解及适当响应的能力。这意味着父母能够敏感地觉察和注意到孩子的情绪、兴趣和需求等信号，理解并妥善回应孩子。一位高度敏感的父母既会在儿童需要时提供支持，又能在适当的时候让儿童自主活动，以提升他们的自我调节能力和独立性。

研究已经证实，提升父母敏感性可以促进孩子形成安全依恋，进而影响他们的社会情绪发展。当父母能够敏感地响应儿童的需求时，儿童会感到安全和被理解，这会帮助他们建立自信心，对自己和他人产生积极的看法。另外，提升父母敏感性还可以促进儿童的认知发展。敏感的父母能够提供适度的刺激和反馈，帮助儿童探索世界，理解新概念，从而促进他们的学习和认知能力的发展。

父母敏感性和亲子二元同频之间存在着紧密的联系。研究发现，当父母能够敏感地回应孩子的需求时，他们也更有可能与孩子形成良好的同步。反过来，当父母感到压力过大、难以应对育儿的挑战时，他们的敏感性可能会降低，这也可能影响到他们与孩子的同步。例如，一项研究发现，当母亲感到压力过大时，她们在与孩子进行共同活动时，大脑之间的同步程度可能会降低。这可能会导致母子之间的情绪和行为协调程度降低，影响他们的关系。同样，另一项研究也发现，当父母感到压力过大、难以应对育儿的挑战时，他们的敏感性可能会降低，这可能会导致他们对孩子的需求反应不及时，也可能会影响到他们与孩子的同步水平。这可能会导致孩子产生不安全的依恋，影响他们的情绪调节和社会适应能力的发展。

这些研究结果强调了父母敏感性和亲子二元同频在儿童健康发展中的重要性。父母或其他照顾者需要理解和承认育儿的挑战，同时也要努力提高对孩子需求的敏感性，与孩子建立良好的同步，以帮助他们建立安全的依恋，促进他们的社交和情绪发展。

　　然而，专业人员也需要意识到，提高父母敏感性和亲子二元同频并非一蹴而就的事情，而是需要时间和耐心来培养。家长需要花时间去理解和适应孩子的需求和节奏，而这往往需要通过日复一日的相处和照顾才能实现。练习提高敏感性就如同掌握开车的技能，家长需要刻意练习并达到一定的量，通常会建议至少每天有 15 分钟的练习时间。如果按照本书所讲在实际生活中进行练习，家长将经历一个由别扭生疏到熟练运用的过程。因为，同掌握所有新的技能一样，一开始在学习和使用时，总会有些不自在，这是正常的，它表明家长已经在尝试练习的路上了。家长可以回想一开始学习骑自行车或者开车时的情形：时刻要关注自己的行为，如手脚用力的大小、双手握手把或者方向盘的力度、转弯时的角度等；一开始会体验到自己的手脚忙个不停，甚至有些不受控制，而慢慢地在不停地练习后会越来越运用自如，以至于不再需要特别有意识地控制，一切都变得那么自然流畅。所以，当家长开始练习这些技能时，无论做得怎么样，都值得给自己一个大大的赞！

　　接下来，一起来看看有哪些策略和技能可以提高敏感性吧！

（一）要点1：在场

　　确保与孩子共度美好时光，没有电话或工作等干扰。全神贯注地参与互动，全神贯注地关注孩子。

（二）要点2：持续地观察

　　提升父母敏感性，在对孩子的需求做出快速且恰当的响应之前，家长首先要学会观察和解读孩子的信号。花时间观察儿童的行为、情绪和需求，留意孩子的一举一动，关注他的行为、表情、语言和声音，尝试理解他的信号背后的含义。他可能不善于用语言表达自己，但他的动作和表情却能传达许多信息。例如，他旋转玩具车的速度可能反映出他的情绪：快速的旋转可能意味着兴奋或焦虑，而缓慢的旋转可能意味着平静或困倦。

（三）要点3：解读孩子的需求

　　孩子可能有特殊的需求，例如对环境的敏感性需求、对一致性的需求或对特定活动的偏爱。例如，他可能对强光或噪声特别敏感，意味着他可能需要一个安静、柔和的环境。而他对旋转玩具车的喜爱，也可能暗示他对规律、一致性的需求。家长需要尊重这些需求，创造一个满足他们需求的环境，以帮助他们感到安全和舒适。

（四）要点4：积极倾听

注意孩子在说什么，并以同理心来回应，练习积极倾听。也许他不会直接告诉家长他现在很难过，他可能在难过时会重复说一句"小明摔倒了"，或者生气时说"我要变成石头了"。当家长能够通过认真倾听，理解孩子并不是真的想要变成石头，而是在表达自己很生气很难过时，也就真正地理解了孩子的内在世界，而更重要的是，这是在帮助孩子找到一条他理解自己的通路。

（五）要点5：敏感的回应

通过以上观察、解读和倾听，家长将更容易做出敏感的回应。敏感的回应，即对孩子的情绪线索做出回应，并以敏感和适当的方式做出回应。当家长理解到孩子并不是真的想要变成石头时，也就不会不知所措或者感觉好笑，更容易做出敏感的回应，如"妈妈知道壮壮生气了，因为……所以……"，与此同时家长也更容易体验孩子的情绪，帮助孩子理解和表达自己的情绪，与之同步。

（六）要点6：提供积极的反馈

当孩子做一些积极的事情或完成一项任务时，鼓励和表扬他们。这有助于建立他们的自尊和积极的自我概念。

壮壮刚刚独自完成了一个拼图游戏，他将最后一片拼图准确地放在了正确的位置。他抬头看着妈妈，眼中闪烁着期待。这是一个提供积极反馈的绝佳时机。妈妈可以向他展示笑容，给他一个热烈的击掌，用鼓励的语言来赞扬他："壮壮，你做得太棒了！你完成了整个拼图，真是太厉害了！"

小贴士

在行为管理模块，我们还会谈到强化，及时的表扬和夸赞是塑造孩子好行为的重要的社交强化。当然，提供积极反馈的方式有很多种，可以用言语来表扬孩子，也可以用身体动作如拍手或拥抱来表达赞赏。家长还可以通过奖励来鼓励他们，例如给他们一些他们喜欢的东西，或者给他们更多的玩耍时间。关键是要让孩子感到他们的行为是被赞赏的，他们的努力是被看见的。

四、家长参与状态觉察能力的训练

我们刚刚讲的提高家长敏感性并做出敏感的回应，主要是从对儿童的观察、理解和倾听方面提出的一些技能和策略。另一方面，同样重要的是，家长也要在观察和回应孩子的同时，观察自身的想法、情绪和行为。在亲子互动中，通常我们把儿童在互动中的情绪行为等表现定义为"儿童参与状态"，把家长在互动中的情绪行为等表现定义为"家长参与状态"。互动中亲子双方的参与状态反映了双方在互动中的参与程度，以此可以作为衡量亲子互动质量的一个重要指标，同时，这也是影响亲子二元同频的重要因素。

那么，家长自身的参与状态是怎样的？该如何觉察呢？接下来，我们来了解一下家长在互动中常见的参与状态。

在准备参与孩子的互动之前，家长先要放下手上的工作、家务和手机，保证在与孩子互动的时候不被打扰，能够全神贯注地投入。同时，调整好自己的情绪状态，确保自己是在放松的情绪状态下参与，这样才能够更好地帮助专业人员进行接下来的觉察。

（一）要点1：注意觉察自身与孩子的位置、与孩子的距离等

家长与孩子互动最理想的位置是与孩子面对面，视线保持平行。面对面是一个孩子最容易注意到对方，并形成目光对视和共同注意的最佳位置。无论在游戏互动还是在日常交流中，家长首先要做的就是获得孩子的注意力。关于共同注意为何重要和如何被具体引导，我们在后面的小节会专门讲解，此处重点是家长要注意觉察自身的位置。当家长与孩子的位置是一前一后坐着时，只能看到孩子的后脑勺，同样孩子想要看到家长，他需要转过身才能看到，这样要比面对面更加费劲。有时孩子喜欢低着头玩，有时孩子喜欢躺着仰着，有时孩子会趴在垫子上并且爬来爬去，也许当家长去跟孩子面对面时，会发现不到1分钟的时间，他的位置又变成背对着自己了。那么该怎么办呢？

答案不难想到：要时刻觉察并适时调整与孩子的位置。如果孩子总是低着头，那么可以把他垫得高一点，这样即使孩子低着头，家长也依然能够看到他的脸；如果孩子喜欢躺着玩，那么家长可以俯身在他上方；如果孩子趴在垫子上，家长也可以跟他面对面趴着；如果孩子又背对着家长了，家长可以起身然后再坐到孩子的对面，或者有时候也可以通过把地垫上的玩具放置在家长与孩子中间，这样自然而然，孩子也会调整位置。这里需要注意的是，

在家长调整与孩子的位置时，首选的调整方案是调整自己的位置，而不是频繁地调整孩子，或者肢体干预孩子的位置。

（二）要点2：关注自身与孩子的社交距离

互动开始时除了关注自身的位置，还要关注自身与孩子的社交距离。很多时候家长想跟孩子亲密无间，希望能够与孩子关系更加紧密，尤其当孩子的行为没有满足家长需求时，家长要关注自己和孩子的舒适的社交距离。在舒适的社交距离，家长和孩子都会感觉舒适、放松。每个人的社交距离可能有所不同，有的人喜欢离得远一些，有的人喜欢紧挨着对方。在家长想要靠近孩子时，注意觉察孩子的反应，看他的反应是身体往后躲，还是更好地抬头看向您。

（三）要点3：观察自身的情绪和每时每刻的想法

当家长试图做出某个行为时，请确保行为是在意识到并可掌控的情况下发生，或者换句话说，在情绪和行为中间要有个"反应空间"，这个反应空间其实是一个具有反思性的空间，在这个反应空间里，家长变得更加具有觉察性和敏感性，也更具有选择的灵活性。

请家长回想一下，在最近的一次生气或者发火时，有没有哪句话是在冷静下来后有些后悔不该说的，或者有没有哪个行为是在"刺激—反应"的模式下冲动做出的，有没有哪个想法一遇到同样或类似的情境就会自动在脑海中浮现的。这种"刺激—反应"模式需要家长去打破，从而创造出一种更为理智和友爱的反应方式。这就需要正念的练习。

所以，在日常生活中，家长试着去留意情绪和思考模式。当家长遇到挑战或困扰的时候，尝试暂停一下，深深地呼吸，然后观察自己的感受，而不是立即采取行动。

壮壮妈妈在治疗师引导下开始进行正念觉察。当她看到孩子又开始出现沉迷或"不正常"的行为时，她开始注意自己的情绪反应，例如焦虑和失落，并尝试在这些情绪和她的行为之间创建一个反应空间。她开始意识到，她的焦虑来源于她自己对壮壮应该如何玩耍的期望，而不是壮壮自己的需要。她意识到过度控制壮壮的游戏并不能帮助两人更好地建立联结，反而可能会造成壮壮的困扰。于是，她开始尝试在壮壮玩圆圈时，陪在壮壮身边，和他一起玩，或者简单地观察壮壮的游戏，尽可能地理解和接纳壮壮的兴趣。这个过程并不是一蹴而就的，妈妈需要每天都去实践正念觉察。有时，她可能还会回到过度控制壮壮的模式，但每次意识到这一点，她就会停下来，给自己一个反应空间，然后重新调整自己的行为。她发现，这样做并没有让壮壮马上变得更"正常"，但自己和壮壮的关系变得更加亲密，她也更能理解和接纳壮壮了。

小贴士

正念觉察，能帮助改善参与状态。遇到挑战或困扰的时候，家长可尝试思考以下几个问题：

（1）我现在的情绪是什么？

（2）我的情绪是由我对孩子的行为期望引起的吗？

（3）我对孩子的期望是否符合孩子自身的需要和兴趣？

（4）我的行为是否过度控制了孩子？

（5）我应该如何更好地理解和接纳孩子的兴趣？

（6）我应该如何创建一个反应空间，从而改变我的行为方式？

五、实时评估，改善亲子参与状态

通过这样的觉察，家长可以更清晰地了解自己的需要和孩子的需要，从而更容易做出对亲子关系有益的行为反应，也更容易保持积极的参与状态。表5-1详细列出了对亲子参与状态的评估，这个评估主要分为3个主要类别：积极参与状态、消极参与状态和脱离参与状态。每个类别都有高、中和低3个等级。

积极参与状态主要反映了父母与孩子的正面互动和深度参与。这个状态高等级表现为快乐和亲密，如拥抱或亲吻儿童、富有想象力的互动、面向或倾向儿童、提示或引导儿童、保持与儿童的目光接触、中性的或夸张的积极表情以及对儿童互动中的线索敏感。较低等级的积极参与状态表现为支持和监控。

消极参与状态则反映了父母的负面情绪和行为。高等级的消极参与状态表现为敌对，如粗鲁或强迫性地指导儿童、强制行为以及音量很小或语调是严厉的、愤怒的。消极参与状态的低等级表现为烦恼和沮丧。

脱离参与状态指的是家长在与孩子互动中缺席或不在场。这种状态的高等级表现为情感与儿童完全脱离，如无视孩子的要求、注意力从互动中转移或是完全没有把注意力放在互动中、中性的表情或面无表情以及自言自语，或是与旁边的其他人说话。脱离参与状态的低等级表现为经常分心和进行平行游戏，不与儿童互动。

参与状态的评估能够帮助家长更好地了解与孩子互动的质量，为接下来的调整做准备。通常建议在开始与孩子互动时，家长可以将自己与孩子互动的过程进行录像，然后在每次互动结束后，将互动视频与该表进行对照，这样有助于家长对自己和孩子的互动有个更加直观的了解。

表 5-1 是 PCBI 自由游戏参与状态评估表，家长可以参照上述有关参与状态的描述核对此表，并勾选相应的参与状态。在 PCBI 课程中，第一节课与最后一节课会分别进行一个"3+10"分钟的自由游戏（Free Play），进行有关亲子参与状态的评估。初始评估用来制订干预目标，干预后评估用来与初始评估对比，评估干预效果。家长在日常训练中也可以将干预录像与亲子参与状态评估表进行对照，实时评估参与状态，更好地提升互动中的敏感性。具体评估方法在本书第七章详细介绍，本节不做赘述。

表 5-1　PCBI 自由游戏参与状态评估记录表

儿童姓名：_____　性别：男／女　年龄：_____岁_____个月　家长：_____

由评估人员根据视频在符合的状态上画"√"

评估时间段	儿童参与状态			家长参与状态		
1~3 分钟	P 高	P 中	P 低	P 高	P 中	P 低
	N 高	N 中	N 低	N 高	N 中	N 低
	D 高	D 中	D 低	D 高	D 中	D 低
	儿童 - 物体状态			—		
评估时间段	儿童参与状态			家长参与状态		
4~13 分钟	P 高	P 中	P 低	P 高	P 中	P 低
	N 高	N 中	N 低	N 高	N 中	N 低
	D 高	D 中	D 低	D 高	D 中	D 低
	儿童 - 物体状态			—		

注：P—积极参与状态，N—消极参与状态，D—脱离参与状态。

评估人员：××

× 年 × 月 × 日

注意事项

（1）亲子互动要在舒适、安静的环境下进行，尊重孩子对环境的敏感需求。

（2）注意辨别可能影响儿童参与状态的可能因素，如环境因素、孩子的生理因素。通过孩子的行为、表情、语言和声音，尝试推测孩子的参与状态以及可能的影响因素。

（3）注意观察家长自身的行为与孩子行为之间的关系，了解彼此间如何相互影响。家长在不被打扰且放松的情绪状态下与孩子互动，并不断观察自身的情绪和每时每刻的想法，用呼吸的方法帮助自己调整状态。

第二节　引导共同注意，促进亲子同频

本节目标：

（1）学习共同注意的定义。

（2）了解共同注意的发展阶段。

（3）掌握促进儿童共同注意的策略和技能。

壮壮妈妈回忆，在壮壮6个月大的时候，她就发现壮壮吃奶时并不积极，并且不怎么看她。每次抱起壮壮时，壮壮会把头歪向一边，壮壮的目光似乎在故意躲闪、不看妈妈；有时妈妈会尝试通过玩具或者有趣的声音来吸引壮壮的注意力，并试图分享这个乐趣。然而，壮壮可能只是简单地看着玩具，没有理解到妈妈是在与他分享乐趣。

当壮壮18个月时，壮壮的脾气变得更加急躁。当妈妈在餐椅前喂壮壮吃饭时，她试图将勺子在壮壮面前晃动让他看到食物，逗逗壮壮，但是壮壮的眼睛也只是盯着勺子，没有看向妈妈，甚至还会因为暂时吃不到勺子里的食物而上手就抓，如果抓不到，壮壮就会把头往后一仰开始哭闹，甚至身体前后边晃动边用头撞餐椅。原本妈妈只是想逗壮壮开心，但似乎壮壮并不理会妈妈的意思，原本开心的吃饭过程竟演变成一场战争。

除此以外，平时壮壮只要看到家里大人手里有好吃的小饼干或者玩具，他也会毫不犹豫地立马上手抢，目不转睛地盯着大人手里的小饼干或者玩具，丝毫没有要跟大人沟通的意思。同样，如果拿不到，壮壮的情绪小宇宙又会爆发。当妈妈带壮壮到公园里玩的时候，壮壮妈妈非常希望教壮壮与其他小朋友沟通和学习新事物。当看到热闹的滑梯时，妈妈会指着滑梯，对壮壮说："壮壮，看，那个小朋友从滑梯上滑下来，好好玩呀！"但是壮壮没有回应，他的眼睛盯着前方，似乎并没有注意到妈妈指向的滑梯。

往往这时壮壮妈妈会更加失落，因为很多时候妈妈想引导壮壮认识新鲜事物，壮壮并不跟随妈妈的指向，而是自顾自地看向前方，似乎没有听到她说的话，就算有时壮壮会看向妈妈手指的方向，时间也很短，只是瞥一眼，并不感兴趣。当壮壮看一本自己很喜欢的数字图画书或者汽车的车牌时，他会主动指着图画书或车牌的数字，依然不会抬头看向妈妈，妈妈每每这时也会默契地回应壮壮。

然而也并不是所有时间壮壮都不理会妈妈，每次当妈妈偶尔来不及回应壮壮时，壮壮便会拉着妈妈的手示意妈妈念出图画书或车牌上的数字。

在壮壮跟妈妈的这些互动中，我们能够看到壮壮似乎很难跟随妈妈的注意力，即使偶尔能够跟随时间也很短；同时，壮壮也不是完全不理会妈妈，当看到自己感兴趣的数字时，壮壮似乎能够发起沟通，但壮壮发起沟通时更多的是注意力集中在他感兴趣的物品上，很少主动看向妈妈。我们从以上这些情景中壮壮的表现可以看出，壮壮的一种重要的、影响其社交和认知的能力有缺损，这项能力被称为共同注意（Joint Attention）。

一、理论依据

在儿童发展领域中，共同注意是一个非常关键的概念。作为儿童心理理论（Theory of Mind）发展的基石，共同注意对于孩子的认知发展、语言习得和社交技能的形成都具有重要作用，培养共同注意也是孤独症早期干预中交流训练的第一步。共同注意是指两个或多个人（例如，父母和孩子）在一段时间内关注相同的事物、事件或目标，并意识到彼此的注意力。

（一）共同注意的类型

共同注意分为两种类型，一种是应答性共同注意（Responding Joint

Attention，RJA），另一种是主动性共同注意（Initiating Joint Attention，IJA）。

应答性共同注意发生在一个人对另一个人的社交引导做出反应的情况下。比如，当另一个人指向某物或对某事发表评论时，自己将注意力转向那个被指向的物体或事件，自己的反应就是应答性共同注意。这种类型的共同注意需要注意力转移的能力，也就是能够从当前的关注点转移到新的关注点。

主动性共同注意发生在一个人试图引起另一个人对某物或事件的注意时。例如，一个人可能会通过指向、给予眼神联系或者发出声音等方式，来引导另一个人将注意力转向某个物体或事件。这种类型的共同注意通常需要更高级的社交和沟通技能，因为它涉及理解他人的视角和兴趣，以及如何有效地引导他人的注意力。

根据这两个定义，我们可以了解壮壮不能跟随妈妈是应答性共同注意的缺损，而壮壮很少主动引导妈妈观察他感兴趣的物品，这是主动性共同注意的缺损。虽然壮壮在某几个情境下存在类似发起主动性共同注意的行为表现，但其实这些表现也并不能说明他具有主动性共同注意的能力，因为他缺少共同注意中非常重要的元素。

（二）共同注意的基本元素

接下来，我们看一下组成共同注意的基本元素。

共同注意包括三个基本元素：①目标追踪，即个体将注意力集中在某一目标上；②关注共享，即个体意识到其他人也在关注同一目标；③参照，即个体利用眼神、手势或言语向他人表达对目标的关注。这些元素相互作用，组成一个"共同注意三角"，在这个三角中，孩子的眼神和指点等沟通行为往往依循"从物到人，再从人到物"的过程，从而使得共同注意成为孩子与他人互动的基石（图5-2）。

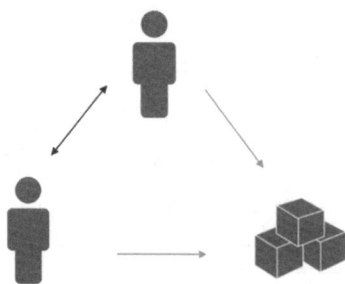

图5-2 共同注意三角

让我们通过一个亲子互动的例子来进一步了解共同注意。假设一位母亲和她的孩子在一起玩耍。孩子突然注意到一个远处正在飞行的气球，并激动地指着它，孩子一边兴奋地指着远处的气球，一边回头看向妈妈，并且嘴里喊着"妈妈快看，气球"。母亲发现孩子的兴奋和指向的方向，也将注意力转向那个气球。此时，母亲可以用言语或非言语方式与孩子进行互动，例如说"哇，我看到那个气球了！好大一个！它的颜色真好看"，或者用笑容、点头等肢体动作做出回应。

在这个过程中，母亲和孩子共同关注了一个目标（气球），并意识到彼此的注意力。这就是一个典型的共同注意的例子，孩子从看到气球到看向妈妈，并通过语言和表情等引起妈妈的关注，然后再看向气球，这个过程孩子完整地完成了主动性共同注意的三角。同时，妈妈也回应了孩子并跟他一起看向气球，彼此之间都能注意到彼此的存在和情绪状态。妈妈也完整地完成了应答性共同注意的三角。

通过上述共同注意的互动，孩子可以学会观察周围环境，理解事物的性质和功能，以及与他人分享自己的观察和感受。此外，共同注意还有助于孩子建立安全的依恋关系，培养同理心和社交技巧，为今后的学习和成长奠定坚实基础。

（三）共同注意的发展阶段

共同注意是儿童在成长过程中逐步发展的一项关键能力，它对于孩子的认知、社交和情感发展具有深远影响。了解共同注意的发展阶段对于指导干预训练具有重要意义。共同注意的发展是一个逐渐演进的过程，它可以分为4个阶段。

（1）初始阶段（6~12个月）：在此阶段，婴儿开始关注周围的事物，并通过目光和身体动作与母亲建立初步的共同注意。例如，婴儿可能会注视玩具，然后看向母亲，试图与她分享这种关注。他们还可能开始学会将注意力从一个目标转移到另一个目标。举例来说，当婴儿看到一个玩具时，他们可能会转头关注这个玩具，然后在看到另一个玩具时再将注意力转移过去。

（2）简单的共同注意阶段（12~18个月）：在这个阶段，幼儿开始意识到其他人也会关注同样的事物。他们可能会通过指向、注视或发出声音等方式，尝试引导父母的注意力。例如，幼儿可能会指着窗外的小狗，试图吸引父母的注意力，以便一起观察。

（3）复杂的共同注意阶段（18~24个月）：在这个阶段，幼儿开始理解他们可以通过与他人共享注意力来交流和互动。此时，他们可能会用眼神交流、指向和语言等方式与他人建立共同注意。例如，孩子可能会通过眼神、指向和说"看"来引导父母注意到远处的风筝。或者，幼儿可能会指着书中的图片，同时看着父母，试图与他们分享对图片的兴趣。

（4）高级共同注意阶段（2岁以上）：随着语言能力的发展，儿童开始利用共同注意来交流更复杂的想法和情感。他们可能会使用更多的言语和非言语方式与他人建立共同注意，同时开始理解他人的意图和感受。例如，儿童可能会主动向父母讲述他们在动物园或游乐场发生的有趣事情，期待父母的回应和关注。他们可能会对父母说"妈妈，看那个大象"或者问"爸爸，你看到那辆火车了吗"。这样的言语表达使得孩子能更准确地与他人分享关注，并建立更紧密的社交联系。

共同注意的发展是一个持续不断的过程（图5-3）。需要注意的是，每个孩子的发展速度和路径可能有所不同，因此，在观察和评估孩子共同注意能力时，应当考虑到个体差异。

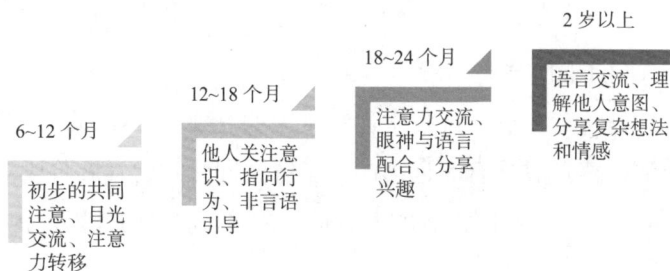

图5-3　共同注意发展中的里程碑

（四）为什么发展儿童的共同注意很重要

共同注意是一种基础的、人类独有的社交交流能力，它允许我们的孩子能够从他人那里学习，并且与他人分享乐趣。这是一个看似简单，但对儿童的社交沟通和认知技能发展至关重要的能力。一个孩子指向远处的彩虹，然后回过头看向父母，期待父母与他分享那份惊喜，这就是共同注意的体现。这种简单的行为，实际上是在帮助孩子建立与周围世界的联系，学习如何理解别人的感受，以及如何与他人进行有效的交流。共同注意的发展，对于儿童的社交技能、语言能力和思维能力的提升，都起着至关重要的作用。

共同注意也是儿童社会化发展的一个重要里程碑。当儿童开始能够与人共享关注的对象时，他们就从单一的对物体的关注，跨越到了对人和动作的关注。他们开始理解，他们的世界不仅仅由物体组成，更包括了人和他们的行为。例如，一个孩子看着母亲剥香蕉，然后模仿母亲的动作，这就是他正在通过共同注意，学习和理解人类的行为。这一过程不仅帮助儿童学习新的技能，也让他们开始理解，自己是如何与他人和这个世界联系在一起的。

家长也需要意识到，如果没有共同注意的技能，孩子们可能会很难与照顾者和同龄人建立联系和发展关系。这种能力是孩子社交交流的基础，它帮助孩子理解他人的观点，预测他们的行为，以及建立与他人的情感联结。缺乏这种能力，可能会让孩子在与他人的交流中感到困惑和挫败，这对他的社交发展和心理健康水平都可能产生负面影响。因此，家长需要为孩子提供足够的支持，帮助他们发展这种重要的社交技能。

（五）孤独症儿童在共同注意发展中面临的挑战

在孤独症儿童的成长过程中，共同注意可能面临一些特殊的挑战。常见的困难和挑战有以下 5 点：

（1）注意力集中难以转移。孤独症儿童往往在某些事物上表现出过度关注，这使得他们难以将注意力从一个目标转移到另一个目标，可能导致孩子无法充分关注父母指引的事物，从而影响到共同注意的建立。

（2）眼神接触和面部表情识别困难。许多孤独症儿童在眼神接触和面部表情识别方面存在困难。这意味着他们可能无法准确理解和回应父母的情感和意图，从而影响共同注意的建立和维持。

（3）社交互动和沟通障碍。孤独症儿童在社交互动和沟通方面往往存在一定程度的障碍。他们可能无法主动发起共同注意，或在共同注意过程中难以用言语和非言语方式与父母进行有效互动。

（4）理解和模仿能力受限。孤独症儿童在理解和模仿他人行为方面可能较为困难。这意味着他们在观察父母的共同注意行为时可能无法准确领会其意义，从而无法有效地进行模仿和参与共同注意过程。

（5）情绪调节困难。孤独症儿童在情绪调节方面可能面临挑战，这可能导致他们在共同注意过程中出现焦虑、恐惧或挫败感。这些负面情绪可能进一步影响孩子与父母建立有效的共同注意。

尽管孤独症儿童在共同注意方面可能面临诸多挑战，但通过父母的努力，这些挑战是可能被克服的。在孤独症早期干预过程中，家长可以采用多种策略来提高孩子的共同注意能力。例如，家长可以通过引导孩子关注有趣的目标、模仿孩子的行为、使用眼神和手势等方式，帮助孩子建立关注共享和参照，在接下来的内容中我们会介绍引导共同注意的重要策略。

在了解和评估孩子的共同注意的发展水平后，接下来就是具体看看哪些策略能够更有效地引导孩子的共同注意。需要注意的是，在引导孩子共同注意的时候，家长时刻觉察自己和孩子的参与状态是基础，在这里可能会看到与前文类似的策略，因为这很重要。

二、调整位置

前文提到，与孩子互动时，尽量保持与其面对面。如果孩子是躺着的，家长可俯在孩子上方；如果孩子是坐着的，那么家长要调整自己的高度，与孩子的视线尽量保持平行。如果孩子在游戏当中抱着玩具转过身去、背对着家长，那么这个时候家长可以调节自己的位置，去跟孩子寻求面对面的视线接触。

三、观察并跟随孩子的兴趣

在加入孩子的活动之前，注意先观察孩子关注的事物、玩法，以及感觉信息处理的特点。例如，如果孩子正在玩形状盒，那么在加入孩子的活动之前，注意先观察他拿了哪个形状或颜色的积木；是否有形状或颜色的偏好；他的玩法是什么，是直接放到相应的形状洞里面，还是只是放在手里、触摸积木有凸起的地方；他喜欢盯着哪里看；喜欢触摸积木滑滑的感觉，还是喜欢听积木掉到形状盒里发出的声音。

观察兴趣这步很重要，大部分未经培训的父母很容易急于参与孩子的活动，而导致过度控制和主导孩子，试图让孩子按照自己的想法进行游戏或互动，结果也往往容易出现消极的儿童参与状态，导致亲子互动难以同步。从互动开始，到整个互动过程结束，都要注意保持对孩子的观察和兴趣，这也是后面将要提到的提高家长敏感性的一个策略。唯有通过充分地观察了解，达到"知己知彼"，方可能"百战不殆"。

有了充分细致的观察，接下来的互动便水到渠成，容易得多，即跟随孩子的兴趣，模仿孩子的玩法，加入孩子的活动中。在开始参与互动时，可以从中挑选一个玩具，然后跟随孩子，重复他当下的玩法。模仿是一种非常有用的互动方式，注意观察模仿孩子的玩法时，他的反应是什么。往往比起不停地呼唤他名字的家长，孩子更容易注意到那个模仿他的人。

除通过模仿孩子的玩法获得孩子的注意力外，也可以尝试通过示范新的、更好玩、更夸张有趣的玩法延长孩子与家长的共同注意。或者，也可以尝试发展轮流或平行游戏，这样可以通过轮流等待的模式来引导孩子关注对方。

四、在每一次表达后等待 3~5 秒

在与儿童互动的过程中，家长可能已经在游戏模块了解到，不论是游戏还是需求分享性的交流，我们都强调尽可能地减少指令和提问，因为过多的指令和提问会让孩子变得更加被动，有的孩子甚至有可能会最终从互动当中脱离出来。成年人的节奏往往快于孩子，所以在互动中需要给孩子一定的反应时间，每一次表达后，需等待 3~5 秒，给孩子回应的空间，寻求一来一回的互动。在家长等待孩子回应而没有主导孩子活动的时候，孩子的行为有可能会出乎意料，带来一些惊喜。

五、捕捉孩子的社交线索，给予积极热烈的回应

当家长在进行上述步骤时，注意捕捉孩子每一点微小的表达和回应，就如同一个敏锐的侦探探查案发现场留下的蛛丝马迹，通过捕捉微妙的线索来指导接下来的行动计划。

之所以要如此敏锐和专注，是因为很多时候孩子的互动线索也如同这些案件中的线索一般微弱。也许在家长拿起一块圆形的积木模仿孩子往形状盒的洞里放时，孩子手上的动作突然停顿了 1 秒，这可能表明他对这个行为产生了兴趣；在家长跟随他滚动小汽车的车轮并发出"呜呜"的声音时，也许他只是瞥了一眼，家长可能会将此认为孩子"没反应"而感受失落，但其实他可能已经在告诉家长"原来还可以这样玩"或者"我注意到了，但是我更喜欢看着车轮转"。

　　无论如何，请记得孩子在用他的方式沟通，哪怕是拒绝！当家长把雪花片放到瓶口，伴随着"咚"的一声，雪花片成功掉到了瓶腹中后，孩子拿着手里的雪花片刚到瓶口上方却一下松了手，请仔细观察，因为孩子可能在尝试模仿家长的玩法，但表现得不够完整。当家长开心地举起毛绒手偶玩具轻轻碰了一下孩子身体时，孩子露出轻微的微笑，他可能在表达"我喜欢这个感觉"。孩子也可能通过调整身体姿态来表示自己的需求或舒适度。

　　总之，孩子互动时的线索可能非常微弱，而家长要做的是及时捕捉这些微弱的社交线索，然后通过给予积极热烈的回应将其放大。经过不停地练习观察，家长在引导孩子共同注意时更能有机会成功，并提高和孩子互动的质量。

📋 小贴士

　　促进亲子同频操作要点快速记，见图5-4。

　　（1）位置：家长需尽量保持与孩子面对面的位置，将孩子感兴趣的物品（或动作）置于自己的面孔前方，引导孩子与自己对视。

　　（2）兴趣：跟随孩子的兴趣，取用孩子喜欢的玩具，模仿孩子的玩法，做孩子感兴趣的事，进行平行游戏，表情、动作、声音夸张有趣。

　　（3）等待：尽量减少连续下指令和提问，等待孩子的反应。

　　（4）回应：给予积极热烈的回应。回应时，尽量寻求肢体接触，通过给予强烈的感觉刺激引起孩子的兴趣。

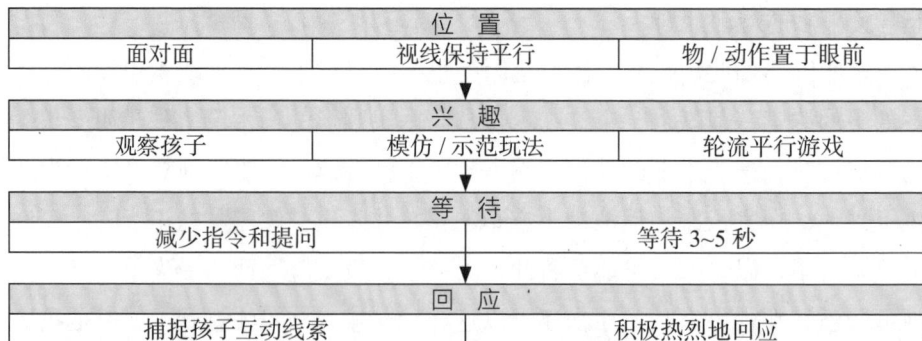

位　　置		
面对面	视线保持平行	物/动作置于眼前

兴　　趣		
观察孩子	模仿/示范玩法	轮流平行游戏

等　　待	
减少指令和提问	等待3~5秒

回　　应	
捕捉孩子互动线索	积极热烈地回应

图5-4　促进亲子同频的策略

注意事项

（1）通过书写记录帮助观察和把握孩子的社交线索，评估孩子的共同注意发展水平，并判断他处于共同注意发展 4 个阶段中的哪个阶段。

（2）根据孩子的参与状态灵活调整等待时间的长短。在互动中需要给孩子一定的反应时间，一般是 3~5 秒，但每个孩子在不同情景中所需的时间长短不同，家长需要仔细观察自己孩子的参与状态。

（3）注意根据孩子的参与状态，灵活调整对孩子共同注意的要求。捕捉孩子每一点微小的表达和回应，通过积极热烈的回应将孩子的社交线索放大。

第三节 从需求性交流开始训练

本节目标：

（1）学习需求性交流的概念。

（2）掌握观察儿童需求性交流水平的方法。

（3）掌握促进儿童需求性交流的策略和技能。

一、理论依据

（一）什么是需求性交流

当谈到儿童发展中的需求性交流时，我们通常指的是儿童表达自己的需求或情感状态，并希望获得身边大人理解和支持的交流。行为学家斯金纳在 1957 年将这一语言交流的术语定义为"提要求"（Mand），以区别于其他英语单词，如指令（Command）、命令（Demand）和批评（Reprimand）等。

从专业术语上说，提要求包括 3 个方面，分别是动因机制（Motivation，Mo）（一个人想要什么）、特定的强化物（一个人得到了什么）及语言行为表现（一个人说了什么）。提要求的语言行为表现受到动机和特定强化物的功能控制。比如一个 18 个月大的婴幼儿说"饼干"，专业人员认为这个婴幼儿看到饼干，有想吃的动因，在这个动因下做出说"饼干"的行为，前提是之前的经验告诉他这样说得到了想要的饼干。提要求这样的表达通常以单词、手势、面部表情和行为举止的方式呈现。

需要注意的是，动机可以是习得的也可以是天生的，可以是为了得到想要的物或活动，也可以是去除不想要的物或活动。这样的交流或沟通不限于口语表达，也可以是非言语的形式。事实上，语言功能弱或有障碍的孩子们的许多问题行为都是在提要求，都是他们表达需求的方式（Carr et al.，1985）。

（二）需求性交流的意义

为什么要先从需求性交流开始训练呢？这个问题的回答对于激发家长参与干预的主动性非常重要。尤其对于刚开始进入训练的家长来说，家长可能会很疑惑，不知从何入手。治疗师澄清这一点，并使干预目标与家长的需求相一致，才容易与家庭建立工作同盟。

1.需求性语言是其他言语行为的基础

许多孤独症孩子都有大量的命名式语言，但是没有需求性语言。语言的功能性中很重要的也是最基础的，就是表达自己的需求，而这对于孤独症儿童来说存在较大的困难。不同的孩子其交流水平不同。来参加训练的家庭中，不论是1岁左右还未发展出有明确意义语言的婴幼儿，还是已经四五岁上幼儿园中班并且能力很好的孩子，即便能够表达长句子，都可能依然存在需求性交流的一些困难，比如，需求性交流的主动性不足，或者交流表达不完整。

2.需求性交流减少不良行为发生的可能性

在孩子一天与家人的互动中需求随处可见，这为需求性交流提供了非常多的训练机会；而往往没有发展出需求性交流的孩子，不良行为发生的可能性就会增加（例如，发脾气、攻击、社交退缩以及自我伤害）。因此，在第二章我们提到，在干预孩子的问题行为、发展和强化孩子问题行为的替代行为时，恰当的需求性交流行为则是其中的一个重要的替代行为。

3.需求性交流使孩子在一定程度上控制社交环境，找到沟通途径

需求性交流使得孩子能够在一定程度上控制社交环境，找到一条与人沟通的途径；孤独症孩子难以应对灵活变化的社交环境，因此退到安全的自我世界中。需求性交流能够帮助孩子表达自己的需要、情感和想法，从而使他们能够更好地满足自己的需求。例如，当孩子饿了或者渴了时，他们可以通过需求性交流告诉父母他们想要吃点什么或者喝点什么。这种能力不仅可以帮助孩子们满足基本的生活需求，也可以增强他们的自我效能感，即他们对

自己能够有效应对生活挑战的信心。

小贴士

小年龄孩子的家庭往往更多关注的是孩子会不会说话，而易忽略语言是用来沟通的，是有其功能性的，例如，当孩子想要什么的时候，开口说或指点能让孩子得到他想要的东西。大部分家长开始带孩子来就诊、干预，主诉较多的是孩子不会说话，希望孩子能够开口讲话。但是，能说话与能用话来沟通是两种不同的能力。

能说话是指有语言能力，而能用语言来沟通是社交能力。没有语言也不代表就一定不能与人沟通。很多单纯语言发育迟缓的孩子依然可以通过丰富的肢体动作、表情等与人沟通，比如聋哑儿童利用手语同样可以表达自己的情绪情感。而对于孤独症儿童家长需要关注的除了有无语言，还要关注能不能恰当运用语言，以及影响孩子交流的可能的困难是什么。

4.需求性交流有助于儿童情感发展，促进社交和认知能力的发展

需求性交流对于儿童的发展极为重要，早期的需求性交流和需求满足经验不但有助于儿童情感发展，还可以促进社交和认知能力方面的发展。从出生起，婴儿就在学习如何通过不同的方式表达自己的需求。他们可能会哭，又或许会挥舞手臂和腿，以及发出其他的声音作为表达；随着婴儿的生长，他们逐渐学会用词汇来传达自己的需求，例如渴望食物、换尿不湿等。同样重要的是，他们学习通过面部表情和行为举止来传达情感状态和需求。举个例子，当他们需要安慰和抚摸时，他们会伸出手臂并发出低吟声或响声，与此同时面部肌肉会呈现出较为微弱的笑容；当他们感到疲惫时，他们可能会使用打哈欠的方式表达疲劳。

从日常对话中可以看出，这样的需求性交流可以出现在任何时刻并且包含很多种不同的情感体验。例如，孩子可能会表达出对食物的渴望、对玩具的兴趣、对抚摸和安抚的需要，以及对陪伴的需求，等等。与此同时，孩子的情感表达也包括了痛苦、悲伤、快乐等方面，这些情感可以通过面部表情进行传播。在这一过程中，关键因素是向外界表达需求的能力、寻求支持和

回应的能力。这是孩子情感和认知发展的基础。随着时间的推移，孩子学会使用不同的语言表达需求和情感，包括非语言的信号。他们也学会了使用词语和语言来描述内心世界和感觉状态，并更有能力感知自己和他人的情感状态。这样的需求性交流帮助孩子建立对自己的认知，增强自我保护的能力。通过分享自己的需求，孩子可以促进自己的感受力，并与年长人士建立联系，从而提高自己的心理健康和生活品质。

接下来，我们依然遵循先评估确定训练目标、再进行干预的顺序。这也是 PCBI 模式的训练流程，每一步训练的开展一定是建立在实时评估的基础之上。评估的过程是一个动态的过程，当家长了解了评估方法后，经过反复的练习，便可将评估的程序放在与孩子互动的整个过程中进行。在需求性交流部分，首先家长要学会观察评估孩子的需求性交流水平。

二、需求性交流的 3 个通道

在观察评估儿童的需求性交流水平时，家长需要了解需求性交流的 3 个通道，分别是眼神、手势动作以及言语水平。这 3 个通道其实为交流的 2 个方面：非言语交流和言语交流。

（一）通道 1：眼神

在评估孩子的需求性交流时，这里单独把眼神拎出来，作为第 1 个交流通道，这体现了眼神交流在交流训练中的重要性。眼神交流是非言语交流的重要部分。在互动时首先注意观察孩子是否会用眼神来寻求帮助或引起注意。例如，当孩子想要玩具或食物时，他是否会看向家长然后看向他想要的东西？当孩子把带着包装的棒棒糖放到家长手里，想要寻求帮他打开时，他有没有抬头看着家长？他是持续地看家长还是仅仅瞥一眼就望向别处？这是第 1 个通道，即对于孩子发起共同注意的眼神的观察。如果孩子有持续地看家长，那么可以在表 5-2 的"眼神"一栏中画一个"√"；如果孩子看的时间不超过 3 秒或仅仅瞥了一眼，那么可以认为孩子的眼神交流有，但不持续，需要画一个"✓"；如果孩子没有任何的目光对视，那么可以画一个"×"。

（二）通道 2：手势动作

家长可以在其他两个通道使用相同的评估方法。第 2 个通道是对手势动作的观察，在孩子提要求时注意观察孩子的手势动作，包括伸手、食指指点或给予。比如，当孩子想要高处的玩具而自己拿不到想要家长帮他时，他是用食指指着高处的玩具还是伸手朝向玩具的方向？又比如，在孩子想要家长帮助把糖果的包装打开时，是直接拉家长的手把手放到糖果上，还是伸手过来把糖果递给家长？当家长没有清楚孩子的意思时，孩子是用食指又指了一下糖果袋还是再次拉家长的手？通常情况下，专业人员会看到很多孩子缺少食指指物。根据儿童发育里程碑，18 个月左右孩子可以通过食指指点索要。如果孩子已满 18 个月而未表现出明确的食指指点索要，那么这应该成为需求性交流中训练的重点之一。

（三）通道 3：语言

第 3 个通道是观察孩子的语言。语言的发展是大部分家长最为关心的。从咿呀学语几个月大的婴幼儿到蹒跚学步的学步儿，再到四五岁的学龄前孩子，不同孩子语言的发展水平差异很大。尽管如此，咿呀学语甚至没有明确的发音也并不一定意味着孩子没有交流，而说话滔滔不绝、诗词倒背如流也并不一定意味着能够清晰自然地表达需求。因此，有家长夸张而戏谑地说，以前拼命地教孩子开口学说话，等孩子学会说话后又想尽各种办法让孩子学会闭嘴。在孩子提要求时除了要观察孩子说了什么，更要观察孩子说话的主动性如何，即语言交流的主动性和语言的表达方式。

比如，当孩子想要家长抱时，注意观察孩子除了看向自己，嘴巴有没有说话，他说的是"妈妈抱"还是"抱抱"，还是仅仅有类似于"抱"的发音，比如"b~b~"，还是什么都没有说。如果孩子有咿呀的发音但是令人听不懂，没有明确的目的，则为无意义发音，比如"Ba~b"，那么可以认为是半个字（0.5个字），家长可以在表 5-2 中的"无意义发音"一栏画"√"；如果孩子有明确的有意义的单字，如"Bao"，则达到了 1 个字，可以在"单字（1 个字）"一栏画"√"；如果孩子说的是"妈妈抱"，则达到了 2~3 个字的短词组阶段，可以在"单词和短词组（2~3 个字）"一栏画"√"；如果孩子说的是"妈妈抱宝宝"，则达到了 4~7 个字的短句阶段，可以在"长词组和短句（4~7 个字）"一栏画"√"；如果孩子开始喊"妈妈"，家长回应了一下"哎"，接下来孩子又针对这个回应而回应"水水"，家长询问"口渴了吗"，孩子又回应"嗯嗯"，然后家长把水杯递给孩子，孩子接过来后说，"妈妈抱抱"，家长把孩子抱了起来。这个过程孩子与家长一来一往，进行着持续对话，观察对话的回合数，回合数越多，表示交流越持续，沟通的质量越好。

　　同样需要注意的是，对话的回合数从孩子主动发起开始计算，重要的是一来一往。如果孩子是 A，妈妈是 B，那么对话回合是 ABA 的模式。一个回合即为一个 ABA，由孩子发起，到由孩子完成算一个回合。上面孩子从要喝水到想要抱的与妈妈的对话中，孩子与妈妈完成了 3 个对话回合。有时候孩子注意力可能会跑掉，比如当家长回应孩子"口渴了吗"时，假如孩子没有回应，则沟通的回合在这里就算结束；当家长再次问孩子"你还喝水吗"时，孩子回应后再次发起沟通时，则是又开启了新的沟通。

小贴士

　　当孩子跟家长提要求时，同时观察以上 3 个通道的情况。在一开始尝试练习观察过程时，家长可以将表 5-2 打印出来，并且进行相应的标记。当家长能够比较熟练地使用这个表格，并且能够自如地观察孩子这 3 个通道的交流时，可以不再需要这样记录。观察并记录的过程也是提高敏感性的过程，这样有助于未来家长与孩子形成更优质的互动。

表 5-2　需求性交流评估

通道	评估指标
眼	眼神（看人）
手	伸手
	给予
	指点
口	无语言，啼哭（0 个字）
	无意义发音（0.5 个字）
	单字（1 个字）
	单词和短词组（2~3 个字）
	长词组和短句（4~7 个字）
	对话（多回合）

三、查漏补缺，制订需求性交流干预目标

　　科学细致地观察的目的在于制订合理有效的干预目标。每一个来训练的

家庭都抱有一颗迫切治愈的心，经常会有家长说孩子没有语言，让孩子喊妈妈特别难，每次让孩子喊妈妈孩子都会哭。如果家长读完前面评估的部分，相信就有了答案——干预目标一定是建立在孩子已有能力水平的基础之上的，目标过高容易适得其反。在制订需求性交流的目标时，3个通道——眼、手、口查漏补缺，如果有手势有语言，但无眼神，则在孩子提要求时，家长对孩子的目标应该为在原有的交流能力基础上加上"眼神"，即"眼神＋手势＋语言"，这是对孩子交流的最高的要求，即3个通道都有。但也要灵活处理，我们正常的交流有时也会只有2个通道，比如"眼神＋手势"或者"眼神＋语言"。同样，家长对孩子的要求可以为"眼神＋手势"或者"眼神＋语言"。但无论怎样，要有眼神。其他情况以此类推。

好的，现在考考各位家长。

（1）假如现在家长已经观察了孩子交流的3个通道，填写了记录表。如果孩子18个月，评估下来孩子第1通道"眼神（看人）"是"×"（缺失），第2通道手势姿势"指点"为"乄"（表现不稳定），第3通道语言通道是处在"无语言，啼哭（0个字）"这一栏。那么根据3个通道查漏补缺的原则，制订的干预目标可以是什么呢？见表5-3。

表5-3 需求性交流评估记录示例1

通道	评估指标
眼	眼神（看人）×
手	伸手
	给予
	指点乄
口	无语言，啼哭（0个字）√
	无意义发音（0.5个字）
	单字（1个字）
	单词和短词组（2~3个字）
	长词组和短句（4~7个字）
	对话（多回合）

请将目标写在下方的横线处：

_____

_____

（2）假如孩子27个月，评估下来孩子第1通道"眼神（看人）"是"乄"，第2通道手势姿势"指点"为"乄"，第3通道语言通道是处在"单字（1个字）"这一栏。那么根据3个通道查漏补缺的原则，制订的干预目标可以是什么呢？见表5-4。

表5-4　需求性交流评估记录示例2

通道	评估指标
眼	眼神（看人）乄
手	伸手（18个月以内）
	给予
	指点乄
口	无语言，啼哭（0个字）√
	无意义发音（0.5个字）
	单字（1个字）√
	单词和短词组（2~3个字）
	长词组和短句（4~7个字）
	对话（多回合）

请将目标写在下方的横线处：

_____

_____

>>> 请在下页查看答案。

四、知晓儿童的需求

（一）要点1：观察和了解儿童的自然需求

在进行需求性交流训练的时候，知道孩子感兴趣的和想要的是什么很重要。在第六章行为管理的模块，家长会了解到影响孩子行为形成和维持的其中一个重要因素：行为的好结果，即正强化。一旦孩子表现出好的行为，家长给予及时强化，那么孩子的这个行为下次出现的可能性就大大提升。同样，在交流互动中，如果孩子恰当的交流行为，比如目光对视一旦出现，孩子即可获得喜欢的东西，那么孩子下次再看向家长的可能性就会增加。根据这一行为塑造的原理，家长可以在日常生活中增加想要的孩子的交流行为。

强化的类型不同，在本章塑造孩子恰当的需求性交流行为模块，我们强

第 167、第 168 页干预目标答案

（1）答案：眼神＋指点。

（2）答案：眼神＋指点，或眼神＋单字，或眼神＋指点＋单字，或单字发音熟练情况下可以尝试 2 个字，即眼神＋指点 +2 个字。

调的是孩子自然环境下的行为，这就意味着家长需要了解自然环境下孩子的自然强化物有哪些。

请注意，在塑造孩子好的交流行为时，我们强调的是孩子行为的功能性，不是一个机械的手势动作，比如食指指点。这是很多家长刚刚开始接触需求性交流训练时容易掉入的陷阱。本章会在后面具体的训练过程中再谈到具体的操作事项。本节家长需要了解的是，在训练开始前的准备——找到孩子的自然强化物。

通常情况下，如果家长已经观察了孩子的兴趣，那么可能已经了解到孩子的一些感兴趣的事物。家长可以尝试收集孩子感兴趣的事物，在孩子有需求的时候引导孩子提要求。观察并找到孩子感兴趣的事物，这对于家长来说，也许觉得很容易，也许会觉得很难。经常有家长每每到这一步时，就发现很难，孩子看似无欲无求，或者对什么物品的兴趣都不能维持太长时间，拿到后看看也就扔掉了。有的家长就会匆忙得出结论：孩子没有什么感兴趣的东西。

本书的回应是：所有的孩子一定会有他感兴趣的事物。找到孩子感兴趣的事物是引导孩子需求性交流的第一步。

小贴士

如果家长现在对于孩子感兴趣的事物还是没有头绪，那么可以尝试在家观察孩子的一天并记录孩子接触事物的时间、频率和接触时的情绪。从早上孩子起床开始到晚上入睡结束，白天孩子醒着的时间看看他都干了些什么，吃饭前孩子都在玩什么，哪个玩具是孩子玩的时间最长的，哪个是孩子玩的次数最多的，哪个东西是孩子一不小心丢了会大发脾气不能接受的，等等。在细致的观察和记录后，家长可以根据孩子玩的时间和次数查看其情绪反应，即可得出一张可以用来进行后续训练的强化物清单。一般情况下，孩子的强化物清单里可能包括食物、有形的物品、动作、关注、移开厌恶刺激、去其他地方、口语信息、某些其他孩子喜欢的东西。

也许家长经过上述细致的观察过程还是没有找到孩子的兴趣，也许孩子确实因为胃肠道的问题可能在饮食方面兴趣不大，这时，家长可能需要考虑是否在有意无意中遗漏了孩子真正的兴趣。这种情况很常见，很多家长认为孩子感兴趣的事物应该是家长所认为的那些常见的事物，比如水果、积木玩具等。而当孩子表现出的兴趣与家长所认为的常见的孩子的兴趣不同时，家长可能觉得难以接受，孩子也会被禁止接触这些事物，比如有的孩子对于常见的玩具不感兴趣，但是对于一些圆形的小瓶盖、细长的绳子如数据线或者小树叶等兴趣很大。如果遇到这样的情况，不要急于做出反应，家长可以按照本章中"觉察能力"的部分，观察自己内在的感受和想法。

当了解并把握了孩子感兴趣的事物时，家长也就把握了训练孩子提要求、进行交流的机会。

（二）要点 2：寻找和创造儿童新的需求

孩子的兴趣是可以培养的，家长可以结合第六章"塑造恰当行为"的部分，通过辅助逐步帮助孩子建立新的兴趣和需求。当家长辅助孩子学会玩一个新的游戏玩具时，孩子对于该玩具的兴趣就会上升，通过恰当的辅助家长就轻松地帮助孩子培养了一个新的兴趣，同时，家长也把握了孩子更多的自然强化物。

当家长注意到孩子遇到困难时，先不要急于帮孩子完成，注意提醒自己，这便是引导孩子对自己表达需求、寻求帮助的好机会。家长在游戏中跟随孩子的玩法，这时孩子注意到了家长手上的玩具并且想伸手来拿，那么同样，家长又一次成功地创造了孩子的一个新的需求，先不要急于给孩子，家长可以利用创造的这个新的需求来引导孩子表达。

现在家长手里已经有了孩子感兴趣的物品，接下来把握孩子的注意力，增加获得与孩子目光对视的机会，甚至孩子与家长的互动也将随之而来。下面我们来看具体的操作技巧。

根据孩子需求对象的不同，基本可以将需求分为两类：一类是对人的需求，另一类则是对物的需求。因此，在增加孩子的需求性交流时，本节会从这 2

个方面提供可以尽快上手操作的重要策略。

1. 增加儿童对物的需求

首先，先谈谈孩子对物的需求。通过观察，家长发现玩具和零食是孩子日常生活中常见的需求。而日常生活中这些常见的需求也常常被忽略。

（1）进行环境设置。请回顾家里孩子的玩具是如何摆放的，是否存在这种情况：玩具很多并且散落在家里不同的地方，比如客厅的沙发上、地板上，卧室的床上，甚至餐桌上等；家里的零食是否孩子可以随手获得。想象一下，如果孩子可以自己轻而易举地获得想要的玩具或零食，那么孩子还会寻求家长的帮助前来沟通吗？答案可想而知，家长可能会因此错过与孩子交流的很多机会。

因此，第1个增加孩子对物的需求的策略，是先进行环境设置。通过设置环境，将玩具条理性地存放在孩子看到够不到，或者孩子看不到的地方，增加孩子寻求帮助的机会。这样不仅有利于家庭环境的整洁，更是为孩子交流能力的训练创造更多机会，同时对维持孩子的兴趣也起到重要作用。具体环境如何设置呢？家长可以参照图5-5。

图5-5 玩具摆放参照

将玩具放置在高处，可以放到玩具收纳盒里，或者放置在玩具架上，当孩子有需求时，家长可以结合对孩子需求性交流能力3个通道的评估，引导孩子做出交流行为，然后及时给予玩具强化孩子的恰当表达。当孩子不想玩这个玩具时，引导孩子将玩具放回原处，然后随着孩子继续想要新的玩具，新一轮的交流也随之而来。

（2）通过选择提高动机。第2个策略是给孩子提供选择。给孩子提供选择，也是与孩子分享控制权。这样可以让孩子更愿意参与互动，以及提高交流动机。当然，这对于家长与孩子的游戏互动也非常重要。孩子玩的是自己选择的玩具，那么孩子会更有可能投入游戏，从而让游戏时间更长久一点。

在需求性交流中，即使家长根据之前对孩子的观察和评估了解了孩子的兴趣，但是孩子的兴趣是会发生改变的，所以准备两个不同的玩具或者其他物品供孩子选择，更有可能提高孩子对物品的需求和提高交流的动机。

比如，在开始游戏互动时，家长可以准备两个不同的玩具，并将玩具放在自己的眼前，让孩子看到家长手里的玩具，但不急于给孩子，等待孩子来提要求。这时家长可以询问孩子想要哪一个玩具，是小熊还是小火车。然后基于孩子的能力，引导孩子通过"眼神＋食指指点"或者"眼神＋食指指点＋词语"等表达想要的玩具。

（3）避免过度满足。如果孩子喜欢吃零食，那么家长每次提供给孩子的零食应该尽可能少。这样做的目的是避免孩子过度满足，同时，一劳永逸的结果往往是减少了孩子再次提要求的机会。

请家长回想一下这个场景是否熟悉。孩子从家长的包里翻出一包奶盐饼干，并且很快将这包奶盐饼干放到了家长手里。这时家长随即明白孩子的意图——想让自己帮忙撕开饼干袋，吃里面的饼干。当然这个想法瞬间出现一划而过，伴随着这个想法，家长的手已经很自然地行云流水般地把饼干袋撕开，同时又流畅自如地将整包饼干都递给了孩子。孩子拿到整包饼干"咯嘣咯嘣"地开心地吃了起来，不一会儿就吃了个小饱。

假如这个场景在家里经常出现，同时家长在寻找孩子感兴趣的自然强化物方面又有些困难，那么，家长可能需要考虑是否平日对孩子的需求过度满足了。在孩子有需求时，家长需要变得"吝啬"一点，当孩子请家长帮忙打开饼干包装袋时，家长不是直接把一包饼干全部给孩子，而是尝试从中拿出一小块饼干，当孩子吃完时，再引导孩子来要第二块饼干，这样家长和孩子的互动就能够多来回几次，孩子也能够在相对较高的训练频率下尽快学会恰当的交流方式。

（4）当儿童对物需求交流过少时，采用等待—辅助—回应策略。假如家长手里拿着孩子感兴趣的物品并引导孩子注意到了物品，但是孩子没有立即做出想要物品的行为，这时请耐心等待一下，等待的时间根据孩子的具体情况考虑，也许是3秒，也许是5秒，看看孩子是否会做出反应。当然，孩子反应的前提是家长已经获得了孩子的注意力，孩子手上没有比家长手里的物品更让他感兴趣的东西。这样才能保证孩子有足够的动力做出表达。当孩子伸出手想要家长手里的物品时，家长要注意观察孩子是通过明确的食指指点还是直接上手抓，还是有部分的指点，但是手势姿势不标准。

假如孩子已经 18 个月，本书在评估孩子的需求性交流的部分已经谈到，孩子需要有明确的食指指物的表达，如果没有的话家长需要提供辅助，通过辅助帮助孩子学会指点。在游戏模块，家长已经了解到，辅助由多到少，依次由直接辅助到线索辅助。直接辅助，如指令和手把手的辅助，这两种辅助是辅助力度最大、最不容易撤销的辅助。线索辅助有位置摆放、视觉提示、指点、示范等。当评估孩子需求性交流行为所需的辅助力度时，家长可以从最小的辅助开始，逐步增加。当家长已经完成了辅助的评估后，那么训练过程中辅助要逐渐递减，即由多到少。注意，最少的辅助是最好的辅助；在使用直接的身体辅助时，家长离孩子的手越远，辅助力度越小。

当孩子做出家长想要的目标行为时，要及时强化。所求即所得，自然强化即孩子通过恰当提要求的行为获得他想要的东西。强化的力度根据孩子完成的程度给予回应，回应时注意差别强化。

比如当第一次孩子在手把手的辅助下做出指点时，家长回应说"好的，给你"；当孩子第二次同样还是在手把手的辅助下做出指点，但这次孩子的反应速度比上一次快了一些时，那么这次家长的回应要比上一次更热情生动一些，给的饼干可以更大块一些；当第三次在家长做出了一个指点的示范后，孩子自己主动就做出了指点时，那么这次家长的回应应该比前两次更加热情，饼干应该更大。即便孩子有时尝试努力去做，但是依然没有做得很标准，这时家长也要强化孩子的努力，给予积极回应。

训练孩子提要求是一个充满惊喜与挑战的过程，家长需要对此保持耐心与信心。在这个过程中，重要的是孩子愿意付出努力配合，家长需要带着觉察去发现每一次孩子的努力和进步。以上操作要点请参考图 5-6。

图 5-6　需求性交流训练过程

2. 增加儿童对人的需求

增加孩子对人的需求总的原则为：设置条件，延迟满足。具体来说有以下操作技巧。

（1）提前预告：当呼唤孩子不能得到回应的时候，可将自己要做的事情预告给孩子，吸引孩子的兴趣，如吹泡泡的时候，可以说“泡泡来咯”。

（2）慢动作：当孩子对家长的动作有所预期的时候，家长突然放慢动作，出乎孩子的意料，延长孩子的注意，同时，节奏的变化有利于提升游戏的趣味性。如挠痒痒的时候，第一、二次以正常速度触碰孩子，第三次将手举到眼前，再一点一点地挪到孩子身上。

（3）停顿：这是最重要的技巧。在孩子对家长的行为感兴趣或是有期待的时候，家长使用突然的停顿，鼓励孩子主动要求和表达。如吹泡泡的时候，将泡泡棒放到唇边，噘嘴做出欲吹的动作，望着孩子，等待他的要求。

小贴士

孩子的表达有时候并不完整，如只是盯着看，或只做吹的嘴型，需要家长注意观察并及时给予回应，同时，可逐步引导孩子如何更清楚地提出要求，完善表达。

（4）装傻：对孩子不清晰的表达回以不明白的表情和动作，引导孩子更清晰完整地表达。如，孩子把糖果盒交到家长的手上，但并没有打开的表达，家长可引导孩子指盒盖，或是做打开的动作，再打开盒盖强化孩子的表达。

（5）故意犯错：故意曲解孩子的意思，促使孩子使用更复杂和具逻辑性的表达。如孩子想要高处的物品并指点，家长可拿取附近其他的物体，询问孩子是否需要，引导孩子表达“不要，要另一个”（摇头，再指一次）。

此外，在游戏互动中要注意维持游戏愉悦感，故意延迟孩子的满足时间，很可能导致孩子失去兴趣或发脾气，为了避免这种情况，家长需要提高自身维持游戏愉悦感的技巧。具体可参考第四章游戏模块。在本节家长需要了解孩子的等待能力，通过尝试，了解孩子忍耐的极限在哪里，据此把握等待的时间，既尽量延长孩子的等待，又不过分突破底线，导致孩子丧失兴趣或发脾气。

促进需求性交流的技巧关键词见图 5-7。

<table>
<tr><td>对物</td><td>对人</td></tr>
<tr><td>□ 看到拿不到</td><td>□ 慢动作</td></tr>
<tr><td>□ 常常提供选择</td><td>□ 停顿</td></tr>
<tr><td>□ 分成小份满足</td><td>□ 装傻或故意犯错</td></tr>
</table>

图 5-7 促进需求性交流的技巧小结

注意事项

（1）不要用必要的水和食物进行需求性交流训练。

（2）新旧技能交替使用。技能有提供选择、放慢动作、停顿、装傻等，不同技能交替使用，效果更好。

（3）及时恰当地辅助孩子。及时回应，但给孩子最少的辅助。当孩子有进步时，给他更积极的回应。

（4）动机强化。维持游戏的愉悦感，尽可能地提升孩子对人或对物的需求。

（5）需要留心操作性动机强度不足的情况，因为这可能代表孩子处于满足的状态。在日常生活中，注意避免让孩子处于完全满足或过度满足的状态，这样家长和孩子能够有更多的互动。

第四节 分享性交流——与儿童同频互动

本节目标：

（1）学习分享性交流的定义。

（2）掌握观察儿童分享性交流水平的技能。

（3）掌握促进儿童分享性交流的策略和技能。

一、理论依据

分享性交流，即为了分享兴趣、情绪、看法等进行的交流。人们通过分享传递信息，在儿童与他人的交流中，分享性交流起着重要作用。孤独症儿童在社交互动中可能面临独特的挑战，包括与他人分享困难。教育和鼓励孩子分享可以有很多好处。

（1）分享是社交互动的一个关键组成部分。它可以帮助孩子理解轮流的概念，是一项重要的社交技能，可以提高孤独症儿童参与社交游戏和与同伴互动的能力。

（2）当孩子分享他人的情感时，他就会学会理解他人的感受和需求。这对孤独症儿童尤其有益。因为他可能很难理解他人的观点，而分享可以帮助孤独症儿童发展出同理心。

（3）分享可以帮助孩子建立人际关系。当孩子分享他的玩具或经历时，这会引起共同的兴趣和经历，从而形成友谊的基础。

（4）分享也可以为孩子提供练习情绪调节的机会。例如，当他不得不放弃玩具或等待轮流时，他可以学会处理沮丧或失望感。

（5）随着孩子越来越喜欢分享，他可能会在自己的社交互动中获得信心。这可以带来一种更大的独立性和自信感。

值得注意的是，每个孤独症儿童都是独一无二的，在分享和其他社交技能方面，他们可能有不同的优势和挑战。因此，教育和鼓励分享的策略应该根据每个孩子的需要和能力进行调整。

儿童分享性交流常见的方式是通过轮流进行。这种方式可以是轮流玩玩具，也可以是轮流一来一往的对话。如果观察幼儿园小班的两个小朋友在一起玩的过程，家长很容易发现两个孩子之间的分享性交流的场景，比如在幼儿园玩秋千，一个孩子坐在秋千上，另一个孩子会在旁边帮助晃动秋千；几次之后，坐在秋千上的孩子会下来，与帮助晃动秋千的孩子交换角色轮流游戏。或者小朋友之间互相炫耀和展示，一个孩子说"我搭了一个城堡"，另一个孩子会说"我也搭了一个城堡"，接着上一个孩子回应说"我的城堡是给白雪公主的"，另一个孩子会分享说"我的城堡是给青蛙王子住的"。从这些分享的典型情境中，不难看出，轮流和等待是分享性交流中的 2 个重要部分，教孩子学会轮流和等待也是分享性交流干预的重要目标。

二、评估儿童的分享性交流水平

同需求性交流一样，家长在与孩子的互动中先要评估孩子的交流水平，再根据评估结果确定干预目标，从而促进孩子主动地分享性交流。对分享性交流的评估也是从 2 个方面（言语和非言语）、3 个通道（眼、手、口）进行，见表 5-5。

表 5-5 分享性交流 3 个通道

通道	评估指标
眼	眼神（看人）
手	展示
	给予
	指点
口	无语言，啼哭（0 个字）
	无意义发音（0.5 个字）
	单字（1 个字）
	单词和短词组（2~3 个字）
	长词组和短句（4~7 个字）
	对话（多回合）

评估过程同需求性交流，家长在与孩子互动评估时注意观察孩子有没有主动性的眼神，看向自己的时间以及次数如何；当孩子发现好玩的玩具或玩法时，有没有主动拿起来展示或分享乐趣；当孩子在外面玩耍看到有趣的事物时，有没有指点着引导家长一起观看；当孩子展示时，是否同时有分享性的语言，比如"看"，或者通过说事物的名称等与家长分享；孩子分享时的语言是咿呀发音还是单个字、词或者短语，还是可以与家长一来一往的对话等。

然后，根据观察和评估，家长按照"有、无、不稳定"的评估标准分别采用"√""×"和"ㄨ"进行标记。具体过程不再一一赘述，可以参考需求性交流的评估过程进行操作。记住，评估分享性交流并确定干预目标的过程也是一个查漏补缺的过程。

三、通过示范，做儿童的好同伴

如果评估发现孩子欠缺主动的分享性交流，那么干预的主要策略是言语和动作的示范。通过示范，孩子学会观察学习最终做出主动分享性交流的行为。接下来请看具体的策略。

（一）要点1：多示范，少指令

示范与指令不同，很多家长希望孩子能够主动分享或者做事情，比如让孩子跟老师打招呼，通常采取的办法是通过直接指令的方式告诉孩子"你跟老师打招呼，说'老师好'"等。在讲解辅助的部分我们有提到，直接指令是高强度的并且难以撤销的直接辅助，辅助力度太大，容易导致孩子过度依赖辅助，不利于孩子主动能力的培养。经常出现的场景是当家长不下指令时，孩子便不会主动打招呼，似乎孩子也学会了等待家长的指令信号，逐渐形成不催不动的局面。

此处提醒家长：当您希望孩子做出什么行为时，请您先进行示范操作。比如，在游戏互动时，假如希望孩子能够分享他钓的什么鱼，那么首先家长可以尝试在钓到一条鱼后主动展示给孩子看。也许在一开始家长展示之后，孩子只是抬头瞥了鱼一眼，并没有立即跟随这一展示主动分享。这种情况很常见，需要家长进行多次示范。这很重要，家长已经做出了示范而没有通过指令的方式强行让孩子展示。一旦孩子在家长示范后也模仿做出了展示，那么这可能意味着孩子正在将观察学习到的分享的能力内化为自己的能力，并在真正熟练后主动做出分享。

示范，可以是示范一个有趣的游戏玩法，可以是一个生动有趣的发音，或者是一个动作。每一个示范是基于家长对孩子的观察，包括孩子的兴趣、行为和感觉信息的处理特点。当家长开始示范时，角色会真正地发生变化，家长对孩子来说不再是家长或者老师，更多的是像孩子的一个同伴。也就是说，家长与孩子是平等的，会更加尊重孩子。同时，孩子也会从家长这个"同伴"中学习到现实世界中更加真实的人际关系技巧，孩子也更有可能将这些技能迁移到现实生活。当家长忍不住要下指令时，注意觉察自己的情绪和想法，然后提醒自己"停"。接下来，尝试用第一人称如"我""妈妈"等开头与孩子说话。用第一人称与孩子互动的小技巧能够帮助家长尽可能地减少指令和提问。

（二）要点2：提高语言匹配水平

刚刚开始练习示范时，家长可能一时间不知道如何开口说话，或者想说话时发现找不到合适的语言。不要担心，家长已经学会了觉察自身参与状态，接下来提高语言匹配水平的策略将会帮家长解决这个问题。

示范的分享性交流水平应当与孩子的交流水平匹配。家长基于评估，确定孩子目前的语言水平，与孩子交流时使用的语言，只可比孩子当前语言能力领先一到两个阶段。比如，孩子还在牙牙学语阶段时，家长尽量使用语音模仿和单词短语与他交流，并引导他模仿。

总体来说，示范使用与孩子的交流水平匹配的语言有 2 个基本原则，即使用孩子可理解、可模仿的语言与之交流，促进孩子语言功能的发展，提升其发音的兴趣。

1. 可理解的语言

（1）适应儿童的语言水平的表达。减少冗余的描述和复杂的语法，多使用拟声词等易于理解的语言。

（2）当孩子处于无意义的发音阶段时，家长可以采用拟声词（如模仿喝水声、睡觉打呼声、按按钮声、小动物叫声、汽车声音等）与之互动，如"b~b~""哒哒哒""啊呜""阿嚏""呼呼""咕嘟咕嘟""a~m~ a~m~"等。同时，注意将孩子无意识发的音视为有意义，然后回应他。

（3）当孩子处于单字阶段时，家长可以采用单字或词的方式与之互动，如"木""狗""球"等；当孩子处于单词和短词组阶段时，家长可以采用词或短词组与之互动，如"红色""敲一敲""按一下""干杯""喝水水"等；

（4）当孩子处于长词组和短句阶段时，家长可以采用"妈妈开车车""小动物上车喽"等这样的长词组或短句与之互动。

2. 可模仿的语言

（1）模仿发音：模仿孩子的发音，与孩子相互应和，或是将孩子的发音编成具有趣味性的儿歌，鼓励孩子更多发音。当孩子能够注意到家长的模仿后，尝试与孩子一来一往形成轮流发音的游戏互动，并且当孩子开始从无意义无目的的发音变为有意识地停顿或等待家长的发音后，家长可以再尝试改变一点发音或者以"加一"原则拓展孩子的发音（图 5-8）。例如，当孩子能够轮流发"a"的音时，家长拓展时可以尝试"a~m~"；当孩子在重复了几次后，家长可以尝试再发"a~u~"等；当孩子能够说"车车"时，家长可以帮助孩子说"白车车"或者"车车开"等，运用每次加一个字的原则，让孩子的语

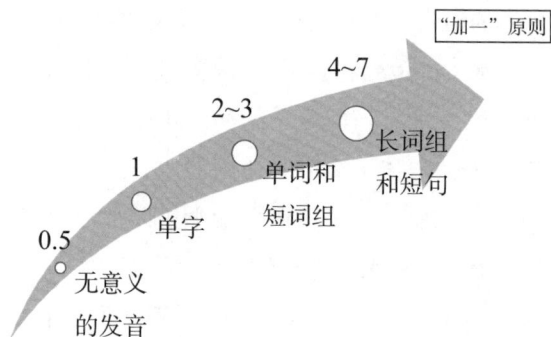

图 5-8 "加一"原则拓展孩子的语言

言更加丰富。

（2）引导发音：对发音能力落后的孩子，可使用示范和留字的方式鼓励发音，如"长颈鹿""长颈____（等待）"；当唱起小毛驴的儿歌时，家长可以这样唱，"我有一只小毛驴，我从来也不____，有一天我心血来潮，骑着去赶____"，唱儿歌时故意不唱最后一两个字，鼓励儿童接着唱。这种留字让孩子填空的方式，通常一开始发生在孩子很感兴趣且熟悉的儿歌片段，在孩子有预期而又遇到出乎意料的停顿时，孩子会更加容易突然发音填补空缺的歌词。

（三）要点3：提高儿童的交流动机

示范的分享性交流内容应当尽量能激发儿童的兴趣。家长可以想象幼儿园老师跟孩子讲故事的场景，声情并茂，语言生动有趣，并且肢体动作丰富夸张。

（1）根据孩子的兴趣，示范夸张生动的表情、动作及语言。在儿童最早期，孩子是通过动作来发展思维的。因此，在游戏互动中，夸张有趣的动作，也更容易吸引孩子的注意力并让他做出模仿。在一开始参与游戏中，家长往往倾向于讲述故事和强调故事的逻辑性，而忽略通过形象生动的动作表现出来。当家长与孩子游戏互动时，请注意觉察自己的想法和动作，并观察用一个夸张的动作向孩子示范时，孩子的反应如何。

比如，当给孩子展示小动物来了时，家长可以尝试让手上的小动物一步一跳地跳到孩子面前；当孩子喂小动物吃东西时，可以尝试让小动物张开大嘴巴"a~m~a~m~"地吃起来或者让小动物夸张地摇着头说"不要，不要"，或者也可以让小动物肚子鼓起来，然后"嗝"一下打个饱嗝，向孩子展示现在已经吃饱了，等等。夸张的动作示范，让游戏更有趣味，同时孩子也更容易模仿，并且孩子在熟练掌握这项技能后，他会主动展示出来。

（2）多采用视觉辅助。如姿势与肢体语言的提示，通过双手摊开，同时用夸张的疑问表情示范"没有了"；通过手势或姿势比画出泡泡有多大来示范吹一个大泡泡；通过手指的运动来示范小动物上楼梯。

（3）动机强化，在家长示范之后，注意观察孩子的跟随行为。只要孩子做出发音的努力或者尝试分享，即使只有口型的模仿，即可强化。还可将孩子无意识的发音引申成相似的有意义的声音，如孩子发出"Mamamama"的音，妈妈可以指着自己，应答孩子"哎"，然后以拥抱、亲吻强化。在游戏互动中，尝试保持这样一个假设：孩子所有的行为都是有意义的，哪怕是看上去毫无意义。当家长带着这个假设与孩子互动时，会更加容易捕捉到孩子的交流动机，并且将这些原本无意义的语言或行为转变为有目的的有意义的互动或游戏。

（4）边玩边说。用简单、有趣、富于节奏变化的语言描述孩子或家长自己在游戏情境中的行为，描述孩子正在做的事情，比如游戏玩法，孩子上楼梯时，一边鼓掌一边帮儿童数"1、2、3"。或是描述孩子正在使用的物品属性，当孩子玩形状箱时，描述儿童所拿的积木的形状、颜色或者质感等。通过反复地向孩子介绍生活中的常用词，加深他对词义和声音之间连接的印象，增加词汇量和语言表达的机会。描述或示范有趣夸张、出乎意料的事件，比如小动物坐电梯时，电梯突然停顿，然后电梯提示"叮咚，四楼到了"等。

（四）要点4：当孩子分享性交流不足时，给他一个反应的空间

当家长示范了一个新的玩法或者向孩子展示了玩具后，孩子可能没有立即跟随示范向家长展示或分享，不要着急，首先家长需要暂时停顿并等待孩子，给予孩子一个反应的空间，每个孩子的节奏不同，因而等待的时间不同。等待过程中家长仍然需要保持对孩子的观察，注意如果孩子的注意力仍在，那么他可能在思考，这时需要多等他一会儿。

当孩子跟随并且向家长展示时，注意积极热烈地回应孩子，并且尝试重复刚才的分享性交流，让孩子对这个新的交流方式更加熟悉。当孩子没有立即表现出分享性交流的意图或者行为时，不要气馁，通过观察找到原因，考虑是否孩子没有注意到，或者是否示范的行为或者语言、表情不具有吸引力

等。假如是孩子没有注意到，家长可能需要再次示范；假如孩子注意到了，但是兴趣不够，那么家长可能需要尝试进行调整，让示范变得更加生动有趣，然后再来一遍。

当家长与孩子已经重复了三至五次之后，尝试进行拓展。通过拓展，发展孩子新的分享性交流行为，然后再次开展新一轮的分享性交流的训练过程。

通过等待—重复或重新示范—拓展—重新等待—重复的过程，孩子的分享性交流水平将螺旋式上升。需要注意的是，当家长与孩子重复了两次后，在下一轮分享之前，尝试让孩子主动分享。如果孩子没有主动分享，家长可以尝试通过适当的视觉提示辅助孩子主动做出分享性交流行为。

注意事项

（1）分享性交流训练时多模仿孩子发音。适应孩子语言水平的表达会让他更有兴趣。

（2）减少指令和提问。避免让孩子学会等待家长的指令，让交流的游戏更有趣。

（3）边做边说，描述儿童正在做的事情，增加词汇量和语言表达的机会。

（4）多采用视觉辅助，如姿势与肢体语言的提示。

（5）采用示范或留字的方式鼓励孩子发音；尝试生动夸张的示范，配合出乎意料的停顿，孩子会更可能交流。

（6）尽管孩子模仿不到位，但也要强化孩子模仿的动机。

第五节　典型交流情境

一、应用情境
（一）日常生活

生活常规（daily routine）是一个很好的促进交流的机会，因为它涉及很多重复、规律和熟悉的事物和活动。我们可以利用日常生活中的各种场景，来引导孩子进行需求性交流和分享性交流。例如，在吃饭时，家长可以利用食物、餐具、饮料等物品，来引导孩子表达自己的需求或选择，比如"你想吃什么""你想要苹果还是香蕉""你要喝水吗"等。家长也可以趁吃饭气氛融洽时，来引导孩子进行分享性交流，比如"妈妈今天做了你最喜欢的菜，你觉得怎么样""今天在幼儿园发生了什么有趣的事""你看，外面下雨了，雨滴打在窗户上，噼里啪啦的"等。

除了吃饭，日常生活中还有很多可以促进交流的场景，比如洗澡、穿衣、刷牙、出门等。家长可以根据不同的场景，来设计不同的交流方式。例如，在洗澡时，家长可以利用水温、水量、肥皂、毛巾等物品，来引导孩子表达自己的需求或选择，比如"你想要热水还是冷水""你想要大水还是小水""你想要红色的肥皂还是蓝色的肥皂""你想要哪条毛巾"等。家长也可以利用洗澡时的愉快氛围，来引导孩子进行分享性交流，比如"妈妈今天给你买了一个新的洗澡玩具，你喜欢吗""你看，这个玩具可以喷水，好有趣啊""你觉得洗澡舒不舒服"等。家长可以根据孩子的兴趣和反应，来选择合适的话题和语言，与孩子进行愉快的对话。在对话中，家长要注意使用开放式问题、提供选择、使用注释语言、使用情绪语言等策略，促进孩子的语言表达和理解。

（二）游戏活动

游戏活动是一个很好地促进交流的机会，因为它涉及很多有趣、创造性和互动的事物和活动。家长可以利用游戏活动中的各种玩具、道具、角色等，来引导孩子进行需求性交流和分享性交流。例如，在玩积木时，家长可以利用积木的颜色、形状、数量等特征，来引导孩子表达自己的需求或选择，比如"你想要哪种颜色的积木""你想要方形的还是圆形的""你想要多少个积木"等。家长也可以利用积木的功能和可能性，来引导孩子进行分享性交流，比如"你看，我用积木搭了一个房子，你觉得怎么样""你想用积木搭什么呢""你看，这个积木可以转动，好有趣啊"等。

除了积木，游戏活动中还有很多其他可以促进交流的玩具和道具，比如毛绒玩具、手偶、泡泡、气球等。家长可以根据不同的玩具和道具，来设计不同的交流方式。例如，在玩毛绒玩具时，家长可以利用毛绒玩具的外观、动作、声音等特征，来引导孩子表达自己的需求或选择，比如"你想要哪只毛绒玩具""你想要抱着它还是摇晃它""你想要它叫还是笑"等。家长也可以利用毛绒玩具的角色和故事，来引导孩子进行分享性交流，比如"你看，这只小熊很可爱，它叫什么名字""你想跟小熊一起去哪里玩呢""你看，小熊今天很开心，它为什么开心呢"等。

（三）幼儿早期阅读

阅读是人类文明必不可少的活动，是人们获取知识、经验、思想的基本重要途径。幼儿早期阅读是一种特殊的交流方式，也是幼儿个体化心智活动的过程。因为它涉及很多有意义、有启发和有教育意义的事物和活动。家长可以利用幼儿早期阅读中的各种角色、情节、主题等，来引导孩子进行需求性交流和分享性交流。例如，在阅读一本故事书时，家长可以利用故事书的封面、目录、插图等，来引导孩子表达自己的需求或选择，比如"你想要看哪本书""你想要看哪一页""你想要看哪个画面"等。家长也可以利用故事的内容和意义，来引导孩子进行分享性交流，比如"你看，这个小男孩很勇敢，他救了一只小狗，你觉得怎么样""你想知道接下来会发生什么吗""你看，这个小女孩很善良，她帮助了一个老奶奶，你觉得她为什么要这样做"等。

除了阅读故事书，幼儿早期阅读中还有很多可以促进交流的方式，比如讲述自己的经历、创造自己的故事、改编已有的故事等。家长可以使用不同的方式，来设计不同的交流。例如，在讲述自己的经历时，家长可以利用自己的记忆、照片、视频等，来引导孩子表达自己的需求或选择，比如"你想听我讲哪个故事""你想看哪张照片""你想看哪段视频"等。家长也可以利用自己的经历，来引导孩子进行分享性交流，比如"你看，这是我小时候去动物园玩的照片，我看到了很多可爱的动物，你觉得怎么样""你想知道我最喜欢哪种动物吗""你看，这是我第一次上飞机的视频，我当时很紧张也很兴奋，你觉得我为什么会这样呢"等。

本节我们介绍了3种典型的应用情境：日常生活、游戏活动和早期阅读。我们通过一些具体的示范，展示了如何在这些情境中运用促进交流的技能和策略，与孩子进行愉快的对话。家长能够从这些示范中学习到一些有用的方法，并能够灵活地运用到自己的亲子互动中，也可以尝试一些其他的应用情境，比如购物、旅行、看电影等，来丰富和孩子的交流内容和交流方式。记住，交流是一种双向的互动，需要家长和孩子共同参与和享受。只有当家长和孩子都感到舒适、开心和满意时，交流才能真正发挥它的作用。

二、典型应用情境下的互动

（一）场景一：吃小馒头
◎目标

（1）引导共同注意。

（2）训练需求性交流：通过手势或语言向家长寻求帮助，打开包装袋，要小馒头。

（3）示范分享性交流：撕开包装袋，一起吃小馒头。

◎材料

小馒头零食两小包。

◎互动流程

（1）如果孩子对吃小馒头感兴趣，家长与他面对面安坐，将小馒头放在两人中间或放到眼前。

（2）等待孩子伸手拿起一包小馒头或者家长将两包小馒头放到两人眼前，引诱孩子看向家长并通过"眼神＋指点"的方式要小馒头。

（3）如果孩子自己拿到一包小馒头但是打不开，家长可以先等待。当孩子把带有包装袋的小馒头递给家长时，在家长伸手接过来之前，注意观察孩子是否有目光对视。如果没有，那么将手抬高放到家长的眼前，同时引导孩子抬头看向家长。

（4）当孩子抬头看向家长并且把小馒头袋放到家长手上时，家长可以帮助孩子将包装袋撕开一个小口，然后将包装袋还给孩子。

（5）当孩子尝试打开包装袋但仍未打开时，家长可以通过示范或者给予辅助的方式，帮助孩子将包装袋撕开。

（6）当孩子拿到小馒头开始吃的时候，家长也可以吃自己的那份小馒头。这个过程便可以向孩子示范分享性交流。如家长可以边吃，边说"哇，好香呀"。

（7）当孩子吃完自己的小馒头后，家长可以拿一包自己的小馒头放到眼前，然后重复刚才引导孩子寻求帮助打开包装袋的过程，来引导孩子问家长要小馒头。

（8）最后吃完小馒头，家长引导孩子一起将包装袋扔到垃圾桶，并称赞孩子。

◎ **拓展及变化**

（1）当孩子可以主动将包装袋放到家长手上并且跟家长有目光对视后，家长可以进一步引导孩子说"开"或"打开"。

（2）容易仿说的孩子，可以请另一位家长站在孩子的角度示范说"开"或"打开"，一旦孩子能够表达，记住及时奖励孩子的努力，可以立即给孩子小馒头。

（3）当孩子可以理解"打开"这个概念以后，可以进一步引导孩子主动讲"打开"，或者通过"加一"原则拓展孩子的语言，如"妈妈打开"。

（4）配合上面提到的新步骤，可适当延迟满足，引导孩子持续的目光对视或新的表达，如"小馒头""妈妈帮忙打开"等。

（二）场景二：喝酸奶

◎ **目标**

（1）引导共同注意。

（2）训练需求性交流：通过指点要酸奶，通过手势向家长寻求帮助，撕开酸奶封口。

（3）示范分享性交流：一起用勺子挖酸奶，吃酸奶。

◎ **材料**

两杯酸奶、两把勺子、一盒抽纸。

◎ **互动流程**

（1）孩子下午睡醒到吃酸奶的时间了，家长可与孩子面对面安坐，将两杯酸奶放在两人中间或放到眼前。

（2）等待孩子伸手拿起一杯酸奶或者家长将两杯酸奶放到两人眼前，引诱孩子看向家长并通过指点向家长要酸奶。

（3）如果孩子自己拿到一杯酸奶但是打不开，家长可以先等待。当孩子把酸奶递给家长时，家长在伸手接过来之前，注意观察孩子是否有目光对视。如果没有，那么帮孩子将手抬高放到家长的眼前，同时引导孩子抬头看向家长。

（4）当孩子抬头看向家长并且把酸奶放到家长手上时，家长可以帮助孩子将酸奶上面的封口撕开一个小口，然后将酸奶还给孩子。

（5）当孩子在尝试如何打开封口但仍未打开时，家长可以通过示范或者给予辅助的方式，帮助孩子将封口撕开。

（6）当孩子拿到酸奶开始吃的时候，家长也可以吃自己的那份酸奶。这个过程便可以向孩子示范分享性交流。如家长可以边吃，边说"凉凉的""哇，好甜呀"或者说"我再挖一下""看，我吃光了"。

（7）当孩子和家长各自吃完酸奶后，家长可以示范拿抽纸擦嘴巴。如果孩子未跟随，可以辅助孩子拿抽纸擦嘴巴。

（8）家长和孩子都擦完嘴巴后，家长示范拿起自己的空酸奶杯和纸，然后辅助孩子拿起他的酸奶杯和纸，一起将包装袋扔到垃圾桶，并称赞孩子。

◎拓展及变化

（1）当孩子可以主动将酸奶放到家长手上并且跟家长有目光对视后，家长可以通过假装没明白孩子的意思，进一步引导孩子更加明确地用食指指点。

（2）家长在帮助孩子撕开封口的时候可以放慢节奏，一点一点慢慢地撕开封口，以延长孩子与家长目光对视的时间。

（3）当孩子可以理解"打开"这个概念以后，可以进一步引导孩子讲"开"，或者通过"加一"的原则拓展孩子的语言，如"妈妈打开"，或者说"开""撕开"。

（三）场景三：搭高高

◎目标

（1）引导并延长共同注意。

（2）示范分享性交流：留意成人的活动，回应邀请、模仿声音或动作。

◎材料

纸砖、大型积木。

◎互动流程

（1）家长逐一叠高纸砖（或大型积木），吸引孩子的专注后把纸砖推倒。当纸砖倒下时，家长做出夸张的表情、动作及发出"哗"声吸引孩子的注意。

（2）假如孩子对活动有兴趣，例如望着家长叠纸砖、纸砖倒下时发笑、伸手探索等，家长便立即给他一块纸砖，轮流叠高。当孩子放好纸砖时，家长要抓紧机会放上另一块纸砖。家长也可先放上一块纸砖，让孩子接着放下一块。将部分纸砖收起来或放在篮中，孩子需从家长那里取得纸砖。让孩子多注意家长，而非只顾自己叠纸砖。

（3）继续活动的时候，由家长叠高纸砖，然后让孩子把它们推倒，以加入更多互动的元素。若孩子未能延续活动并走开了，家长可故意推倒积木，说"哦！倒了"，吸引孩子再次投入活动。

（4）家长也可以容许孩子随意用自己喜欢的方式玩纸砖，例如孩子随意抛纸砖，家长便用篮子把它接着。

◎拓展及变化

（1）当孩子开始建立更有意图的行为时，让孩子有机会尝试以不同的方法或用其他物品（例如大球、大玩具车）来推倒纸砖。

（2）对于能力较高的孩子，家长可以让孩子从大箱（或大袋）中拿取纸砖；游戏结束时，家长拿着大箱让孩子放回纸砖。

（四）场景四：上楼梯

◎目标

（1）引导并延长共同注意。

（2）示范分享性交流：示范上楼梯的发音和玩法，分享开心的情绪。

◎材料

长形梯级。

◎互动流程

（1）若孩子喜欢自行上梯级，每当他走到最高的一级时，家长可拍手或跟孩子鼓掌鼓励他。假如孩子在梯级上表现犹豫，家长伸手表示可以帮助他，把握这个机会与孩子互动。上楼梯时，家长向孩子伸手，给孩子机会回应（拖着家长上梯级）；相反，下梯级时，家长可等待孩子主动伸手，然后作出回应（协助孩子下梯级）。

（2）假如孩子没有注意家长，家长可呼唤孩子或发出有趣的声音；获得孩子的注意后，家长便可笑着向他挥手或伸出双手，示意自己在等他下来。

（3）家长可拉着孩子的手（或配合家长的歌声）一级一级地走上楼梯。到最后一级时，家长可拉着孩子跳到地上。跳之前与孩子一起数"1、2、3，跳！"这既可以延长他的专注时间，也使孩子预备好才跳下来。

（4）若孩子喜欢在梯级上走来走去，家长可站在地面，当孩子从梯级走下来时便拥抱他一下，增加活动的趣味性及彼此的亲密感觉。

◎拓展及变化

（1）地上应放有足够防滑的地垫作保护，以免孩子跳下来时受伤。

（2）对于动作协调较弱的孩子，可选择较矮及宽阔的梯级。

（3）假如孩子已经掌握上下楼梯的技巧，家长可逐渐加阔梯级的距离或放置高度不一的梯级，以增加动作协调方面的挑战性。

（4）重复活动时不妨加入一些变化，例如：在最高梯级的位置挂上小球或音铃，当孩子成功到达最高一级时拍打一下；家长每次给孩子一个贴纸，走到最高的位置便把它贴在墙壁上。

（五）场景五：拍球

◎目标

（1）延长共同注意。

（2）示范分享性交流：展示有趣的物品或活动，主动探索并专注活动一会儿。

（3）运用表情、发音（说话）或肢体动作回应家长或主动沟通。

◎材料

皮球。

◎互动流程

（1）有些孩子喜欢看球滚来滚去，家长可以利用这些感觉偏好来吸引孩子。家长在孩子面前拍拍球，或把球抛高，吸引孩子的兴趣和注意。

（2）观察孩子如何探索及把玩球，家长可以模仿孩子的玩法。

（3）若孩子表现出喜欢，家长可暂停玩球，并等候孩子的沟通信号（如望向家长、伸手等）才再次拍球。开始时以分明的节拍，一下一下地拍，之后逐渐加入少许变化（如改变节奏或突然停顿），有助于延长孩子的专注时间。拍的时候家长配以"咚咚"声音，以增加拍球的乐趣。

（4）家长可先减慢拍的速度，然后突然停下来，用球碰碰孩子的肚子（给孩子一点惊喜），若孩子喜欢这游戏，可以重复多次。当家长准备用球接触孩子时，留意和配合孩子的沟通信号，例如看向家长、期待、尝试逃避。

◎拓展及变化

（1）对于反应较投入的孩子，可以加入一些互动元素，如：可以从楼梯上面把球滚下来，以丰富活动。同时还可以利用数数"1、2、3，咚咚"，延长儿童的专注时间。

（2）当球滚到儿童身边时，家长可以用兴奋的声音说"哇，球来喽"，然后顺势用球去挠挠孩子。

（六）场景六：穿鞋子

◎目标

（1）引导并延长共同注意。

（2）训练需求性交流：通过眼神、动作或语言请家长帮忙穿鞋子。

（3）示范分享性交流：示范穿鞋的过程。

◎材料

鞋子。

◎互动流程

（1）当家长要带孩子出门，在门口更换鞋时，家长与孩子同步穿鞋。

（2）家长先去拿自己的鞋子，同时观察孩子是否跟随，如果孩子未跟随，那么家长可以指点孩子的鞋子或者把鞋子放到孩子手里，辅助孩子拿自己的鞋子。当孩子拿到鞋子后，家长接下来可以示范坐到小板凳上穿鞋，然后等待孩子跟上来。如果孩子没有跟上来，可以指点板凳或者轻轻拉起孩子的手走到板凳前，然后辅助其坐下。

（3）如果孩子跟随家长坐下并开始尝试穿鞋子，注意观察孩子穿鞋的每一个步骤是否能够顺利地完成，或者是否有困难，如辨别鞋子左右，撕开粘扣，把脚伸进鞋子里，提脚后跟，最后粘上粘扣。如果有困难，注意引导孩子通过将鞋子递给家长或者用语言寻求家长的帮助。接下来继续通过等待—示范—辅助的方式进行每一步。

（4）整个穿鞋的过程，家长尽量使用"我"语言开头说话，如"我要拿鞋子"，示范每个步骤。通过指点和视觉提示的方式进行辅助，减少指令。同样需要注意辅助的程度，越少的辅助是越好的辅助。

（5）穿完外出的鞋子后，等待孩子（或示范）将换下来的鞋子放到鞋架上。

◎ **拓展及变化**

（1）当孩子可以理解"穿鞋"这个概念以后，可以通过等待—示范—辅助的方式引导孩子主动穿鞋，整个过程注意减少指令，尽可能地通过非语言的线索来辅助孩子完成整个过程，并注意保持步骤的完整性。

（2）注意通过辅助而不是代替的方式处理孩子的困难，同时引导孩子通过手势动作（如给予）或语言（如喊人，或者说"帮忙"）的方式寻求家长的帮助，而不是哭闹。

（3）重复练习上面提到的步骤，并随着孩子越来越熟练地掌握穿鞋的技能，逐步减少辅助。

（七）场景七：读绘本

◎ **目标**

（1）引导并延长共同注意。

（2）训练需求性交流：通过语言向家长提要求。

（3）示范分享性交流：询问他人想法，示范生动的语言和表情。

◎材料

绘本。

◎游戏流程

（1）晚上到了家长与孩子睡前故事的时间，家长可以提前准备好2本孩子感兴趣的绘本。

（2）家长可以通过给予孩子选择的方式增加孩子的兴趣和促进交流，如"《小熊宝宝去冒险》和《海底小纵队》，你想看哪一本呀"，然后，给予孩子反应的空间，让其通过语言的方式回应和选择自己喜欢的绘本。尽可能多与孩子一来一往地对话，对话的内容可以是喜欢这本绘本的原因，喜欢的内容，或者也可以引导孩子通过提问了解家长的想法，如"那你知道我喜欢哪一本吗"等。

（3）如果这本绘本是之前看过、孩子又很感兴趣的，一起读绘本的过程可以尝试轮流读的方式，家长讲述一部分，孩子讲述一部分。讲述的过程注意语音、语调保持夸张生动有趣，同时适时地示范绘本中角色的表情和情绪，并通过停顿的方式让孩子有所期待，从而让读绘本的过程更加有趣。

（4）如果这是一本新的绘本，那么读绘本的过程，家长尽量使用"我"语言开头说话，如"我看到一头可爱的小熊，它在笑，它很开心""我看到小熊的眼睛圆圆的，亮亮的"，同时也可以用手势将圆圆的眼睛比画出来向孩子进行展示。同样，通过轮流的方式，引导孩子分享他看到的有趣的内容。

（5）读完绘本后，等待孩子（或示范）将看完的绘本放到床头柜或书架上。

◎拓展及变化

（1）如果孩子只想看自己感兴趣的部分，尝试通过轮流的方式，引导孩子逐步接纳之前不感兴趣的部分，同时，通过仔细观察了解孩子喜欢的原因，并在其他部分加入孩子感兴趣的元素，扩展孩子的兴趣。

（2）尽量尝试变换读绘本的方式和内容，可以通过尝试用自己的语言讲述故事，或者尝试改编绘本里的故事，让重复的内容变得更加灵活。

（3）如果孩子结束读绘本有困难，家长可以通过提前约定时间、给予视觉提示，如沙漏或闹钟计时，来做结束前准备，方便孩子过渡，同时结合强化技巧帮助孩子结束阅读。

本章·小·结

本章主要介绍了亲子互动中的二元同频概念,以及如何观察和提高亲子双方的参与状态和敏感性(图5-9)。二元同频是指在亲子互动中,情绪、行为和生理状态的协调和同步,这对于孩子的情绪、社会和认知发展都有重要的影响。二元同频需要家长对孩子的需求和信号有敏感的感知、理解和适当响应的能力,也就是家长敏感性。家长敏感性可以通过观察、解读、倾听、回应和反馈等方式来提高。同时,家长也需要注意自己的参与状态,包括位置、距离、情绪和想法等,以保持与孩子的良好同步。本章还提供了一些实用的策略和技巧,帮助家长在日常生活中练习提高敏感性和二元同频。

本章还介绍了2种不同类型的交流:需求性交流和分享性交流(图5-9)。需求性交流是指为了满足自己的需求而进行的交流,比如请求、拒绝或抗议等。分享性交流是指为了与他人建立联系或分享体验而进行的交流,比如轮流、展示、示意等。需求性交流是孩子最早出现的交流方式,家长可以通过设置条件、延迟满足的策略促进孩子进行主动的需求性交流。同时,如果只有需求性交流而没有分享性交流,那么孩子就会缺乏社会互动的动机和技能。因此,家长需要在亲子互动中促进孩子的分享性交流,帮助他们建立共同注意、理解他人的意图和情绪、表达自己的想法和感受等。本章也提供了一些促进分享性交流的策略和技巧,比如描述、模仿、尝试轮流等。

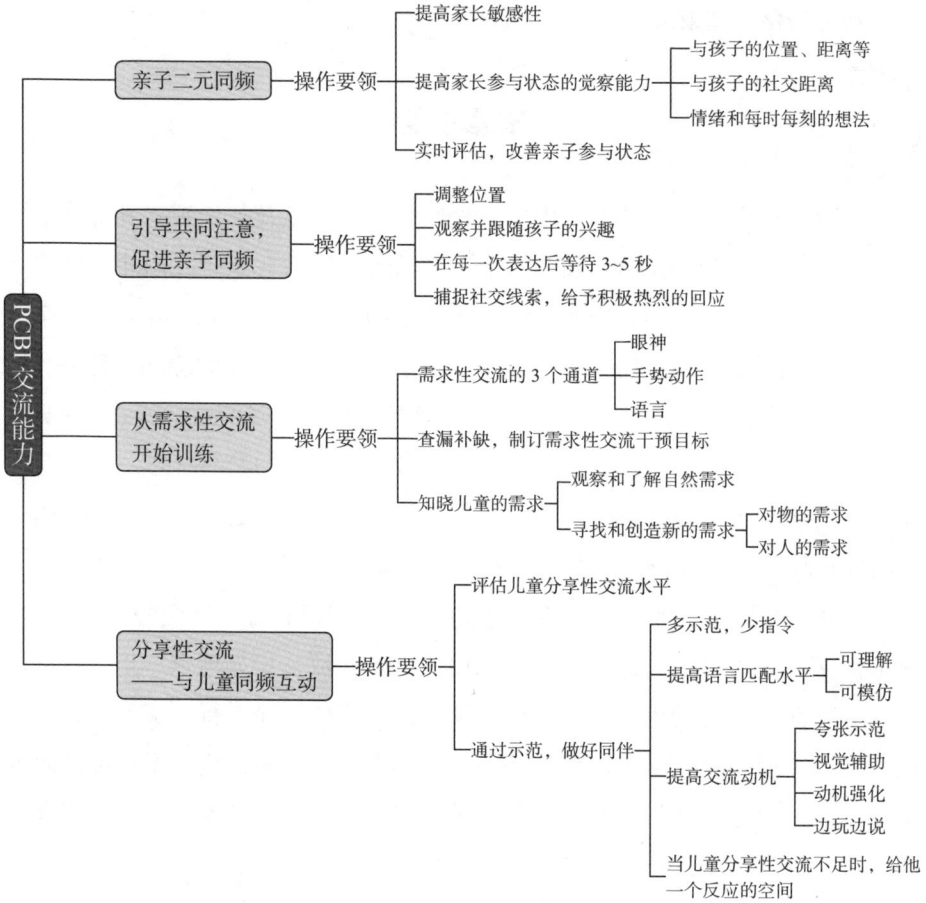

图 5-9 PCBI 交流能力训练的操作要领

第六章 行为管理训练

本章关键词：

行为；行为管理；行为观察；行为功能；恰当行为；问题行为

写在本章之前：

还记得上一章中提到的壮壮小朋友吗？

在经过一段时间的幼儿园生活后，家长再一次带着他来到咨询门诊。根据家长的反馈，平时在幼儿园上课的时候，壮壮会随意下座位，满教室跑来跑去，有时甚至会跑到教室外面，老师为此需要安排他坐在自己旁边，还要用钢琴挡着，不然一不留神他就会跑走了。除了下座位，老师反映壮壮的情绪也不是很好，经常一不满意就发脾气、打自己或者打别人，由于他经常突然地打自己、咬自己、打别人，老师时刻得看着，防止意外发生。在爸爸妈妈带壮壮来咨询就诊的前一天，壮壮在幼儿园跑了出来。当时，小朋友们做完早操后都在教室里听老师讲故事，突然老师发现壮壮不见了，大家都出来找，教室、睡房、操场都找了一遍，最后发现他蹲在院墙边看墙角。老师们意识到问题的严重性，特地嘱咐爸爸妈妈带壮壮前来咨询。

咨询中，爸爸妈妈也觉得壮壮很难带，不听话。比如，爸爸带壮壮到楼下小花园玩，壮壮看到别的小朋友手里的风车，伸手就去抢，抢不到，立马坐在地上边哭边拍头，爸爸试着拿饼干给他，他不要，扔到了地上，无奈爸爸只好把他抱走。吃完饭，妈妈在整理厨房，壮壮在客厅跑来跑去，同时嘴巴里发出叽叽咕咕的声音，停不下来。这样的场景在壮壮家会经常出现，他们不知道为什么壮壮这么不讲道理，有时哄他或者凶他都没用，他们也不知道如何应对这些问题。

类似壮壮这样的行为，在其他孤独症学龄前儿童中也十分常见。小朋友

195

在学校不恰当的行为，使得他不能很好地学习知识、愉快地与同伴进行互动，这成为他们不能在学校正常生活的一块绊脚石。如果治疗师或家长在低龄儿童出现类似行为时，能有适用的技能帮助儿童塑造恰当行为，减少问题行为的出现频率，将会大大提高儿童在校融合度，促进儿童更好地成长。因此，PCBI 模式设置了行为管理模块，目的是带领治疗师或家长一起学习行为管理的相关理论技术，透过理论，了解儿童行为背后的意义，掌握具体的策略，帮助儿童全面发展、更好地适应所面临的学习和生活。

第一节　儿童的行为

本节目标：

（1）掌握行为的定义。

（2）学习描述行为的要素。

（3）了解儿童行为与发育年龄的关系。

有些父母对于普通儿童的发育了解甚少，以至于对于自己的孩子是否符合其年龄特点、所做的行为是对还是不对、适合还是不适合等，也是很茫然的。案例中壮壮的父母想要很好地应对孩子所表现出来的行为，首先他们需要知道什么叫作行为以及儿童行为的特点是什么，在此基础上才能理解壮壮为什么会这样，从而更客观地运用相应的方法和技巧帮助壮壮适应幼儿园的生活。那么，到底何为行为呢？

一、行为的定义及描述方法

行为是有机体的活动，是有机体与环境互动的部分。行为就是人们所说的和所做的，它不是个体的静态特征。然而，很多时候家长会混淆行为和状态，比如"壮壮不开心了"，这并不是行为的描述，只是对于壮壮的行为进行了分类，是他所处的一种状态。"壮壮瘪着嘴哭，并把饼干扔到地上"，这才是对壮壮不开心行为的描述。

行为有以下 5 个特征（图 6-1）。

是可测量的客观事件	可观察、可记录	会对外界环境产生影响	存在不同形态	行为是有功能的

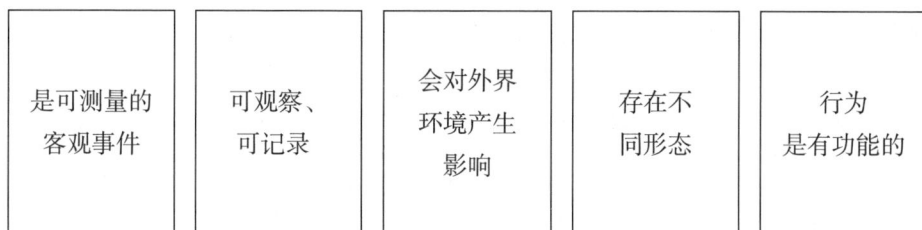

图 6-1　行为的特征

（1）行为是可测量的，是客观事件。它是真实发生的，且至少有一个维度可被测量，比如发生的频率（次数）、持续的时间、间隔时长以及强度等。例如，下座位 3 次、手指摆动持续 1 分钟等，都是行为。通过对比行为具体维度的变化，家长可以清晰地了解该行为是否有改善或进步，从而明确下一阶段的干预计划。

（2）行为是可观察的、可记录的。观察、记录行为，能帮助家长更准确地、更客观地分析。比如小明一天哭了 3 次，这就是在记录行为出现的次数。一个行为会有不同的维度，同样是打头这个行为，在观察记录时既可以记录打头的次数即一天打头 5 次，也可以记录每次打头持续的时间，家长可以根据实际的情况选择不同的维度来进行观察和记录。

（3）行为是会对环境产生影响的。环境包括自然环境和社会环境（别人或自己）。有时影响是很明显的，比如案例中，壮壮在幼儿园拿不到玩具，着急得自己打自己的头，老师连忙制止并把玩具给他。这样一个打头的行为产生的影响就是老师害怕了，立刻给予其想要的东西。有时候行为对环境的影响并不明显，只是对于从事行为的人本身发生影响，案例中壮壮在家里的客厅跑来跑去，嘴巴里叽叽咕咕，对于外界没有太明显的影响，但是对于壮壮自身来说确实让其很愉悦，这也就是经常提到的自娱自乐。

不论所产生的影响是否明显，所有的行为都会对环境产生影响，这也是行为持续发生的原因。

（4）行为是有不同形态的。所谓行为的形态是指这个行为具体长什么样子。同一种行为会有很多不同的形态，通常观察到的哭就有各种各样不同的形式，大声闭眼哭、小声哼唧哼唧地哭、无声流泪地哭等；在临床接待家长过程中，经常会有家长向治疗师反映孩子在幼儿园坐不住，深入了解后发现坐不住也有不同的表现形式，比如小屁股在椅子上扭来扭去，坐到地上的，还有离开座位跑出去的。案例中壮壮也坐不住，更多地表现为离开座位跑走。

（5）行为也是有功能的。也就是说每一个行为背后都会存在原因。同样的一个行为会存在不同的功能。一般来说，行为的功能大致分为两大类，即逃避（比如逃避困难的任务，逃避不喜欢的环境、人等）和获得（比如获得想要的物件，获得关注，获得表扬，获得自我刺激等）。

案例中的壮壮会出现打自己的行为也是存在相应原因的。根据老师的反馈，壮壮想要的玩具没有拿到时，他会尖叫打头；反过来说，壮壮打头尖叫是因为没有拿到玩具，他想拿玩具，打头尖叫是为了获得玩具。

举一个行为功能是逃避的例子，某 6 岁孤独症男孩，老师让他练习描写拼音"a"一行，他写了第一个之后，觉得很难，就把笔扔了，用头撞墙。老师此时如果让小朋友停止练习，他会立刻恢复坐好。由此可见，引发小朋友出现扔东西、头撞墙等行为的原因极大可能是任务有难度，做不好。他通过上述行为来逃避做这些练习。老师如果立刻停止任务，小朋友则逃避成功，下次他还会以此来逃避。

基于行为的不同特征，了解了什么是行为之后，接下来家长需要学会对行为进行描述。正确、客观地描述是进行行为管理的第一步。在描述行为时家长可按照"四个元素"即人物（Who）、时间（When）、地点（Where）、事件（What）来进行（图 6-2）。

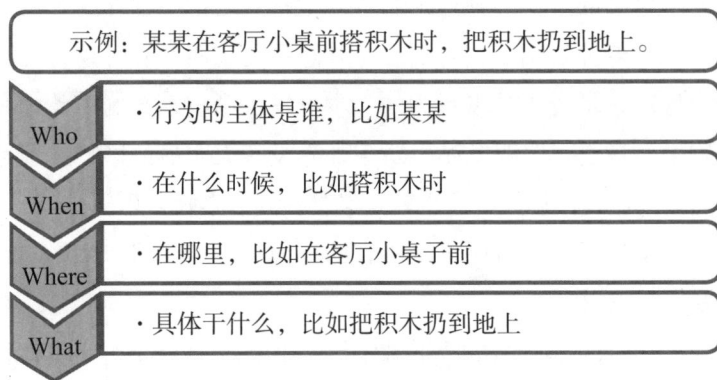

示例：某某在客厅小桌前搭积木时，把积木扔到地上。

Who	· 行为的主体是谁，比如某某
When	· 在什么时候，比如搭积木时
Where	· 在哪里，比如在客厅小桌子前
What	· 具体干什么，比如把积木扔到地上

图 6-2　行为描述方法

人物，即"谁"，也就是明确行为的主体，这个行为是谁干的。

时间，"在什么时候"，具体行为发生的时间，这里可以是一个具体的时间比如早上 8 点，也可以是一个相对的时间比如吃早饭期间。

地点，"在哪里"，行为发生的地点，也就是说这个行为具体在哪里发生。

事件，"发生了什么"，换句话说就是具体做了什么，这个小朋友他干什么了。

案例中，"壮壮在小花园看到别人的风车时，伸手直接去拿风车"就符合了"四个元素"原则，这样的描述具体、清晰，让人对于他的行为一目了然，即使不是在现场第一时间看到，也能很客观地了解当时的情况，为之后的进一步分析奠定了基础。

二、儿童行为与发育年龄的关系

儿童的行为特点是儿童在探索认知世界的过程中，所做出的一系列具有普遍规律的能动反映和表达方式。

儿童期是人一生成长发展的最初阶段，也是非常关键的时期，这一时期的大脑和身体发育也都处于萌芽阶段。而这一阶段的行为方式培养对未来的影响非常显著，一个人的性格特点也基本是在儿童时期养成的，因此家长了解并掌握儿童行为的特点是非常必要的。

儿童心理学家皮亚杰对儿童行为特征进行观察和研究，经过多年的研究，他将儿童的思维发展分为四大阶段：感知运动阶段、前运算阶段、具体运算阶段和形式运算阶段。由于儿童成长发育速度很快，不同年龄阶段的儿童，行为特征的差异十分明显。

第一阶段"感知运动阶段"（年龄在0~2岁）：这一阶段是儿童智力的萌芽时期，更是以后发展的基础。儿童通过自己简单的肌肉动作和基本的感觉来感受、了解外界事物，比如，他们拿到东西就会往嘴巴里塞，先尝尝味道。这一阶段儿童的行为没有固定的规则，行动随机冲动，有着多样化感情。他们一会儿这样，一会儿那样，没有章法。

第二阶段"前运算阶段"（年龄在2~7岁）：处于这一阶段的儿童相比2岁之前儿童，思维又有了新的发展，儿童进入智力发展的阶段，逐渐出现了具象性思维。这一时期的儿童可以通过头脑思考，观察事物，找到解决办法。但是因为这个年龄段的儿童思维具有具体形象性、不可逆性、自我中心等特点，儿童还不能够完全通过语言符号在大脑中进行纯粹逻辑性的思考。案例中的壮壮正处在这一阶段，他解决问题的能力还未成熟，遇到事情仍是用基本的感受来解决，想玩别人的风车，就伸手直接去拿风车，体现了自我中心的特点。

第三阶段"具体运算阶段"（7~11岁）和第四阶段"形式运算阶段"（11~15岁），这两个阶段儿童逐渐有了自己的逻辑结构，智力发展逐渐成熟，思维会更灵活。

不同年龄阶段的儿童在行为特征上都有明显区别，所对应的行为需求也各不相同，家长需要观察分析各个阶段儿童的行为特征，从而找到他们对应的行为需求。因为只有这样，才能更客观地了解孩子所表现出来的行为，是否符合他的生理年龄，同时也能更明确孩子需要达到的能力，而不至于过高地要求孩子。

一般来说，0~1岁的儿童属于直接的情绪交往型。因为生理上处于发育初期，没有能力完成一些较难的动作，只能靠简单的面部表情和简单的肢体动作来表达自己的生理和情感需求，比如饿了啼哭，兴奋挥手等。他们靠简单的动作来吸引周围成年人的注意，从而依靠成年人来满足他们的生理或者情感需求。

1~3岁的儿童处于物体操作活动阶段。他们开始有了对周围物体的操作性活动，喜欢学习和模仿成年人的语言和动作，也是在这个年龄阶段开始学会说话和走路，开始学会探索周围的世界，对一切事物都充满新鲜感，眼睛不停地观察，手也对周围的物体触摸、抓，闻一闻物体的气味，开始形成自己独立的思维，有自我意识。所以这一时期的儿童需要有模仿对象，需要与成年人交流沟通，需要被带领着开始认识世界。

3~7岁的儿童处于游戏阶段。这个年龄的儿童开始接触游戏、开始通过游戏形成具象思维，肢体上可以完成更多动作，语言上也逐渐清晰有条理，记忆力增强，开始变得精力旺盛、好动、喜欢社交，开始理解成年人所说的道理，好奇心增强，喜欢接触新鲜事物。这一阶段的儿童需要被理解，需要被肯定、赞美、认同、鼓励等，需要被引导和带领，需要被告知一些基本的道德观念。

案例中的壮壮，实际年龄虽然是3岁半，但是其表现出来的行为模式是靠简单的动作来吸引周围成年人的注意，这是与其年龄不相符的，需要进行调整。

值得注意的是，孩子所表现的一些行为，也许是属于这一年龄阶段的、与其他孩子所共同具备的特征，与是不是孤独症并没有关系。比如 3~7 岁这个年龄段的小朋友本来就是好动、精力旺盛的。壮壮很好动，没事的时候喜欢跑来跑去，这在普通小朋友中也会经常出现。

儿童在成长发育的过程中变化很快，家长应该以发展的眼光看待问题，尽量从孩子的独特个性这一角度来看待孩子，去发现孩子的闪光点。

在与儿童相处的过程中，家长都难免会出现各种各样的困惑和焦虑。治疗师通过运用相关专业知识，帮助父母理解儿童行为背后的意义；运用相应的解决方法，应对困惑和焦虑。所以，家长们跟着治疗师一起学习吧，一起成为行为的观察者，更深入地理解孩子的行为，更高质量地陪伴孩子成长。

第二节　成为行为的观察者

本节目标：

（1）了解行为是如何发生的，即环境和行为的关系。

（2）掌握行为观察步骤。

（3）掌握 ABC 行为观察法。

在与壮壮父母的交流中，治疗师通过介绍什么是行为、不同阶段儿童行为的特点，帮助壮壮的父母建立了儿童行为发展的基本理论基础。但是，作为家长，在进行行为管理时，仅仅知道发展理论是远远不够的，他们还需要练习具体的技术，成为实践的带领者。那么，接下来治疗师会带领壮壮的父母一起成为行为观察者。因为只有在客观观察的基础上，才能更好地对壮壮的行为进行分析，合理地制订相应的行为干预策略。

一、理论依据

（一）环境与行为的关系

所有行为都是在环境中发生的，环境和行为是互相影响的。行为是会对环境产生影响的，包括自然环境和社会环境（别人或自己）。行为会改变环境，也会受环境影响。

例如，如果家庭中孩子喜欢的物品随手可得，或者不需要任何表示，妈妈就会给予相应的物品，那么这样的环境下孩子是不需要利用语言、手势、眼神等和家长交流互动的。相反，玩具不是伸手就能获得，比如被放在盒子里，孩子看得见但是拿不到，家长就能给予其表达和沟通的机会，这样的环境下孩子会慢慢建立起沟通和表达的恰当技能。同样，孩子表达和沟通的技能增加了，获得的正面关注和肯定也就会越来越多。这就是环境和行为的互相影响。

行为分析理论（图6-3）对于环境和行为的关系进行了更直观的阐述。该理论包括三个部分。

A（Antecedent）是行为的前事，即行为前发生或已经存在的事，如环境设置、指令等。

B（Behavior）是行为，即孩子具体做了什么。

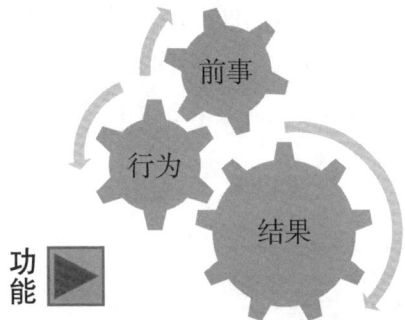

图6-3　行为分析理论

C（Consequence）是行为的结果，即行为之后，孩子获得了什么。

前事A、行为B、结果C像咬合在一起的齿轮一样，互相影响。

家长无法直接改变孩子的行为，但是可以通过调整前事A和控制结果C，来改变孩子行为B。

如图6-3所示，前事、行为和结果三者如齿轮般互相影响。但是，如何启动齿轮呢？关键点在于动机。行为的动机，也叫作行为的功能。孩子饿了，想吃东西，他会打开饼干盒，找饼干吃。这就是动机操作。反之，如果孩子此时一点儿也不饿，不想吃东西，他打开饼干盒的可能性就会很低，之后一系列的行为、结果等也许就不会发生。

图6-4中，前事（A）一盒饼干放在桌子上，引发了行为（B）打开饼干盒，然后行为（B）之后紧接着结果（C）拿到饼干，吃饼干。同时，结果（C）又会进一步促使孩子在下次看到饼干后还会再打开盒子（B）。

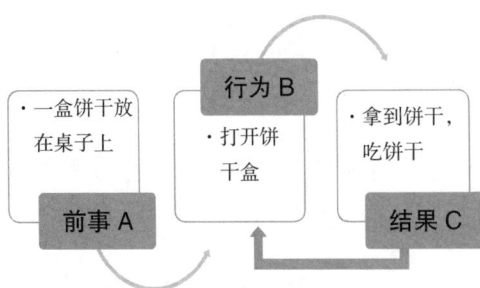

图6-4　行为分析理论示例

同样，在上文案例中，壮壮想去看书了，他就有了去拿书的动机，看到书在图书角，因而他可能就会离开座位，跑到教室的图书角去翻看他喜欢的书。

（二）儿童行为的常见功能

一般来说，孩子的行为主要有 2 种功能，即"获得"和"逃避"。

常见的获得功能有 3 种：获得实物、获得关注、获得感觉刺激。

（1）获得实物，如食物、玩具、贴纸等。这是孩子最常见的一类行为功能。在玩具店经常见到这样的场景，小朋友看到想要的玩具就不肯离开，站在原地，家长怎么拉也不走。在这个例子中，小朋友站在原地不离开的功能就是为了获得想要的玩具。

（2）获得关注，如家人的关注、同伴的关注等。通常，在家庭中，小朋友玩玩具一段时间没有见到妈妈，会大声地喊"妈妈"，这时妈妈会过来看一下，这样简单的交流中，孩子就是通过大声呼喊"妈妈"这个行为来获得关注的。

然而，孤独症儿童由于存在社交障碍或者言语发育落后，他们不会也不知道如何恰当地表达，只能用尖叫、哭闹等行为来获得关注。正如案例中的壮壮小朋友，他很想让小朋友们关注到他，上课的时候会时不时大叫一下。在咨询中，治疗师经常会遇到家长反映孩子会在课堂上故意和老师唱反调，或者做鬼脸，导致全班哄堂大笑，无法上课。实际上经过分析会发现，孩子之所以会经常出现此类行为，是因为获得老师和同学的关注和反应是孩子的行为动机。

（3）获得感觉刺激，如冰凉的感觉、摇晃的感觉等。天气热了，人们会喝冰水，冰水除可以降温以外，还会让人们体验冰凉的感觉，在炎热夏天冰凉的感觉让人很舒服；为了获得更多这类感觉，人们还会使用冰凉席等。这些都是在获得感觉上的刺激。

在孤独症孩子中，有些孩子很喜欢触摸丝袜，见到丝袜就会去摸一下，其实他们是在寻求触觉上的刺激。比如案例中的壮壮，在无聊的时候，他会在客厅跑来跑去，这样的跑来跑去也许是他在感受速度带来的特殊感觉或者视线上的冲击。

逃避功能通常是指孩子逃避不喜欢、不舒服的事物，比如逃避任务、逃避困难、逃避某种刺激等。在遇到不会的题目时，孤独症孩子经常会表示不想做了，其实这就在逃避。只是有些时候，孩子用了一些其他的行为表达而已，比如打自己、闭上眼睛自言自语等。

例如有这样一位小朋友，每当老师在介绍新的或者稍有难度的内容时，他就会吐口水在桌子上自己玩。一旦内容是他特别擅长的，他可以很好地跟随模仿，不会出现上述玩口水行为。由此可见，他更多的是通过这样的行为逃避新的任务和内容。

孤独症小朋友有些可能存在感知觉的异常。比如触觉异常，不喜欢别人碰；听觉敏感，听到大的声音很难受等。曾经有一个家长反映，孩子在学校做眼保健操时经常捂着耳朵大叫，老师和同学很困惑，不知道他想干什么，后来经过观察发现，原来他对于眼保健操的那个声音非常敏感，每次听到时他就会通过捂耳朵尖叫离开教室，成功避开这种声音。这是一个典型的逃避刺激的例子。

（三）行为观察的方法介绍

通常来说，行为观察的方法可以分为直接观察和间接观察 2 种。

间接观察主要是通过询问、访谈等了解相应的情况。间接观察法并不直接观察行为，而是依靠他人的记忆来取得资讯。比如治疗师会询问孩子具体的行为是什么、当时情况怎样、发生后会怎样、一般在什么时候发生等问题。治疗师或家长可通过这样的访谈或问卷等收集比较多的相关信息。

小贴士

值得注意的是，在利用访谈、问卷等收集资料时，对象通常是对孩子情况比较了解的照顾者、老师和同学等。访谈、询问等可能会为后续的评估提供有用信息，方便同时又好用。但是，这样间接收集的信息可能会存在偏见，甚至无法确认行为功能。一般来说，此类方法只在直接观察法之前进行，为具体的观察提供线索，类似于行为观察的"先导篇"。

另外一类行为观察方法是直接观察法。直接观察法主要是指在某个时间段去观察并分析孩子的行为，并考量伴随行为一起发生的是什么，什么时间、什么地点、何人在场，维持行为发生的后果是什么，行为的功能可能是什么。

相对于间接观察而言，直接观察法获得的信息更客观、可靠。

所以，为了准确地客观地观察孩子的行为、分析行为背后的原因，家长应尽可能地选择直接观察，与孩子待在一起，或者可以通过录像观察行为。

直接观察法包含 ABC 观察记录法、ABC 连续记录法等。在临床上使用较多的是 ABC 观察记录法，简洁易操作，所以下面我们着重介绍一下。

前事—行为—结果（Antecedent–Behavior–Consequence，ABC）观察记录表是一种直接对行为做观察并记录数据的工具（表6-1）。在确定了具体的目标行为（B）之后，记录行为发生前 3~5 秒内发生的事情，即（A），记录行为发生后的结果（C），来推论目标行为的功能是什么。

表 6-1　PCBI 家长 ABC 观察记录表示范 1

儿童姓名：某宝　性别：女　年龄：2 岁 1 个月　家长：妈妈

时间/地点	前事（A）	行为（B）	结果（C）	推论的功能
上午10:00 客厅	小朋友自己搭好了三块积木	抬头对妈妈笑	妈妈夸奖	获得关注
下午2:00 超市货架前	货架上有喜欢的棒棒糖	看着妈妈，指了指棒棒糖	妈妈给买了棒棒糖	获得实物
晚上6:00 餐桌前	发现碗里有青菜	把青菜丢到桌子上	妈妈把青菜拿走了	逃避吃青菜
晚上8:30 洗手间	准备刷牙	把牙刷递给妈妈	妈妈挤上牙膏	获得帮助

评估人员：妈妈

×年×月×日

家长在使用 ABC 观察记录表时，可根据实际情况增加条目。比如目标行为是观察小朋友大声哭的行为，前面提到过行为可以从不同维度观察、记录和测量，所以除了观察小朋友行为出现的次数，家长还可以观察其行为持续的时间，也就是每次哭了多久。

值得提醒的是，在利用 ABC 观察记录表进行行为观察记录时，家长经常会对结果（C）部分搞不清楚。表6-2中，两次记录的结果均在行为出现后间隔很长一段时间才出现，而不是行为发生后紧接着的环境及人、事物的变化，所以无法确定行为功能，只能进行推论。以行为"反复推拉厨房门"为例，这一行为发生后紧接着的变化可能是"门发出咯吱的声音"或者"门快速地移动"，或者是"妈妈看到后立刻制止并拉走"等。值得注意的是，不同的记录结果所推论的功能也会不一样，比如结果是"门发出咯吱的声音"，对应的功能可能是获得声音的刺激；"门快速地移动"这一结果对应的功能可能是获得快速移动的视觉刺激；而"妈妈看到后立刻制止并拉走"可能对应的功能是获得妈妈的关注。

表6-2　PCBI 家长 ABC 观察记录表示范 2

时间/地点	前事（A）	行为（B）	结果（C）	推论的功能
上午9:00 厨房	看到厨房门开着	进厨房反复地推拉厨房门	妈妈看到后立刻制止并拉走	获得妈妈的关注
下午1:00 卧室	躺在床上准备午睡	把被子塞到嘴巴里反复地咬	下午睡觉起来妈妈把被子换了	寻求感官刺激

在案例中，治疗师也请壮壮的父母使用 ABC 观察记录表进行记录，表6-3就是壮壮父母反馈的表格。

表6-3　PCBI 家长 ABC 观察记录表示范 3

儿童姓名：<u>壮壮</u>　性别：<u>男</u>　年龄：<u>3</u>岁<u>6</u>个月　家长：<u>妈妈</u>

时间/地点	前事（A）	行为（B）	结果（C）	推论的功能
上午9:00 小一班	壮壮进到班级	直接跑到教室里玩具区	老师喊回来搬椅子坐	想拿玩具玩
上午9:30 小一班教室门口	老师让大家排队做操	壮壮独自在教室里转圈	老师走过去拉着壮壮手排队	自娱自乐
上午9:35 幼儿园操场	小朋友一起跟着音乐做早操	壮壮蹲在地上玩	老师喊他起来，不理睬	逃避做操
上午9:40 幼儿园操场	小朋友一起跟着音乐做早操	壮壮跑出人群	老师抓他回来	逃避做操
上午9:40 幼儿园操场	老师追着壮壮跑	壮壮边跑边开心地笑	老师抓他回来	寻求追逐玩耍的快乐
上午10:00 小一班游戏区	壮壮和小朋友坐在一起，各自在搭积木	壮壮打自己的头，生气	老师把他带走	表达生气，寻求关注

评估人员：壮壮妈妈

×年×月×日

根据壮壮妈妈的记录，治疗师首先发现壮壮在幼儿园适应中出现了很多问题，比如他不太遵守幼儿园的常规，对于指令的反应性欠佳，社交技巧欠佳等。其次，这些行为的功能也不一样，有的为获得物品，有的为获得刺激等。再次，简单的语言提示对于壮壮来说帮助不大，他需要较多的辅助。

但是，仅仅一次的记录所提供的信息可靠性不足，观察记录是为了后面更好地分析行为和制订行为管理计划，所以家长在观察记录时，可多次观察记录，以便更准确客观地推论行为的功能。

除了 ABC 观察记录表，另一种记录表是 ABC 连续记录表，就是观察者在自然作息中的一段时间内，记录目标问题行为及选定环境中事件的发生。这种记录不会干扰孩子的日常活动。在一个时间段的记录中，观察者只记录了孩子的问题行为，对于一些正面积极的行为未给予记录。但是，观察者在与孩子相处时，不光要分析孩子的问题行为，还要关注孩子恰当的行为。

本节通过论述行为和环境的关系，阐明了行为是如何发生的，介绍了行为的两大主要功能，帮助家长进一步理解行为是如何维持的，这样能更好地对孩子的行为进行分析，合理地制订相应的行为干预策略。行为观察是第一步，也是基础。

通过上述的内容，家长已经基本了解行为是如何产生的，同时也会发现，在实际中很多时候，只有通过不断地观察记录，才能客观地了解孩子行为产生的过程。所以，如果家长想要成为一名合格的行为观察者，还必须熟知行为观察的具体步骤。下面我们将介绍行为观察的具体步骤和常用的观察方法。

二、明确目标行为

操作要领

在观察前，家长需要明确观察的是何种行为。孩子的行为是多种多样的，在观察时不可能把所有的都记录下来，所以这需要在之前明确目标、有的放矢。这是行为观察的第一步，也是行为管理中关键的一步，它决定着后续干预的执行。

往往家长在面对孩子的诸多行为时，不能很好地抓住主要问题行为，这是因为目标行为不清晰。比如，前面案例讲到壮壮在幼儿园里的表现，有很多不如人意的地方，如果家长在观察时每个都记录，那么会比较复杂且头绪很多。比如既要记录壮壮在座位上扭来扭去，又要记录离开座位，还要记录打头等，这样的操作会让家长感到很崩溃，因为太多了、太乱了。明确、清晰的目标行为，能成为家长手中的放大镜，快速地帮助获取重要线索、破案。

三、确定观察的细节

细节决定成败，家长在观察之前思考清楚观察的场景，是非常必要的。家长可根据实际的需要调整观察的时间、地点等。比如想了解孩子在和小朋友一起玩时的行为表现，那么观察可以设定在有同伴的场景下；想要了解孩子在集体课堂上是否能安坐，那么观察的场景则是学校的某节课或某几节课上，而不是在家里写作业时。

四、选择观察方法

选择恰当的观察方法能帮助家长更准确地了解孩子行为背后原因。选择具体的观察方法如同选择工具开门，工具选对了，将会事半功倍。比如，想要了解孩子的日常表现，那么可以从间接观察法开始，通过访谈等了解情况，然后选择具体的情境进行直接观察，此时可以用 ABC 观察记录表，既可了解孩子的恰当的表现，也可观察孩子存在的问题行为；如果是想针对问题行为进行观察，可以选择 ABC 观察记录表，也可以使用 ABC 连续记录表，具体可根据实际的情况而定。

注意事项

（1）行为观察时，尽量不要干扰孩子正常的活动。在自然情境下进行观察，获得的信息才更接近实际情况。曾经，治疗师到幼儿园去观察某小朋友的课堂表现，观察期间孩子因为知道有老师来，表现与平时截然不同，所以此次的观察结果仅提供参考而已，不能代表全部的表现。

（2）ABC 观察记录表的样式有很多种，表 6-1 仅为一种样式。不管使用何种样式，都需要注意前事是行为发生前 3~5 秒内发生的事情；结果是行为发生后紧接着的环境及人、事物的变化。

（3）行为观察记录应多次进行，而非单一次。某一次的观察并不能代表常态，所以家长可以选择连续一段时间观察或者选择某一时间连续多次观察等。比如家长想了解壮壮早操时的情况，那么他可以选择每周一早操时间去观察，连续 3~4 周。

第三节 塑造恰当行为

本节目标：

（1）了解何为恰当行为。

（2）熟悉强化原理。

（3）掌握常见的塑造恰当行为的策略。

壮壮的父母在治疗师的指导下，学会了用 ABC 观察记录表来观察壮壮的行为，但是在查看记录后他们又困惑了，既然壮壮存在这么多适应问题，那么接下来该怎么办呢？家长需要如何帮助他呢？

通常来说，对孩子的行为进行管理主要分为两大核心部分：塑造恰当行为和减少问题行为。接下来的小节将会深入指导家长进入行为管理核心部分。而本节先帮助家长在面对孩子行为时能区分出恰当行为，在了解何为恰当行为之后，学习相应方法和策略帮助孩子塑造恰当的行为。

一、理论依据

（一）恰当行为

父母在面对孩子的行为时往往就像处在分岔路口，左边是恰当行为，右边是问题行为。如何能正确选择，取决于父母对该行为的归类。什么是恰当行为呢？这是家长首先要回答的问题。

何为恰当？这是个相对的概念，在每个时代、每个阶段，恰当的定义是不同的。家长在面对孩子的行为时，判断其是否恰当，可根据其行为是否符合当下的常规，是否符合孩子目前的实际年龄水平来思考。前文提到儿童行为发展特点，1 岁左右的孩子经常用简单的表情动作表达需求，而 3 岁半的壮壮也经常用打头、哭闹表达需求，这显然是不恰当的。

值得注意的是，对于功能不佳的孩子，一般行为就是恰当行为。

总的来说，孩子常见的恰当行为包括以下几类：

（1）交流行为（语言及非语言的行为）。这里所指的是孩子用于交流且符合年龄特点的语言及非语言行为。比如说1岁的小朋友只能说少量名词和动词，在他需要爸爸帮忙时会眼睛看着爸爸，并说"帮"，这就是一个用于交流的行为，也是恰当的行为。然而，通常孤独症小朋友都存在交流的障碍，不会用恰当的方式与他人交流，正如案例中的壮壮，他想要玩具，可是却用伸手去抢或者打别人来表达，这显然是不恰当的。父母需要帮助壮壮塑造恰当的交流行为，比如伸手表示或者用语言表达"想要"。

（2）听指令行为，换句话说，就是对于他人的话语或者手势动作能做出恰当的反应。幼儿园老师说"小朋友们来排队洗手啦"，那么壮壮需要走到老师面前排队洗手，这就是听指令。指令包含一步指令（一个单一动作的指令）和多步指令（包含多个动作的指令）。随着年龄的增长、认知理解水平的提高，小朋友所接触的指令越来越复杂，指向性也不那么明确。所以，在具体给予指令时应考虑到孩子实际的理解能力，由简单到复杂逐渐过渡。

（3）主动、恰当使用物品的行为。比如拿到一个小汽车后，小朋友能做出与年龄相符的恰当动作。小朋友1岁时拿着车把玩、看看车轮、开开门，是恰当的；但是如果已经4岁了还是拿着汽车看车轮、反复开车门，这明显是不恰当的。根据儿童发育里程碑，在不同年龄段儿童所表现出来的能力不一样，所以判断行为是否恰当一定要看是否符合年龄，是否符合常规。

某6岁孤独症女孩，目前就读于幼儿园大班。每天妈妈送她去幼儿园，她都会根据要求洗手，测体温，然后进入教室。区域游戏时间，这个小朋友总是一人坐在旁边，同学喊她一起，她也不理睬、不参与。她不会拍球，也不会跳绳，所以户外活动时老师要求大家跳绳，她只是站在旁边看垃圾桶上的标识和汉字，她会读出汉字。她坐在第四组，每次老师提醒"第四组喝水吃点心"时，她经常跟没听到一样，坐在位子上无反应，需要老师反复提醒。有时，周围的小朋友都走了，饼干都吃完了，她也没反应过来。

在这个案例中，早晨小朋友进幼儿园时根据要求洗手，测体温，进入自己的班级，这些都是入园常规，毫无疑问这些都属于恰当行为。那么，她一个人坐在旁边，这属于恰当行为吗？看到垃圾桶上的字读出来，属于恰当行为吗？如果单独只是看字面，这两个行为没有问题。但是放在具体的情境中，这两个行为不符合恰当行为的定义。也就是说，面对小朋友们的社交邀请，她并没有使用恰当的交流方式回应，这是不恰当的。6 岁的小朋友认识很多字并会读出来这是一件很棒的事，但是此处的背景是老师安排大家跳绳，而她却不能按照活动要求进行，这也是不恰当的。反过来，如果她是在老师让大家阅读时把认识的字读出来，这就属于一个恰当的行为了。

总结一下，当家长面对孩子的行为时，不要着急地对这是不是恰当行为下定论。而是先把行为放在上述 3 种类型中看看是否成立，如果成立，则属于恰当行为；若不成立，则不属于恰当行为。

（二）根据行为原理塑造恰当行为

在了解了什么是恰当行为之后，下面要解决的就是如何帮助孩子塑造恰当行为，或者维持这些行为。壮壮在幼儿园不能安坐，而幼儿园上课安坐是常规，也就是需要建立的恰当行为，所以在治疗中，家长需要帮助壮壮塑造幼儿园安坐的恰当行为。

根据行为原理，强化可以帮助儿童增加恰当行为的发生频率。所谓强化，就是当孩子行为发生后立即给予反馈结果，使得该行为之后更频繁地发生。这里的结果就是通常所说的强化物。对于恰当的行为，需要给予强化物进行强化。

（三）潜在强化物的分类

强化物是指跟随在某个行为之后发生并且使该行为在未来的发生频率增加的刺激物。通俗说它就是在行为发生之后所给予的结果，这个结果可以使行为再次发生的频率增加。强化物的种类多种多样，可以是直接消耗品，也可以是中间媒介，通常可分为以下几类：

（1）物质强化物，是指看得见、摸得着或者闻得见、听得到的东西。比如食物、玩具等。

（2）社会性强化物，是最常见的强化方式，有时也是最方便给予、效果最好的强化方式。例如微笑、称赞、拥抱、大拇指，有时大人的关注也是社会性强化物。

（3）活动性强化物，是指一些孩子喜爱的活动，如互动游戏、画画、吹泡泡等。

（4）代币强化，区别于前3种强化物，其不是指具体的强化物，而是一种给予强化物的方式，例如钱币、小红旗、五角星等。通过积攒一定数量的代币可以兑换以上3类强化物。

（5）自然强化。除了以上额外给予的强化物，还有一类自然强化，也就是活动或行为本身所带来的结果反馈。比如球一拍就弹上来，"球弹上来"就是一个自然强化。自然强化需要家长清楚地界定强化物以及选择合适的强化物。

在塑造恰当行为时，选择恰当的潜在强化物是非常重要的。在确定使用强化物前，家长需要进行潜在强化物评估，以确保使用的强化物能激发孩子的行为动机。

介绍完理论部分，下面我们将分别讲解强化物评估、强化恰当行为的操作要领及常见策略。

操作要领

二、强化物评估

潜在强化物的评估一般分为三大类。

第一类是询问法，就是直接询问孩子的照管者、老师等。对于大一点的孩子可以直接询问喜欢的物品或者活动等。这种方法比较简单直接，但往往有时不那么准确。

经常在临床实操中可以观察到，小朋友做了一个恰当行为，如听指令停下来，家长立即给孩子一个薯片，但孩子拿了并没有吃，只是把玩一下，之后再让孩子做刚才的恰当行为，孩子并没有按照要求去做。家长也很疑惑，已经给了孩子喜欢的薯片了，为什么孩子的行为没有维持？事实上，此时的薯片并不是孩子此刻的潜在强化物。这就是通常所说的，家长认为孩子喜欢的，有时并不是孩子真正喜欢的。所以，家长一定要注意，在询问孩子的喜好的同时一定要坚持观察、观察、再观察。

第二类潜在强化物评估的方法是自由操作法，在不受任何限制的情况下，观察并记录个人在数个活动中所做的选择以及持续时间长短。家长将数个活动呈现给孩子，不设限制（在保证安全的前提下），观察记录孩子在每个活动中所持续的时间，以及选择活动的顺序，依此判定孩子的喜好。实际操作中，可以设计式观察，也就是给予的活动是之前准备好的；也可以自然观察，不设限制，让孩子在治疗室里自由玩耍，然后观察记录。

第三类方法是尝试本位法，将孩子喜欢的物品活动等以系列的方式呈现在孩子面前，根据孩子对物品的反应，呈现出偏好指数，从而确定孩子的喜好。这里，家长可以将物品一个一个地呈现，记录孩子对每个物品的反应；也可以将物品两两配对呈现给孩子，记录孩子的选择；还可以一次呈现多个物品，比如在询问的基础上，家长已经大致了解孩子可能喜欢的物品有 6 个，那么在评估时可以同时将这 6 个物品一并呈现给孩子供其选择，记录每次孩子的选择以及选择的优先顺序。

这里以一位治疗师的评估做示范。治疗师在给壮壮进行潜在强化物评估时，首先运用了询问法，通过询问他的父母以及照顾他的奶奶和老师，了解到壮壮日常喜欢的零食、玩具、游戏等喜好。然后，治疗师通过同时呈现多个物品的方法来观察记录壮壮的选择顺序。

见图 6-5，在第一次呈现时，治疗师将壮壮喜欢的物件依次排放在壮壮的桌前，让壮壮自由选择，壮壮选择了泡泡水；第二次呈现时，治疗师把壮壮选择的泡泡水挑出来，将其余 5 件物品依次放好。这里注意，每次摆放的位置要更换，以免因习惯产生位置效应。这次，壮壮选择了自己喜欢的彩虹糖。第三次，治疗师把彩虹糖也挑出来，只提供剩余 4 件物品给壮壮选择，壮壮选择了巧克力饼干。重复上述程序，每次把壮壮挑选的物品剔除，再给予壮

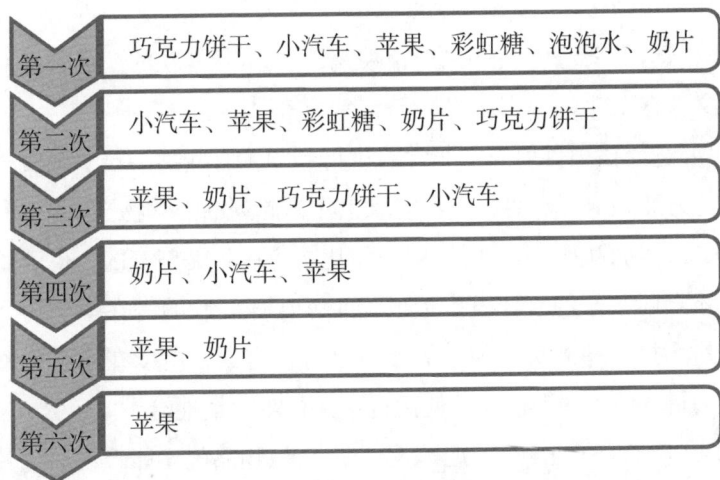

第一次	巧克力饼干、小汽车、苹果、彩虹糖、泡泡水、奶片
第二次	小汽车、苹果、彩虹糖、奶片、巧克力饼干
第三次	苹果、奶片、巧克力饼干、小汽车
第四次	奶片、小汽车、苹果
第五次	苹果、奶片
第六次	苹果

图 6-5 壮壮偏好物选择流程

壮选择，依次循环，直至最后只剩一个物品即苹果。通过这样的评估，治疗师了解到壮壮偏好物的优先顺序是：泡泡水、彩虹糖、巧克力饼干、小汽车、奶片、苹果。

📋 小贴士

（1）评估潜在强化物时可单独使用询问法，也可多种方法联合使用。如案例中的壮壮，治疗师就联合使用了询问法和尝试本位法（多重呈现选择）。治疗师先通过与壮壮的父母沟通了解了他平时的兴趣爱好，比如喜欢的食物、游戏、玩具、感官刺激类活动等。在此基础上通过让壮壮进行多重选择，治疗师最终确定干预中采用的潜在强化物。

（2）潜在强化物的评估需要不定期进行，不是一旦确定就一直沿用的。儿童期孩子的特点之一就是发展快、变化快。孩子的喜好会经常变更，所以为了保证所选择的物品能起到强化的功效，一定要定期进行评估，实时更新。

（3）评估中获得的偏好物不是单一个，而是一组；不是确定哪个是孩子最喜欢的，而是确定喜欢的优先顺序。正如通过评估，治疗师获得了壮壮喜欢物品的顺序，在之后的干预中可以根据实际情况依次更换使用，从而减少因为使用频率过高而带来的满足。

在具体使用强化物时，家长还需要注意六大点。

（1）要选择孩子真正喜欢的，不是家长觉得他喜欢的。进行潜在强化物评估的意义就在于此。

（2）要选择孩子目前当下非常渴望得到的，有些物品孩子确实很喜欢，但是如果此时此刻他不需要，也不能拿来作为此刻的强化物。

（3）考虑到健康问题，所使用的强化物应该是无伤害的，也就是即使大量使用也不会对孩子的身体发育造成伤害。比如壮壮的潜在强化物列表里有彩虹糖，过多摄入糖果对于孩子的牙齿是有伤害的，所以在实际干预中彩虹糖不会作为首选使用，即使需要使用也会是很小剂量地给予。

（4）一旦确定了此物品为强化物，那么该物品就不能轻易通过其他途径获得，以此维持孩子对于该物品的渴望和需求。上文中提到，给壮壮选择的强化物有小汽车，那么壮壮的父母在治疗师的指导下会将家里的小汽车全部收纳起来，只有当壮壮表现出恰当行为时才会给予其玩耍。

（5）所使用的强化物应便于收集、便宜。由于在塑造恰当行为时强化物被使用的频率可能会很高，所以过于复杂、贵重的物品一般会作为代币最后的兑换项目。

（6）该物品不会产生竞争性行为，在使用强化物时孩子也不会因为该物品被拿走或者没有了而哭闹等，进而衍生出问题行为。壮壮喜欢吹泡泡，如果泡泡吹完后他就会大哭、不停地拍打自己，那么吹泡泡这个活动也不会在干预中作为强化物来使用。

三、强化恰当行为

使用强化原理来塑造恰当行为时，一定要联合使用辅助技术，这样才能帮助孩子塑造恰当行为。

（一）步骤1：设定目标行为

治疗师或家长需要设定目标行为，明确需要帮孩子塑造的是何种行为。前面的章节里提到，只有明确目标行为，才能有的放矢，针对性地进行强化。每个孩子需要塑造的恰当行为可能不止一个，然而人的精力是有限的，为了让干预效果最优化，建议每一段时间内同时塑造的目标行为不超过3个。在选择目标行为时，建议按照目前的需求顺序以及影响程度进行排序。针对壮壮目前存在的问题，以及老师和家长的需求，治疗师在与家长沟通后确定目前的目标行为是"上课时小屁股坐在小椅子上"。

（二）步骤2：辅助儿童达成目标，并给予强化

针对目标行为，家长应辅助儿童达成目标，并给予相应程度的强化。塑造恰当行为的过程实质上是帮助孩子获得相关恰当行为的经验。获得的成功经验越多，孩子形成行为联结的速度越快。比如按开关，按一下灯亮了，每次按开关灯都会亮，这样的经验就会让学习者习得想开灯就要按开关这个行为。儿童学习行为也是如此，一开始他可能不会，但是在成人的帮助下他成功了，反复练习的次数多了，他也就会了。那么，什么是辅助？什么时候给予辅助？给予多少辅助？这些问题都需要在干预之前家长和治疗师——澄清明确。

辅助是经常用来塑造新行为的手段，辅助可以增加在一定的时间内完成恰当行为的可能性。辅助是在行为之前或进行之中给予刺激，它不仅有助于行为的发生，也有利于提高教学效率。辅助一般可以分成两大类：反应辅助和刺激辅助。

反应辅助是指需要通过另外一个人的行为激发出恰当反应的行为，包括语言辅助（通过语言提示儿童做出恰当行为）、姿势辅助（做一个姿势比如手势等提示儿童做出相应的反应）、示范（孩子反应之前示范一个正确的动作来引导孩子）和肢体辅助（通过协助孩子的肢体动作来完成恰当行为）。干预中，家长可以通过语言"壮壮坐好"等提示壮壮安坐，也可以通过用手指指椅子来提示壮壮安坐，还可以把手放在壮壮腿上辅助其坐在椅子上。

刺激辅助是通过改变刺激，使恰当反应更可能出现，包括刺激内辅助和刺激外辅助。比如说，在壮壮的椅子安放处贴上他喜欢的小汽车贴纸，以帮助壮壮持续安坐在椅子上，这就是一个刺激辅助，也是所谓的视觉提示。

通常，家长需要根据儿童当前的能力去评估目前他所需的辅助方式。不同的辅助方式，需要孩子所付出的努力程度不一样，所对应的辅助层级也不一样。一般来说，语言提示、位置提示所给予的辅助程度较少，孩子所需的努力程度较大；而肢体辅助中，外部给予的辅助最大，孩子所需的努力较小。具体层级划分见图 6-6。

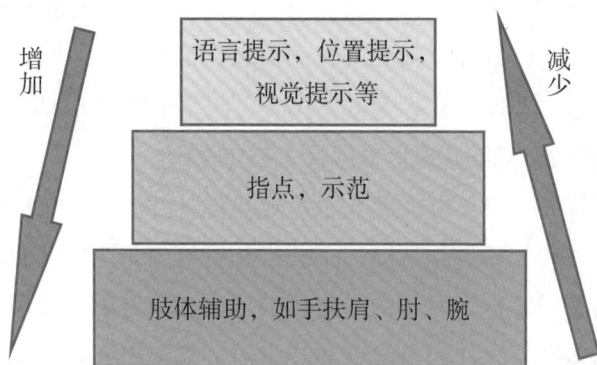

图 6-6　辅助的层级

使用辅助技术时，原则上在儿童能完成目标的前提下，最少的辅助是最好的辅助。但是，如果该行为对于儿童来说确实比较难，儿童情绪也容易受挫，那么家长也可从高到低地使用辅助，也就是通过肢体辅助、示范、语言提示等从高到低的辅助手段帮助儿童完成指令要求的行为项目的学习。

另外一种情况是儿童本身已经掌握该行为，也有能力做出相应的正确反应，那么，家长不妨试试从低到高的顺序，从独立反应开始，根据孩子能力的需要逐步提高辅助等级。

总之，使用辅助，就如拔河。如果过多辅助，孩子独立性减少。一般来说，新行为建立初期需要的辅助强度比较高，随着行为练习的次数越来越多，辅助的强度逐渐降低，也就是由多到少。如果是复习巩固阶段，一般使用辅助的强度是由少到多。在壮壮的案例中，由于安坐 2 分钟对于壮壮来说比较困难，家长首先选择了高层级的肢体辅助，帮助壮壮成功安坐，顺利获得强化物。

（三）步骤 3：逐渐减少辅助，维持强化

家长在壮壮逐步塑造恰当行为的过程中，应逐渐减少辅助，维持强化。壮壮在肢体辅助下能完成安坐 2 分钟之后，家长将肢体辅助改为手势提示加视觉提示，帮助维持安坐行为。一旦壮壮在手势提示加视觉提示下能安坐后，家长可进一步减少辅助的力度，如手势提示改为语言提示，或者给予提示的频率次数减少等。通常来说，减少辅助的过程越细致，越能平滑地过渡到儿童自然状态。

（四）步骤 4：强化消退，成为自然行为

消退，即过渡至自然状态。塑造恰当行为的最后一步就是强化消退，使目标行为成为自然行为，给予强化的频率恢复到常规。简而言之，家长不会为让孩子做出目标行为而刻意给予强化物。壮壮在反复的练习下可以独自安坐 2 分钟后，家长不再会只要他完成就给予强化物，给予的强化物比例会由原来的 1 : 1，调整到 1 : 5 或者 1 : 6 等，最后直至壮壮在幼儿园上课时能独立安坐。

小贴士

在知道了需要强化恰当的行为之后，家长们往往会进入一些强化的误区。

（1）要求过高，以致没有机会给予强化，比如要求一个没有语言、无模仿能力的小朋友喊"妈妈"。

（2）给的强化物不是孩子喜欢的。比如经常会出现这样一个情况，家长

把薯片作为强化物，一用用2~3个月。前面也提到强化物需要定期评估，调整。有一些小朋友的喜好会持续较久，有些小朋友则会变化很快。家长需要学会及时评估，调整强化物。确保当下给予的是孩子喜欢的、想要的！

（3）使用仪式化的社交强化。经常会用的社交强化如赞美、微笑等。在与小年龄的儿童相处时给予的表情一定要丰富、夸张、富有情感，儿童才更能感受到肯定，体验到愉悦，这样才能对他的行为起到强化作用。

（4）使用不及时、无差别的强化。恰当行为塑造的初期，强化一定要及时！如果强化不及时，孩子很难将行为和结果建立连接，从而起不到强化的作用。

（5）过早消退强化。一般来说，一个行为建立之后需要维持一段时间，比如连续3天都能达标才能逐渐调整强化比例，然后慢慢过渡到自然强化。过早的消退可能会使孩子的行为表现不稳定。

以上就是一个塑造恰当行为的过程，具体过程中还会使用到一些技巧和策略，下面将会具体介绍常见的强化策略。

四、塑造恰当行为的常见策略

在帮助小朋友塑造恰当行为的过程中，我们经常会遇到小朋友没有强化物就不干活，或者为了获得强化物，频繁地做出家长期待的行为，甚至不分场合和情境。此时，家长会疑惑是否要给予强化物。如果要，如何给予呢？这就需要家长学会利用间歇强化、差别强化等策略，塑造或维持恰当行为。

帮助儿童塑造恰当行为时，恰当运用相应的策略能够帮助家长高效地达到目标行为。根据强化的比例不同，可使用连续强化（Continuous Reinforcement，CRF）和间歇强化。

一般在教授新的技能时，先由连续强化开始。也就是强化每一个行为的发生，只要儿童表现出目标行为，就给予强化物。

而当行为达到目标标准时，连续强化可调整为间歇强化，即一部分行为被强化，一部分不会被强化。通常会事先设定好行为次数，只有当目标次数出现时，才会产生强化后果。比如说，壮壮在幼儿园上课时安坐，一开始只要坚持到下课就给予强化物；然后逐渐设定为连续2天做到才可获得强化物，当然此时的强化物的质量或数量会有所提高；之后随着壮壮的行为越来越稳定，设定的次数也会随之增加，依此来维持已建立的安坐行为。

根据辅助的层级不同，又可使用分级强化。在塑造恰当行为时，家长可根据所使用的辅助层级给予对应质量或数量的强化物。通常，辅助层级越高，儿童所付出的努力越小，可获得的强化物的数量越少，强化物的优先排位越靠后。如果手把手地辅助儿童完成指点，可以获得一小块（约指甲盖大小的）薯片，那么儿童独立完成指点动作则可获得一整块薯片。家长通过给予质量或数量不同的强化物来调动儿童独立完成的动机，从而达到分级强化。

通过强化不同的行为来塑造恰当行为，这个过程被称为差别强化。差别强化策略的实施要点包括以下 5 种。

（一）要点 1：强化实现相同功能的恰当行为

差别性强化替代行为，消退不恰当行为，强化实现相同功能的恰当行为。壮壮想要玩具时会打自己，为了塑造壮壮的恰当行为，在壮壮想要玩具时，只要他伸出手表示"要"，家长就会给予其想要的强化物。

（二）要点 2：强化"不做坏行为"的行为

差别性强化其他行为，消退不恰当行为，强化"不做坏行为"的行为。同样以壮壮想要玩具时打自己为例，壮壮想要玩具时只要他没有打自己，家长就会给予强化物，以增加他"不打自己"的行为。

（三）要点 3：强化一个不能与问题行为同时发生的行为

差别性强化不并存行为，消退不恰当行为，强化一个不能与问题行为同时发生的行为。壮壮在一个人独处时会反复地看手、玩手，为塑造独处时的恰当行为，治疗师指导家长安排壮壮独处时拔插雪花片，以此来强化他拔插雪花片的行为，建立独处常规，减少不恰当行为的出现，这就是一个典型的差别强化不并存行为的例子，因为壮壮在拔插雪花片时是无法把手放在眼前反复观看的。

（四）要点 4：差别强化低频率行为

不等问题行为彻底消失，只要它能减少到一定程度，就给予强化，这就是所谓的差别强化低频率行为。在日常的干预中，很多不恰当行为是无法彻底消失的，比如一些自我刺激的行为，那么家长可以利用差别强化低频率行为来建立恰当的行为。例如，只要壮壮一天中看手玩手的次数低于 5 次，家长就会给予饼干奖励。

（五）要点5：差别强化高频率行为

另一种差别强化就是差别强化高频率行为。当我们所期望的恰当行为发生频率太低时，只要它能增加到一定程度，就给予儿童强化物强化。一般来说，这些行为是日常生活中所期望的行为，比如上课举手发言，对于很多家长和老师来说这个行为是越多越好。所以，干预中会使用差别强化高频率行为来增加儿童课堂中的举手发言行为。

注意事项

（1）所选强化物的强度和种类。一般来说，孩子行为完成得越完整，付出的努力越多，其所获得的潜在强化物强度越强。独立完成，孩子可获得一整块巧克力饼干；辅助下完成可能只能获得四分之一块。强化物种类也可以这样设置，独立完成孩子获得最爱的强化物类型，提示下完成则获得排名靠后的潜在强化物。在实际的干预过程中也会存在例外，比如壮壮在刚接受干预时，动机不强，极不配合，治疗师就在一开始的几次治疗中使用了他最喜欢的泡泡水作为强化物，目的是快速地帮助壮壮建立干预常规，提高其动机，建立其与治疗师之间的良性关系。

（2）注意使用强化物的时机。虽然前面提到强化比例可以连续强化，也可以间歇强化。但是，何时给予强化物确实因人而异，需随时监测调整。刚开始进入干预治疗阶段的孩子，一般建议每次做对即可获得强化物，且需及时强化，也就是在完成后的3~5秒内给予呈现。随着孩子的技能掌握程度的提升，逐渐可以增加间隔，比如做对2次再给予强化物，具体的频率需要根据实际情况进行灵活调整。

（3）注意强化物使用的比例。前面提到了"做对2次，即可获得强化物"，这就是所谓的使用比例。新的行为建立初期一般强化物使用频率较高，比如"1∶1"，完成1次即获得强化物，"2∶1"完成2次才能获得强化物等。随着熟练度的提升，难度的降低，强化频率也会逐渐降低，如"3∶1"等，逐渐过渡到自然状态。

（4）注意要适时地淡出强化。在壮壮的幼儿园，老师不会在他一坐好就奖励表扬他的，所以在干预中，家长一定要注意在恰当的时候淡出强化，呈现自然状态。也就是一节课坐好可能会表扬一下，但是不一定每节课都会表扬。当然，淡出的前提是，壮壮已经掌握了安坐的技能。一般来说，壮壮连续3天均能在课堂上安坐，那么提示他该项技能基本掌握，家长则需要降低强化频率，不间断强化，帮助其巩固该项技能，维持1~2周之后，再进一步降低频率，直至接近自然状态。

（5）注意差别强化与"贿赂"之间的区别。在塑造恰当行为时，干预计划是在之前做的，孩子获得潜在强化物的前提是他完成了期待的行为。经常有家长反馈强化物给了，但是孩子却没有按照要求去做，这就是"贿赂"。这样的操作无法帮助孩子塑造恰当行为，反而会让他们养成讨价还价的习惯。在和壮壮家长沟通的过程中，治疗师指导家长，明确给予强化物一定是在行为完成后，哪怕是在成人的辅助下完成。

本节以壮壮小朋友在幼儿园存在的问题为例，治疗师与家长一起通过客观地观察记录壮壮的行为，明确恰当行为，也就是在幼儿园中壮壮应该表现的行为有哪些。理论结合实际，运用强化策略帮助壮壮塑造恰当行为。在整个塑造恰当行为的过程中，治疗师和家长根据壮壮的实际情况进行实时调整，个别化、针对性地采用强化策略以及辅助技巧等，顺利地增加其在幼儿园的适应性。

第四节　应对问题行为

本节目标：

（1）掌握问题行为处理的一般步骤。

（2）学会情绪管理，做情绪的主人。

（3）学会识别孩子的问题行为。

（4）掌握行为功能分析。

一、理论依据

行为管理分为塑造恰当行为和减少问题行为两部分，在前面的小节中，壮壮的父母了解了什么是恰当行为，以及学习了相应的强化策略和技巧，帮助壮壮塑造幼儿园的恰当行为。但是，恰当行为的塑造不是一天两天的事，正所谓罗马不是一天建成的。在塑造恰当行为的同时，壮壮仍会出现一些不恰当行为，那么面对这些行为，家长又应该如何处理呢？本节将针对问题行为的处理来展开介绍相关的技术。

在进行问题行为干预时，一般分为5个关键步骤（图6-7）。

（1）治疗师将会帮助家长识别觉察自己的情绪，练习情绪管理，以便家长在面对孩子的调皮行为时能控制好情绪，理性应对。

（2）识别问题行为。同一时间内，孩子可能会出现多种行为，家长需要及时地识别出哪些行为是问题行为，需要及时解决；哪些属于一般行为，可以先暂缓处理，这样才能更有效地帮助孩子。

（3）功能性行为分析。运用前文中学习的行为观察方法，在观察记录的基础上分析推论出孩子行为可能的功能，也就是背后的原因，真正地理解孩子的行为，为制订应对方案提供依据。

（4）在功能分析的基础上，针对孩子的问题行为制订应对方案并实施方案。在这里需要注意的是，干预方案不是单一的，它可以是多维进行的，既可以从前事环境上入手，也可从结果层面引导，还可以同时通过塑造恰当行为进行替代。

（5）结合实施过程中的反馈不断调整完善方案，循环实施，直至达到预期目标。一个干预计划并不是从一而终的，在具体实施过程中需要治疗师或

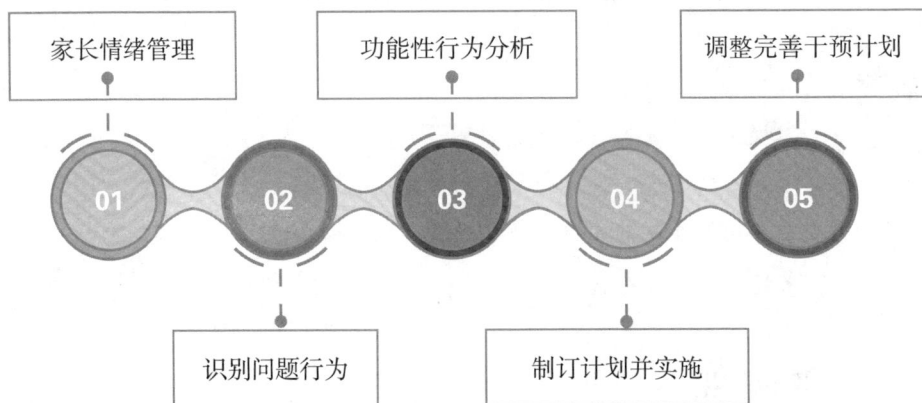

家长情绪管理　　　　功能性行为分析　　　　调整完善干预计划

01　　02　　03　　04　　05

识别问题行为　　　　制订计划并实施

图6-7　问题行为的处理步骤

家长根据孩子的情况实时进行调整。比如，针对壮壮打头的行为，一开始治疗师会通过肢体阻挡让其停下来，随着孩子与治疗师的关系建立，一段时间后治疗师只需要说"停"，壮壮就可以停下来了，这就是计划的调整和推进。

二、识别情绪，进行情绪管理

面对壮壮出现的行为问题，家长首先需要识别自己的情绪，因为只有家长保持情绪稳定，才能更理性地分析，从容地面对。家长在面对孩子出现不符合期望的行为时，往往会产生焦虑、愤怒等情绪，有的甚至出现灾难化思维，认为未来孩子"很糟糕""没希望"等。在这些情绪面前，家长往往不能保持理性，无法客观地分析，常常做出一些不恰当的行为来回应，比如壮壮在哭闹的时候，爸爸怎么说他也不听，爸爸很生气于是狠狠地揍了他一顿；又比如他在打自己的头时，妈妈很着急很担心，立刻把他想要的零食给他，诸如此类的情况经常出现。在沟通中，壮壮的父母也表示自己不应该这样做，但是在那个情境下，他们已经被自己的情绪蒙上了双眼，捂住了耳朵，关闭了思考的开关，无法清楚地看到问题的本质并做出正确的回应。

基于以上问题，首先家长需要进行情绪识别，即在存在情绪问题时，进行觉察练习，并命名情绪。一般来说，家长遇到孩子出现不期待行为时会出现焦虑、愤怒等情绪，但是具体每个人的情绪表现形式是不同的。在治疗中，家长要练习觉察、识别自己的情绪，比如"我现在很生气""我焦虑了"等。

在觉察到自己的情绪之后，接下来就是暂停技术的练习了。家长及时地对自己说"停"，停止情绪的蔓延，通过反复深呼吸将关注点回归到当下，回归到自我，而非孩子的行为。适当的正念练习能让家长情绪恢复冷静，从而更客观地分析解决问题。

三、识别问题行为

孩子的行为多种多样，什么是问题行为？什么需要优先处理？这都是在干预之前，家长需要回答的问题。所谓问题行为，就是该行为具有显著的功能损害，即影响孩子或他人的健康安全，影响孩子或他人正常的学习、生活等。壮壮在教室里坐不住，跑来跑去，这样的行为不但影响他自己接受新知识，也影响了正常幼儿园的教学进行，因此这属于问题行为，需要家长帮助干预。

同样，壮壮在需求得不到满足时打自己的头，影响了他自身的健康安全，这也属于问题行为。根据是否有显著功能损害这一标准，壮壮存在多种问题行为，需要进行干预。

但是，基于精力的有限、孩子的体验感等，家长不可能同时帮助壮壮把所有的问题都解决。这就需要治疗师与家长共同讨论商定问题行为处理的优先顺序，一般来说，优先选择 1~2 个问题行为来进行干预处理。

在考虑问题行为时，需要进行综合考虑。

（1）需要参考儿童目前发展能力，考虑是否要求过高。目标要求应根据孩子的发展能力而定，如果孩子目前还未达到目标行为所需的能力，则先暂时缓一缓，稍后处理。对于因家长情绪反应引起的过分忧虑，则可采用忽视策略。

（2）按照问题所致的危险性高低、不良影响大小依次处理。有些自我刺激的行为，比如壮壮会在客厅反复地跑来跑去，这样的行为对于自己或他人没有任何干扰，妈妈喊他停下来他也可以停下来，那么家长可以先暂缓处理。与此同时，还需要考虑到行为发生的频率问题。比如，咬人行为，对于孩子的危险是极高的，不良影响也是极大的，按照原则需要优先处理，但是，该行为半年才会发生一次，发生的频率极低，那么家长可暂时缓一缓，不做处理。

（3）综合考虑该行为对家人的影响。孩子是家庭的一员，在问题行为排序时应当考虑到家长的感受。每个家庭都有其各自的文化理念，同样的行为在不同的家庭环境中所造成的干扰也是不一样的。

小贴士

以下行为是可以忽略的行为：

（1）无严重干扰的自我刺激行为；

（2）频率极低的干扰行为；

（3）因家长情绪反应引起的过分忧虑行为。

四、问题行为的功能分析

根据问题行为处理的流程（图 6-7），下面将进入功能性行为分析阶段。

但是，家长在面对孩子的问题行为时需要注意，首先排除孩子是否存在其他医学问题即生理问题，比如生病、身体不舒服等。尤其是年龄比较小的或者语言表达能力较弱的孩子，他们在遇到身体不适时因为自身表达能力的限制无法有效表达，可能通过一些类似问题行为来表示。比如某4岁男孩，目前已经参与干预2个多月了，治疗师发现他最近在上课时总是去触摸自己的大腿根部，这种现象在之前的干预中是未曾出现过的，经过进一步医生诊疗发现，原来是他小便处理不干净，产生了炎症。那么，针对这一问题，家长首先需要配合医生处理炎症问题，而不是进行功能性行为分析。

在排除了壮壮存在其他医学问题之后，按照问题行为的标准以及优先处理原则，治疗师与家长商定后决定，优先帮助壮壮解决做操乱跑和打头的问题。接下来，治疗师和家长将一起针对以上2个行为进行功能性行为分析。

前文提到，行为的功能一般分为两大类（图6-8）。

第1类是寻求获得。想要获得某个物品，想要进行某个活动，想获得父母、老师、同伴的注意，以及获得某种感觉刺激。比如有一些儿童反复触摸楼梯栏杆，其行为的功能是寻求触觉刺激。

第2类是逃避。逃避困难的任务，逃避让人不愉快的环境，逃避感知觉刺激等。比如有些小朋友一遇到困难就会大哭、躺地，遇到不喜欢的场景时捂耳朵尖叫，这些行为的功能都可能是在逃避。

行为与功能之间不是一一对应的关系，同一种行为可能存在多重功能，例如，壮壮的打头行为有时是为了获得玩具，有时是在逃避家长布置的任务。不同的行为也有可能存在相同的功能，前面提到壮壮在没被满足要求时会大

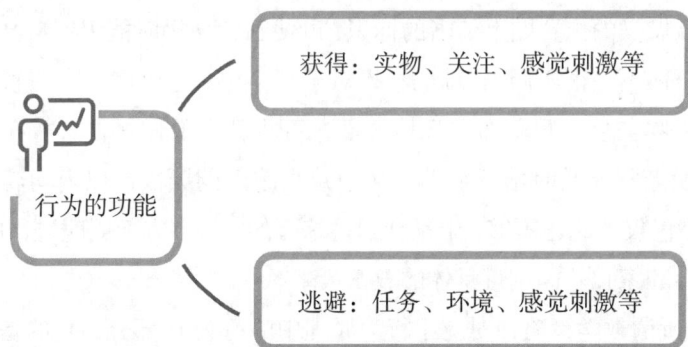

获得：实物、关注、感觉刺激等

行为的功能

逃避：任务、环境、感觉刺激等

图6-8　行为的功能

哭大闹，也会打自己。总而言之，功能是维持问题行为持续发生的原因，在处理问题行为时必须先要了解其行为的功能是什么。

功能性行为分析是在行为观察的基础上进行的，壮壮的父母利用 ABC 行为观察记录表，针对壮壮的打头行为以及做操时跑走的行为进行了观察及记录（见第 206 页表 6-3）。

通过连续一周的观察记录，家长分析壮壮打头的行为功能可能是想要获得玩具，获得老师的关注；而壮壮在操场跑走的行为功能可能是逃避做操，获得感觉刺激。在此基础上，家长还发现，壮壮的运动协调性欠佳，做动作经常不到位，不协调；能表达基本的需求，但是平时比较被动；在幼儿园里，很少与人交流。

基于以上分析，家长接下来将针对壮壮打头以及做操乱跑的行为，选择干预策略，制订干预计划。

五、应对问题行为的常见策略

（一）要点 1：根据行为原理进行问题行为干预

在制订问题行为干预计划时，通常会根据功能性行为分析的结果以及行为原理来综合考虑。根据行为原理，常见的干预策略可分为情境事件和预防性策略、教学策略以及结果策略 3 个方面。

（1）前事 A 导致了行为的发生，所以通过调整前事 A，可以达到减少问题行为的目的，这就所谓的情境事件和预防性策略。具体包含：课程与教学调整，增加或降低难度，在困难任务中增加辅助；重新布置教学环境；难易任务穿插；提供视觉提示等。

在壮壮做操的位置贴上清晰的标识，以便壮壮做操时能识别自己的位置。由于壮壮肢体不是很协调，目前的早操对于其存在一定难度，可通过调整难度，增加壮壮的参与度。重新布置环境方面，可将壮壮的做操位置放在老师位置旁边，以便老师能及时给予辅助，从而减少跑走的频次。以上均属于预防性策略，但是仅仅如此还不够，干预计划是综合的，是多方面同时进行的。所以，治疗师还会和家长一同制订具体的教学策略。

（2）所谓教学策略，对应于行为原理中的行为 B 部分，目的是提升孩子相应的技能，主要通过提升适应性能力和教授、巩固替代行为来减少问题行为的发生。在行为观察记录中发现，壮壮不太会早操，节奏跟不上。那么，教学策略部分就是将早操动作分解，逐一教授壮壮，并配合音乐进行练习。其间通过及时强化、差别强化等帮助壮壮习得早操动作。

（3）根据行为原理，行为发生后紧接着会有一个结果 C，针对结果部分的策略就是结果策略。主要包括对孩子已有的恰当行为进行表扬、鼓励和奖励；及时强化恰当行为，刚学会的时候给予最大程度的奖励，在恰当行为发生时立即给鼓励、奖励；区别强化，在孩子没有发生问题行为的时候就给予表扬、奖励他想要的东西、允许他休息；使用奖励系统，设计一个代币系统，孩子完成一个小任务可以获得一个代币，多个代币累积后可以获得更大的奖励。对问题行为可忽略，必要时可使用惩罚措施，但是切记一定要慎用。

那么，关于壮壮做早操时跑走行为的结果策略就是在壮壮跟着做操时及时给予表扬，鼓励；当其准备跑走时拉回来辅助其继续完成，并给予强化物奖励。必要时，也可在其跑走时取消泡泡游戏资格，但是一定要及时关注其情绪变化，以免引起强烈的情绪反应。针对壮壮早操跑走行为，具体的干预策略可见表 6-4。

表 6-4　壮壮早操跑走行为的干预策略

情境事件和预防性策略 （调整前事）	教学策略 （提升技能）	结果策略 （控制结果）
壮壮的站队位置靠近班主任老师；在壮壮的位置上贴上喜欢的汽车标志以做视觉提示；早操时可安排简单动作在前，复杂动作在后（与学校老师沟通同意的情况下）	将壮壮早操动作分解成较小的单元，逐一教授壮壮，反复练习；练习中及时强化	壮壮参与做操（即使动作不标准）就给予强化；当壮壮准备跑走时，辅助其回来继续做操，并给予强化；每完成 1 个动作即可获得 1 个贴纸，累计 3 个贴纸可以玩泡泡游戏等

（二）要点 2：结合行为的功能，综合制订干预策略

除了根据行为原理中的策略进行问题行为干预，家长还可以结合行为的功能，综合制订相关的干预策略，双管齐下，帮助孩子减少问题行为。根据行为的功能，一般来说，可以通过教授孩子替代行为、在固定的时间段后提供强化、在问题行为不发生时提供强化，以及阻挡问题行为或把孩子要的东西拿走这 4 个方面来进行干预（表 6-5）。

表6-5　结合行为功能制订问题行为干预策略

干预策略	逃避	得到关注	得到物品/活动	获得感官刺激
教授替代行为	教孩子如何提要求说"我要休息"	教孩子怎样合适的要求会被关注	教孩子怎样要求想要的东西或活动	教孩子怎样要求用合适的方式去寻求感官刺激
在固定的时间段后提供强化	在固定时间段后，允许孩子休息一次	在固定时间段后给孩子一次关注	在固定时间段后给孩子想要的东西或者活动	在固定时间段后提供合适的方法来替代感官刺激
问题行为不发生时提供强化	如果一个固定时间段后，孩子没有发生问题行为，就允许休息一次	在一个指定时间段之后，问题行为未发生，就给孩子一次关注	在一个指定时间段后，问题行为未发生，就奖励孩子想要的物品或活动	在指定时间段后，问题行为未发生，就提供合适的替代感官刺激的方法
阻挡/把孩子要的拿走	不让孩子逃避	不理孩子	不让孩子能够拿到他想要的	阻止他得到这样的感官刺激

（1）当孩子行为的功能是逃避时，家长可通过教授替代行为如提要求说"我要休息"来替代问题行为，也可以基于观察设定好固定休息时间，如每隔10分钟主动给予孩子休息的时间。当然，如果孩子想通过问题行为来获得休息，此刻绝对不能让孩子休息，一定是做出期待行为后才能获得休息。案例中的壮壮在早操时会跑开，经过分析，推论其行为的功能是逃避。早操对于其存在难度，他不想做，所以在早操期间出现各种跑开、蹲下来等问题行为。在预防策略、教学策略以及结果策略的基础上，结合功能制订干预策略。因为早操是集体常规，不能因为个人而停下，所以家长没有教授壮壮通过提要求说"休息"停下不做，而是在壮壮做完2个动作之后给予其原地休息的机会，以及在他离开位置时进行阻断，并辅助其继续完成动作。

（2）当孩子的行为功能是为了得到关注时，家长可以通过教授孩子用恰当的技巧来表达要求。比如想要妈妈看自己时，可以用语言表达"妈妈"，也可以走过去拉拉妈妈的手等，来代替尖叫、扔东西等行为。家长则可以每隔一段时间主动关注一下孩子，以减少其问题行为。案例中的壮壮在游戏区玩积木，经过观察他可以独自玩5分钟左右，那么老师可以每隔5分钟关注他一下，对于他安静地搭积木表示肯定和鼓励，如此来减少壮壮因为长时间无人关注而出现打头的问题行为。

（3）当问题行为的功能是想要获得物品或活动时，家长除了可以教授孩子恰当的技巧表达要求，还可以通过行为契约进行干预，即与孩子约定在一个指定时间段后，若孩子未出现问题行为，则奖励孩子想要的物品或活动。至于指定时间是多久，根据前期行为观察的结果设置，比如观察中发现孩子仅能安静等待30秒，那么设置的时间就是在30秒或者29秒，以此来建立孩子安静等待即可获得零食的联结。然后，逐渐通过增加时长，增加孩子安静等待行为。需要提醒的是，若孩子伸手去抢，或者因为等待不了着急打自己的头，此时应坚持不给予孩子想要的物品，以免强化通过打头等问题行为获得物品。壮壮在想玩积木时拿不到想要的积木，就发脾气尖叫，打自己的头，其功能之一是为了获得积木，所以家长除了在壮壮平静时教授他恰当的表达，即通过说"我想要积木"来获得积木，在壮壮发脾气时是坚决不会给予其积木的，只会用阻挡的方式减少伤害以及帮助壮壮冷静。在壮壮冷静之后，再辅助其运用恰当的表达获得想要积木。

（4）当问题行为的功能是为了获得感官刺激时，家长教授孩子怎样用合适的方式去表达希望寻求感官刺激，前提是家长或老师能接受孩子在此刻关注感官刺激。比如说，壮壮老师反应有时壮壮在课堂上会把手放在眼睛周围反复把玩观看，鉴于课堂中老师是无法允许孩子做出此类活动的，所以干预中家长并未教授壮壮用恰当技巧表达看手玩手的需求，而是教授壮壮把手放在腿上作为替代行为，建立课堂常规，减少看手玩手的自我刺激行为。与此同时，家长在壮壮把手放在眼前的瞬间会帮助他把手放下，通过阻断辅助手放好，强化课堂常规。

总而言之，问题行为的干预策略是在行为功能的基础上，分别从前事A、行为B以及结果C三方面考虑，综合而定的。它是在科学观察记录的基础上制订的，同时也是在不断的实施操作中，根据数据反馈不断调整的。在初步确定干预计划之后，接下来就是具体的实施过程了。

六、调整完善干预计划

在这个过程中，家长会根据孩子的实际表现，记录数据，通过数据的分析，确定干预的效果以及调整干预计划。在壮壮的案例中，根据前文中的计划，家长会记录壮壮每天做操跑开的次数，以及打头的次数。通过连续的记录进行分析，若做操跑开的次数没有减少或者增多，那么说明，干预计划需要重新调整制订；若做操跑开的次数呈现下降趋势，则说明干预有效，计划可以继续维持，或进一步推进。打头行为的干预同样如此。

家长在面对孩子问题行为时经常手足无措，感性大于理性。正因如此，本节以问题行为处理步骤为主线，结合壮壮案例，教家长练习情绪管理，保持客观的态度；在此基础上，进一步准确识别出问题行为，科学地进行排序和功能行为分析，从行为原理的 3 个方面入手，综合选择干预策略，制订计划以及实时监控、调整。

第五节　行为管理示例

行为管理主要包含塑造恰当行为和减少问题行为两大部分，本节将从这两块分别以示例呈现具体的操作过程。

一、示例 1：减少问题行为

基本情况：金豆，男，29 个月，语言简单，只会说简单的词组，比如"喝水""走"等。家长反映在家非常不听话，爱哭，一天要哭很多次，一不如意就扔东西。

（一）步骤 1：定义目标行为

界定问题行为：要求具体而清楚地描述，治疗师反复与家长沟通、澄清。

界定后的行为描述：丢、摔东西，大哭大叫。

（二）步骤 2：问题行为观察记录

工具：ABC 行为观察记录表。

金豆的一日观察记录表见表 6-6。

表 6-6　PCBI 家长 ABC 观察记录表

儿童姓名：<u>金豆</u>　性别：<u>男</u>　年龄：<u>2 岁 5 个月</u>　家长：<u>妈妈</u>

时间及地点	前事	行为	结果	推论的功能
10：35 客厅	妈妈安排金豆一个人在桌旁玩拼插积木	"啪！"金豆把玩具从桌面扫到地上	妈妈立刻过来，替他把玩具重新拾回桌面	—

续表 6-6

时间及地点	前事	行为	结果	推论的功能
10：40 客厅	妈妈让金豆收拾玩具，预备外出	大叫	妈妈停止要求并允许再多玩一会儿	—
10：45 客厅	妈妈再次让金豆收拾玩具	瘪着嘴哭，大叫	妈妈帮忙收拾玩具	—
11：00 客厅	妈妈叫金豆穿鞋，准备外出	金豆把妈妈塞到其手里的鞋子摔到地上	妈妈替他穿鞋	—

评估人员：金豆妈妈

×年×月×日

（三）步骤 3：功能性行为分析

1. 找出前事、行为、结果之间的逻辑关系

通过对行为出现的前后什么发生了变化的分析，列出功能分析表。具体功能分析示例见表 6-7。

表 6-7　金豆行为的功能分析表

前事	行为	结果
安排无关注活动	丢玩具	关注活动
转换活动	哭、叫	停止转换
独立收拾	哭、叫	撤销要求 / 得到帮助
独立穿鞋	摔鞋	得到帮助

2. 推论行为 B 的功能

目标行为 B 的功能假设：①获得关注；②逃避困难；③获得帮助。

3. 评估儿童当前发展水平，有哪些行为过多或过少

金豆当前行为发展状态中，表现过多的行为有丢摔东西，过多哭叫，并以此作为表达手段；表现过少的行为有适当语言表达过少，活动转换能力过低，自理能力过低。

出现高风险问题行为的时间和场景为：无陪伴时，活动转换时以及寻求帮助时。

（四）步骤 4：制订行为干预计划

1. 调整 A（前事，即环境设置）——前事预防性策略

调整活动设置，在妈妈陪同下或者间或陪同下活动，妈妈如需短暂离开，

须提前告知去处，并及时返回。离开时间可由短暂逐渐拉长，前提是金豆的等待能力有提升。

利用活动安排时间表，提前预告，并预留活动转换准备时间。比如提前5分钟预告即将收拾玩具等。

2. 控制C（结果）——结果策略

停止错误回应，即妈妈在金豆尖叫时不给予其想要的物品、游戏等。

坚持指令一致性，要求金豆收拾玩具的指令不会因为金豆尖叫而改变。可以通过以下操作辅助金豆完成指令，获得强化：首先，妈妈示范将一块积木放进积木桶里；然后，妈妈将一块积木给金豆，语言提示他来放进去，等待3~5秒，如果金豆无反应，协助金豆完成指令，并给予口头强化"哇，好棒呀"；逐渐减少辅助，直至撤销辅助，金豆独自将积木放进积木桶。

3. 提升不足行为——教学策略

加强言语及沟通技术训练，提升寻求关注和求助的表达能力。金豆可以说简单的词，当其需要妈妈帮助时，可辅助其用语言说"帮帮"或"搭积木"等来表达需求，获得帮助。

加强动作、物件操控技能练习，提升其自我照顾技能。金豆不穿鞋，通过把穿鞋动作分解成若干步骤，逐一教授步骤，直至金豆掌握穿鞋动作。

每次玩具玩好之后，妈妈均可和金豆一起把玩具收起来，形成收拾玩具的常规。

4. 确定效果评价标准

金豆从在辅助下完成指令，到他自己能独立完成指令。

尖叫、摔东西等问题行为出现频率：由每天10次减少至每天6次。

（五）步骤5：实施计划、效果检验及计划调整

执行矫正计划，实时记录每次金豆的反应，也就是指令完成情况。

根据效果评价标准检验治疗效果，如果在计划实施1~2周后金豆没有任何改变，则需要重新进行分析，重新调整计划。

二、示例2：塑造恰当行为

基本情况：壮壮，男，3岁半，幼儿园小班，上课时坐不住，下座位乱跑，需要帮助建立课堂安坐行为。

（一）步骤1：定义目标行为

界定行为：可根据"4W"原则，即什么时间（When），在哪里（Where），谁（Who），干什么（What）进行界定。

界定后的行为描述：在老师上课时，壮壮坐在椅子上，双手放在腿上。

（二）步骤2：辅助儿童达成目标行为，给予强化

1.潜在强化物评估

治疗师与家长进行访谈，获得壮壮喜欢的食物、玩具、游戏、活动等，形成初步清单。

治疗师通过一次呈现多种物品给壮壮选择的方式，将清单上的物品排序，获得喜好顺序，喜好由强到弱依次为：泡泡水、彩虹糖、巧克力饼干、小汽车、奶片、苹果。

2.行为观察，获得基线水平

了解壮壮在上课时的安坐情况，比如安坐持续的时长、具体坐姿如何等。

比如，壮壮上课能坚持坐在椅子上2分钟，之后会蹲下去，或起身走开；壮壮安坐时手会东摸摸西摸摸，动个不停。

3.选择辅助技术

比如利用视觉提示，在壮壮椅子上贴上汽车标识，提示其小屁股坐的位置。

或者通过动作示范，语言提示壮壮手放在小腿上；如壮壮未能执行，则提高辅助等级，通过肢体辅助轻轻把他的手放在腿上。

4.给予强化，辅助达成目标

上课环境下，辅助壮壮达成安坐2分钟的目标后，即给予口头强化加上实物强化物，如"1/4块巧克力饼干"。

小贴士

治疗师与家长达成一致，所选喜爱物，必须在壮壮表现目标行为时才能获得，其余时间、场景均不能随意获得，时刻保持壮壮对所选物的动机。

（三）步骤3：逐渐减少辅助，维持强化

见表6-8，壮壮在肢体辅助下能完成安坐之后，家长将辅助改为手势提

示加视觉提示，帮助维持安坐行为。一旦壮壮能够维持在手势提示加视觉提示下安坐后，家长可进一步减少辅助的力度，如手势提示改为语言提示，或者给予提示的频率次数减少等。原则是逐渐减少辅助，维持强化。

表 6-8　不同辅助下完成时所获的结果

辅助技术	行为	结果
肢体辅助	安坐 2 分钟	点赞，1/8 块巧克力饼干
手势提示、示范	安坐 2 分钟	点赞，1/4 块巧克力饼干
眼神提示或者利用停顿、声调等相对自然的方式提示	安坐 2 分钟	点赞，1/2 块巧克力饼干
无辅助	安坐 2 分钟	点赞，1 块巧克力饼干

（四）步骤 4：强化消退，成为自然行为

1.使用奖励系统（代币系统）

设计一个代币系统，每当壮壮在上课时独自安坐持续 2 分钟，即可获得星星贴纸 1 枚，累计 3 个星星贴纸后可以获得彩虹糖。

2.效果评价标准

比如连续 3 天均可以顺利进行星星贴纸兑换，即达到标准。

3.调整代币系统，提高兑换比例，过渡成自然行为

达到标准时，维持一周后，可进行调整比例，如 5 个星星可以换泡泡水。

小贴士

比例调整后，孩子所获得的强化物等级也随之提高，正如银行存款，存的时间越久，利息越高，这样才能保持壮壮的行为动机。

本章小·结

儿童的行为随着年龄的变化在不断地变化着，家长在日常的养育中难免会遇到这样或那样的情况，让人头疼。不过方法总比困难多，案例中的壮壮家长，通过与治疗师一起学习相应的理论，了解了儿童行为背后的意义，客观地去观察分析儿童的行为，运用强化策略帮助壮壮塑造幼儿园恰当行为，

减少问题行为的出现，最终帮助壮壮更好地融入幼儿园。

相信在学习完本章之后，您也可以像壮壮家长一样，掌握行为的基本原理以及行为管理的技巧（图 6-9），顺利地帮助孩子塑造恰当行为，减少问题行为，提高孩子的社会适应性和融入度。

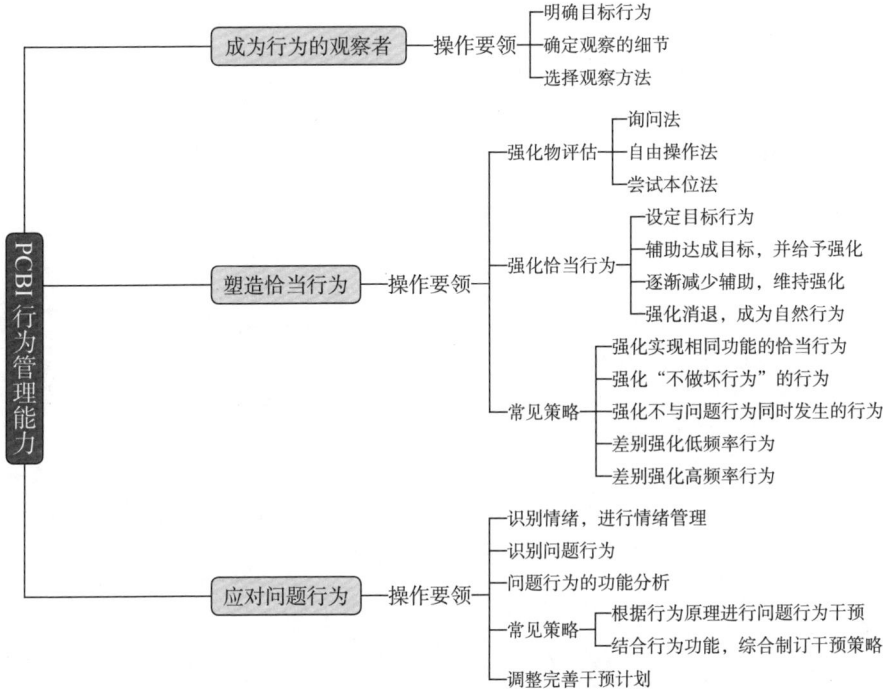

图 6-9　PCBI 行为管理能力训练的操作要领

评估篇

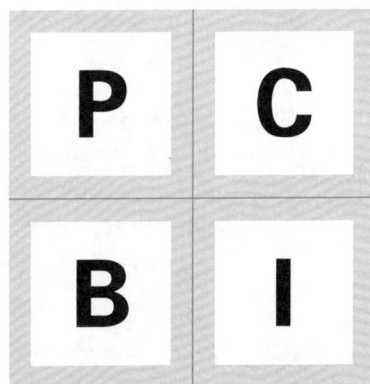

第七章 PCBI 的评估与应用

本章关键词：

疗效评估；亲子互动状态；综合性干预；生态系统

"医生，我家孩子前几个月已经做过这些评估了，为什么还要评估呢？而且怎么有这么多表格要填啊？"——轩轩的妈妈在 PCBI 第一个疗程结束时发出了这样的疑问。

家长带孩子就诊或训练时，或多或少都会被专业人员安排进行各种各样的测评，这些测评到底有什么意义，有什么必要，家长并不完全了解，相信很多家长都有跟轩轩妈妈一样的疑惑。

一个孩子的身高和体重分别可以用长度(厘米)和重量(千克)单位来衡量，学习成绩可以用分数来评价，这样的测验是物理测评。而人的心理行为现象是针对复杂多变的环境发生的心理活动和做出的应对反应，这样的行为千差万别，不是用简单的词句可以描述的，但是经过长期的实践研究，绝大多数学者认可心理现象可以通过测量得到。在心理测量学上，心理测量的手段包括量表、访谈、行为观察等。对儿童进行定期心理监测，可以及时发现问题，从而保证儿童的发育在正常范围或趋向正常。

临床上医生或治疗师无论是需要判断孩子的发育水平、症状严重程度、问题行为、交流水平等，还是判断家长的养育特征、行为模式、情绪状态等，都需要用到心理评估的技术。在充分评估的基础上，专业人员才能够制订出个体化的干预方案，并在实施后监测疗效。从评估的功能来分，孤独症的临床评估常包括：筛查性评估、诊断性评估、发育性评估、症状学评估、疗效评估以及家庭环境功能评估，等等。

虽然有 1~2 个专门评价孤独症干预疗效的工具，如孤独症疗效评估量表（Autism Treatment Evaluation Checklist，ATEC），但专业人员往往认为它们不够全面。因为，很多干预的效果是多元的，比如说：接受 PCBI 训练的孩子不仅仅会有核心症状的减轻、发育水平的提升，还有可能在情绪和行为问题、亲子关系等方面得到改善。此外 PCBI 是以培训家长和治疗师为主要目的的干预方案，治疗师还想了解接受干预后家长的技能掌握如何、家长的情绪状态如何、家长自己的体验如何等更客观、更丰富的信息。而随着干预技术的发展，孤独症评估的手段也逐渐多样化，评估人员也会整合多种评估方法以捕捉孤独症儿童症状的发展变化以及影响干预效果的相关因素。

PCBI 是基于游戏互动与沟通交流的干预模式，干预中包含了 3 个重要的对象，即孤独症儿童、家长、干预治疗师，治疗师与家长密切合作，通过教授、指导家长在家使用干预策略对孤独症儿童进行干预，由此可见家长在 PCBI 模式中起着至关重要的作用，家长对技能的掌握程度、心理状态等必然会影响到干预的疗效。因此我们不仅要阶段性地评估孤独症儿童的干预成果，同时也要动态评估家长的心理状态。总体而言，PCBI 疗效评估中，孤独症儿童的评估包括核心症状、语言、智力、感觉运动功能等，家长的评估包括技能掌握程度、心理健康水平等。

第一节 PCBI 的整体评估方案

评估在任何干预治疗中都是不可或缺的重要组成部分。孤独症儿童需要持续性的干预，在漫长的干预过程中，我们需要根据客观的评估给予家长反馈，而评估过程本身对干预方案的制订、干预结果的反馈以及对孤独症相关知识的学习都具有重要意义。

一、干预前的评估方案

（一）评估目的

评估是干预的基础，干预前的评估可以增加家长对孩子各方面能力的了解，确定干预目标，找到训练的切入点，并以此为基础制订具有针对性的科学、合理的干预方案，同时也为未来的干预提供基线数据，以便家长随时对比孩子症状、能力等方面的变化。

（二）评估方法和工具

PCBI 评估所使用的评估方法有行为观察和量表评定。孩子和家长的评估工具如下。

给孩子的评估：

■ 行为观察：13 分钟自由游戏

■ 量表评定：

　　·孤独症儿童心理教育评估量表（Psycho-Educational Profile-3，PEP-3）

　　·孤独症疗效评估量表（Autism Treatment Evaluation Checklist，ATEC）

　　·阿肯巴克儿童行为量表（Achenbach Child Behaviour Checklist，CBCL）

　　·PCBI 发育评估系列量表

　　·婴儿—初中学生社会生活能力量表（Normal Development of Social Skills from Infant to Junior High School Children，S-M）

给家长的评估：

■ 行为观察：

　　·13 分钟自由游戏

　　·10 分钟家庭训练，PCBI 家长技能评估记录表

■ 量表评定：

　　·简式育儿压力量表（Parenting Stress Index-Short Form，PSI-SF）

　　·一般自我效能感量表（General Self-Efficacy Scale，GSES）

　　·PCBI 家长作业评估表

（三）评估注意要点

评估在制订干预方案、衡量评估疗效时起着至关重要的作用，因此我们要尽可能地得到一个准确的结果，而评估结果的准确性不仅取决于我们所使用的评估工具本身的性质，还与评估人员是否能正确使用工具有关。

（1）评估人员应具有与儿童心理评估有关的背景知识，特别是对儿童生长发育和心理发展方面知识有全面深入的了解，并受过相关评估工具的系统

专业训练，熟悉所选用的工具施测、评分和解释方法。

（2）年幼儿童与父母分离后在陌生场合可能会感到焦虑，从而影响评估结果，此时评估人员应耐心细致，必要时父母可在一边协助，以减轻儿童的焦虑情绪，得到更准确的评估结果。但要注意的是，孤独症儿童在评估中的哭闹不止可能也在一定程度上说明其适应能力的不足。

（3）在对家长的访谈评估中，对家长应采用中性态度，不能使其察觉自己的答案正确还是错误。

以上所述注意事项适用于每一次的评估。

二、干预过程中的评估方案

（一）评估目的

每周对家长运用干预技术的情况进行评估，治疗师就能够及时纠正家长在运用干预技术时的错误，促进他们掌握干预技术，将技术泛化到生活中使用。在干预过程中治疗师还对家长的情绪管理进行了一定的指导与评估，这可以帮助家长调节养育孤独症儿童过程中产生的负面情绪，提高教养效能。

（二）评估方法和工具

为了更精准地掌握家长的技能学习程度以便予以指导，PCBI 团队编制了 PCBI 家长技能评估记录表与 PCBI 家长作业评估表，治疗师需每周填写该表，具体内容及使用方法见本章第二节。

家长每个月填写孤独症疗效评估量表（ATEC），阶段性评估 PCBI 的疗效，具体内容及使用方法见本章第三节。

（三）评估注意要点

无论结果如何，评估人员都需要关注家长操作中正确的部分并表达出来，肯定家长的努力，增加家长参与的积极性，避免过度关注家长操作中错误的部分。

三、干预结束时的评估方案

（一）评估目的

评估是干预效果的检查手段，干预后的评估结果可以反馈干预的阶段性进展，即孤独症儿童与家长经过干预后的交流水平、问题行为、心理健康水平等方面的发展变化，与基线数据对比，并为家长或治疗师制订之后的干预方案提供参考，同时也可作为下一阶段干预的基线。

（二）评估方法和工具

干预结束时的评估与基线评估一致，所使用的评估方法为行为观察和量表评定，完整评估方案及推荐使用工具见表 7-1。

表 7-1 PCBI 整体评估方案

时间	家长评估内容	孩子评估内容
第一次训练	行为观察： ·13 分钟自由游戏 ·10 分钟家庭训练，PCBI 家长技能评估记录表 量表评定： ·简式育儿压力量表（PSI-SF） ·一般自我效能感量表（GSES）	行为观察： 自由游戏 量表评定： ·孤独症儿童心理教育评估量表（PEP-3） ·孤独症疗效评估量表（ATEC） ·阿肯巴克儿童行为量表（CBCL） ·PCBI 发育评估系列量表 ·婴儿—初中学生社会生活能力量表（S-M）
第二次训练	行为观察： ·10 分钟家庭训练，PCBI 家长技能评估记录表 量表评定： ·PCBI 家长作业评估表	—
第三次训练	行为观察： ·10 分钟家庭训练，PCBI 家长技能评估记录表 量表评定： ·PCBI 家长作业评估表	—
第四次训练	行为观察： ·10 分钟家庭训练，PCBI 家长技能评估记录表 量表评定： ·PCBI 家长作业评估表	量表评定： ·孤独症疗效评估量表（ATEC）

续表 7-1

时间	家长评估内容	孩子评估内容
第五次训练	行为观察： ·10 分钟家庭训练，PCBI 家长技能评估记录表 量表评定： ·PCBI 家长作业评估表	—
第六次训练	行为观察： ·10 分钟家庭训练，PCBI 家长技能评估记录表 量表评定： ·PCBI 家长作业评估表	—
第七次训练	行为观察： ·10 分钟家庭训练，PCBI 家长技能评估记录表 量表评定： ·PCBI 家长作业评估表	—
第八次训练	行为观察： ·10 分钟家庭训练，PCBI 家长技能评估记录表 量表评定： ·PCBI 家长作业评估表	量表评定： ·孤独症疗效评估量表（ATEC）
第九次训练	行为观察： ·10 分钟家庭训练，PCBI 家长技能评估记录表 量表评定： ·PCBI 家长作业评估表	—
第十次训练	行为观察： ·10 分钟家庭训练，PCBI 家长技能评估记录表 量表评定： ·PCBI 家长作业评估表	—
第十一次训练	行为观察： ·10 分钟家庭训练，PCBI 家长技能评估记录表 量表评定： ·PCBI 家长作业评估表	—

续表 7-1

时间	家长评估内容	孩子评估内容
第十二次训练	行为观察： ·13 分钟自由游戏 ·10 分钟家庭训练，PCBI 家长技能评估记录表 量表评定： ·简式育儿压力量表（PSI-SF） ·一般自我效能感量表（GSES） ·PCBI 家长作业评估表	行为观察： 自由游戏 量表评定： ·孤独症儿童心理教育评估量表（PEP-3） ·孤独症疗效评估量表（ATEC） ·阿肯巴克儿童行为量表（CBCL） ·PCBI 发育评估系列量表 ·婴儿—初中学生社会生活能力量表（S-M）

（三）评估注意要点

保持中立，避免出现评估者的主观偏差，即经过干预后，评估者和家长都对干预疗效有一定的期待，这种期待可能会影响其在评估过程中的记录与评分的准确性。

四、PCBI 评估的特色

PCBI 评估中的评估指标选取了与孤独症干预相关的核心部分，整体评估耗时短，容易操作，在很大程度上减少了家长干预的精力与时间成本，且使用的评估工具多为观察性的。评估师将与孤独症儿童的互动中或自然环境中直接观察得到的评估结果，与家长反馈的信息相结合，这样得出的评估结果更准确，更加符合孤独症儿童当下实际的各项能力的发育水平，同时也可直接指导家长制订详细的、个性化的干预方案。

常规的干预评估多将重点放在孤独症儿童的症状变化和干预疗效方面，PCBI 不仅对儿童进行评估，还针对家长的技能掌握和心理健康水平进行评估与处理。家长在孤独症儿童干预措施中发挥着重要作用，虽然父母的养育行为不是孤独症的致病因素，但紧张的亲子关系、父母的压力、家庭社会关系的损害会阻碍孤独症儿童的发展。此外，家长处理问题与调节情绪的方式对孩子来说起到一个示范作用，对孩子的社会交往能力的发展有促进作用。干预中的家长心理支持部分可以帮助家长保持情绪稳定，提高养育效能，从而进一步促进干预疗效。

第二节　针对家长的评估内容及方法

一、家长技能评估

（一）亲子二元同频

在前文提到，二元同频，即亲子互动时共同建立的协调状态，是日常亲子互动中的核心组成成分。患有孤独症的儿童在面临具有挑战性或令人沮丧的情况时常无法使用适应性情绪调节策略。相关研究表明，孤独症儿童的核心调节能力较低，与正常发育儿童的亲子二元同频相比，孤独症儿童会在刻板的社交状态或物体状态上花费更多时间。因此，有研究者建议二元同频应被视为孤独症儿童早期干预疗效的重要指标。

1.通过行为观察评估亲子二元同频

二元同频的调节是动态的，家长与儿童不断地改变自身情感的唤醒和抑制以保持最佳的情绪状态。亲子二元同频指家长与孤独症儿童在同一时间段内处于积极参与状态，PCBI 的目标是增加孤独症儿童的亲子二元同频。那么该如何评估亲子二元同频呢？

临床观察：通过 Free-Play（自由游戏）的方式，让家长使用一套标准化玩具（拨浪鼓、球、玩具车、积木、杯子、形状镶嵌拼图、布娃娃、弹出式玩具、布、识图书、灯光音乐益智玩具）与孤独症儿童进行互动。前 3 分钟由家长挑选 3 样适合儿童玩的玩具，让其独自玩耍，家长坐在角落，不与孩子产生眼神接触，也不对孩子的任何行为给予回应；后 10 分钟家长可以使用玩具箱里的任意玩具与儿童互动。

治疗师说完指导语后，家长开始与儿童进行自由游戏，治疗师则在一边观察评估家长与儿童的参与状态，并将结果填到儿童参与状态评估和家长参与状态评估表中。自由游戏在干预中共进行 2 次：第一次课程开始前和最后一次课程开始前。最后一次自由游戏的评估结果与第一次的相比较，作为疗效指标之一。

自由游戏指导语：

"××妈妈/爸爸，您好！接下来，我们要进行13分钟的行为观察。首先，您需要从箱子里挑选出3样您的孩子可能感兴趣的玩具，让他独自在垫子上玩3分钟。3分钟内如果孩子主动邀请您加入，那么您就按照他的意愿加入他的游戏。如果他没有主动邀请您，那么在3分钟结束的时候我会把玩具箱递给您，您开始主动与他互动10分钟，互动时尽可能按照您平时在家与他互动的方式进行，这10分钟您可以任意使用箱子里的玩具。"

2. 了解二元同频的行为学指标

在亲子二元同频的临床观察评估中，根据以下评估指标在表7-2中记录儿童与家长在自由游戏中的参与状态。儿童和家长的参与状态包括积极参与状态、消极参与状态和脱离参与状态。除这3种状态外，需另外记录儿童 – 物体状态。

表 7-2　PCBI 自由游戏参与状态评估记录表

儿童姓名：_____　性别：男 / 女　年龄：_____岁_____个月　家长：_____

由评估人员根据视频在符合的状态上画"√"

评估时间段	儿童参与状态			家长参与状态		
	P 高	P 中	P 低	P 高	P 中	P 低
	N 高	N 中	N 低	N 高	N 中	N 低
1~3 分钟	D 高	D 中	D 低	D 高	D 中	D 低
	儿童 – 物体状态			—		
评估时间段	儿童参与状态			家长参与状态		
	P 高	P 中	P 低	P 高	P 中	P 低
	N 高	N 中	N 低	N 高	N 中	N 低
4~13 分钟	D 高	D 中	D 低	D 高	D 中	D 低
	儿童 – 物体状态			—		

注：P—积极参与状态，N—消极参与状态，D—脱离参与状态。

评估人员：××

×年×月×日

（1）了解儿童状态。

儿童积极参与状态。特征是儿童与家长之间存在完全或部分的社交互动，或是快乐的、亲密的互动，表现为拥抱、亲吻；身体面向、接近或靠着家长；

与家长有恰当的目光接触，或是在互动任务中存在眼神交流；面部表情为积极的或中性的。下面具体介绍儿童积极参与状态的高度、中度、低度3种表现。

高度积极参与状态：快乐的、亲密的互动状态。表现为充满活力的、惊喜的表情、大大的笑容；发出开心的笑声；与家长保持恰当的目光接触；通过肢体动作表现对家长的亲密感情，如拥抱、亲吻等。

中度积极参与状态：充分的亲子互动状态。表现为露出感兴趣的表情、微笑；清晰的、有感情的语音语调；与家长互动时有足够的眼神接触；亲近家长，如身体面对或靠向家长。

低度积极参与状态：间歇性的亲子互动状态。表现为中性的面部表情；不清晰的语调、嘟嘟囔囔；眼神飘忽，与家长的眼神交流很短暂（注：如果儿童与家长无眼神交流，但在家长唤名后看向家长所说/指的玩具，记录为"积极参与状态"；如果儿童在家长指示看玩具之前已经盯着此玩具看，则记录为"物体状态"）；身体与家长保持距离。

儿童消极参与状态。特征是儿童积极地抗议与家长的互动或表现出受挫的情绪，如击打、踢或扔玩具；推开家长或拒绝与家长互动；抱怨、发牢骚、哭泣等。下面具体介绍儿童消极参与状态的高度、中度、低度3种表现。

高度消极参与状态：带有攻击性的抗议状态。表现为哭泣（露出哭泣的表情或声音），但注意力仍在家长上；敲、踢、扔玩具。

中度消极参与状态：持续不断的抗议状态。表现为皱眉、做鬼脸、烦恼、发牢骚，但注意力仍在家长上；推开家长或玩具，拒绝与家长互动。

低度消极参与状态：沮丧的状态。表现为紧闭嘴唇、呜咽、抱怨，但注意力仍在家长上；有一些孩子会抗拒与家长的互动。

儿童脱离参与状态。特征是儿童退出与家长的互动。表现为倾斜的姿势、转身离开或退出互动；从互动中转移部分的或全部的注意力；淡漠的、恐惧的、悲伤的情绪。下面具体介绍儿童脱离参与状态的高度、中度、低度3种表现。

高度脱离状态：完全脱离状态。表现淡漠或非常恐惧、伤心；注意力完全不在家长上；逃离家长或玩具。

中度脱离状态：部分脱离状态。表现为中度的恐惧或伤心；与家长互动非常少；避开或远离家长。

低度脱离状态：简单的分心状态。表现为轻度的恐惧、伤心；发呆、厌恶的眼神；无精打采、躺着的身体姿态。

儿童－物体状态。特征是专注地玩玩具。表现为全部注意力放在玩具上、自言自语且没有与家长的互动。

（2）了解家长状态。

家长积极参与状态。特征是在亲子互动中引导、支持儿童，或是有亲密的互动。表现为拥抱或亲吻儿童；富有想象力的互动；面向或倾向儿童；提示或引导儿童；保持与儿童的目光接触；中性的或夸张的积极表情；对儿童互动中的线索敏感。下面具体介绍家长积极参与状态的高度、中度、低度3种表现。

高度积极参与状态：快乐的、亲密的互动状态。表现为夸张的面部表情、大大的微笑；发出笑声、称赞儿童、唱歌、说"妈妈语"；保持与孩子的目光接触；表达对儿童的感情（拥抱、亲吻）；有积极的、富有想象力的互动。

中度积极参与状态：支持状态。表现为露出感兴趣的表情或是微笑；语调是清晰的、温和；与孩子有足够的目光接触；靠近孩子，提示、指导孩子。

低度积极参与状态：监控状态。表现为中性的表情；简单的语言回应；与孩子的目光接触非常简短；身体向后倾，但面对着孩子；被动地观察孩子。

家长消极参与状态。总特征是沮丧的、烦躁的或敌对的互动。表现为粗鲁或强迫性地指导儿童；强制行为；音量很小或语调是严厉的、愤怒的。下面具体介绍家长消极参与状态的高度、中度、低度3种表现。

高度消极参与状态：敌对的状态。表现为翻白眼，皱眉头；语气苛刻、讽刺或愤怒；注意力保持在孩子身上；强制把孩子手上的玩具拿走。

中度消极参与状态：烦恼的状态。表现为皱眉头、表情痛苦；语气尖锐、严厉；注意力保持在孩子身上；突然地、强迫性地指导孩子；表示反对。

低度消极参与状态：沮丧的状态。表现为短暂皱眉、生气噘嘴或紧闭嘴唇；对话很短暂，或是长时间沉默（注：这里指第二个5秒的沉默。例如，家长沉默地看着孩子玩玩具，第一个5秒视为等待，记录时为"积极状态"，第二个5秒开始如果家长仍然是沉默，没有发声也没有肢体动作的指导，则记录为"消极状态"）；注意力仍在孩子身上；身体向后倾，没有跟随孩子的行为。

家长脱离参与状态。特征是家长从与孩子的互动中部分或完全退出，或是只玩玩具而不与儿童互动。例如无视孩子的要求；注意力从互动中转移或是完全没有把注意力放在互动中；中性的表情或面无表情；自言自语，或是与旁边的评估人员说话。下面具体介绍家长脱离参与状态的高度、中度、低度3种表现。

高度脱离参与状态：情感上与儿童完全脱离。表现为情感平淡、郁闷；忽视儿童，与旁边的评估人员说话；注意力不在儿童身上；身体转向其他地方（而不是面向儿童），离开儿童，或是忽视儿童的要求。

中度脱离参与状态：有一些分心。表现为面无表情；只偶尔发声；发呆，厌恶的眼神；头转向其他方向（不对着儿童）。

低度脱离参与状态：平行游戏，不与儿童互动。表现为面无表情；自言自语；眼神不在儿童正在玩的玩具上，而看向其他玩具；面向孩子，但其眼神只集中在单个活动上。

（二）家长对技能的掌握程度

PCBI 模式中的一个重要组成部分是评估保真度，即家长对干预技能的掌握和运用程度。由于大多数参与 PCBI 培训的孤独症儿童家长是首次接触孤独症，对于孤独症的了解相对不足，在相关干预技能掌握和实施方面也都处于摸索学习阶段，而 PCBI 课程设置是一周一次，因此，保证干预技能的保真度至关重要。

临床观察：治疗师通过观察家长与孩子的 10 分钟互动来填写 PCBI 家长技能评估记录表(表7-3)，以评估家长干预的技能掌握程度，该记录表包含"评估游戏，筛选玩具""设置环境，排除干扰"等 11 个维度，每个维度的总分为4分。

评分方法：

· "0"表示技能和策略未被使用或被不恰当地使用；

· "1"表示策略在少于50%的时间能被恰当使用；

· "2"表示在约50%的时间，正确实施该策略；

· "3"表示在约80%的时间，正确实施该策略；

· "4"表示在80%~100%的时间里，恰当使用策略。

表 7-3 PCBI 家长技能评估记录表

儿童姓名：_____ 性别：男 / 女 年龄：____岁____个月 家长：_____

评估次数	日期	一 评估与准备	二 设置	三 位置	四 观察	五 模仿与示范	六 等待	七 参与与轮流	八 促进需求	九 促进分享	十 拓展	十一 解决问题
第一次评估												
第二次评估												

注：评估与准备—评估游戏、筛选玩具，设置—设置环境、排除干扰，位置—对面安坐、物置中间，观察—观察兴趣、了解玩法，模仿与示范—对则模仿、错则示范，等待—减少指令、等待辅助，参与与轮流—参与游戏、尝试轮流，促进需求—促进需求性交流，促进分享—促进分享性交流，拓展—合理拓展游戏，解决问题—应对问题行为。

家长指导：

评估人员：××
×年×月×日

（三）对家长作业的评估

视频观察：从第二周课程开始，治疗师会给家长布置作业，要求家长使用本周所学干预技能进行家庭干预，家长需录制至少一次完成作业的过程，同时使用行为功能分析表观察和记录孤独症儿童在家的行为。在下一周上课时，治疗师需评估家长作业完成情况，并根据完成情况对家长干预技能的使用进行纠正与指导（表 7-4）。

表 7-4   PCBI 家长作业评估表

儿童姓名：_____   性别：男 / 女   年龄：___岁___个月   家长：_____

功能行为分析					
项目	时间 / 地点	前提	行为	后果	功能
示例 1	周六晚上 / 客厅	自己把积木搭高	抬头对妈妈笑	获得称赞	吸引注意
示例 2					

游戏行为观察					
项目	时间	地点	使用玩具	玩耍方式	游戏水平
示例 1	周五晚上	卧室	积木	敲击，揉捏摆弄	感觉游戏
示例 2					

交流行为观察						
项目	时间	地点	需求 / 分享	目标	眼	手	口
示例 1	周末晚上	客厅	需求	想要薯片	看人，但短暂	指点	呜呜声
示例 2							

评估人员：××

×年×月×日

二、心理健康水平评估

（一）育儿压力

对任何一个家庭而言，养育一个孤独症儿童都是一个巨大的挑战。除了照顾孤独症儿童的生活起居，家长还需要在处理他们的交流和行为问题方面持续性地付出大量的时间与精力，甚至放弃个人发展机会，这些都让孤独症儿童的家长承受巨大的育儿压力。有研究表明，不论是与普通儿童的家长相比较，还是与智力障碍等其他类型的特殊儿童的家长相比，孤独症儿童的家长都面临更高的压力风险。显然，沉重的家长压力，尤其是因为照顾一个患孤独症的孩子而产生的压力，可能会影响一个家庭的整体功能和心理健康水平。

社会生态理论模型中指出，父母子系统在儿童发展过程及远期成长结局中起关键作用，这在孤独症儿童家庭中尤为突出。PCBI 早期干预模式是治疗师指导家长在家庭中对孤独症儿童进行干预，执行干预的主体是家长，家长的情绪状态、对技术的掌握程度、完成度都在 PCBI 模式中起着关键的作用，如果家长有过高的压力必定影响他们对干预技术的学习与完成度，继而降低干预的效果。虽然一些研究表明家长教导策略可以增加家长的积极情感，提升家长与孩子之间的互动质量，但随着家长在干预过程中对孤独症的症状及预后的了解越来越多，他们也可能因担心孤独症儿童的未来而感到焦虑。治疗师可以通过了解家长的育儿压力水平，调整对家长的指导，以提升 PCBI 的疗效。在 PCBI 模式中，家长需在干预前和干预结束后填写简式育儿压力量表（Parenting Stress Index Short Form，PSI-SF）（表 7-5），该问卷的得分越高表示家长的育儿压力水平越大。

表 7-5　简式育儿压力量表中文版（PSI-SF）

　　下列表格中列出了您可能会有的感受，您觉得这些说法是否符合您自己的情况，您是否同意？请在最符合您情况的选项上画圈。请仔细回答每一个问题，不要漏选。谢谢！

项目	非常不同意	不同意	不肯定	同意	非常同意
（1）我常常觉得自己不太能处理好事情	1	2	3	4	5
（2）我发现自己为了孩子的需求、放弃的自我生活比我想象中更多	1	2	3	4	5
（3）我觉得做家长的责任把我束缚住了	1	2	3	4	5
（4）自从有了这孩子，我没办法尝试新的事情	1	2	3	4	5
（5）自从有了这孩子，我觉得几乎没有办法做我喜欢做的事情	1	2	3	4	5
（6）我对我自己最近一次买给自己的衣服不满意	1	2	3	4	5
（7）我在烦恼生活里的好几件事情	1	2	3	4	5
（8）有了这孩子，我和爱人的关系增添了比预想中多得多的问题	1	2	3	4	5
（9）我觉得孤单，没有朋友	1	2	3	4	5
（10）当我参加聚会的时候，我通常不期待会玩得开心	1	2	3	4	5
（11）我不像以前那么对别人有兴趣了	1	2	3	4	5
（12）我不喜欢以前喜欢的事情了	1	2	3	4	5
（13）我的孩子很难做让我高兴的事情	1	2	3	4	5
（14）很多时候我觉得我的孩子不喜欢我，也不想亲近我	1	2	3	4	5
（15）我的孩子对我笑的时候比想象中少得多	1	2	3	4	5
（16）当我为孩子做事的时候，我觉得没有人欣赏和感激我所做的一切	1	2	3	4	5

项目	非常不同意	不同意	不肯定	同意	非常同意
（17）在玩的时候，我的孩子不会经常咯咯地笑或者大笑	1	2	3	4	5
（18）我的孩子学东西不像大多数孩子那么快	1	2	3	4	5
（19）我的孩子笑得没有大多数孩子那么多	1	2	3	4	5
（20）我的孩子能做的事情没有我期望得多	1	2	3	4	5
（21）要让我孩子习惯新的东西，要花很多时间而且非常困难	1	2	3	4	5
（22）我觉得我是：（请按照下面的选项，选择） "1"代表一个非常好的父/母； "2"代表一个比一般更好点的父/母； "3"代表一个一般的父/母； "4"代表一个为人父/母有困难的人； "5"代表不太会做人父/母	1	2	3	4	5
（23）我希望我会对我的孩子有比现在更亲近和更温暖的感觉，这点现在很困扰我	1	2	3	4	5
（24）有的时候我的孩子故意做一些事情来烦我	1	2	3	4	5
（25）我的孩子似乎哭闹的次数比大多数孩子多	1	2	3	4	5
（26）我的孩子通常醒来时都心情不好	1	2	3	4	5
（27）我觉得我的孩子情绪不稳定而且很容易不开心	1	2	3	4	5
（28）我的孩子做的一些事情实在让我很烦恼	1	2	3	4	5
（29）当我的孩子遇到不喜欢的人或事时，反应很强烈	1	2	3	4	5
（30）我的孩子会很容易因为微不足道的小事生气、不开心	1	2	3	4	5
（31）让我的孩子按时睡觉或吃饭比我预想得更难	1	2	3	4	5
（32）我发现让我孩子做某些事情或者停止做某些事情：（请按照下面的选项，选择） "1"代表比我预想得简单得多； "2"代表比我预想得简单； "3"代表跟我预想得差不多； "4"代表比我预想得难； "5"代表比我预想得难很多	1	2	3	4	5
（33）仔细想一想，数一数，孩子做的让您很烦心的事情有几件。例如：不听话，好动，哭闹，干扰，打架等（请选择右面的数字）	1	2	3	4	5
（34）有些事情孩子做得实在让我觉得烦恼	1	2	3	4	5
（35）孩子的问题比我预想得多	1	2	3	4	5
（36）我的孩子对我的要求比大多数孩子更多	1	2	3	4	5

（二）自我效能感

1977 年著名心理学家阿尔伯特·班杜拉（Albert Bandura）提出自我效能感（Self-Efficacy）一词。自我效能感是指人们对自己有能力实现特定领域的行为目标所感知的信心或信仰，也是个体按照已经规划的目标，挑战不同任务，不断尝试、敢于面对波折和未知的倾向。自我效能感应用在家庭教育领域，又被称为教养效能感（Parenting Self-Efficacy，PSE），研究者科尔曼指出家长教养效能感是家长成为有能力担负子女行为和发展责任并给予正向刺激的教育者的自我参照，他认为对自己养育效果有着强烈信念的家长更努力做出积极的育儿行为（Coleman，1998）。于志涛（2005）将家长教养效能感界定为家长有意愿承担孩子在家庭教育中认知、思维、语言等全方位发展的任务，并且对自己承担家长角色有信心。

家长会面临处理自身工作任务、孩子日常教养以及社会生活的处处挑战，而孤独症儿童家庭相较于普通家庭则面临更艰巨的问题，对于孤独症儿童家长来说，家庭教育时常陷入困境，家长承受着极大的责任和教养压力。自我效能感能够缓解因为孤独症儿童的存在给家长带来的巨大的压力和焦虑问题。同时，家长自我效能感关乎孤独症儿童的干预效果。雷秀雅等学者（2010）指出教养效能感高的家长主动偏向积极理性地教养患儿，从而提高患儿的干预效果；教养效能感低的家长教养信心不足，难以维持教育干预过程，只养不教或完全放弃的态度无法提高患儿的干预效果。泰蒂表示一个感到无能为力的家长可能在教育孩子时会有更多的困难，而且会优柔寡断、不敏感和笨拙，孩子自身各方面的发展也会受其影响（Teti，1991）。因此，自我效能感不仅可以缓解家长因养育孤独症儿童而产生的育儿压力和焦虑等负面情绪，也有助于提高孤独症儿童的干预疗效。在早期干预模式中，我们用一般自我效能感量表（General Self-Efficacy Scale，GSES）来评估家长的自我效能。家长需在干预前和干预结束后填写 GSES 量表，该量表的总分越高表示家长的自我效能感越高。（表 7-6）

表7-6　一般自我效能感量表（GSES）

亲爱的家长：

您好！以下10个句子是关于您平时对自己的一般看法。请您根据实际情况，在合适的选项上画"√"。答案没有对错之分，对每一个句子无须多考虑。

项目	完全不正确	有点正确	多数正确	完全正确
（1）如果我尽力去做的话，我总是能够解决问题的	1	2	3	4
（2）即使别人反对我，我仍有办法取得我所要的	1	2	3	4
（3）对我来说，坚持理想和达成目标是轻而易举的	1	2	3	4
（4）我自信能有效地应付任何突如其来的事情	1	2	3	4
（5）以我的才智，我定能应付意料之外的情况	1	2	3	4
（6）如果我付出必要的努力，我一定能解决大多数的难题	1	2	3	4
（7）我能冷静地面对困难，因为我信赖自己处理问题的能力	1	2	3	4
（8）有麻烦的时候，我通常能想到一些应付的方法	1	2	3	4
（9）面对一个难题的时候，我通常能找到几个解决方法	1	2	3	4
（10）无论什么事在我身上发生，我都能应付自如	1	2	3	4

第三节　针对儿童的评估内容及方法

一、儿童参与状态评估

这个部分也是通过 Free-Play（自由游戏）的方式进行的，儿童参与状态的行为学指标分类及记录方法已在第二节中介绍，具体的儿童参与状态评估指标见表7-2。

二、儿童游戏水平评估

前文章节中描述了儿童游戏水平的发展过程，从逗乐游戏，到感觉游戏，到组合游戏，再到假扮游戏。治疗师通过进行临床行为观察，评估儿童的游戏水平。

（一）儿童游戏水平的行为观察设置

（1）环境准备：铺有地垫的足够大的房间，配备与儿童身高相匹配的桌椅，评估过程中确保环境安静。

（2）玩具准备：毛巾、发声玩具、积木、迷你餐具、毛绒玩具、小动物模型、绘本等。

（3）儿童状态准备：确保儿童处于稳定状态，有些孩子在陌生的环境中可能会较认生、羞涩，鼓励家长帮助儿童适应环境，儿童自然适应后开始评估。

（4）邀请家长与儿童进行自然互动。

（二）儿童游戏水平的行为观察指标及记录

在儿童自由游戏及家长与儿童自然互动的过程中，治疗师观察儿童选择什么玩具及玩玩具的方法，判断儿童的游戏水平，并记录下来，示例见表7-7。儿童不同的游戏水平及举例见下页表7-8。

表7-7 游戏水平及交流技能评估记录表（示例）

姓名：<u>轩轩</u>　　　　　性别：<u>男</u>

年龄：<u>2 岁 6 个月</u>　　治疗师：××

请根据儿童行为观察的情况，按照以下方式记录："√"表示儿童已经熟练掌握该游戏水平（交流技能）；"乄"表示儿童部分掌握该游戏水平（交流技能），干预时需强化训练；"×"表示儿童未达到该游戏水平（交流技能），干预时可作为训练目标。

训练前（2018 年 7 月 2 日）						训练后（2018 年 9 月 17 日）					
游戏水平		交流技能				游戏水平		交流技能			
		需求性交流		分享性交流				需求性交流		分享性交流	
逗乐游戏	√	眼神	乄	眼神	×	逗乐游戏	√	眼神	乄	眼神	乄
		伸手	√	展示	×			伸手	√	展示	乄
感觉游戏	√	给予	√	给予	×	感觉游戏	√	给予	√	给予	乄
		指点	×	指点	×			指点	√	指点	乄
组合游戏	乄	单字	×	单字	×	组合游戏	√	单字	√	单字	×
		词语	×	词语	×			词语	×	词语	×
假扮游戏	×	词组或句子	×	词组或句子	×	假扮游戏	乄	词组或句子	×	词组或句子	×

表7-8 不同游戏水平及举例

游戏水平	举 例
逗乐游戏	·家长发不同的音节逗儿童 ·躲猫猫 ·触碰儿童的身体部位，如挠痒痒、举高高
感觉游戏	·抓物品，反复扔 ·摇晃物品，听声音 ·咬、舔、摸、敲击物品
组合游戏	·拼搭物品 ·拼图 ·组装玩具
假扮游戏	·照顾、安抚玩偶，给其喂饭、穿衣等 ·手中拿棍子，假装它是宝剑；骑上去时假装它是马 ·角色扮演：扮演医生、病人、老师等

以轩轩为例，轩轩被诊断为孤独症后家长带他进行干预，干预前进行行为观察时发现轩轩对玩具兴趣不大，反复按发声玩具的按钮，听发出的声音，常抬头盯着摄像头看；家长跟他互动时，可挠痒痒引轩轩笑，但无论用什么其他玩具吸引轩轩，轩轩只对发声玩具情有独钟。轩轩能在家长强烈要求下把四块积木堆堆高，家长假装吃东西，让轩轩也吃时，轩轩抗拒地推开物品。治疗师根据以上观察的内容，将轩轩的游戏水平记录于上页表7-7中，用"√、ㄨ、×"等符号进行记录。

三、儿童交流技能评估

交流分为需求性交流和分享性交流。通俗来说，需求性交流就是有需求的时候产生的交流；分享性交流包含的内容很多，包括分享物品、分享所见、分享乐趣等，除分享外没有伴随其他明显的动机。人们通常使用言语及非言语来进行交流，也就是平常所说的语言、眼神、手势及其他姿势动作。

那如何评估儿童的交流技能呢？在临床行为观察中治疗师将从2个方面进行评估。一方面，要评估儿童交流行为的性质，是属于需求性交流还是分享性交流。如儿童想吃东西、想上厕所、想要买玩具等产生的交流属于需求性交流；儿童看到自己感兴趣的物体，展示给他人看则属于分享性交流。另一方面，评估儿童交流行为的质量，具体从儿童的眼神、姿势动作（展示、给予、指点）、语言（单字、词语、词组或句子、对话）来评估，治疗师将评估结果记录于表 7-7。

眼神：儿童直接使用眼神注视来沟通的能力，以及对别人尝试捕捉他眼神的反应。

姿势动作——展示：儿童将别人的注意力引导到他感兴趣的玩具或物品上的能力。

姿势动作——给予：儿童在没经过提示时给予他人一系列不同的物品的能力。

姿势动作——指点：儿童不经过提示的指物动作，该动作要求被用来表达兴趣或者是在一段距离外呈现事物的自发性沟通。

语言——单字：以沟通为目的且重复、持续使用，以表示特定概念、物品或事件的单字。

语言——词语：必须包含两个及以上的不同单字，以表示特定概念、物品或事件。

语言——词组或句子：两个或多个词构成一定的组合关系，其中必须含有动词。

语言——对话：促使对话顺畅进行的能力，即根据他人的反应进行交谈。

以轩轩为例，对轩轩交流技能的评估与游戏水平的评估可同时进行，轩轩与家长互动时，治疗师观察到轩轩多自娱自乐，很少主动跟家长交流。当家长尝试让轩轩玩其他玩具，将发声玩具放置在他拿不到的位置时，轩轩着急地抬头看了家长一眼，立即拉着家人的手往发声玩具的方向够，家长问他："你要什么呀？我不明白，指给我看。"轩轩头也不回，一只手拉大人手去拿玩具，一只手往玩具的方向够。家长拿到玩具后，对着轩轩说："喊'妈妈、妈妈'，我就给你。"轩轩发出"嗯嗯"音，踮起脚尖想抢玩具。家长说"轩轩，你把积木给我，我就给你这个玩具。"轩轩回头拿了一块积木，放在家长另一只手里，看了眼家长，立即盯着发声玩具，拉下家长的手。治疗师进行行为观察时发现轩轩有需求性交流，未观察到分享性交流，根据观察的内容将轩轩的交流技能记录于表 7-7，同样可用"√、乂、×"等符号进行记录，"√"表示轩轩有此交流技能并熟练使用；"乂"表示轩轩有此交流技能，但使用频率较低，干预时需强化训练；"×"表示轩轩未发展出此交流技能，干预时可作为训练目标。

四、其他评估

（一）语言功能

很多孤独症儿童共患语言发育障碍。对儿童的语言功能进行评估，可了解儿童的语言发育水平，从而基于儿童现有语言水平促进其交流能力的发展，进而有可能带动儿童语言沟通能力的发展。

语言评估可使用早期语言发展进程量表（Early Language Milestone Scale，ELMS）（上海标准化版）、语言发育迟缓检查法（Sign-Significance，S-S）（中国康复研究中心版）等量表。

早期语言发展进程量表（ELMS）（上海标准化版）源于美国神经发育儿科医生詹姆斯·柯普兰（James Coplan）编制的第一版早期语言发育进程量表，由金星明、刘晓牵头于 2005 年编制，以 2005 年上海市婴幼儿语言发育常模为基础。全量表一共有 59 项条目，包括语音和语言表达能力（26 项）、听觉感受和理解能力（20 项）、与视觉相关的理解和表达能力（13 项）3 部分。

语言发育迟缓检查法（S-S）（中国康复研究中心版）由中国康复研究中心（China Rehabilitation Research Center，CRRC）1990 年引进并使用，至1993 年重新修订试用。按照中国儿童语言发育的规律及中国汉语的语言体系，研究者制作成 CRRC 版 S-S 检查法。S-S 检查法适用于 1~6.5 岁的语言发育迟缓儿童，包括促进学习有关的基础性过程、语言符号与指示内容的关系、交流态度 3 个方面，其中以语言符号与指示内容的关系检查为核心。S-S 检查法可以检查出语言发育迟缓的水平与实际生活年龄的差距，以及语言迟缓的状况，可结合其结果与临床表现制订训练程序及选择训练方法。

（二）智力及社会适应评估

孤独症儿童可能伴或不伴智能水平的落后，评估其智能水平，可更好地帮助制订符合其发展水平的训练计划。治疗师在与儿童接触的过程中会进行临床观察，通过观察儿童的语言理解能力、指令执行性、游戏水平等评估其智能水平；也可使用 0~6 岁儿童神经心理发育量表（简称"儿心量表"）、格塞尔发育诊断量表（Gesell Developmental Schedule，GDS）、贝利婴幼儿发展量表 – 中国城市修订版（Bayley Scales of Infant Developmental–Chinese

Revision，BSID–CR）、格里菲斯发育评估量表中文版（Griffiths Development Scales–Chinese Edition，GDS–C）等评估儿童具体的发育水平。

0~6 岁儿童神经心理发育量表由首都儿科研究所牵头，自 1980 年起研发编制，1997 年其适用范围涵盖儿童健康管理全部年龄段即 0~6 岁，反复修订后制订出正式量表。该量表根据 0~6 岁儿童神经心理发育特点，分为大运动、精细运动、适应能力、语言及社交行为 5 个能区，每一年龄组有 8~10 个项目，共计 261 个项目。0~6 岁共分 28 个组，1~12 个月每 1 个月 1 组，13~36 个月每 3 个月 1 组，37~84 个月每 6 个月 1 组。该量表通过对行为的观察，可尽早发现儿童的异常情况，对开展早期诊断和早期治疗干预有重要意义。

格塞尔发育诊断量表（GDS）以正常儿童的行为模式为标准，鉴定、评价观察到的行为模式，以发育年龄、发育商表示儿童的发育水平，判断儿童神经系统完善性和功能成熟度，适用于 0~6 岁儿童。全量表分为 13 个关键年龄，共 500 余个项目根据发育年龄的次序分布于各个年龄组中，根据发育的内容分布在 5 个能区中，即适应性行为、大运动行为、精细动作行为、语言行为、个人 – 社交行为 5 个部分。GDS 能够相对全面、连续、真实地反映儿童个体发育情况，在我国儿科、康复等领域得到广泛应用。

贝利婴幼儿发展量表 – 中国城市修订版（BSID–CR）源于 1969 年贝利（Bayley）编制的贝利婴幼儿发展量表，1969 年由易受蓉教授译成中文版，经多次修订和标准化形成。BSID–CR 量表用于评价 2~30 个月婴幼儿的心理发育状况，包括智力量表、运动量表和行为记录 3 部分。国内只对前 2 部分进行修订。BSID–CR 量表中智力量表 163 项，运动量表 81 项。行为记录是一种等级评定量表，有 24 个条目，用于记录婴儿情绪及合作性、对父母和测试人员的反应、兴趣和注意的广度 3 部分。BSID–CR 量表已成为评价婴幼儿发展的综合性量表，在国内得到广泛应用。

格里菲斯发育评估量表中文版（GDS–C）由婴幼儿及儿童发育研究协会（Association for Research in Infant and Child Development，ARICD）基于 2006 年格里菲斯发育评估量表 II 版英文版修订，于 2009 年至 2013 年在中国北京、上海、香港等 7 个城市完成中国常模研究修订，适用于 0~8 岁中国儿童发育评估。该量表包含 6 个领域：运动、个人 – 社会、语言、手眼协调、表现、实际推理。量表结果与儿童 0~8 岁大脑发育各阶段的对应标准进行可靠对比，提供实用分析与结论。

孤独症儿童的社会适应能力可反映出儿童的生活自理能力，评估儿童的社会适应能力可让医生和治疗师了解儿童的自理能力，进一步指导家长在进行干预的同时提高儿童的生活自理能力。儿童的社会适应能力可使用婴儿—初中学生社会生活能力量表（Normal Development of Social Skills from Infant to Junior High School Children，S-M）等进行评估。

婴儿—初中学生社会生活能力量表（S-M）来源于 1987 年日本心理适应能力研究所等单位编制的婴儿—初中学生社会生活能力检查量表，1988 年由北京大学第一医院左启华主持修订并完成。原量表 130 项，在标准化过程中根据我国国情和预实验结果，研究者修改并增减一些项目，最终量表为 132 项，分布在儿童整个年龄段 6 个领域中，6 个领域为独立生活能力、运动能力、作业、交往、参加集体活动、自我管理。量表的项目按各年龄组、通过率，排列在 6 个月至 14 岁整个年龄阶段内。全量表共 7 个起始年龄，可根据年龄大小选择起始年龄项目进行检查。

（三）感觉、运动功能评估

孤独症儿童常常伴有感知觉的异常，干预中治疗师对儿童感觉运动功能进行评估，可充分了解儿童的感觉运动功能水平，建立个体化的综合干预方案。感觉运动功能评估使用的量表包括 Peabody 运动发育量表 Ⅱ（Peabody Developmental Motor Scales，PDMS-Ⅱ）、儿童发育性协调障碍问卷（Developmental Coordination Disorder Questionnaire，DCDQ）、儿童感觉统合及发展能力评定量表（Sensory Integration and Praxis Tests，SIPT）、感觉讯息处理临床观察量表（Sensory Processing Clinical Observation，SP）等。

Peabody 运动发育量表（PDMS-Ⅱ）采用定量和定性的方法，既能识别技能缺陷，又可转化为个体化训练的目标，为治疗干预提供依据。该量表由 249 个项目组成，可评价 0~5 岁儿童粗大运动、精细运动和整体运动的能力，由 6 个分测验组成：反射、姿势、移动、实物操作、抓握、视觉 – 运动整合。

儿童发育性协调障碍问卷（DCDQ）由威尔逊等 2000 年编制，曾美惠博士等翻译成中文，将其引进大陆并进行修订。修订后的中文版问卷分幼儿园和小学两个版本，适用于不同年龄段儿童，共包括 17 个与儿童年龄相关的动作协调发育项目，按 1~5 五级标准评分，每级评分意义依次为"完全不符合""有点符合""中等程度符合""相当符合""最符合"。最高分为 85 分,总分低于 48 分认为是发育性运动协调障碍;总分高于 58 分,可基本排除发育性运动协调障碍;总分在 49~57 分之间为可疑发育性运动协调障碍。

儿童感觉统合及发展能力评定量表(SIPT)1985 年由台湾的郑信雄根据中国文化背景,将 1972 年美国南加州大学艾尔斯设计的一系列临床评定测验中几种综合症状检核表综合起来,编制成感觉统合检核表。1994 年北京医科大学精神卫生研究所引进此表。此量表由 58 个问题组成,由儿童的父母或知情人根据儿童最近 1 个月的情况填写。各条目按程度不同(从不这样、很少这样、有时候、常常如此、总是如此)进行分级评定(分别记为 5、4、3、2、1 分),结果判断时根据儿童的年龄将原始分换算成标准分进行评定。30~40 分为轻度感觉统合失调;20~30 分为中度感觉统合失调;低于 20 分为重度感觉统合失调。

感觉讯息处理临床观察量表(SP)分为感觉讯息处理临床观察 – 感觉调节(SP–CO1)和感觉讯息处理临床观察 – 感觉分析、姿势控制及动作计划(SP–CO2)两部分,SP–CO1 利用不同的器材观察儿童游戏时的感觉反应;SP–CO2 是利用不同器材、以游戏的形式观察,透过规范的测试步骤观察儿童的感觉分析、姿势控制、组织计划的表现,从而评估儿童的感觉讯息处理能力、自我调节能力等。

(四)疗效评估

孤独症儿童进行干预后,家长们都比较关心儿童的干预效果。干预效果可从两方面评估得出。一方面可以通过直接观察法来评估,通过平时与儿童的接触,直接观察儿童语言、社交、行为等方面的干预效果;另一方面可以使用量表评估,比较干预前后的结果,进行疗效评估。疗效评估的量表有孤独症疗效评估量表(ATEC)、孤独症儿童心理教育评估量表(Psycho–Educational Profile–3,PEP–3)等。

ATEC 量表由里姆兰等人编制,共 77 个项目,包含 4 个分量表:表达/语言沟通;社交能力;感知/认知能力;健康/生理/行为问题。表达/语言沟通、感知/认知能力分量表按 2、1、0 三级标准反向评分,每级评分意义依次为"无、偶尔、经常";社交能力分量表按 0、1、2 三级正向评分,每级评分意义依次为"无、偶尔、经常";健康/生理/行为问题分量表按 0、1、2、3 四级正向评分,每级评分意义依次为"无、轻、中、重"。该量表主要对正在接受康复干预的儿童进行疗效评估，由熟知儿童并长期参与训练的家长填写。

PEP-3 量表源于美国北卡罗来纳州大学医学院的 TEACCH 课程，由香港协康会进行中文修订，是一项能协助设计教育课程及诊断孤独症和其他广泛性发育障碍的工具。PEP-3 可确定儿童的强项与弱项，从而制订最适合儿童的个别干预计划。PEP-3 还可以用来收集资料以确定诊断；评估儿童的发展或适应程度；进行追踪研究，观察不同干预阶段儿童的学习概况和适应行为上的改变。该工具分为 2 个主要部分：发展及行为副测验和儿童照顾者报告。发展及行为副测验包含 10 个副测验：6 个测量儿童的发展能力，即认知（语言 / 语前）、语言表达、语言理解、小肌肉、大肌肉、模仿（视觉 / 动作）；4 个测量儿童的不良行为，即情感表达、社交互动、非语言行为特征、语言行为特征。这些副测验合并后可以显示 3 个合成分数：沟通、体能及行为。儿童照顾者报告是记录父母或照顾者的观察，包括 2 个临床部分和 3 个副测验，3 个副测验包含 1 个儿童发展能力的副测验（个人自理）和 2 个儿童行为的副测验（问题行为、适应行为）。

第四节　在综合评估框架下 PCBI 与其他干预的联合应用

一、整体评估基础上的综合性干预方案的制订

每个儿童都是一个独立、完整的个体，孤独症儿童亦如此。孤独症儿童的生长发育、语言发育、社交能力、兴趣爱好等均不同，都有各自的独特性。孤独症的核心症状也是异质性高，表现千差万别。为更好地促进孤独症儿童的发展，每个儿童个体化的综合评估及在个体化评估基础上制订综合性的干预方案至关重要。

（一）儿童的综合评估

孤独症儿童的综合评估包括孤独症症状、发育水平、社会适应能力、饮食行为、营养状况、胃肠道症状、睡眠等评估，可通过家长访谈、临床观察及量表 3 种方法进行评估。

家长访谈：医生与家长进行访谈，收集儿童自幼发育情况、社会交往能力、兴趣范围、游戏方式、饮食行为、胃肠道症状、睡眠习惯、睡眠质量、活动量等。

临床观察：医生通过与儿童的接触互动，观察儿童的语言能力、交流技能、游戏水平、刻板行为、感知觉功能及其他行为（如适应能力、活动量、注意力、自伤行为等）。

量表评估：除上述语言评估、智力及社会适应能力评估、感觉运动评估的量表外，可使用儿童期孤独症评定量表（Childhood Autism Rating Scale，CARS）、孤独症诊断访谈问卷修订版（Autism Diagnostic Interview-Revised，ADI-R）、孤独症诊断观察量表（Autism Diagnostic Observation Schedule，ADOS）评估孤独症症状；阿肯巴克儿童行为量表（Child Behavior Checklist，CBCL）评估睡眠问题、行为问题、社会退缩、躯体诉述等；康奈尔父母症状问卷（Parent Symptom Questionnaire，PSQ）评估儿童心身问题、冲动 - 多动、焦虑等；儿童饮食行为问题筛查评估问卷（Identification and Management of Feeding Difficulties，IMFeD）评估饮食行为；儿童睡眠习惯问卷（Children's Sleep Health Questionnaire，CSHQ）中文版评估睡眠行为，等等。

（二）综合性干预方案的制订

孤独症儿童的个体化差异很大，有些儿童可能只是单纯的孤独症的问题，有些儿童可能共患了智力障碍、睡眠障碍、饮食障碍、注意缺陷多动障碍等，医生需要根据儿童个体化综合评估的结果，制订综合性的干预方案，包括干预训练、药物治疗、物理治疗、专病门诊就诊等；治疗师需要根据整体评估的结果，制订个体化的训练方案。孤独症儿童综合性干预方案的制订见表 7-9。

表 7-9　孤独症儿童综合性干预方案

个体化评估受累症状		可推荐的干预措施
核心症状	社交障碍	PCBI、ESDM、社交故事、地板时光、同伴干预、RDI 等
	受限、重复的行为模式、兴趣或活动	PCBI、ABA、地板时光等
	感知觉异常	感觉统合治疗、基于感觉的干预、多感官训练等
语言障碍	语音障碍	言语与语言疗法（构音训练、口腔运动功能训练等）、图片交换沟通系统等
	语用障碍	PCBI、地板时光等
智力障碍	智力障碍	特殊教育
营养状况	营养不良	营养科或消化科专病门诊就诊
	饮食行为问题	饮食行为管理

续表 7-9

个体化评估受累症状		可推荐的干预措施
睡眠问题	睡眠行为问题、睡眠障碍	健康教育、睡眠行为管理，必要时药物治疗、物理治疗等
注意缺陷多动障碍	注意缺陷、多动障碍	行为管理（正向关注、基于行为分析的行为干预、时间管理等），必要时药物治疗、物理治疗（注意力训练、生物反馈治疗等）
胃肠道症状	便秘、腹泻	调整饮食模式、生活常规训练、消化科专科就诊

以轩轩为例，医生如何给他制订综合性干预方案呢？轩轩目前8岁，3岁不到时被诊断为孤独症，之后一直进行康复训练，进步很大，已经能说完整的话语，语句简单且有时会重复同样的话。上学后显示出明显的困难，时不时离开座位甚至跑出教室，虽然妈妈陪读后可坐在课堂上，但仍学习困难，且最近情绪变得越来越急躁，在教室待久了会反复要去厕所，急了甚至打自己头。为改善轩轩目前的情况，首先需要对轩轩进行综合性的评估，通过家长访谈、临床观察及相应量表的评估，医生发现轩轩的孤独症症状仍然比较明显，智能水平明显落后，且共患注意缺陷多动障碍。针对评估的结果，医生制订出轩轩的综合干预方案：①在轩轩目前发育水平的基础上，进一步制订符合其智龄的康复计划，提高他的认知、语言能力；②可结合社交故事、地板时光、同伴干预等干预方法继续改善轩轩孤独症的症状；③平时家长可应用行为管理的技能，同时结合注意力训练、脑电生物反馈等物理治疗，改善轩轩的注意缺陷多动障碍的症状，必要时服用治疗注意缺陷多动障碍的相关药物；④针对轩轩目前出现的情绪急躁、反复上厕所甚至打头的行为，使用本书第六章行为管理模块的技能进行处理。

二、PCBI 与其他干预的联合应用

（一）PCBI 与感觉统合治疗的联合应用

壮壮，是一个不到3岁的男孩，虽然他早期发育和其他孩子差不多，但他自幼表现出特别的兴趣，对数字、广告牌等感兴趣，对其他孩子没有兴趣，别的孩子喊他，他好像没听见。父母觉得异常，提前将他送进幼儿园后，壮壮没有明显的改善，仍表现出孤僻不合群，集体活动跟不上大家的节奏。更糟糕的是壮壮变得越来越不愿意去幼儿园，每天晚上重复问妈妈"明天要不

要去幼儿园"。家长带壮壮到医院就诊，经过病史采集、精神检查、体格检查、心理评估等相关检查后，壮壮被诊断为孤独症。在诊断的过程中，医生观察到壮壮对疼痛不是特别敏感，碰撞到桌角好像若无其事，进行活动时表现动作过慢，有时抓握物品时过分用力。病史采集时家长反映壮壮平时转圈圈不晕，对荡秋千、摇晃等活动乐此不疲，有时咬衣领、玩具等物品，结合壮壮的以上症状，医生建议壮壮进行干预的同时进行感觉统合治疗。

感觉统合是指脑神经系统将不同的感觉讯息，包括触觉、前庭平衡觉、本体觉、视觉、听觉、味觉和嗅觉，整理及组织成有用的信息，使人能认识周围环境及自身需要，继而有效地引发切合环境需要的反应，包括身体协调、动作计划、情绪控制等。感觉统合治疗最初由美国南加州大学治疗师爱尔丝博士开发，是基于临床的、以儿童为导向的干预措施，提供基于游戏的活动、增强感觉的互动，以引发和加强儿童的适应性反应。感觉统合功能训练是在治疗室内提供专门的感官设备，如秋千、蹦床、治疗球、攀岩墙等，治疗师将恰到好处的感觉挑战嵌入有趣的、以目标为导向的活动中，以此激发儿童的积极参与，增强儿童感觉统合和实践能力，以影响更广泛的发展性社会参与和适应性结果。

壮壮在进行感觉统合治疗前，需先进行感觉统合相关的评估，根据评估的结果制订干预的措施。在进行临床观察及量表评估后，发现壮壮的本体觉反应过弱，寻求前庭、触觉本体刺激。针对评估结果，给壮壮制订如下的训练方案。

（1）肌肉力量训练：刺激肌肉本体感受器，增加壮壮肢体远端的运动单位簇集。训练项目如"手推车"游戏——治疗师抓握壮壮的双脚，让壮壮用双手在地上爬；踢球射门游戏——将球门放在距离壮壮约其步长两步的地方，让壮壮将足球踢进球门。

（2）四肢协调性训练：加强肢体在空间变化中的感觉输入，帮助壮壮识别肢体在空间中的变化。训练项目如匍匐爬——整体身体贴着地面爬行；"大象爬"——像大象一样，抬起身体，用四肢在地面爬行；爬岩或爬梯子；韵律操——跟随音乐中的歌词、节律做操或做一些儿童健身操。

（3）避免单一感觉刺激，增加活动项目，诱发壮壮动脑思考，组织活动。如壮壮喜欢荡秋千，训练时可以让壮壮一边荡秋千一边与治疗师击掌或投沙包。

（二）PCBI 与言语及语言治疗的联合应用

轩轩被确诊为孤独症后，家长带他进行 PCBI 训练，训练过程中，轩轩渐渐开始说话，可以称呼家人，用简单的词语表达需求。治疗师观察到轩轩说话时声音较小，没有力量，词语是一个字一个字蹦出来，且部分发音不清晰，如“哥哥”说成“得得”，“饼干”说成“顶干”等。针对轩轩这种症状，医生建议轩轩进行 PCBI 训练的同时进行言语及语言治疗。

同样，轩轩进行言语及语言治疗前，需先进行语言相关的评估，再根据评估的结果制订干预方案。经过临床观察及量表评估后发现，轩轩肺运作力量不足，唇部发展不佳，舌头的肌肉灵活度欠佳。针对评估结果，给轩轩制订出综合训练方案。

（1）肺活量训练：训练项目如让轩轩吹泡泡、吹纸片、吹口琴、用吸管喝水等，同时治疗师指导家长可每天带轩轩跑步，经常带他游泳、爬山。

（2）唇部按摩：治疗师佩戴消毒手套，按摩嘴唇时，上下嘴唇捏在一起，拇指在下嘴唇下方，食指在上嘴唇上方，由中间到两边，再由两边到中间，反复按摩。

（3）唇部动作训练：①嘴唇闭紧训练——治疗师示范将双唇紧闭，让轩轩模仿，若轩轩无法完成，可将他的双唇间放入压舌板，辅助压舌板不要掉，坚持数秒，反复练习。②嘴唇噘起训练——治疗师示范噘起嘴唇，让轩轩模仿，若轩轩无法完成，可将轩轩嘴唇上夹一支笔，辅助完成，坚持数秒，反复练习。

（4）舌部动作训练：①舌舔上下唇训练——治疗师示范用舌头舔到上嘴唇，然后用舌头舔到下嘴唇，让轩轩模仿，若轩轩不愿意模仿，可将上下嘴唇各贴上他喜欢的食物，如海苔等，辅助轩轩用舌头舔到，若轩轩无法完成，可用压舌板辅助。②舌部左右运动训练——治疗师示范将舌头伸到左边嘴角，然后伸到右边嘴角，让轩轩模仿，若轩轩不愿意模仿，可将左右嘴角各贴上他喜欢的食物，如海苔等，辅助轩轩用舌头舔到，若轩轩无法完成，可用压舌板辅助。

（5）闪卡训练：将轩轩容易发错的唇音及舌音相应的卡片作为闪卡，让轩轩反复练习，如“b”音的“饼干”卡片、“g”音的“哥哥”卡片等，必要时可使用手辅助嘴唇、压舌板辅助舌头发音。

第五节　科学评估与干预，构建适宜孤独症儿童成长的生态系统

每个人都属于生态系统的一部分，刚出生的人，仅仅是在生理特征上具有人类特征的一个生物，在生长发育的过程中，受生态系统的影响，学习各种技能，熟悉各种习惯规则，接受生态系统的教化，慢慢成长为独特、完整的个体。生态系统对儿童成长的影响是潜移默化的，良好的生态系统更利于儿童的全面发展。生态系统的构成见图 7-1。对孤独症儿童来说，需要通过完整的评估了解他们所处的生态系统情况，通过科学的干预完善生态系统中存在的不足，构建良好的、具有支持性的生态系统可以更好地促进孤独症儿童的成长。

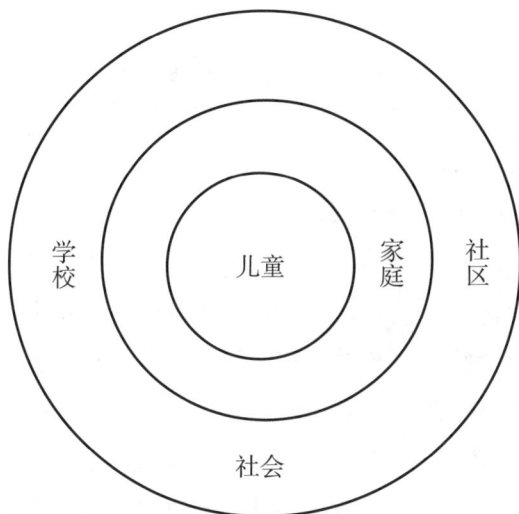

图 7-1　儿童生态系统的构成

孤独症儿童在人际关系的发展过程中，也遵循着普通儿童的基本发育规律。在普通儿童生长发育进程中，建立人际关系时首先是和家庭成员建立社交关系，包括父母、同胞、祖辈、亲戚，其次是社区的邻里和小朋友们，再次是学校中的老师和同学，最后是其他社会成员。所以孤独症儿童除本身个体化的综合干预外，仍需考虑儿童的生态环境，即家庭、学校、社会的干预。

一、家庭干预

孤独症儿童的早期干预模式中，首推家庭早期干预。父母等家庭成员是

大部分孩子最主要的社交互动对象，是陪伴孩子时间最长的人，家庭生活中有非常多沟通的自然场景。家庭成员应积极学习技术，在自然环境（如家庭、社区、游乐场所）中通过运用各种行为策略，利用日常生活中自然发生的事件，教授适合儿童发育进程的必备技能，主动把社交互动与儿童连接，一起建立对事物的共同兴趣，把孤独症儿童逐步拉回儿童正常都应该享受的自然社交中心和家庭社交中心。家庭成员同时需要关照到自身压力状态和心理状态，有需求时能主动寻求心理支持和咨询。

家庭实施干预前，家长首先要明确孤独症的核心症状是社交/交流障碍及兴趣狭窄、行为刻板，认知障碍是孤独症的共患和继发改变，改善核心症状是首要目标，同时需要关注和评估认知的发展；孤独症主要是遗传和环境因素的共同作用，家长避免不必要的自责和他责；孤独症儿童个体差异极大，症状及预后差异都很大，设置适宜的目标才能正确看待疗效，避免责怪儿童和家人。

家庭干预实施时家长要掌握以下干预要点（徐秀，2021）：

（1）建立与孤独症儿童的信任：多观察儿童的行为，理解儿童想要什么、想做什么、对什么游戏活动感兴趣；在理解孤独症儿童想法的基础上，对其表达的合适沟通行为进行及时回应，并提供恰当的帮助使其学习更高一级的沟通技能；不强迫孤独症儿童做使其感到极度不安的活动，比如夺走儿童喜欢的玩具、过度贴近社交回避的儿童等。

（2）基于自然环境的构建，来增加社交动机：减少过度帮助，创造沟通机会，如将玩具、小食品等收纳在儿童看得到但拿不到的地方，不立即上前帮忙，积极地等待儿童出现沟通行为；保持环境规整有序，减少环境刺激，玩具散乱会导致儿童刺激过度。

（3）抓住孤独症儿童注意力：如在日常活动或游戏活动中，始终注意保持与儿童面对面，让儿童容易看到家人的脸；活动中仅留下活动相关的物品，将其他玩具或依恋物品等收纳在看不见的地方，干预初期建议每次活动中仅一个家长和儿童互动，随着社交能力的提高可增加互动时参与的人数；抓住儿童注意力最好的方法就是加入其感兴趣的活动中，而不是让其参与成人设计好的活动中。

（4）训练孤独症儿童的模仿能力：包括声音模仿、操作物品的动作模仿、肢体动作、面部动作模仿等；家长在训练儿童模仿能力时，可先模仿儿童，模仿他们的动作、发声，获得他们的关注后教授新的有意义的语言、物品操作等，鼓励、辅助儿童模仿，通过自然奖励强化儿童的模仿行为。

（5）教授儿童非言语沟通的能力：将非言语沟通技能示范给儿童看，如伸手要物品，用手指物品，点头表示"要"，摇头表示"不要"等，给予恰当的辅助，使儿童也能做出恰当的沟通行为。同时可使用与儿童能力相匹配的语言，对其正在做的动作和关注的物品进行描述，如"打开袋子"等。

（6）孤独症儿童语言沟通遵循"加一"原则：根据儿童现有语言能力，循序渐进加一个语言成分。如儿童只会说单词，想要喝奶的时候说"奶奶"，家长需回应"喝奶奶"，在单词基础上补充为词组。

（7）教授儿童拓展游戏技能：参考本书第四章游戏能力模块。

（8）处理孤独症儿童的问题行为：参考本书第六章行为管理模块。

（9）培养儿童生活自理能力：生活自理能力是一个人能否独立的基本的要求，也是儿童以后融入集体生活及社会的必要条件之一。家长需了解儿童各阶段的自理能力要求，灵活使用一些方法（步骤拆分、图片法、连续接近法）教授儿童自理能力。

（10）家长学习自我关爱：孤独症的治疗是长期性的，家庭是儿童最坚实的支柱，只有照顾好家长自己和家人，才能在长期的进程中给予儿童积极的支持。因此家长要理解自身的情绪波动，接纳负面情绪，在消极情绪出现警示症状时，及时寻求支持和帮助；给自己留调节情绪的时间，接受友善的帮助；理解其他家人，对家人做到恰当解释、留有空间、及时回应，全家一起合作才是对儿童最好的支持。

根据以上家庭干预要点，该怎样对壮壮进行家庭干预呢？他喜欢认字，总是指着字让家长念给他听，这时候家长要注意，如果壮壮只是指着字，问"这是什么字"，但没有看妈妈，妈妈可暂时不要回应，再等等，等壮壮指着字，抬头看着妈妈，问"这是什么字"时，再给予回应。回应后也可再反问壮壮，"现在告诉妈妈，这个字怎么念"，通过这样的方法增加壮壮非言语沟通的能力及相互沟通的次数。当壮壮安安静静在家一个人玩时，家长先观察他玩的游戏，再主动加入其中，跟随他的兴趣，与他面对面，边玩边描述正在做的事情，可适当地加入假扮游戏的元素，拓展他的游戏技能。游戏过程中要以快乐为原则，让他觉得跟家长一起玩很开心，在壮壮最喜欢的游戏部分前停顿，激发他主动参与的动机。壮壮遇到困难时，可等待壮壮主动寻求帮助，并辅助壮壮解决难题，再次回到快乐的游戏中来。家长带壮壮外出时，也可使用以上的干预技能，让壮壮掌握的技能泛化到生活中各种自然场景中。

二、学校融合

融合教育，即基于全纳思想，将具有特殊需求的儿童融入正常儿童所在的主流教育环境中，并为其提供专门的学习环境和教学方法，以充分发挥特殊儿童的潜能，使之与正常儿童共同成长和进步，在学校中扮演同等重要角色。融合教育已成为全球教育发展的必然趋势。2022年教育部在"十四五"国家基础教育重大项目计划实施部署工作会议中指出，大力促进特殊教育拓展融合，创设融合教育环境，做到"应随尽随，应融尽融"。

研究表明，学龄前融合教育可促进孤独症儿童的早期发展，改善人际交往，增加适应性行为，提高沟通技能及游戏技能，学前阶段是孤独症儿童的最佳融合时机。与其他特殊儿童相比，孤独症儿童的特殊性、复杂性和多样性使其参与融合教育面临更多的挑战。2022年，我国颁布实施的《"十四五"特殊教育发展提升行动计划》明确提出要"以适宜融合为目标""针对不同类别、不同程度、不同年龄残疾儿童青少年的需要，科学评估、合理安置、分类施教""积极探索科学适宜的孤独症儿童培养方式"。每个孤独症儿童都有自身的特殊需求，教育目标不相同，教育需求也不一致，相应的融合教育则要求学校和教师为其提供额外的专业支持，并根据其自身特点适当调整教学方法、课堂环境等。

目前美国主要采用先行程序策略和同伴介入策略进行学龄前孤独症儿童融合教育（李艳玮，2021）。先行程序策略主要是为了避免孤独症儿童因日常生活习惯或环境因素突发变化引起不适而设计使用的，主要由教师根据活动安排和儿童的兴趣提前设计并开展准备活动，从而预防和减少突发事件，具体包括提前练习、即时指导、图片日程表策略。同伴介入策略是指教师发挥融合教育环境中儿童的多样化优势，通过训练正常儿童来支持孤独症儿童的行为功能、推动孤独症儿童学习进程。同伴介入式干预强调一个或多个同伴的介入。在此过程中，同伴不仅充当了发起社会交往的角色，还要为孤独症儿童塑造适宜的行为模范，促进和加强其目标行为，培养孤独症儿童的社交技能和沟通技能，减少孤独症儿童在一对一关注上的依赖，增强其自我管理能力，实现融合教育的效果。

结合国外学龄前孤独症儿童的融合教育，我国学龄前孤独症儿童融合教育可通过 3 个方面来实施。

（1）改善融合教育的环境，包括物理环境和教学环境，如教学设施、环境创设、教学中的情景创设、教具准备等，为孤独症儿童提供适当的外部融合环境。如在物理环境调整方面，可采用结构化教学理念，提供视觉化的教室环境和学习材料，为孤独症儿童创造优质的发展和学习环境。

（2）加强教师、同伴的参与度，包括师生互动、同伴互动、活动参与和归属感培养，为孤独症儿童创造良好的融合氛围，使其真正参与到班级活动中。在教师与同伴的接纳、互动和支持下，师生帮助孤独症儿童发展积极的师生关系和同伴关系，使其体验到成功，从而获得心理归属感。

（3）建立完整的支持体系，包括行政支持、教学支持和家长参与。融合教育不仅要有宏观的行政支持，还应对教师进行专业培训，提升教师学前融合胜任力，关注孤独症儿童个体差异，结合儿童发展评测结果和行为目标，为孤独症儿童制订和实施个别化教育计划。家长也应支持融合教育，与教师建立相互信任及协作的关系，积极与教师沟通，鼓励儿童参与融合教育课堂。

壮壮父母发现壮壮对其他孩子没有兴趣、独自一个人玩的现象后，决定让壮壮上幼儿园，希望多接触同龄儿童后壮壮的表现可以好些，但壮壮上了幼儿园半年后，并没有越来越好，反而还是不理其他孩子，集体活动跟不上大家的节奏，更糟糕的是，壮壮越来越不愿意上幼儿园。前文提到了孤独症儿童学龄前融合教育，对于壮壮我们可以做哪些来帮助他，让他愿意上幼儿园，接受融合教育呢？首先父母带壮壮到医院就诊后，了解到壮壮的这些现象都是孤独症的症状表现，除进行家庭干预外，为了让壮壮更好地融入幼儿园，父母应充分跟幼儿园的老师进行沟通，告知老师壮壮的疾病诊断及目前采取的干预措施，希望获得老师及学校的支持。在学校的同意下可适当地改造教室环境，如提前准备好辅助安坐及自理的视觉提示卡片、符合壮壮兴趣的教学教具等。老师可借助视觉提示卡片帮助壮壮建立生活常规，完成从家到幼儿园的过渡。老师平时可多正向关注壮壮，发现其优点，引导其他孩子带领壮壮一起玩耍。如果目标是让壮壮多参与班级活动，老师可利用壮壮的兴趣，使用相应的教学教具如数字、汉字、广告牌等，班级里组织关于数汉字、配对、认广告牌等游戏活动，提高壮壮主动参与的动机，同时引导其他孩子主动带领壮壮参与其中，体验互动的乐趣，获得愉悦感。

三、社会接纳

近年来，人们对孤独症的认识和接受程度方面取得了重大进展，这主要归功于许多了不起的孤独症倡导者，他们通过不懈努力，将孤独症患者的生活经历更广泛地展现给世界。此外，许多不同国家的医学专业人员、研究人员和学者正致力于将社会学家朱迪·辛格（Judy Singer）1998 年提出的"神经多样性范式"纳入他们的工作中。

人们正在摆脱治愈或改变孤独症患者的叙事方式，转而专注于接受、支持和包容孤独症患者，并倡导他们的权利。对于所有孤独症患者、他们的盟友、更广泛的神经多样性社区和整个世界来说，这是一个重大转变，使孤独症患者能够维护尊严和自尊，并完全融入家庭和社会，成为有价值的成员。这种转变还可以让人们关注孤独症患者对世界所做出的贡献。然而，孤独症患者仍然面临歧视和其他挑战。与所有人一样，孤独症患者拥有多种才能，也面临诸多挑战，但这些天赋和挑战往往被他们身处的世界所忽视。此外，不同国家对于孤独症患者的认知度和接受度有着很大差异。我们还必须认识到，孤独症患者特别容易受到日常生活中重大动荡的影响，例如发生在我们周遭的大流行病、战争和自然灾害等。

学会理解、接纳和包容孤独症群体，是对他们最好的帮助，用温暖、用爱去指引和帮助他们，让他们享有本来该有的生活。不管是壮壮、轩轩还是其他孤独症儿童，社会大众都应该理解他们的与众不同，接纳他们，包容他们。

本章·小结

本章详细介绍了 PCBI 的评估及应用（图 7-2），让读者充分了解孤独症儿童进行 PCBI 训练时需做评估的作用及进行评估的方法。如前文所述，

PCBI 并不能解决孤独症儿童的所有问题,对孤独症儿童来说,进行个体化的综合评估,在综合评估框架下 PCBI 与其他干预联合应用非常重要。同样,良好生态环境的支持,可更好地促进孤独症儿童的康复,所以应进行科学评估与干预,构建适宜孤独症儿童成长的生态系统。

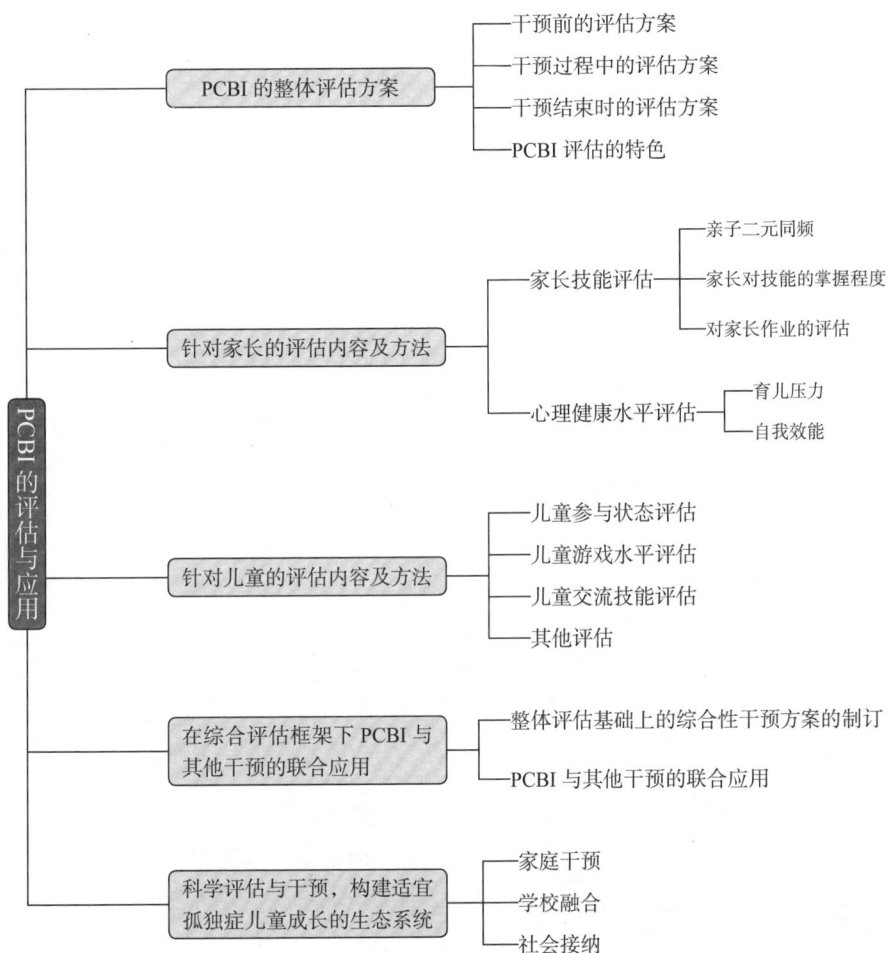

图 7-2 PCBI 的评估与应用框架

交流篇

P C
B I

第八章 治疗师注意事项

本章关键词：

家长缺席；家庭作业；情绪问题；意见分歧

本章将结合几位高年资治疗师的临床经验，谈一谈在和家长一起工作的过程中可能会遇到的各种困境，并给出针对性的建议。这些困境通常是由家长和治疗师共同面对的，所以家长不妨也在阅读的过程中对照自身情况，或许可以获得一些启发与帮助。

第一节　如何应对家长的缺席

一、家长缺席的可能原因

在线下课程中，家长缺席的问题是很难避免的。总的来说，家长不能出席课程的原因，主要有以下两类：

第一类是主观的原因，常常表现为家长本身的动机不足。当然动机不足的原因也有很多，比如对课程的内容接受度不高，感觉孩子的进步达不到预期，自身情绪问题干扰，家庭分歧大，路途遥远，经济负担过重等。这一类原因导致的缺席，通常会伴随一个犹豫期，家长的动机有一个逐渐衰减直至最后彻底放弃的过程。即使在此期间，治疗师仍有机会帮助家长保护动机、重建信心。

第二类是客观的原因，比如天气、疫情、家庭或工作中的突发事件，找不到合适的治疗师，治疗资源不可及等，这些原因通常具有不可抗拒的特征。家长本身出席课程的意愿很强烈，但受困于现实情况，不得不放弃。

治疗师与家长一起工作的过程，本质上也是心理治疗的过程，家长既是治疗的介导者，也是被治疗的对象。在过往关于治疗对象缺席的研究中，盖兹达在综述中提出社会经济地位是一个需要关注的因素，社会经济地位越低的来访者，越容易在治疗中流失（Gazda，2012）。此外还需注意的情况有：①来访者具有极端的心理情绪问题（比如焦虑、抑郁）。②来访者具有过高的治疗期望，治疗效果往往无法达到家长的预期，来访者因为失望、无力而缺席。总体来说，易于缺席的来访者大多有统计上的、诊断上的和人格上的某些特征，缺席也与其背景人格特质和受困扰的严重程度息息相关。

二、家长缺席的应对策略

下面将针对不同种类的缺席原因，给出一些应对的建议。

（一）对于主观原因，需要设法提升家长的参与动机

首先，每一个能够走到参与线下课程训练这一步的家长，必然是具备动机的。从对孩子有所担忧到就诊，到完成评估接受诊断，到付出人力和物力成本开始训练，每一步都不容易，每一步都代表着家长帮助孩子的决心。这些都说明，家长们本身就存在动机，治疗师需要做的是帮助家长们建立对康复治疗的正确认识，调整心态，激发动机。

1. 对家长出席行为的关注、强化，及针对缺席的讨论

正如所有行为训练的原理一样，强化对于塑造正向行为的作用永远是最大的。治疗师应当给予家长按时出席的行为足够的关注与强化，真诚的赞许和肯定可以加入每次与家长见面时的问候，作为一种固定的强化形式。除了社交强化，也可以使用一些更具仪式感的强化形式，比如制作一张出席表，家长每次出席都可以获得一颗印记，这种记录表可以让家长通过量化的形式亲眼看到自己付出的努力和取得的成就，建立自我效能感，增加行为动机。更进一步来说，加入一些很小的物质强化也是可以考虑的，比如每次出席可以获得一颗小糖果，而完成整个课程，可以获得一份小礼物——当然，这都是在条件允许的情况下。

除了关注与强化，与偶尔缺席的家长开诚布公地讨论缺席原因也很有必要。正如上文所言，虽然缺席的原因分为主观与客观，但即使是一些客观原因也并非不可撼动。我们在临床中，经常见到因为本地治疗资源不足，不得不在外地租房子孤身一人陪伴孩子康复的家长，可想而知他们经过了怎样的思虑和取舍，在资源不可及的客观条件下，毅然迈出了这一步。同样，即使是已经开始进行治疗的家长，也会产生各种各样的心理情绪问题，在主观因

素的影响下，一些客观困难看起来变得不可逾越。这个时候，治疗师在讨论中的澄清和引导，就显得尤为重要。

2.觉察家长的负面情绪

在按照一定频次进行的家长课程中，治疗师可以定期和家长交流，敏感的治疗师很容易察觉到家长的情绪变化与退缩征兆。

比如有的家长会反复强调"孩子的进步不大""感觉没什么改变"。这可能是家长焦虑的心态使他忽略了孩子的改变，也有可能确实在短期训练中，孩子没有发生非常明显的变化。无论如何，有这样的想法，就是家长开始陷入消极情绪，甚至出现消极行为的征兆。治疗师应当敏锐地觉察这一点，并及时干预。

治疗师可以在每次面对面的课程中，尽量展示孩子出现的进步，哪怕这些进步很小，比如安坐的时间变长，哭闹频率变少，学会使用简单的玩具等。同时，将恰当行为的功能分析表（表8-1）作为作业布置给家长，让家长改换观念，不再因只将注意力放在孩子的问题行为上而沮丧，而是更多关注孩子的好行为。一方面正向关注本就是强化好行为的重要方法，另一方面，这也帮助家长意识到自己的努力有所成果，重建康复治疗的信心。

表8-1 恰当行为的功能分析表

项目	时间/地点	前提	行为	后果	功能
举例	周日晚上，客厅	自己把积木搭高	抬头对妈妈笑	获得称赞	吸引注意

3.帮助家长建立合理的目标

一部分家长的退缩行为，源于目标和现实差距过大而产生的无力感。

比如有的家长反复追问老师"孩子怎么还不会说话""他三岁了，能上幼儿园了吗"，这些问题的提出，意味着家长对孩子的情况没有全面的了解，还在坚持着不合理的目标。

治疗师应当在与家长的沟通中，尽量全面地描述孩子的情况，并解释各项评估的结果，制订合理的目标。本书的前面几章详细阐述了如何评估孩子的交流和游戏水平，这些简单易行的评估方法可以有效地帮助家长建立合理的训练目标。

合理的训练目标通常是远期目标和近期目标的结合。远期目标接近于一个愿景，几乎所有孤独症儿童的家长有一个共同的康复目标，即孩子未来基本可以无障碍生活。但近期目标却非常个体化，通常会和时间紧密联系，一般为3~6个月内的计划，比如一个孩子3个月的训练内容为家长指导下的游戏训练。

通过评估，训练目标为可以和家长进行简单的轮流组合游戏，并通过眼神和动作进行简单的需求与分享；3个月后，再通过疗效评估，确立下一阶段的训练目标。保持这样的评估与训练相结合的节奏，可以帮助家长"不跑题"，始终紧扣目标进行工作，同时通过不断达成目标获得成就感，维持信心，坚持康复训练。

4. 教授家长够用的技能

家长在康复训练中占据着非常重要的地位，但不是每一位家长都能完全替代治疗师的工作。

在临床中，我们看到很多家长，出于对孩子的责任心非常好学，短时间摄取了大量相关信息，最后反而手足无措，难以专注。

治疗师在和家长的沟通中，应阐明家长在训练中的重要地位，但也要提醒家长，不要试图做一个"万能"的家长，而要做一个"够用"的家长。就算是专业治疗师，也不可能掌握每一种训练方法，何况是半路入门的家长呢？家长应合理分配自己的精力，以实践为导向学习训练技能，更专注于自己无法被替代的工作。

比如本书提到的游戏训练。儿童对游戏的需求量决定了机构很难满足其全部需求，毕竟就算孩子在机构上游戏课，也不过一两个小时的时间，相比他每天应当拥有的游戏时间，实在是很少一部分。而家长陪伴孩子的时间是很充裕的，所以，游戏训练是家长责无旁贷的工作。同理，日常自理能力的训练也是这个道理。当家长可以摆正自己的位置，明确自己主要任务的时候，他的参与动机也会随之提升。

5. 帮助家长进行资源管理

目前国内孤独症干预的现状，对大部分家长来说，还处于资源匮乏的状态。很多家长因为资源不足难以为继，这是非常令人遗憾的事情。所以治疗师应当尽可能帮助家长进行资源管理，减少非自愿的脱离行为。

对于因为经济问题难以支撑的家长，治疗师应尽量全面地了解当地的补助政策，包括残联系统和医疗保险系统的支持政策，及时转达给家长，帮助他完成办理流程，解其燃眉之急。

对于当地资源匮乏，但又很难支撑异地训练的家长，应考虑开设一些线上的远程课程，保证家长能够得到最基础的支持。

对于家庭资源困难的家长，比如爷爷奶奶和爸爸妈妈在行为管理上有分歧的家庭，治疗师可以尝试邀请其他家庭成员参与课程，以相对权威的身份，解释训练的原理，帮助家庭统一规则。

小贴士

因为孤独症症状的特殊性，确实存在很多家庭在康复训练的过程中，内部出现观念的分歧，甚至产生家庭矛盾，最后不得不退出治疗。治疗师在沟通的过程中，应尽量避免谈及诊断，而是从孩子需求的角度帮助家长理解康复训练的重要性，以维持家庭的参与为第一目标。

（二）对于客观原因，可以通过灵活地变换设置方便家长

对于因为恶劣天气或是临时的工作状况，某一次课程不能出席的家长，治疗师可以积极联系家长，调换课程时间，尽量维持课程的频率与常规，避免形成缺席的习惯。

对于因为长期工作调动或家庭突发事件导致难以继续出席的家长，可以尝试改为线上视频课程。但线上视频课程的弊端是家长的卷入程度不如线下，可能会导致家长的专注力和参与动机降低。所以治疗师应建立更加清晰的课程常规，确保家长的卷入，比如制订严格的课程时间表，加强对家庭作业的管理，尤其重视家长现场操作环节等。同时，也应向家长说明线上训练相较线下训练，也有一些优势。游戏训练本就是在家庭环境中进行的训练，治疗师观察家长在家中的实操情况，更容易给出针对环境、技巧等多方面的个体化建议，帮助家长和儿童泛化技能。

第二节　如何鼓励家长完成家庭作业

　　PCBI 模式的核心是家长介导，即通过训练家长，达到训练孩子的目的。如果家长参与度不够高，掌握得不够好，那疗效必然大打折扣。所以，如何帮助家长更好地掌握所学内容，并付诸实践，是一个很重要的问题。换句话来说，这个重要问题就是如何让家长完成家庭作业。

　　大部分针对孤独症儿童和家长的行为干预策略，都运用了认知行为治疗（Cognitive Behavioral Therapy，CBT）的治疗元素。在认知行为治疗技术中，家庭作业是一个不可或缺的部分，其本质把治疗技术生活化，也就是把认知转变成行动的过程，缺少行为改变的认知行为治疗是不完整的。康复治疗中的家庭作业也同此理。

　　在治疗中，治疗师布置家庭作业时，需要遵守的基本原则包括：作业的难易度适合来访者，说明布置作业的理由，告知可能遇到的困难，矫正相关的负性信念。在 PCBI 线下的家长指导课程中，治疗师在布置作业时也应遵守这些注意事项。一般来说，治疗师会在每节课后布置两部分的家庭作业。一部分是书面作业，家长通过完成一些文字作业，理解理论知识，记录实践活动；一部分是实践作业，家长将所学的技能运用于实践之中，并通过练习达到熟练。

　　下面我们分别讨论家长在完成不同类型的作业时可能出现的困难及其应对策略。

一、书面作业完成困难的原因及应对策略

　　对于书面作业，家长难以完成的原因，通常是思路不清晰而无从下笔。就像上学的时候做试卷，我们对于论述题总是望而生畏，而选择题和填空题就好一些。在给家长布置书面作业的时候，治疗师也应当避免太过开放的问题，增加其结构化程度，使家长易于完成。

　　举例说明，在本书第四章中有一节内容为"建立游戏步骤"，这一节的书面作业，布置方式见表 8-2。

表 8-2 PCBI 家长作业示例

训练目标	建立游戏步骤

使用玩具: _____

游戏步骤:

（1）_____

（2）_____

（3）_____

（4）_____

（5）_____

（6）_____

游戏持续时长: _____ 分

游戏过程中家长技巧掌握评分（1~10 评分）

1	2	3	4	5	6	7	8	9	10

游戏过程中儿童参与配合评分（1~10 评分）

1	2	3	4	5	6	7	8	9	10

　　通过这样结构化、量化书面作业的形式，家长可以更有信心地完成作业，并且也可切实巩固所学内容。

二、实践作业完成困难的原因及应对策略

　　学习任何一项技能，都会面临从理论知识的学习到实践练习之间的落差，家长学习游戏训练技能也不例外，而能够填补这段落差的，就是线下课程中的辅助练习环节。因此，在每一节面授课中，治疗师在讲解了理论知识、示范训练技巧之后，务必让家长进行当堂练习，并及时地给予反馈与指导，只有家长切身体验过技巧在实践中的应用，才能更有信心地在家中尝试。

　　还需要注意的就是，很多家长除了参与孩子的训练，还有非常繁忙的工作和生活，且不同家长之间学习能力差异也很大，学习效率参差不齐。因此在教授家长相关理论知识的时候，应尽量删繁就简，突出重点，可以多尝试使用顺口溜或关键词这样的教学技巧，通过反复强调，让家长记住核心的内容，并有机会慢慢在实践中运用起来。相反，如果理论知识太过繁杂，很多家长

其实记都很难记住，更别说运用了。

最后，实践作业的反馈，一般会在下一节课中进行，治疗师可要求家长现场演示上一节课所教授的训练技巧。虽然治疗师能使用评估工具评估家长的技能掌握情况，但这里建议，当面反馈的时候，尽量以强化和肯定为主，即使是指出问题，也应当用尽量委婉的方式。养育一个孤独症的孩子，本身就是一个巨大的挑战，而学习康复治疗的相关知识，也是一项额外的工作，所以家长的情绪调节系统和精力都在超负荷地运转。这个时候，治疗师除了要帮助他们掌握技能，也应当以温暖和肯定的态度给予家长情绪支持，肯定他们的努力，提升他们的参与动机，使家长更好地投入学习与练习之中。

此外，在有条件的情况下，家庭实践作业还可以以录像的形式记录下来。治疗师可以带领家长一起观看录像，帮助家长进行反思。如果家长能够形成"观看录像，自我觉察，找出问题，改善技巧"的模式，那将是一个更理想的状态。毕竟，所有的课程终有尽时，治疗师不能永远陪伴一个家庭，而形成了自我进化能力的家长，就可以自己充当自己的督导老师，获益无穷。

第三节　如何处理家长突出的情绪问题

随着孩子被诊断为孤独症，家长原有的心理秩序、行为习惯和生活规律都可能会被打乱，同时，他们需要花费较多的精力去陪伴孩子，高额的康复训练费用给家庭带来严重的经济负担，以及周围人们对孩子异常行为的不理解容易使家长产生挫败感，产生抑郁、焦虑、绝望、痛苦和孤立等消极情绪。家庭成员的心理与行为也影响着孤独症儿童的情绪、学习、训练和治疗的效果以及生活质量，因此治疗师了解情绪背后的原因以及掌握有效的技巧，对于帮助家长面对情绪问题是非常重要的。

一、家长常见的情绪过程

家长因为孩子被诊断为孤独症而产生的各种生物、心理、社会、行为等方面的变化，通常称为应激的心身反应。家长的情绪性应激反应往往跟孩子的成长阶段有着密不可分的关系，从孩子确诊到得到有效康复，家长往往经历过"否认 / 拒绝—愤怒—焦虑 / 抑郁—接纳"4 个阶段。

（1）否认/拒绝。诊断初期，家长往往是无法接受这样的结论，否认，质疑，通过不断地问诊试图推翻之前的诊断。家长会关闭所有的负面结论通道，执着于寻找最后一丝肯定，肯定孩子是正常的，肯定孩子不是孤独症。当然，否认的同时也会拒绝进行干预康复，认为孩子只是说话迟，多接触小朋友，多带出去玩就会好了。该阶段的家长在遇到问题时会用回避的方式来处理，竖起自己的保护盾。

（2）愤怒。当家长跑遍各大医院，做完所有的检查还是无法改变孤独症这一事实时，当孩子在幼儿园融入了一段时间后仍然没有进步时，家长随之而来的是愤怒。为什么是孤独症？为什么他会这样？诸如此类的抱怨，蕴藏家长的不满、愤怒，使得他们情绪容易暴躁，无法理性地判断思考，面对孩子和他人时也会容易发生冲突，就像愤怒的刺猬，随时随地可能出现攻击性。

（3）焦虑/抑郁。拒绝、愤怒之后，随之而来的情绪是焦虑、抑郁。经济的压力，干预的效果不佳，社会资源的缺乏等都会让家长产生焦虑、挫败感、绝望、社会孤立感等消极情绪。经常会遇到家长一直在抱怨自己的孩子难管、怎么一点进步都没有，甚至动不动就对孩子大吼大叫甚至大打出手，其实这些行为的背后都是家长的情绪在作祟，他们可能存在焦虑情绪，也可能存在挫败、绝望等。还有一些家长，平时对孩子不管不问，无心陪伴，情绪不高，甚至与治疗师沟通很困难，不按照治疗师的计划执行等，这些行为表现都提示治疗师该家长可能情绪低落，存在抑郁情绪。总的来说，这一阶段家长可能难于沟通，往往抓不住重点，情绪的波动很大，对于未来保持消极负面的态度。

（4）接纳。随着对孤独症相关认知的不断健全，对康复干预的理解加深，以及社会资源的获得，家长的情绪反应趋于接纳，接纳自己，接纳孩子，接纳康复。这个阶段的他们相对理性，可以有效地进行沟通，积极地配合干预。

精神病学家伊丽莎白·库伯勒-罗斯的哀伤处理理论认为，遭到突如其来的不幸打击或者痛失所爱时，通常会经历否认、愤怒、沮丧、焦虑，最后才是接纳。从一开始的否认，拒绝接受事实，慢慢地演变为愤怒。面对突如其来的诊断时，家长有很多的情绪奔涌而来，使得他们很难马上接受事实，所以往往会选择愤怒作为情绪宣泄的出口，承认愤怒比承认自己害怕更容易。愤怒过后，家长们会自责、后悔、懊恼，认为如果当时自己多陪伴，孩子或许就不会有问题等。自责懊恼之后，家长可能会表现得意志消沉、无精打采、郁郁寡欢、对任何事情都提不起兴趣，只是一味沉浸在悲伤之中。表面上看，好像他们已经颓废到极致，然而物极必反，这其实是他们开始好转的表征。抑郁过后，人们开始慢慢接受现实。大部分家长都会依次经历各个阶段，然后平稳顺利地过渡到下一阶段。但是，也会有部分家长会卡在某个阶段，不能顺利地达到接纳阶段，因而出现相应的情绪问题。

治疗师与家长是治疗同盟的关系，而良好的关系建立在理解的基础上。面对家长的情绪问题，治疗师需要知道为什么，也就是情绪背后的原因有哪些。

二、家长产生不良情绪的可能原因

通常来说，家长产生消极情绪的原因主要有个体因素和环境因素两大类。

（一）个体因素

1. 家长对于疾病的歪曲认知及过于强烈和持久的情绪反应

由于对孤独症这一类疾病的认知不足，家长在得知孩子有孤独症或者哪怕是疑似孤独症时，一波又一波的未知、疑惑涌上心头。能治愈吗、以后能生活自理吗、能上学吗、能开口说话吗、康复多久能恢复等，这些疑问都是家长焦虑抑郁的源泉。甚至因为认知不足，家长认为应当对孩子患病负全部责任，尤其是母亲更是常常陷入对自己子女养育方式适当与否的反思中，后悔自己当年教养孩子的种种行为，如没有好好拥抱孩子、较少陪伴孩子、对孩子太严厉、没有及早发现孩子的异常等，也有家长后悔让家中老人看管孩子等。强烈持久的内疚感使他们不想再为人父母，乱发脾气。

2. 家长技能不足

没有充分掌握实用技术，导致家长在面对孩子的问题时无计可施，焦头烂额。众所周知，孤独症患儿规则意识差，社交技巧不佳，刻板，时常还会出现各种行为问题，在日常生活中家长很难管理，因而滋生生气、焦虑等情绪问题。比如，某四岁男孩，他喜欢看自动门开关，每次出门只要看到自动门就会停下来反复看很久，妈妈拉也拉不走，如果硬拉就会大哭大闹，躺在地上，为此妈妈每次只要一出门就很担心，焦虑，觉得没法带他出门。由此可见，妈妈的焦虑来源于其没有足够的技能应对孩子出现的问题。

3.家长对孩子有不合理的期待

对于孩子目前发展的认知不足，也是家长情绪问题产生的原因之一。有些家长过高地预估了孩子的发展，当干预未达到他的预期时就会产生质疑，失望甚至是绝望。比如小朋友在干预一段时间后仍然不说话，而同期的其他小朋友却能开口说话了，她的妈妈出现了很多焦虑、抑郁的情绪，遇到治疗师就会问孩子怎么还不说话，也会不断地去咨询医生，甚至有时小朋友不听话的时候一边打骂一边抱怨怎么这么差等。这位妈妈对于孩子的能力有过高的期望，而现实中落差太大使得她出现了焦虑、愤怒等情绪问题。

（二）环境因素

1.家庭功能受损

孤独症的康复是一个长期的过程，需要耗费巨大的人力、时间和财力，这对于一个家庭来说是一项巨大的挑战。家庭成员间如果不能互相理解，彼此支持，达成共识，很容易出现家庭危机，从而产生各种情绪反应。在干预治疗中，不仅会遇到家长们因为理念不一，争执不休，互相指责，也有家长因此而解除婚姻关系，这些都会产生情绪影响，进而影响孩子的康复干预。

2.社会支持不足

社会支持是指家长与社会各方面的联系程度，是应激作用过程中个体可利用的外部资源。通常来说，社会支持系统好的家长倾向于比没有社会支持或很少社会支持的家长健康问题少。根据不同的标准，社会支持存在不同的分类，具体如下。

（1）客观支持、主观体验到的支持和对支持的利用度。客观支持也称实际社会支持，包括物质上的直接援助和社会网络、团体关系的直接存在和参与，是客观存在的现实，这是人们赖以满足他们社会、生理和心理需求的重要资源；主观体验到的支持也称领悟社会支持，即个体所体验到的情感上的支持，也就是个体在社会中受尊重、被支持、被理解而产生的情感体验和满意程度，与个体的主观感受密切相关；对支持的利用度是个体对社会支持的利用情况，有些人虽然可以获得支持，却拒绝别人的帮助。人与人之间的支持是相互的，支持别人的同时也为别人提供帮助打下了基础。

（2）家庭支持、朋友支持、其他支持。这是从社会支持来源角度进行的分类，强调个体对来自各种社会支持来源的理解和领悟。

（3）认知支持、情感支持、行为支持。这是以社会支持维度为出发点的分类。认知支持指提供各种信息、意见与知识等；情感支持指安慰、倾听、理解及交流等；行为支持指实际的帮助行动。

不同的分类反映了研究者们对其本质的不同理解。当然，不同类别中许多内容是相互交叉的。

家长为了孩子的干预治疗，离开原来的工作环境，成为全职父母，甚至因为病耻感，连朋友都疏远了。家长缺乏朋友支持的同时也可能存在情感支持的不足，客观的物质支持和对疾病的认知支持不足，这些都会触发家长出现焦虑、愤怒等负面情绪问题。下面就有一个典型的例子。

曾经有一位爸爸在办理干预手续时和治疗师说着说着就流泪了，他告诉治疗师他都快崩溃了，实在撑不下去了。他们家是一个三口之家，妈妈是全职，负责孩子的康复干预，他负责工作养家，但是妈妈因为各种原因患上了抑郁症，在家时常打骂小孩，邻居不理解，居委会知晓后建议这位爸爸一定要带孩子做康复、带妈妈治疗。这位爸爸既要工作又要带孩子干预，照顾妈妈，家里没有人能帮他，他感觉很无助，很累。对于这位爸爸来说，他没有感受到被他人理解，因而产生的情感体验是欠佳的，主观体验到的支持是不足的，外界给予的行动支持也同样缺失；同时，妈妈的状况，也让他无法从家庭中获得理解和支持。虽然他们已经接纳了孩子的情况，也在积极地进行干预，但是这些社会支持的缺乏使得他很无助，进而也会出现情绪问题。

家长情绪问题的出现有时并不只是一种原因，可能是多种原因综合而致。治疗师在面对时需要多角度去分析思考，综合判断，视具体情况处理。

三、应对家长情绪问题的策略

通常来说，治疗师可以从以下几个方面来应对家长出现的情绪问题，给予其心理支持。

（一）注重情绪层面的交流

治疗师应与家长保持沟通交流，帮助家长识别自己的情绪，充分理解家长情绪背后的原因。可以教给家长一些自我放松的方法，比如进行正念练习等。同时，给予实时关注，如遇到家长情绪波动特别大时，应及时建议其找专业医生咨询。曾经有一位妈妈有抑郁情绪的问题，在课程干预期间，每当她情绪低落时，治疗师都会及时暂停，帮她练习觉察、放松并给予支持。

（二）引导家长积极关注孩子的干预

治疗师应及时反馈孩子的干预进展，告知居家注意事项等，对于家长的疑惑给予解释和澄清，提高家长对于孩子的认知和理解；引导家长既要关注孩子的不足，也要关注孩子的长处，能辨明孩子目前最迫切的需求，形成合理的期望；制订可操作的计划可以减少家长对不可控情况的焦虑。在干预的过程，治疗师和家长的共同目标是孩子的康复，所以一定要以孩子为核心，时刻与家长反馈孩子的情况。

很多家长的情绪来源于孩子的表现，比如前文提到的小朋友，在干预一段时间后仍无语言，进步缓慢，家长很焦虑、烦躁。治疗师专门与家长进行交流，在表达理解家长焦虑急切的心情之下，将目前孩子的能力发展情况与家长进行分析，澄清当前针对孩子的课程目标是什么，以及妈妈如何在家庭环境中延续干预。通过这样的交流和指导，这位妈妈的焦虑值有明显的下降，更踏实专注于当下孩子的需求。

（三）教授亟须掌握的干预技能

指导家长学习以实践为导向的干预技能，比如一些在游戏和日常生活中可使用的技能，以便家长能在生活中有效地进行行为管理，以减少因无法应对孩子各种问题而带来的抑郁、焦虑、愤怒等情绪。比如说前文提到的爱看自动门小朋友的妈妈，治疗师教给她一些日常中行为管理的办法，通过辅助、差别强化、视觉提示等策略把他带离自动门，反复练习后这位妈妈有了办法，不再焦虑带孩子出门了。

（四）教授家长自我关爱的技能

引导家长认识到自我关爱的重要性，照顾好自己才能照顾好孩子。每周给自己一个休息时间，鼓励他们参与那些对自己来说重要并且喜欢的活动，出去与朋友聚一聚，保持联系，加强交流，获取信息，释放压力，从而减轻负荷、放松心态，积极理智地面对困境。比如，治疗师会建议全职妈妈每周有半天到 1 天的休息时间，哪怕不是完整的时间段也可以。这段时间她可以去逛街，可以去看电影，可以做任何喜欢的事情，以此来关爱自己。

（五）帮助家长资源整合

治疗师帮助整合一些关于孤独症康复干预的科普宣教内容，家长团体和组织，以及政策法规等资源，及时地将科学的、积极的信息传递给家长，给予家长支持。比如，有些家庭因为经济问题很困扰，治疗师会将熟知的残联相关支持政策，以及医疗保险政策传达给他们，以给予支持。治疗师组织家长团体，通过家长之间的互助，帮助家长获得归属感、被接纳感等主观感受，有助于减少家长们的焦虑、无助等负面体验。

总之，治疗师不能改变孩子患病的事实，但是，可以帮助家长去接纳孩子，从另一个角度看待孩子的症状，充分了解孤独症相关的信息和知识，掌握训练和干预的方法以及应对生活事件的态度和技巧。家长学会用积极的眼光看待孩子的问题，则会产生积极乐观的情绪体验。

第四节　如何处理家庭成员间的不同观点

在干预中，家庭成员因为观点不同而导致整个干预治疗推进缓慢的情况也是经常可以遇到的。总的来说，家庭成员观点不同表现在诊断观点的不一致、干预方法以及频率的观点不同，以及具体技术使用上的观点不同等。

针对不同情况，治疗师需要给予不同的处理建议，我们列举了常出现的 3 种情况。

一、关于诊断的意见不一致

当家长提出成员间关于孩子诊断存在观点不一致，有的家庭成员认为孩子没问题，不需要干预，有的家庭成员认为孩子需要干预时，作为治疗师应该明确自己的岗位职责，诊断是临床医生的工作范围，不属于干预治疗范畴。同时，治疗师应时刻从孩子需求的角度出发，帮助家长理解康复训练的重要性。如果家长对于诊断一致性特别执着，治疗师可建议家长进一步咨询临床医生。

前文中提到的壮壮小朋友，他们家就存在观点不一致的情况。父母带他过来就诊咨询，但是爷爷奶奶保持着不一样的观点，认为他只是太小了，调皮而已，没有必要去医院，做什么干预等。此时，治疗师就需要坚持从壮壮的需求出发，以目前他存在的幼儿园适应困难为根本，与爷爷奶奶、爸爸妈妈一起分析，理清当下对于壮壮最重要的是什么，从而提高家庭对于干预的理解，增加他们针对问题解决问题的动机，而不是一直纠结于诊断。当然，与此同时，治疗师也可以进一步把壮壮转介给临床医生，帮助其家人进行相关诊疗咨询。

二、关于干预方法选择的意见不一致

目前，对于孤独症的康复干预方法种类繁多，家长在选择具体干预方式时也会存在分歧。曾有位奶奶认为孩子的能力不行，需要立刻进入干预，多进行认知之类的训练，并且认为要频率增加，最好一天能多次；而妈妈却认为孩子能力还行，并且太小了，一天多次的频率不适合，多陪伴多带她出去玩就行。家长各自按照自己的思维去进行。这样的观点不一致归根到底是因为家长对于孩子目前的能力认知不全面，不能客观地去看待孩子目前的发展情况，没有清楚地认识孩子目前最迫切的需求是什么。那么，治疗师可以尝试邀请其他家庭成员一起参与到课程中，以相对权威的身份，客观地解释目前孩子的发展情况，从孩子目前最迫切的需求出发，科学、专业地给出指导，将近期目标与远期目标结合，以近期目标为主，以阶段性评估为基础与家长保持沟通、调整目标和计划。

三、关于实施行为干预方法的意见不一致

有的时候，虽然家长们都很支持孩子来参加课程，但是在具体技术方法学习上却存在分歧。比如说，在行为管理模块中治疗师会教授家长当孩子用哭闹的方式获得关注时，可以选择忽视、不给予关注。但是，经常会遇到爷爷奶奶和爸爸妈妈存在分歧，老人觉得孩子哭了要哄一下抱一下，爸爸妈妈通过学习认为必须坚持忽视。产生分歧的原因是家庭成员对于干预技术原理理解得不充分。此时，治疗师可以尝试邀请存在分歧的家庭成员参与课程中，哪怕只是短暂的几次也可以，澄清解释干预的原理，以及针对分歧点进行分析，帮助家庭统一规则。比如，上文提到的是否采用忽视技术，治疗师可以通过分析孩子行为背后的原因和功能，澄清使用忽视技术的原因以及具体的流程。在沟通的过程中，应始终坚持以孩子的需求为出发点，以造福孩子为主旨。

本章小·结

　　以上列举的就是治疗师和家长一起工作的过程中经常出现的问题，以及一些针对性的建议。但想要维持与家长良好的合作，给孩子更好的帮助，治疗师除了必需的技能与方法，更重要的是有一颗炽热的助人之心。只有当家长能够感受到真诚与善意时，才会交付信任与接纳，燃起希望与信心，相信这也是每个治疗师最大的愿景。

附录一 诊断标准

一、国际疾病分类第十一次修订本（ICD-11）

ICD-11孤独症谱系障碍诊断标准如下。

A. 在启动和维持社交交流和社交互动方面存在持续的缺陷，超出了与个体年龄和智力发展水平相对应的典型功能的预期范围。这些缺陷的具体表现随实际年龄、语言、智力水平以及障碍的严重程度而变化。临床表现可能包括以下缺陷：

（1）对他人语言或非语言社交交流的理解和兴趣存在缺陷或有不恰当的反应。

（2）口语与非语言交流的整合存在缺陷，例如眼神交流、手势、面部表情和身体语言存在缺陷。这些非语言行为也可能频率减少或强度降低。

（3）在社交情景中理解和使用语言，以及发起和维持交互性的社交谈话的能力存在缺陷。

（4）社交知觉存在缺陷，导致行为不能够根据社交情景进行适当的调整。

（5）想象和回应他人的感受、情绪状态和态度的能力存在缺陷。

（6）兴趣的相互共享存在缺陷。

（7）建立和维持正常的同伴关系的能力存在缺陷。

B. 持续受限、重复和刻板的行为模式、兴趣或活动，相对个体的年龄和社会文化背景来说显然是不正常或过度的。这些可能包括：

（1）缺乏对新的经历和环境的适应能力，并伴有痛苦，这可能由熟悉环境的细小变化或对意外事件的反应而引发。

（2）刻板地遵守特定的常规，例如，这些规定可能是地理上的，如走熟悉的路线，或者可能需要精准的时间安排，如用餐时间或交通方面。

（3）过度遵守规则（例如玩游戏时的行为）。

（4）过度和持续的仪式化行为模式（例如，专注于以特定方式排列或分类物体），没有明显的外部目的。

（5）重复和刻板的运动，例如全身运动（例如摇摆）、非典型步态（例如踮起脚尖行走）、不寻常的手或手指运动和姿势。这些行为在儿童早期特别常见。

（6）持续关注一种或多种特殊兴趣点、物体的一部分或特定类型的刺激（包括媒体），或对特定物体（不包括被子等安抚物）有异常强烈的依恋。

（7）长期对感觉刺激的过度和持续敏感或反应不足，或对感觉刺激的不寻常的兴趣，其中可能包括实际存在或预期出现的声音、光线、质地（尤其是衣服和食物）、气味和味道、热、冷或疼痛。

C. 该障碍起病于发育时期，通常在儿童早期，但特征性症状可能直到后来社交需求超过有限能力时才充分表现出来。

D. 这些症状导致个人、家庭、社交、教育、职业或其他重要功能领域的显著损害。一些孤独症谱系障碍个体能够通过特别的努力在许多情况下展现足够的功能，因此，他们的缺陷可能对其他人来说并不明显。在这种情况下，孤独症谱系障碍的诊断仍然是合适的。

另外，ICD-11 还要求标注是否伴有智力发育障碍和功能性语言障碍程度（轻度或无损害、功能性语言受损、完全没有或几乎没有功能性语言），并根据是否伴有智力发育障碍和功能性语言障碍的程度予以不同的诊断代码。ICD-11 孤独症谱系障碍诊断分类不包括雷特综合征。

二、美国《精神疾病诊断与统计手册》系统（DSM-5）

DSM-5 孤独症谱系障碍诊断标准如下。

A. 在多种情境下的社会沟通和社会互动方面持续存在缺陷，当前或既往曾体现为以下情况（举例，非全部）：

（1）在社交情感互动方面存在缺陷。范围从社交方法异常和无法开展正常交流，到兴趣、情绪或情感的分享减少，到无法主动开始或回应社交互动。

（2）用于社交互动的非语言交流行为方面有缺陷。范围从语言及非言语交流的整合能力差，到眼神对视、身体语言的异常或对身体语言应用的理解力差，到完全缺乏面部表情和非语言交流。

（3）在发展、维持和理解关系上有缺陷。范围从不会根据不同社交情境而调整自我行为，到合作想象性游戏或交朋友困难，到对同龄人无兴趣。

B. 受限、重复的行为方式、兴趣、活动，表现为当前或曾经有至少下面两项（举例，非全部）：

（1）刻板或重复的动作、物体使用方式或语言（比如有简单的刻板动作，将玩具排列成行或重复拍击物品，自言自语，用语特殊）。

（2）对同一性的坚持，对常规的固执，或语言/非语言行为仪式化（比如对微小改变极端苦恼，过渡转换困难，思维方式僵化，打招呼仪式化，每天需要行走同样路线或进食相同食物）。

（3）高度受限、固定的兴趣，在强度或注意点上不同寻常（比如，对特别事物的强烈依恋或全神贯注，有过度局限或执着的兴趣）。

（4）对感觉输入的高反应性或低反应性，或对环境在感觉方面有异常兴趣（比如，对痛觉/温觉明显不在意，对特定声音或质地有不良反应，过多地嗅或触摸物品，对光线或运动物体的视觉着迷）。

C. 以上症状必须在早期发育阶段就出现（但可能不会完全表现出来，直至社交需求超过其有限的能力才会表现出来，或可能在晚期阶段被习得的应对策略所掩盖）。

D. 以上症状已经在社交、职业或其他重要功能方面引起明显的临床损害。

E. 这些症状不能更好地被智力障碍（智力发育障碍）或广泛性发育障碍所解释。智力障碍经常和孤独症谱系障碍同时发生；做出智力障碍及孤独症谱系障碍的共患诊断时，其社会交往能力必须低于预期的一般发育水平。

附录二 孤独症病理生理机制及神经心理学机制

一、病理生理机制

孤独症已被证实是一种神经发育障碍，发病机制与大脑相关。人类的大脑网络是非常复杂且庞大的，不同神经元、不同脑区之间存在不同形式的连接。一般来说，结构连接指大脑神经元或脑区之间解剖学上的连接，例如神经元之间轴突或突触连接。功能连接则是指不同脑区信号之间的关系。大脑的高级认知功能的实现就依赖不同脑区之间的合作。下面将介绍有关孤独症成因的几种可能的大脑结构或功能异常，以及免疫功能对大脑的影响。

（一）脑内神经元的异常

瓦吉斯等综述了人们对孤独症患者死后大脑的病理研究（Varghese et al., 2017），他们发现，这些脑样本显示出灰质和白质组织的整体无序、神经元数量的增加、神经元胞体体积的减小以及神经纤维网络的增加。这些变化最终表现为树突棘、脑血管系统和神经胶质密度的改变。研究还发现，皮层和非皮层区域都出现了神经元形态和细胞组织结构的区域特异性改变。前额叶皮层、梭状回、额叶岛叶皮层、扣带皮层、海马、杏仁核、小脑和脑干等脑区的报告都显示出相对一致的结果。

镜像神经元系统理论认为，孤独症的模仿行为或同理心的障碍是由镜像神经元和杏仁核的功能失调引起的。当一个个体执行一个动作或观察到另一个个体执行相同的动作时，镜像神经元就会起作用。镜像神经元可以通过对他人的行动、意图和情绪的具体模拟来实现对他人行为的建模，从而有助于个人对他人的理解。但是这个理论无法解释有些孤独症患者在涉及目标或物体的模仿任务中的正常表现。

（二）突触功能和连通性异常

突触是大脑交流的基本单位，3 岁以前通常是突触生长的关键时期。尽管孤独症的病因很复杂，但是基因研究发现许多孤独症相关突变基因，例如NRXN、NLGN、SHANK、TSC1/2、FMR1 和 MECP2，涉及突触发生、突触消除、突触传递和可塑性异常等各个方面，表明孤独症的发病机制在一定程度上可能归因于突触功能异常（Guang et al., 2018）。突触功能异常会使神经元之间的信息传递的速度、准确性等方面出现问题，导致神经系统功能紊乱，从而导致特定的行为障碍以及增强某些行为。例如，SHANK3 或 MECP2 缺失会导致突触前抑制缺失，并且对触觉刺激的敏感性增加。这种异常的感觉输入可能是孤独症患者感知觉过弱或过强的原因，也会进一步影响孤独症患者的社会行为。有关大脑结构的核磁共振成像（Magnetic Resonance Imagine，MRI）研究也提示突触生长异常与孤独症有关。研究发现孤独症患者出生时脑体积正常，但在其出生后前 1~2 年内的脑生长速度过快，提示脑发育轨迹的异常，推测和突触的形成与修剪有关。但后续的研究认为这种脑发育轨迹的异常仅出现在特定的亚组中，并不是所有的孤独症患者大脑都呈现这样的规律。

（三）大脑功能连接异常

除了突触连接这种大脑结构连接异常，神经影像研究结果也提示孤独症大脑存在功能连接异常。功能连接通常被定义为神经生理事件之间的因果相关性，研究者通过某种方式进行量化。假设更高阶的社会过程依赖许多脑区间的连接（也被称为长程连接），而低水平感知主要通过局部的连接（也被称为短程连接），弥散张量成像（Diffusion Tensor Imaging，DTI）等研究发现，孤独症患者脑的短程连接增加而长程连接减少，存在中枢连通性的异常。这在某种程度上解释了孤独症患者社交障碍和在某些感官知觉任务中的优异表现。功能性核磁共振成像（Functional Magnetic Resonance Imagine，fMRI）研究主要集中在孤独症与心理理论等"社会脑"功能异常之间的关系。结果发现，在休息条件下，孤独症患者额叶内以及额叶和颞叶之间的连接受损，这种默认模式网络（Default Model Network，DMN）的异常会影响"归因推理"（即推断出人的意图、情感、信念、欲望和社会背景）。孤独症患者还表现出海马体和额叶 – 顶叶网络区域之间的功能性连接降低，即任务控制网络异常。也有研究发现，孤独症患者的一些脑区连接相比正常发育个体是增强的，例如扣带、岛盖组成的突显网络超连接。这个网络与局限或重复行为相关，并参与处理各种类型的重要信息，包括有害的信息、社会情感信息。因此该网络的异常会引起超敏反应，与孤独症的感知觉障碍有关。

（四）神经回路的兴奋性与抑制性失去平衡

2003 年，鲁本斯坦等研究者提出了孤独症可能是由关键神经回路的兴奋性与抑制性（Excitatory–Inhibitory，E–I）平衡改变引起的这一假说（Rubenstein et al.，2003）。某种形式的抑制或激发会导致关键脑区神经回路整体活动水平的变化。神经生理学研究以及孤独症小鼠模型发现，神经元稳态、突触自动调节反馈和发育断开都可能导致 E–I 平衡的改变。例如，大脑皮层以及海马体中 γ – 氨基丁酸（GABA）能和谷氨酸能缺陷可能导致神经回路抑制减少，导致"更嘈杂"（兴奋增加）的电信号和更低效的信息处理。兴奋减少或抑制过多同样是不利的。这些平衡异常都可能导致异常的发育和行为结果，例如，孤独症中癫痫的患病率是普通人群的 25 倍。孤独症社交相关脑区之间的信息传递受到干扰可能也与 E–I 失衡有关。

（五）神经递质异常

神经递质是神经元之间传递信号的化学物质，在大脑、记忆、运动活动和行为调节的正常发育中起关键作用。神经递质系统功能障碍也被认为是孤独症的原因之一，它通过影响神经元细胞的迁移、分化和突触发生，最终影响大脑的发育过程。在孤独症的病理生理学研究中，常研究的神经递质是 GABA 能、谷氨酸能和血清素能（Cetin et al.，2015）。

许多研究发现孤独症患者的 GABA 能传递减少，例如孤独症儿童血小板 GABA 检测水平低以及尸检结果表明不同脑区的 GABA 受体显著减少。GABA 在细胞迁移、神经元分化和成熟阶段的早期发育阶段的调节中具有关键作用，GABA 产生的减少或信号传递减少会导致过度兴奋的状态，从而导致认知功能障碍。

谷氨酸是中枢神经系统必需的兴奋性神经递质。细胞迁移、成熟和发育阶段，如突触发生和神经可塑性，是在最佳谷氨酸传递水平下完成的。同时，它与记忆和学习等认知过程直接相关。尽管谷氨酸能系统对孤独症患者的作用已经得到了成分的研究，但是却有两个相反的假设。有的研究认为孤独症患者存在低谷氨酸能状态，而有的研究认为是谷氨酸能活性增加造成了孤独症症状。

血清素，即 5– 羟色胺，在调节神经元发育的关键步骤中具有关键作用，如细胞增殖、分化、迁移、凋亡，突触发生，神经元和神经胶质发育。前额叶皮层和颞叶皮层中的血清素系统调节 GABA 能抑制，因此它在认知功能的许多方面的调节中发挥作用。两个主要发现是孤独症患者血液血清素水平升高和大脑血清素水平降低。25%~50% 的孤独症患者存在高血清素血症，这对于表明他们可能存在血清素能途径异常非常重要。此外，被发现患有高血清素血症的孤独症患者的父母更经常表现出血清素相关精神障碍，如抑郁症和强迫症。其他神经递质也可能与孤独症有关，但是研究结果并不一致，与孤独症关系也尚不清楚。

（六）免疫功能异常

孤独症的免疫理论（Immune Theory）认为，如果孕期暴露于免疫系统应激源（如：环境毒素、感染或母体免疫因子）中，会造成母体免疫激活（Maternal Immune Activation）（Han et al., 2021）。母体的免疫因子会通过胎盘影响子代的免疫功能，而免疫功能于神经系统之间的相互作用早在胚胎阶段就开始了，最终造成子代神经发育不可逆的影响，从而导致子代孤独症症状。许多研究为这一理论提供了依据。流行病学证据表明孕期接触传染性病原体会增加后代患有神经发育障碍的风险；动物模型更是发现母体暴露于感染因子（如人类流感病毒）、病毒模拟物（如聚肌苷 – 聚胞二酸）、细菌模拟物（如脂多糖）或免疫介质本身（如炎性细胞因子）中都会增加子代行为异常的风险。神经病理学研究则发现孤独症患者的外周和中枢神经系统都有炎症，长期处于慢性炎症状态，表现为促炎细胞因子水平升高和小胶质细胞显著激活，包括干扰素 – γ、白细胞介素 – β、白细胞介素 –6、白细胞介素 –12p40、肿瘤坏死因子 – α、单核细胞化学引诱物蛋白 –1、转变生长因子 – β、C–C 趋化因子配合基 2 等。这表明孤独症患者的细胞免疫应答极度活跃。

（七）微生物 – 肠 – 脑轴

目前，人类和动物实验已证实微生物 – 肠 – 脑轴的存在。肠道菌群可以通过影响迷走神经功能、调节免疫细胞因子释放、调控氨基酸和具有神经肽活性的短链脂肪酸分泌以及产生神经递质等途径，来影响大脑的发育。相对于正常发育人群，孤独症患者更容易出现胃肠道功能紊乱症状以及肠道菌群结果变化，这可能加重孤独症患者的行为症状。肠道菌群还与免疫系统相互作用，孤独症患者的免疫系统失调可能与肠道菌群失衡有关。

二、神经心理学机制

上文介绍了孤独症可能的病理机制。这部分将从神经心理学的角度，介绍主要的假说，探讨为何异常的脑神经机制会导致孤独症的核心症状。

（一）心理理论缺陷假说

这个假说假设孤独症患者在心理理论（Theory of Mind，ToM）上的发育迟缓是他们社会交流障碍的原因。ToM 是指一种从他人的角度出发，体会他人的想法和感受的能力。孤独症患者在一定程度上存在心理"盲点"，导致他们难以理解和解读他人想法和情绪，对别人的行为常感到困惑和不可预见，甚至感到惊慌失措，出现社交互动、社交沟通、想象等方面的问题。

共同注意是心理理论的基础，一个正常 14 个月大的孩子能够表现出共同注意（Joint Attention）的能力，即跟随他人注视或指点的能力，而孤独症儿童则普遍表现出共同注意的缺陷。孤独症孩子常常难以正确区分不同情绪对应的表情，并且对情绪有着更加书面化的理解。除此以外，孤独症孩子玩假想游戏的创新能力落后于一般儿童。

上文提到的孤独症"社会脑"以及镜像神经元异常能部分解释孤独症患者心理理论缺陷。这个假说的优势在于它可以解释孤独症患者在社交和言语交流方面的缺陷，但是心理解读只是理解和感受他人意图的一个方面，更重要的是如何对他人传达过来的情绪信息做出反应，该理论不能提供很好的解释，同时也不能解释孤独症的另一组核心症状，如：刻板、局限的兴趣和行为。

（二）弱中央整合理论

弱中央整合理论（Weak Central Coherence Theory）由弗里特于 1989 年提出，假设孤独症患者会被动或者消极地对细节信息或者局部加工。该理论认为一般个体存在中央整合的信息处理方式，指整合周围环境信息并获取高层级意义的倾向；而孤独症患者注意力的狭隘及选择性会导致其对细节的过分关注，对复杂刺激倾向于理解为相互分离的部分并进行碎片化处理（Frith，1989）。这在一定程度上解释了孤独症患者的临床症状特点，如对物体的某一部分而不是整个物体感兴趣的刻板行为等。孤独症患者脑中长距离连接性降低，短距离连接性增加，可以合理解释孤独症的弱中央整合特点。

（三）执行功能失调假说

执行功能失调假说（Executive Dysfunction Hypothesis）最早由拉姆齐等

于 1988 年提出（Rumsey et al., 1988）。执行功能是一种高级认知能力，个体在进行目标导向的活动时，需要灵活地、协调地整合多种认知加工过程，包括注意、工作记忆、决策、规划、抑制等。执行功能有两种经典的划分方式：一种是分为认知灵活性、抑制控制和工作记忆；另一种是根据个体动机和情感的参与程度，分为"热"和"冷"执行功能。

孤独症的执行功能缺陷与他们的社交认知、社交障碍以及刻板重复行为都存在密切联系。认知灵活性指在不同任务和需求之间进行转换的能力。孤独症患者的模式化行为、适应新环境困难、兴趣狭隘、思维固化等都与认知灵活性缺陷有关。抑制控制在社交场合非常重要，可以帮助人们控制或抑制做不恰当行为反应的冲动，做出适合和可接受的社交行为。孤独症患者可能存在抑制控制缺陷，使得他们常常表现出刻板重复行为和过分自我中心的社交反应。孤独症患者同样存在工作记忆缺陷，他们将有限信息存储并操作，在短时间内处理信息、解决问题的能力受损。

"热"与"冷"执行功能是在上述三种执行功能的基础上，根据执行功能与情感联系的程度区分的。"热"执行功能包括处理与奖励、情感和动机相关信息，包括社交认知、情绪调节和情感决策；"冷"执行功能仅涉及认知信息处理。"热""冷"执行功能分别与孤独症的社会认知、情感决策缺陷以及不适应的社会行为、重复刻板行为相关。

（四）共情 – 系统化两维理论

共情力是指一种通过推断别人的心理状态以及对此做出合适的情绪反应来预测个体的行为和进行反馈的能力。系统化是指通过分析信息输入、加工、输出的关系和系统组织的规则来预测个体的行为和进行反馈的能力。在正常群体中，女性比男性在共情力方面更具优势，而在系统化方面男性更具优势。

共情 – 系统化两维度理论（Empathizing–Systemizing Theory，E–S）认为，这两个维度上的差异正是孤独谱系障碍的特异性特征，因为孤独症患者在共情力方面的测验得分低于正常平均值，而在系统化方面的测验得分接近或高于正常平均值。E–S 理论的优势在于它是第一个两因素分析的理论，并且能够较好解释孤独谱系障碍的三大临床特征行为，因为低于平均水平的共情能力和处于平均水平甚至高于平均水平的系统化能力分别体现在孤独症患者在社会交往和言语交流方面以及刻板行为方面的缺陷，但其分析不够全面和深入。

鉴于在共情能力和系统化能力方面男女性别的差异以及临床上孤独症谱系障碍患者日趋明显化的男性趋势，特别是之前的心理学假说在解释孤独症心理机制方面的不全面性和不系统化，巴伦-科恩于 2002 年在共情力和系统化两维度理论的基础上将其延伸为极端男性化大脑理论，认为孤独症患者大脑属于极端"男性脑"，特征是高度系统化思维和极弱的共情能力，前者解释重复刻板行为，后者解释社会交往功能缺陷（Baron-Cohen et al., 2002）。

（五）关系框架理论

请想象这样一个场景：小婴儿正在靠近蜡烛上的火苗，妈妈看到后立刻大喊"那是火，危险，不可以碰"。小婴儿还不能理解"火""危险"这些字词的含义，但是他听到妈妈的大喊并且看到妈妈害怕的表情后，他停了下来。在多次类似的场景发生后，"红色的发光发热的"东西不仅和"火"这个发音联系了起来，还与"害怕"这种情绪唤醒关联。这种建立在语境特征基础上的关系反应，被称为主观随意应用的关系反应（Arbitraily Applicable Relational Responding，AARR），是一种人类特有的与语言和认知发展相关的能力。

关系框架理论（Relational Frame Theory，RFT）是 AARR 的一般模式（Hayes et al., 2001）。关系框架有 3 个核心特征：相互推衍、联合推衍和刺激功能转化。简单来说，人类语言和认知的习得与发展，就是经过有限的训练，根据上下文关系、关系的语境线索，以及关系中某个刺激赋予的功能语境去推衍两个及多个刺激的关系，之后推衍未经训练的新刺激间的关系，形成更复杂的关系网络以及更高阶的语言和认知。

孤独症患者在语言技能掌握和运用灵活性上的障碍可能就与他们推衍能力不足以及 AARR 缺乏有关。在社会参照、共同注意和观点采择方面能力欠缺的孤独症儿童难以从和照顾者的互动中推衍、构建几个刺激的关系，导致推衍关系反应受损。而推衍关系反应又是复杂语言能力的基础，与阅读理解、描述性语言、归类、理解讽刺与嘲笑、理解和表达隐喻能力等有关，最终影响孤独症儿童的语言甚至社交互动表现。AARR 是基于语境的，语言发育迟缓的孤独症儿童难以像一般儿童那样通过自然语言互动推衍及构建关系。这种语言习得上的进程缓慢甚至停滞会带来孤独症的智力发展迟滞和社会适应不良。

主要参考文献

封敏，肖湘，肖婷，等，2019. 以游戏为基础促进交流与行为的干预对孤独症谱系障碍幼儿的疗效 [J]. 中华实用儿科临床杂志，34（8）：1-5.

柯晓燕，2020. 孤独症谱系障碍以家长为中介的超早期干预 [J]. 中国儿童保健杂志，28（1）：3-5.

马洛特，沙恩，2019. 行为原理（第 7 版）[M]. 秋爸爸，陈墨，译. 北京：华夏出版社.

米尔滕伯格，2018. 行为矫正——原理与方法（第 5 版）[M]. 石林等，译. 北京：中国轻工业出版社.

林崇德，2018. 发展心理学 [M]. 3 版. 北京：人民教育出版社.

李艳玮，庄雯雯，袁宗金，等，2021. 美国学龄前孤独症儿童融合教育的实施及启示 [J]. 教育生物学杂志，9（5）：407-412.

卡尼，2017. 应用行为分析入门手册（第 2 版）[M]. 马凌冬，译. 北京：华夏出版社.

库伯，赫伦，霍华德，2012. 应用行为分析（第 2 版）[M]. 美国展望教育中心，译. 武汉：武汉大学出版社.

翁娇，封敏，肖湘，等，2019. 照顾者因素对孤独症谱系障碍幼儿以游戏为基础促进交流与行为的干预疗效的影响 [J]. 中华实用儿科临床杂志，34（10）：1-5.

徐秀，邹小兵，柯晓燕，等，2021. 孤独症谱系障碍婴幼儿家庭实施早期干预专家共识 [J]. 中国循证儿科杂志，16（5）：327-332.

姚树桥，杨艳杰，2020. 医学心理学 [M]. 7 版. 北京：人民卫生出版社.

杨玉凤，2023. 儿童发育行为心理评定量表 [M]. 2 版. 北京：人民卫生出版社.

郑毅，柯晓燕，2023. 陶国泰儿童少年精神医学 [M]. 南京：江苏凤凰科学技术出版社.

中华医学会儿科学分会发育行为学组，中国医师协会儿科分会儿童保健学组，2022. 中国低龄儿童孤独症谱系障碍早期诊断专家共识 [J]. 中华儿科杂志，60（7）：640-646.

中华医学会儿科学分会发育行为学组，中国医师协会儿科分会儿童保健专业委员会，儿童孤独症诊断与防治技术和标准研究项目专家组，2017. 孤独症谱系障碍儿童早期识别筛查和早期干预专家共识 [J]. 中华儿科杂志，055（012）：890-897.

中华医学会精神病学分会，2001. 中国精神障碍分类与诊断标准第三版（精神障碍分类）

[J]. 中华精神科杂志，34（3）：184-188.

左娟娟，贺荟中，2023. 美国孤独症儿童学前融合教育安置研究综述及启示 [J]. 中国特殊教育，4：51-58.

ADAMSON L B, BAKEMAN R, SUMA K, et al., 2017. An expanded view of joint attention: skill, engagement, and language in typical development and autism[J]. Child development, 90（1）: e1-e18.

BARNES-HOLMES Y, HAYES S C, BARNES-HOLMES D, et al., 2002. Relational frame theory: a post-skinnerian account of human language and cognition[J]. Advances in child development and behavior, 28: 101-138.

BARON-COHEN S, 2022. The extreme male brain theory of autism[J]. Trends in cognitive sciences, 6（6）: 248-254.

BEARSS K, JOHNSON C, SMITH T, et al., 2015. Effect of parent training vs parent education on behavioral problems in children with autism spectrum disorder: a randomized clinical trial[J]. Journal of the American medical association, 313（15）: 1524-1533.

BHAT A N, GALLOWAY J C, LANDA R J, 2010. Social and non-social visual attention patterns and associative learning in infants at risk for autism[J]. Journal of child psychology and psychiatry, 51（9）: 989-997.

BONIS S, 2016. Stress and parents of children with autism: a review of literature[J]. Issues in mental health nursing, 37（3）: 153-163.

BRADSHAW J, KOEGEL L K, KOEGEL R L, 2017. Improving functional language and social motivation with a parent-mediated intervention for toddlers with autism spectrum disorder[J]. Journal of autism and developmental disorders, 47（8）: 2443-2458.

BRIAN J A, SMITH I M, ZWAIGENBAUM L, et al., 2017. Cross-site randomized control trial of the social ABCs caregiver-mediated intervention for toddlers with autism spectrum disorder[J]. Autism research, 10（10）: 1700-1711.

CAMPBELL S B, MAHONEY A S, NORTHRUP J, et al., 2017. Developmental changes in pretend play from 22-to 34-months in younger siblings of children with autism spectrum disorder[J]. Journal of abnormal child psychology, 46（3）: 639-654.

CARR E G, DURAND V M, 1985. Reducing behavior problems through functional communication training[J]. Journal of applied behavior analysis, 18（2）: 111-126.

Carter A S, Martínez-Pedraza F de L, Gray S A O, 2009. Stability and individual change in depressive symptoms among mothers raising young children with ASD: maternal and child correlates[J]. Journal of clinical psychology, 65（12）: 1270-1280.

Cetin F H, Tunca H, Guney E, et al., 2015. Neurotransmitter Systems In Autism Spectrum Disorder[M]//Autism Spectrum Disorder-Recent Advances. London: Intechopen.

COURCHESNE E, CAMPBELL K, SOLSO S, 2011. Brain growth across the life span in autism: age-specific changes in anatomical pathology[J]. Brain research, 1380（12）: 138-145.

CRAWFORD C, 2003. Chris Crawford on game design[M]. Berkeley: New riders publication.

CROWELL J A, KELUSKAR J, GORECKI A, 2018. Parenting behavior and the development of children with autism spectrum disorder[J]. Comprehensive psychiatry, 90: 21-29.

DAWSON G, 2008. Early behavioral intervention, brain plasticity, and the prevention of autism spectrum disorder[J]. Development and psychopathology, 20（3）: 775-803.

DAWSON G, ROGERS S, MUNSON J, et al., 2010. Randomized, controlled trial of an intervention for toddlers with autism: the early start denver model[J]. Pediatrics, 125（1）: e17-e23.

ESPOSITO M, COULTHARD P, 2008. Clinical evidence handbook[M]. London: BMJ publishing group.

ESTES A, MUNSON J, ROGERS S J, et al., 2015. Long-term outcomes of early intervention in 6-year-old children with autism spectrum disorder[J]. Journal of the American academy of child and adolescent psychiatry, 54（7）: 580-587.

ESTES A, OLSON E, SULLIVAN K, et al., 2013. Parenting-related stress and psychological distress in mothers of toddlers with autism spectrum disorders[J]. Brain development, 35（2）: 133-138.

FULLER E A, KAISER A P, 2020. The effects of early intervention on social communication outcomes for children with autism spectrum disorder: a meta-analysis[J]. Journal of autism and developmental disorders, 50: 1683-1700.

GREEN J, PICKLES A, PASCO G, et al., 2017. Randomised trial of a parent-mediated intervention for infants at high risk for autism: longitudinal outcomes to age 3 years[J]. Journal of child psychology and psychiatry, 58（12）: 1330-1340.

GREEN J, WAN M W, GUIRAUD J, et al., 2013. Intervention for infants at risk of developing autism: a case series[J]. Journal of autism and developmental disorders, 43

（11）：2502–2514.

HADDERS–ALGRA M，2022. Emerging signs of autism spectrum disorder in infancy：putative neural substrate[J]. Developmental medicine and child neurology，64（11）：1344–1350.

HAN V X，PATEL S，JONES H F，et al.，2021. Maternal immune activation and neuroinflammation in human neurodevelopmental disorders[J]. Nature reviews neurology，17（9）：564–579.

HARRISON T M，FERREE A，2014. Maternal–infant interaction and autonomic function in healthy infants and infants with transposition of the great arteries[J]. Research in nursing & health，37（6）：490–503.

HEMDI A，DALEY D，2017. The effectiveness of a psychoeducation intervention delivered via whatsapp for mothers of children with autism spectrum disorder（ASD）in the kingdom of saudi arabia：a randomized controlled trial[J]. Child：care，health and development，43（6）：933–941.

HIROTA T，KING B H，2023. Autism spectrum disorder：a review[J]. Journal of the American medical association，329（2）：157–168.

HOBSON J A，TARVER L，BEURKENS N，et al.，2016. The relation between severity of autism and caregiver–child interaction：a study in the context of relationship development intervention[J]. Journal of abnormal child psychology，44（4）：745–755.

HUME K，STEINBRENNER J R，ODOM S L，et al.，2021. Evidence–based practices for children，youth，and young adults with autism：third generation review[J]. Journal of autism and developmental disorders，51（11）：4013–4032.

IMMONEN K，OIKARAINEN A，TOMIETTO M，et al.，2019. Assessment of nursing students competence in clinical practice: a systematic review of review of reviews[J]. International journal of nursing studies，100：103414.

JAHROMI L B，MEEK S E，OBER–REYNOLDS S，2012. Emotion regulation in the context of frustration in children with high functioning autism and their typical peers[J]. Journal of child psychology and psychiatry，53(12)：1250–1258.

JOSHI G，FARAONE S V，WOZNIAK J，et al.，2017. Symptom profile of ADHD in youth with high–functioning autism spectrum disorder: a comparative study in psychiatrically referred populations[J]. Journal of attention disorders，21（10）：846–855.

KIM J Y，SON M J，SON C Y，et al.，2019. Environmental risk factors and biomarkers for autism spectrum disorder: an umbrella review of the evidence[J]. Lancet psychiatry, 6（7）: 590-600.

KOEGEL L K, SINGH A K, KOEGEL R L, et al., 2013. Assessing and improving early social engagement in infants[J]. Journal of positive behavior interventions, 16（2）: 69-80.

KOTERBA E A, LEEZENBAUM N B, IVERSON J M, 2012. Object exploration at 6 and 9 months in infants with and without risk for autism[J]. Autism, 18（2）, 97-105.

KUHLTHAU K A, LUBERTO C M, TRAEGER L, et al., 2020. A virtual resiliency intervention for parents of children with autism: a randomized pilot trial[J]. Journal of autism and developmental disorders, 50: 2513-2526.

LAI M-C, KASSEE C, BESNEY R, et al., 2019. Prevalence of co-occurring mental health diagnoses in the autism population: a systematic review and meta-analysis[J]. Lancet psychiatry, 6（10）: 819-829.

LEWIS J D, EVANS A C, PRUETT J R, et al., 2014. Network inefficiencies in autism spectrum disorder at 24 months[J]. Translational psychiatry, 4（5）: e388.

LORD C, CHARMAN T, HAVDAHL A, et al., 2022. The lancet commission on the future of care and clinical research in autism[J]. Lancet, 399（10321）: 271-334.

MAENNER M J, 2023. Prevalence and characteristics of autism spectrum disorder among children aged 8 years—autism and developmental disabilities monitoring network, 11 sites, United States, 2020[J]. MMWR surveillance summaries, 72: 1-16.

MAGLIONE M A, GANS D, DAS L, et al., 2012. Nonmedical interventions for children with ASD: recommended guidelines and further research needs[J]. Pediatrics, 130（Supplement 2）: S169-S178.

MIRANDA A, MIRA A, BERENGUER C, et al., 2019. Parenting stress in mothers of children with autism without intellectual disability. mediation of behavioral problems and coping strategies[J]. Frontiers in psychology, 10: 1-12.

MORLEY R, LEECH T, 2019. Optimal assessment tools in assessing breast surgery: patient reported outcome measures (PROMs) vs. objective measures[J]. Gland surgery, 8（4）: 416-424.

O'ROAK B J, DERIZIOTIS P, LEE C, et al., 2011. Exome sequencing in sporadic autism spectrum disorders identifies severe de novo mutations[J]. Nature genetics, 43（6）: 585-589.

ODOM S L, BOYD B A, HALL L J, et al., 2010. Evaluation of comprehensive treatment models for individuals with autism spectrum disorders[J]. Journal of autism and developmental disorders, 40（4）：425–436.

OZONOFF S, IOSIF A–M, YOUNG G S, et al., 2011. Onset patterns in autism：correspondence between home video and parent report[J]. Journal of the American academy of child and adolescent psychiatry, 50（8）：796–806.

PANG Y, 2010. Facilitating family involvement in early intervention to preschool transition[J]. School community journal, 20（2）：183–198.

PATTERSON J E, VAKILI S, 2014. Relationships, environment, and the brain：how emerging research is changing what we know about the impact of families on human development[J]. Family process, 53(1)：22–32.

PHILLIPS A Q, CAMPI E, TALBOTT M R, et al., 2023. Assessment fidelity of parents implementing a standardized telehealth infant autism screener[J]. Occupational therapy journal of research, 43（3）：360–367.

PICKLES A, LE COUTEUR A, LEADBITTER K, et al., 2016. Parent–mediated social communication therapy for young children with autism（PACT）：long–term follow–up of a randomised controlled trial[J]. Lancet, 388（10059）：2501–2509.

ROGERS S J, ESTES A, LORD C, et al., 2012. Effects of a brief Early Start Denver Model (ESDM)–based parent intervention on toddlers at risk for autism spectrum disorders：a randomized controlled trial[J]. Journal of the American academy of child and adolescent psychiatry, 51（10）：1052–1065.

ROMAN–OYOLA R, REYNOLDS S, SOTO–FELICIANO I, et al., 2017. Child's sensory profile and adult playfulness as predictors of parental self–efficacy[J]. American journal of occupational therapy, 71（2）：1–8.

RUBENSTEIN J L R, MERZENICH M M, 2003. Model of autism：increased ratio of excitation/inhibition in key neural systems[J]. Genes, brain and behavior, 2（5）：255–267.

RUSH D, 2018. From couching to coaching[J]. Asha leader, 23（10）：46–52.

SALAZAR F, BAIRD G, CHANDLER S, et al., 2015. Co–occurring psychiatric disorders in preschool and elementary school–aged children with autism spectrum disorder[J]. Journal of autism and developmental disorders, 45（8）：2283–2294.

SCHERTZ H H, ODOM S L, 2007. Promoting joint attention in toddlers with autism：a parent–mediated developmental model[J]. Journal of autism and developmental disorders, 37（8）：1562–1575.

SHARMA S R, GONDA X, TARAZI F I, 2018. Autism spectrum disorder: classification, diagnosis and therapy[J]. Pharmacology and therapeutics, 190: 91–104.

SPRECKLEY M, BOYD R, 2009. Efficacy of applied behavioral intervention in preschool children with autism for improving cognitive, language, and adaptive behavior: a systematic review and meta-analysis[J]. Journal of pediatrics, 154 (3), 338–344.

STEINER A M, GENGOUX G W, KLIN A, et al., 2013. Pivotal response treatment for infants at-risk for autism spectrum disorders: a pilot study[J]. Journal of autism and developmental disorders, 43 (1): 91–102.

TICK B, BOLTON P, HAPPÉ F, et al., 2016. Heritability of autism spectrum disorders: a meta-analysis of twin studies[J]. Journal of child psychology and psychiatry, 57 (5): 585–595.

TING V, WEISS J A, 2017. Emotion regulation and parent co-regulation in children with autism spectrum disorder[J]. Journal of autism and developmental disorders, 47 (3), 680–689.

VARGHESE M, KESHAV N, JACOT-DESCOMBES S, et al., 2017. Autism spectrum disorder: neuropathology and animal models[J]. Acta neuropathologica, 134 (4): 537–566.

WANG T, GUO H, XIONG B, et al., 2016. De novo genic mutations among a Chinese autism spectrum disorder cohort[J]. Nature communications, 7: 13316.

WARREYN P, ROEYERS H, VAN WETSWINKEL U, et al., 2007. Temporal coordination of joint attention behavior in preschoolers with autism spectrum disorder[J]. Journal of autism and developmental disorders, 37 (3): 501–512.

YEOM J S, KIM R B, CHO J Y, et al., 2023. Parenting stress and interactive engagement behaviors in children with developmental delay[J]. Clinical and experimental pediatrics, 6 (6): 252–261.

ZEIDAN J, FOMBONNE E, SCORAH J, et al., 2022. Global prevalence of autism: a systematic review update[J]. Autism research: official journal of the international society for autism research, 15 (5): 778–790.

ZWAIGENBAUM L, BAUMAN M L, STONE W L, et al., 2015. Early identification of autism spectrum disorder: recommendations for practice and research[J]. Pediatrics, 136 (Supplement): S10–S40.

后 记

迄今为止，南京已有超过 600 个家庭接受了 PCBI 的培训；同时国内也有超过 10 家单位运用这项技术进行干预，这些临床实践使得我们对 PCBI 的成效满怀信心。

PCBI 承载了研发团队的专业理念。 随着孤独症早期干预临床实践的不断深入，我们一方面可以看到绝大多数孤独症儿童经过早期干预认知、语言等都有不错的进步，另一方面也能观察到不少患儿的交流水平改善有限，甚至情绪行为问题持续而突出。因此，在前期讨论 PCBI 的目标时，我们就将提高患儿的交流能力和增加其适应性行为作为重点。当然，由于 PCBI 的对象包括 30 个月以内的患儿，以家长为中介也成为我们达到干预目标的必要路径。

PCBI 既是操作技能，更是行为规则。 在 PCBI 的培训方案里，我们设置了"以游戏为基础"（Play，P）、"促进交流能力"（Communication，C）和"提高行为管理能力"（Behavior，B）三大模块。治疗师们在带领家长分模块学习这些操作技能后，更需要和家长一起讨论并示范如何有机地将这三个模块整合应用到孩子的生活中，比如：在游戏中训练交流（P+C）、在游戏中实施行为管理（P+B）、在日常生活常规（Daily Routine，D）中提高交流（D+C）、在日常生活常规中实施行为管理（D+B）、在日常生活常规中复习游戏中习得的技能（D+P）以及在游戏中练习行为、生活规则和交流能力（P+B+D+C）。一旦家长把这些操作技能上升到自身的行为规则，成为自己言行习惯的一部分，孤独症的干预就变得不再机械或刻板。

"我原来太焦虑了，一直在想孩子眼神不好、互动不好……"

"我总是在焦虑—自我劝解—焦虑中反复循环，没法控制住自己，太影响亲子互动了……"

"学习后，我比以往更多地关注孩子的表现和兴趣，从孩子的兴趣出发，多次尝试后，反而看到了孩子令人惊喜的表现，她做到了以前怎么教都教不会的玩法，我也能看到孩子更多的眼神……"

"一开始训练时，我对着孩子手足无措，脑子里不断地在想我要教他什么……学习了PCBI后，我才发现答案在孩子身上，这就让我轻松了很多。"

通过这些家长反馈，我们确实可以看到他们看待孩子的方法改变了，这是最值得欣慰的地方。

PCBI强调技能的保真度和灵活性。 PCBI的主体是家长，当然这也可以是培训专业人员的项目，通过培训更多的专业人员而帮助到更多的家长。无论在培训家长还是相关专业人员的过程中，治疗师很容易把技能与理念相混淆。比如当要求家长关注孩子的正向行为时，家长会认为"这不就是要表扬、要鼓励，我们一直在这样做啊"，而治疗师要通过行为观察和反馈，针对一个一个的技能反复地训练家长，最终使得家长在与孩子互动的过程中，呈现出来的反应越来越专业。这是一个刻板的训练过程，好比练琴的基本指法，需最大限度地体现专业技能传播过程中的保真度。不过辩证地来看，凡事不能绝对，技能固然重要，但实际生活中要允许家长和孩子犯错，相信自然结果也有它的功能。

PCBI还在不断发展中。 PCBI最初的干预对象是8~30个月的确诊或疑似孤独症的儿童及其家庭，随着实施的深入，我们感到了诸多不足。首先是年龄跨度的问题，尽管这些干预原则对 3~6 岁的学龄前患儿也是适用的，但不同年龄段的孩子及其家庭都有其独特性。因此，研发团队基于 PCBI 原理做了两个深入研发，一是编制了更适合指导 3~6 岁患儿的家长和治疗师手册；二是开展了针对 6~14 个月的孤独症同胞或高危孤独症幼儿的深度亲子互动技能训练，我们称之为 PCBI–Toddler（PCBI–T）。PCBI–T 除了强调 PCBI 原有的核心技能，在培训模式上为了更适合这个年龄段的家庭，还主要采纳了视频示范（Video Modeling，VM）的策略。这两个新工作的实证研究还在推进中，期待以后与大家分享。

南京脑科医院儿童心理卫生研究中心所长

柯晓燕

PCBI

孤独症黄金干预期家庭训练方案

孤独症儿童交流与行为训练

使用者操作手册

柯晓燕　主编

江苏凤凰科学技术出版社

给读者的一封信

亲爱的读者，您好！

3岁前是孤独症谱系障碍（ASD）儿童的黄金干预期，更早的干预可以带来更好的预后。根据ASD幼儿的生理发展特征和心理行为方面的干预需求，柯晓燕教授团队开创了"以游戏为基础促进交流与行为的干预"（Play-based Communication and Behavior Intervention，PCBI）模式，旨在为确诊或疑似为ASD的幼儿家庭及有志于帮助他们的专业人员提供技术支持。

本手册为《孤独症儿童交流与行为训练：利用游戏和日常活动干预》配套的使用者操作手册。通过提炼原书的技术要点，并搭配"技能和策略""技能应用示例"及"单元练习"，本手册可以更好地帮助使用者练习和掌握相关技能，在提升孩子各项能力的同时，也实现自我成长。使用者可以按照本书的编排顺序从第1单元练习至第8单元，也可以根据具体情况调整使用顺序，尤其当孩子问题行为较多，明显干扰练习时，可以先学习第7、8单元。

感谢您的参与！

南京医科大学附属脑科医院

儿童心理卫生研究中心 PCBI 研发团队

肖湘　封敏　肖婷

目 录

训练前评估

学习目标：

（1）学习评估孩子的交流技能和游戏水平。

（2）学习评估亲子互动质量。

一、技能和策略

1. 交流技能评估（见表0-1）

表0-1　交流技能评估表

通道	需求性交流	分享性交流
眼	眼神（看人）	眼神（看人）
手	伸手	展示
	给予	给予
	指点	指点
口	无语言，啼哭（0个字）	无语言，啼哭（0个字）
	无意义发音（0.5个字）	无意义发音（0.5个字）
	单字（1个字）	单字（1个字）
	单词和短词组（2~3个字）	单词和短词组（2~3个字）
	长词组和短句（4~7个字）	长词组和短句（4~7个字）
	对话（多回合）	对话（多回合）

2. 游戏水平评估

（1）逗乐游戏：参与逗乐游戏，如挠痒痒、躲猫猫、抛高高。

（2）感觉游戏：使用物品获得感觉刺激，如摇铃、玩球。

（3）组合游戏：理解物品之间的联系，将物品组合起来，如搭积木、串珠。

（4）假扮游戏：象征性地使用物品，如假装喂食、哄玩偶睡觉。

3. 家长参与状态评估（见表0-2）

表0-2　家长参与状态评估

积极参与状态			消极参与状态			脱离参与状态		
高	中	低	高	中	低	高	中	低
快乐、亲密	支持	监控	敌对	烦恼	沮丧	情感与孩子完全脱离	经常分心	平行游戏，不与孩子互动
比如： ·拥抱或亲吻孩子； ·做出富有想象力的互动； ·面向或倾向孩子； 提示或引导孩子； ·保持与孩子的目光接触； ·中性的或夸张的积极表情； ·对孩子互动中的线索敏感			比如： ·粗鲁或强迫性地指导孩子； ·强制行为； ·音量很小或语调是严厉的、愤怒的			比如： ·无视孩子的要求； ·注意力从互动中转移或是完全没有把注意力放在互动中； ·中性的表情或面无表情； ·自言自语，或是与其他人说话		

二、技能应用示例

1. 观察孩子的游戏行为水平，填写游戏行为观察记录表（见表0-3）。

表0-3 游戏行为观察记录示范

时间	地点	使用玩具	玩耍方式	游戏水平	目标水平
周五晚上	卧室	积木	敲击，揉捏摆弄	感觉游戏	组合游戏

2. 观察孩子的交流行为，填写交流行为观察记录表（见表0-4）。

表0-4 交流行为观察记录示范

现状/目标	时间	地点	需求/分享	目的	眼	手	口
现状	周末晚上	客厅	需求	薯片	看人，但短暂	指点	呜呜声
目标					更充足的目光对视	指点	"要"或"片"
现状	周日下午	公园	分享	飞机	未看人	伸手	飞
目标					看人	指点	"飞机"

评估练习

（1）观察并在下表中记录孩子的游戏水平和交流行为。

表0-5　游戏行为观察记录

时间	地点	使用玩具	玩耍方式	游戏水平	目标水平

表0-6　交流行为观察记录

现状/目标	时间	地点	需求/分享	目的	眼	手	口
现状							
目标							
现状							
目标							

（2）在家庭游戏中观察并记录自己的参与状态。

第1单元　建立亲子游戏

学习目标：

（1）了解什么是有训练价值的亲子游戏。

（2）学习如何建立亲子游戏的步骤。

提示：

《孤独症儿童交流与行为训练：利用游戏和日常活动干预》书中第101~116页的内容，对本单元内容有更详尽的讲解与举例，建议搭配阅读。

一、技能和策略

对发育落后的孩子来说，游戏可以帮助他学习技能，提升交流与行为能力。

1. 掌握具有训练价值的亲子游戏特征

（1）游戏在亲子同频中进行。

（2）游戏水平与孩子能力相匹配。

（3）游戏具有清晰、可重复练习的步骤。

2. 理解建立清晰游戏步骤的意义

（1）帮孩子更好地分解复杂任务，更有效率地练习游戏流程，直至孩子真正掌握自主的游戏能力。

（2）给孩子提供主动开始下一步的机会，让其养成专注完成一件事的习惯。

（3）留出拓展游戏内容的空间，以进一步提升孩子的游戏能力。

3. 建立清晰游戏步骤的注意要点

（1）选择合适的游戏类型和玩具。

（2）观察并根据孩子的兴趣和能力决定游戏内容。

（3）进一步形成清晰、可重复的游戏步骤。

（4）注意步骤的数量，游戏难度与孩子的能力相匹配。

（5）在每一步开始前稍做等待，尽量让孩子先进行下一步。

（6）当孩子恰当地开始下一步游戏时，模仿他的动作和声音，与他做一样的事情。注意，孩子主动开始一个游戏步骤，并不意味着他需要完全独立地完成这个步骤。他可以通过求助等方式，与家长共同完成一个步骤。比如他知道要打开玩具罐子，但打不开，可在经过尝试后，通过眼神、动作和语言向家长求助，请其帮忙打开。

（7）当孩子不能恰当地继续游戏时，通过示范—等待—辅助的方式帮助孩子继续游戏。

（8）尽量保持游戏的完整，通常游戏的最后一步是"收拾"。

（9）不要频繁地更换玩具。20分钟的亲子游戏，建议更换玩具的次数在3次以内，保证孩子对每个玩具有5分钟以上的专注时间。

（10）对于孩子没有掌握的游戏步骤，可通过反复练习帮助其掌握。

二、技能应用示例

使用玩具：形状积木、形状盒

游戏步骤：

1. 打开形状盒（请妈妈帮忙）　2. 倒出一部分形状积木

3. 盖上盖子（请妈妈帮忙）　4. 将形状积木投进形状盒

5. 把形状盒放回柜子

游戏持续时长：12 分钟

单元练习

在亲子游戏中建立清晰的步骤，进行每日至少 2 次、每次 20 分钟的亲子游戏练习，并记录在下表中。

表 1-1　游戏步骤记录

训练目标：建立游戏步骤

游戏一：

使用玩具：＿＿＿＿＿＿＿＿＿＿＿＿＿＿＿＿

游戏步骤：

1.＿＿＿＿＿＿＿＿＿＿　　2.＿＿＿＿＿＿＿＿＿＿

3.＿＿＿＿＿＿＿＿＿＿　　4.＿＿＿＿＿＿＿＿＿＿

5.＿＿＿＿＿＿＿＿＿＿　　6.＿＿＿＿＿＿＿＿＿＿

游戏持续时长：＿＿＿＿＿＿分钟

游戏二：

使用玩具：＿＿＿＿＿＿＿＿＿＿＿＿＿＿＿＿

游戏步骤：

1.＿＿＿＿＿＿＿＿＿＿　　2.＿＿＿＿＿＿＿＿＿＿

3.＿＿＿＿＿＿＿＿＿＿　　4.＿＿＿＿＿＿＿＿＿＿

5.＿＿＿＿＿＿＿＿＿＿　　6.＿＿＿＿＿＿＿＿＿＿

游戏持续时长：＿＿＿＿＿＿分钟

游戏三：

使用玩具：＿＿＿＿＿＿＿＿＿＿＿＿＿＿＿＿

游戏步骤：

1.＿＿＿＿＿＿＿＿＿＿　　2.＿＿＿＿＿＿＿＿＿＿

3.＿＿＿＿＿＿＿＿＿＿　　4.＿＿＿＿＿＿＿＿＿＿

5.＿＿＿＿＿＿＿＿＿＿　　6.＿＿＿＿＿＿＿＿＿＿

游戏持续时长：＿＿＿＿＿＿分钟

第 2 单元　拓展亲子游戏

学习目标：

（1）了解拓展亲子游戏步骤的原则。

（2）掌握拓展亲子游戏步骤的技巧和常见思路。

提示：

书中第 116~122 页的内容，对本单元内容有更详尽的讲解与举例，建议搭配阅读。

一、技能和策略

游戏技能是孩子智能水平的重要体现。通过提升孩子的游戏水平，教会孩子步骤更多、更复杂的游戏，可以提升孩子的各方面能力。

1. 掌握拓展游戏步骤的原则

（1）拓展游戏的时机为，孩子已经基本掌握目前的游戏步骤。

（2）观察孩子的兴趣，以此作为拓展游戏的线索。

（3）拓展的内容与孩子的能力相匹配。

（4）让孩子在重复练习中逐渐掌握新的步骤。

2. 遵循示范—等待—辅助的模式

（1）当孩子愿意跟随时，给予强化和鼓励。

（2）当孩子拒绝跟随时，可进行 2~3 次的尝试，如果游戏步骤仍然没有引起孩子的兴趣，不妨考虑换更简单或更符合孩子兴趣的步骤。

3. 了解常见的拓展游戏思路

（1）将感觉游戏拓展为更复杂的感觉游戏。

- 变化和丰富感觉刺激获得的方式，如从单纯地晃动摇铃变为一边敲击地面一边唱歌。
- 加入停顿、等待，引导孩子表达需求并给予回应。比如每次吹泡泡前，等待孩子用指点表达需求，再予以满足。

（2）将感觉游戏拓展为简单的组合游戏。

- 通过简单的组合操作，让孩子获得感觉刺激，比如将积木搭高后再推倒。

（3）将组合游戏拓展为更复杂的组合游戏。

- 利用玩具本身的功能进行组合，比如将用于"投币"的雪花片拼起来，拆开后再"投币"。
- 添加一些小容器收纳散落的玩具，比如把钓出来的玩具鱼放在小篮子里。
- 在组合时添加辨认物品的特征与配对的步骤，比如将钓出来的玩具鱼按不同的形状和颜色放在不同的容器中。

（4）将组合游戏拓展为简单假扮游戏。

- 添加简单的模仿动作，引入假扮的想法，比如在放动物形状的嵌板前，展示动物，并模拟动物的叫声和动作。

（5）将简单假扮游戏拓展成复杂假扮游戏。

- 延展情节,增加角色和场景,比如将做饭游戏向前延展,添加买菜的情节，或是在医生游戏中轮流扮演医生和病人。

二、技能应用示例

使用玩具：生日蛋糕玩具、小熊玩偶、兔子玩偶

原有游戏步骤：

1. 制作蛋糕　　　　　2. 插上蜡烛

3. 点燃蜡烛　　　　　4. 吹灭蜡烛

5. 切蛋糕　　　　　　6. 分享给小熊和兔子

添加的游戏步骤：

（步骤 3、4 之间）唱生日歌

（步骤 3、4 之间）小熊和兔子祝生日快乐

单元练习

在亲子游戏中尝试拓展游戏步骤，进行每日至少 2 次、每次 20 分钟的亲子游戏练习，并记录在下表中。

表 2-1　拓展游戏步骤记录

训练目标：拓展游戏步骤

游戏 1：

使用玩具：＿＿＿＿＿＿＿＿＿＿＿＿＿＿＿＿＿＿

原有游戏步骤：

1.＿＿＿＿＿＿＿＿＿＿　　2.＿＿＿＿＿＿＿＿＿＿

3.＿＿＿＿＿＿＿＿＿＿　　4.＿＿＿＿＿＿＿＿＿＿

5.＿＿＿＿＿＿＿＿＿＿　　6.＿＿＿＿＿＿＿＿＿＿

添加的游戏步骤：

（步骤＿＿＿＿之间）＿＿＿＿＿＿＿＿＿＿＿＿＿＿

（步骤＿＿＿＿之间）＿＿＿＿＿＿＿＿＿＿＿＿＿＿

游戏 2：

使用玩具：＿＿＿＿＿＿＿＿＿＿＿＿＿＿＿＿＿＿

原有游戏步骤：

1.＿＿＿＿＿＿＿＿＿＿　　2.＿＿＿＿＿＿＿＿＿＿

3.＿＿＿＿＿＿＿＿＿＿　　4.＿＿＿＿＿＿＿＿＿＿

5.＿＿＿＿＿＿＿＿＿＿　　6.＿＿＿＿＿＿＿＿＿＿

添加的游戏步骤：

（步骤＿＿＿＿之间）＿＿＿＿＿＿＿＿＿＿＿＿＿＿

（步骤＿＿＿＿之间）＿＿＿＿＿＿＿＿＿＿＿＿＿＿

第3单元　在亲子游戏中添加挑战

学习目标：

（1）了解在游戏中添加挑战的目标。

（2）了解在游戏中添加挑战的常见技巧。

提示：

书中第 123~128 页的内容，对本单元内容有更详尽的讲解与举例，建议搭配阅读。

一、技能和策略

为什么需要在亲子游戏中加入挑战呢？

这是因为，游戏的目的是让孩子适应将来的真实社交环境。训练者模拟的是孩子的玩伴，因此训练者与孩子的关系是平等的。

孩子不能依赖于训练者的忍让、辅助和服务，而需要面对真实社交环境中必然会出现的各种困难和冲突，并具备应对这些挑战的能力和信心。

1. 了解游戏中常见的挑战

（1）游戏内容挑战：解决游戏中出现的各种问题，比如玩具本身的困难、游戏中出现的意外、游戏情节自然发展所需的各种认知常识等。

（2）社交规则挑战：与他人一起玩时遇到的社交难题，比如物品分配的冲突、能否自发遵守游戏规则、遇到自己犯错或他人犯错如何应对等。

2. 尝试添加挑战时需要注意时机

（1）亲子游戏已经建立，孩子对游戏感兴趣时，才会愿意应对挑战。

（2）挑战的内容与游戏内容相关，自然制造挑战，突兀的认知提问不是挑战。

（3）可针对孩子的刻板思维和做法设置一些挑战，比如故意改变路线、物品摆放方式等。

（4）挑战的难度与儿童的能力相匹配，过难的挑战会削弱孩子的信心。

（5）挑战次数不宜过多，以免破坏关系。

（6）必要时，辅助孩子处理挑战，不要让挑战变成"悬案"，那样反而会强化孩子的畏难行为。

二、技能应用示例

使用玩具：形状嵌板

添加挑战的内容：拿出形状积木后，故意将一块积木藏在身体下面，等到其他积木放完后，观察孩子是否能发现少了一块，并找到积木。

孩子是否能应对挑战？ □是　☑否

如选是，孩子如何应对挑战：＿＿＿＿＿＿＿＿＿＿＿＿

如选否，家长如何提供辅助：

孩子发现少了一块积木，但朝周围看了看，发现没有以后就放弃了，家长指点积木的方位，并发出"哇"的声音引导孩子关注，找到积木，放进嵌板里。

再次练习后，孩子是否在应对挑战的能力上有所进步？

☑是　□否

单元练习

在亲子游戏中尝试制造挑战，并且进行每日至少 2 次、每次 20 分钟的亲子游戏练习，并记录在下表中。

表 3–1　添加挑战记录

训练目标：在游戏中设置挑战
游戏一： 使用玩具：_____ 添加挑战的内容：_____ _____ 孩子是否能应对挑战？ □是　 □否 如选是，孩子如何应对挑战：_____ 如选否，家长如何提供辅助：_____ 再次练习后，孩子是否在应对挑战的能力上有所进步？ □是　　□否
游戏二： 使用玩具：_____ 添加挑战的内容：_____ _____ 孩子是否能应对挑战？ □是　 □否 如选是，孩子如何应对挑战：_____ 如选否，家长如何提供辅助：_____ 再次练习后，孩子是否在应对挑战的能力上有所进步？ □是　　□否
游戏三： 使用玩具：_____ 添加挑战的内容：_____ _____ 孩子是否能应对挑战？ □是　 □否 如选是，孩子如何应对挑战：_____ 如选否，家长如何提供辅助：_____ 再次练习后，孩子是否在应对挑战的能力上有所进步？ □是　　□否

第 4 单元 建立亲子同频

学习目标:

（1）了解亲子同频。

（2）掌握促进亲子同频的策略和技能。

提示:

书中第 140~161 页的内容，对本单元内容有更详尽的讲解与举例，建议搭配阅读。

一、技能和策略

亲子同频，指两个或多个人（比如父母和孩子）之间，情绪、行为和生理状态的协调和同步。

1. 了解发展亲子同频的意义

（1）亲子同频在孩子的情绪发展中起着至关重要的作用。

（2）亲子同频有助于促进同理心和社交技巧的发展。

（3）如果没有亲子同频的技能，孩子可能会很难与照顾者和同龄人建立联系和发展关系。

2. 建立亲子同频的基本技巧（见图4-1）

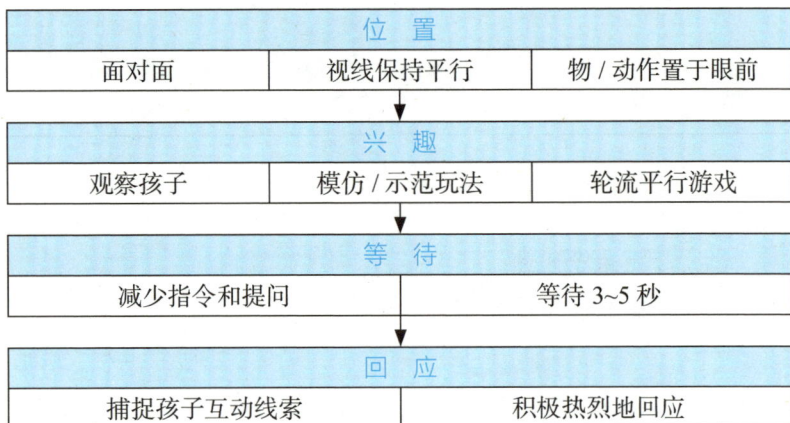

位　置		
面对面	视线保持平行	物/动作置于眼前

兴　趣		
观察孩子	模仿/示范玩法	轮流平行游戏

等　待	
减少指令和提问	等待3~5秒

回　应	
捕捉孩子互动线索	积极热烈地回应

图4-1　建立亲子同频的策略

（1）调整位置。与孩子互动时，尽量保持与其面对面。如果孩子是躺着的，家长可俯在孩子上方；如果孩子是坐着的，那么家长是要调整自己的高度，与孩子的视线尽量保持平行。如果孩子在游戏当中抱着玩具转过身去、背对着家长，那么这个时候家长可以调节自己的位置，去跟孩子寻求面对面的视线接触。

（2）在加入孩子的活动之前，注意先观察孩子的兴趣，比如他关注的事物、玩法，以及处理感觉信息的特点。比如，如果孩子正在玩形状盒，那么在加入孩子的活动之前，注意先观察他拿了哪个形状或颜色的积木；是否有形状或颜色的偏好；他的玩法是什么，是直接放到相应的形状洞里面，还是只是放在手里、触摸积木有突起的地方；他喜欢盯着哪里看；喜欢触摸积木滑滑的感觉，还是喜欢听积木掉到形状盒里发出的声音等。

（3）跟随孩子的兴趣，模仿孩子的玩法，加入孩子的活动中。在开始参与互动时，可以挑选出一个玩具，然后跟随孩子，重复他当下的玩法。模仿是一种非常有用的互动方式，注意观察孩子发现有人模仿他的玩法时，他的反应是什么。往往比起不停地呼唤他名字的家长，孩子更容易注意到那个模仿他的人。

（4）尝试示范新的、更好玩、更夸张有趣的玩法，延长孩子与家长的亲子同频。

（5）尝试发展轮流或平行游戏，这样可以通过轮流等待的模式来引导孩子关注对方。

（6）在每一次表达后等待 3~5 秒。在与儿童互动过程当中，我们强调尽可能地减少指令和提问，给予孩子回应的空间。

（7）捕捉孩子每一点微小的表达和回应，给予积极热烈的回应将其放大。

二、技能应用示例

家长提供的玩具：一瓶泡泡水、一箱积木、一盒抓毛毛虫玩具

孩子选择的玩具：泡泡水

孩子的玩法：拿着泡泡水瓶子乱晃。

（□对　☑错）

如果孩子玩法错误，家长示范的玩法：将瓶盖打开，吹出泡泡，然后盖上盖子。

孩子是否主动跟随示范：□是　☑否

如果没有跟随，家长提供的辅助：将泡泡水瓶子递到孩子手中（观察到孩子拿着瓶子乱晃），辅助孩子打开瓶盖，吹出泡泡。

游戏持续时长：12 分钟

单元练习

每天和孩子进行至少 2 次、每次 15~20 分钟的平行、联合或合作游戏，并记录在下表中。

表 4-1　亲子同频游戏记录

训练目标：引导亲子同频

游戏一

家长提供的玩具：_____

孩子选择的玩具：_____

孩子的玩法：_____（□对　□错）

如果孩子玩法错误，家长示范的玩法：_____

孩子是否主动跟随示范：□是　□否

如果没有跟随，家长提供的辅助：_____

游戏持续时长：_____分钟

游戏二

家长提供的玩具：_____

孩子选择的玩具：_____

孩子的玩法：_____（□对　□错）

如果孩子玩法错误，家长示范的玩法：_____

孩子是否主动跟随示范：□是　□否

如果没有跟随，家长提供的辅助：_____

游戏持续时长：_____分钟

游戏三

家长提供的玩具：_____

孩子选择的玩具：_____

孩子的玩法：_____（□对　□错）

如果孩子玩法错误，家长示范的玩法：_____

孩子是否主动跟随示范：□是　□否

如果没有跟随，家长提供的辅助：_____

游戏持续时长：_____分钟

第5单元　促进需求性交流

（1）了解什么是需求性交流。

（2）学习促进需求性交流的技巧。

提示：

书中第 161~175 页的内容，对本单元内容有更详尽的讲解与举例，建议搭配阅读。

一、技能和策略

需求性交流是为了提需求进行的交流，如孩子表达想要玩具、食物等。

1. 评估需求性交流（包括言语及非言语交流，见表 5-1）

表 5-1　需求性交流评估表

通道	需求性交流
眼	眼神（看人）
手	伸手（18 月以内）
	给予
	指点
口	无语言，啼哭（0 个字）

通道	需求性交流
口	无意义发音（0.5 个字）
	单字（1 个字）
	单词和短词组（2~3 个字）
	长词组和短句（4~7 个字）
	对话（多回合）

（1）评估非言语交流。

- 眼神：观察孩子是否会用眼神来寻求帮助或引起大人注意，简单来说，观察孩子是否与家长有目光对视。
- 伸手：孩子伸手朝向想要的物品方向。
- 指点：用食指指点想要的物品。
- 给予：孩子把物品给予家长。

（2）评估言语交流。

- 无：没有任何语言。
- 无意义发音（0.5 个字）：孩子有咿呀的发音但是他人听不懂，没有明确的目的。
- 单字（1 个字）：有明确有意义的单字，如"抱"。
- 单词和短词组（2~3 个字）：孩子能够说 2 ～ 3 个字的短词组，如"妈妈抱"。
- 长词组和短句（4~7 个字）：孩子能够说 4 ～ 7 个字的短词组，如"妈妈抱宝宝"。
- 对话（若干回合）：孩子能与家长一来一往，持续对话，观察和记录当孩子发起对话时，持续对话的回合数。

注：①根据观察和评估，按照"有、无、不稳定"的评估标准分别采用"√""×"和"乄"进行标记。②根据评估，查漏补缺，制订需求性交流的干预目标。

2. 促进需求性交流的技巧

（1）增加儿童对物的需求。

- "看到拿不到"：进行环境设置，将玩具或零食等孩子经常需要的物品放在孩子看得到够不到的高处，或放到收纳盒里，以增加孩子寻求帮助的机会。

- 常常提供选择：通过给孩子选择提高其表达动机，比如提供两个不同的玩具询问孩子想要哪一个。

- 分成小份满足孩子：通过一次给一点的原则，避免孩子过度满足。比如家长可以将孩子想要的饼干以一次给予一小块的方式提供给孩子，而不是直接给孩子完整的一包，以此来增加孩子向家长提要求的次数和训练机会。

（2）增加儿童对人的需求：延时满足，设置条件。

- 慢动作：当孩子对家长的动作有所预期时，突然放慢动作，让动作出乎孩子的意料，能延长孩子的注意，同时，节奏的变化有利于提升游戏的趣味性。比如挠痒痒时，第一二次以正常速度触碰孩子，第三次将手举到眼前，再一点一点地挪到孩子身上。

- 停顿：在孩子对家长的行为感兴趣或是有期待的时候，使用突然的停顿，鼓励孩子主动表达要求。比如吹泡泡的时候，将泡泡棒放到唇边，噘嘴做出欲吹的动作，望着孩子，等待他的要求。注意，孩子的表达有时候并不完整，比如只是盯着看，或做出吹的嘴型，需要家长注意观察并及时给予回应。同时，可逐步引导孩子更清楚地提出要求，完善表达。

- 装傻：对孩子不清晰的表达回以不明白的表情和动作，

引导孩子更加清晰完整地表达。比如，孩子把糖果盒交到家长的手上，但并没有打开的表达，家长可引导孩子指盒盖，或是做打开的动作，再打开盒盖强化孩子的行为。

- 故意犯错：故意曲解孩子的意思，促使孩子做出更复杂和具逻辑性的表达。比如孩子想要高处的物品并指点，家长可拿取附近其他的物体，询问孩子是否需要，引导孩子表达"不要，要另一个"（摇头，再指一次）。

3. 注意事项

（1）新旧技能交替使用。

（2）强化孩子的动机。

（3）不用必要的食物和水进行该训练。

二、技能应用示例

填写观察记录表（见表 5-2），促进需求性交流。

孩子需求的内容：要积木。

表 5-2　需求性交流观察记录示范

通道	孩子的表现	家长的辅助（如果需要）
眼神	短暂瞥了一眼（✓）	拿一块积木在孩子面前稍稍晃动使其注意，然后将积木移至家长眼前，同时引导孩子与家长目光对视
动作	伸手抓	孩子伸手的同时，手把手辅助孩子进行食指指点
语言	无	家长口型夸张，示范"要"的发音

单元练习

建立需求性交流的训练目标，在游戏训练中促进需求性交流，并记录在下表中。

表5-3　需求性交流观察记录

训练目标：建立需求性交流		
需求性交流训练一		
孩子需求的内容：_____		
通道	孩子的表现	家长的辅助（如果需要）
眼神		
动作		
语言		
需求性交流训练二		
孩子需求的内容：_____		
通道	孩子的表现	家长的辅助（如果需要）
眼神		
动作		
语言		

第6单元　示范分享性交流

学习目标：

（1）了解什么是分享性交流。

（2）学习在游戏中示范分享性交流。

提示：

书中第175~193页的内容，对本单元内容有更详尽的讲解与举例，建议搭配阅读。

一、技能和策略

分享性交流是为了分享兴趣、情绪、看法等进行的交流。

分享性交流包括言语及非言语交流，其评估方法同第5单元"评估需求性交流"部分，具体见表6-1。

表6-1　分享性交流评估表

通道	分享性交流
眼	眼神（看人）
手	展示
	给予
	指点
口	无语言，啼哭（0个字）
	无意义发音（0.5个字）

通道	分享性交流
口	单字（1 个字）
	单词和短词组（2~3 个字）
	长词组和短句（4~7 个字）
	对话（多回合）

注：①根据家长的观察和评估，按照"有、无、不稳定"的评估标准分别采用"√""×"和"乄"进行标记。②根据评估，查漏补缺，制订分享性交流的干预目标。

1. 示范非言语分享性交流的技巧

（1）根据孩子的兴趣，示范夸张生动的表情、动作。比如，当家长给孩子展示小动物来了时，家长可以尝试让手上的小动物一步一跳地跳到孩子面前；当孩子喂小动物吃东西时，家长可以尝试让小动物张开大嘴巴"a~m~a~m~"地吃起来或者让小动物夸张地摇着头说"不要，不要"，或者也可以让小动物肚子鼓起来，然后"嗝"一下打个饱嗝，向孩子展示已经吃饱了等。

（2）多采用视觉辅助。比如采用姿势与肢体语言提示，通过双手摊开，同时用夸张、疑惑的表情示范"没有了"；通过手势或姿势比画出泡泡有多大，示范吹一个大泡泡；通过手指的运动来示范小动物上楼梯等。

2. 示范言语分享性交流

（1）怎么说?

采用与儿童言语水平发展目标相匹配的语言与孩子交流。

儿童语言的发展阶段分为以下 5 阶段：

27

- 无意义的发音（0.5 个字）：当孩子处于无意义的发音阶段时，家长可以采用拟声词（如模仿喝水声、睡觉打呼声、按按钮声、小动物叫声、汽车声音等）与之互动，比如"b~b""哒哒哒""啊呜""阿嚏""呼呼""咕嘟咕嘟""a~m~a~m"等。同时，注意将孩子无意识发出的音视为有意义，然后回应他。

- 单字（1 个字）：当孩子处于单字阶段时，家长可以采用单字或词的方式与之互动，比如"木""狗""球"等。

- 单词和短词组（2~3 个字）：当孩子处于单词和短词组阶段时，家长可以采用词或短词组与之互动，比如"红色""敲一敲""按一下""干杯""喝水水"等。

- 长词组和短句（4~7 个字）：当孩子处于长词组和短句阶段时，家长可以采用"妈妈开车车""小动物上车喽"等这样的长词组或短句与之互动。

- 对话（若干回合）：与孩子进行一来一往的对话。注意分辨分享性言语和指令的异同（比如有无主语、时态），用第一人称与孩子交流。

（2）说什么？

- 描述正在使用的物品（名词）：比如，当孩子玩积木时，可以说"积木"。

- 描述正在做的动作（动词）：比如，孩子上楼梯时，一边鼓掌一边说"咚、咚、咚"或帮孩子数"1、2、3"。

- 描述正在使用的物品属性（形容词）：比如，当孩子玩形状箱时，描述孩子所拿的积木形状"方形"、颜色"红色"，或者质感"硬的"。

- 采用有趣夸张、出乎意料的语气描述事件或做示范，多用拟声词、感叹词：比如假装有小动物坐电梯，电梯突然停顿，然后电梯提示"叮咚，四楼到了"。

3. 一些促进发音的方法

（1）模仿孩子的发音：模仿孩子的发音，与孩子相互应和，或是将孩子的发音编成具有趣味性的儿歌，鼓励孩子更多地发音。当孩子注意到家长的模仿后，尝试与孩子一来一往形成轮流发音的游戏互动。当孩子开始从无意义无目的地发音，变为有意识地停顿或会等待家长的发音后，家长可以再尝试改变一点儿发音或者以"加一"原则拓展孩子的发音。

（2）将孩子无意义的发音理解成有意义的：比如将孩子无意识无目的的发音"bb"理解为在喊"爸爸"或"宝宝"，并在模仿基础上示范这一目的的发音。

二、技能应用示例

填写观察记录表（见表 6-2），示范分享性交流。

游戏内容：投形状积木。

表 6-2　分享性交流观察记录示范

通道	家长示范的分享性交流	孩子模仿的分享性交流（如有）
动作	将积木投进罐子里	将积木投进罐子里
语言	"咚"	"咚"

单元练习

在游戏训练中示范分享性交流，促进孩子分享性交流的发展，并记录在下表中。

表6-3　分享性交流观察记录

训练目标：示范分享性交流		
分享性交流训练一		
游戏内容：＿＿＿＿＿＿＿＿＿＿＿		
通道	家长示范的分享性交流	孩子模仿的分享性交流（如有）
动作		
语言		
分享性交流训练二		
游戏内容：＿＿＿＿＿＿＿＿＿＿＿		
通道	家长示范的分享性交流	孩子模仿的分享性交流（如有）
动作		
语言		
分享性交流训练三		
游戏内容：＿＿＿＿＿＿＿＿＿＿＿		
通道	家长示范的分享性交流	孩子模仿的分享性交流（如有）
动作		
语言		

第 7 单元　塑造恰当行为

学习目标：

学习目标：

（1）了解如何观察行为和使用行为分析理论分析行为。

（2）学习观察和记录孩子的恰当行为并给以强化。

（3）了解强化物的种类及使用原则。

（4）掌握辅助的使用技巧。

提示：

书中第 196~221 页的内容，对本单元内容有更详尽的讲解与举例，建议搭配阅读。

一、技能和策略

行为是可测量的客观事件，具备四个元素：人物、时间、地点、事件。

1. 用行为分析理论来分析孩子的行为

（1）行为分析理论（见图 7-1）包括 3 个部分：

A（Antecedent）是行为的前事，即行为前发生或已经存在的事，比如环境设置、指令等。

B（Behavior）是行为，即孩子具体做了什么。

C（Consequence）是行为的结果，即行为之后，孩子获得了什么。

前事 A、行为 B、结果 C 像咬合在一起的齿轮一样，互相影响。

家长无法直接改变孩子的行为，但可通过调整前事 A，控制结果 C，来改变行为 B。

（2）驱使孩子做出行为的关键是动机，也被称作行为的功能。功能是启动整个齿轮运转的按钮。

孩子的行为主要有两种功能，即"获得"和"逃避"。

图 7-1　行为分析理论

2. 关注和记录孩子常见的恰当行为

（1）什么是孩子的恰当行为？

孩子的恰当行为包括交流行为（言语、非言语），听指令的行为，主动、恰当地使用物品的行为。

（2）怎样观察记录孩子的恰当行为？

使用前事—行为—结果（ABC）观察记录表，记录孩子的恰当行为，示范见表 7-1。

表 7-1　ABC 观察记录表示范 1

时间/地点	前事（A）	行为（B）	结果（C）	推论的功能（动机）
上午 10:00 客厅	小朋友自己搭好了 3 块积木	抬头对妈妈笑	妈妈夸奖	获得关注
下午 2:00 超市货架前	货架上有喜欢的棒棒糖	看着妈妈指了棒棒糖	妈妈给买了棒棒糖	获得实物
下午 3:30 家门口	妈妈对小朋友说："把鞋放好"	小朋友把脱下来的鞋子摆进鞋柜	妈妈夸奖了孩子，亲了他一下	获得夸奖

时间 / 地点	前事（A）	行为（B）	结果（C）	推论的功能（动机）
晚上 6:30 客厅	小朋友自己在玩嵌板	把圆形放在了正确的位置	爸爸夸奖说"哇，你放了一个圆形"	获得夸奖

3. 利用食物、玩具、活动等强化物，塑造恰当行为

（1）强化物种类多样，包括食物、玩具、游戏活动、社交活动等，在使用前需要对孩子进行偏好评估，以确保使用的强化物能激发孩子的动机。

（2）对于功能不佳的孩子，"一般"行为就是"恰当"行为。强化的原则主要包括以下 3 种：

- 分级强化：家长使用的辅助越少、孩子付出的努力越大，可获得的强化物的数量越多，强化物的优先排位越靠前。
- 及时强化：在恰当行为完成后的 3~5 秒内给予呈现。
- 强化消退：当孩子能完成目标行为后，逐渐降低强化的频率。社交强化可暂不消退，积极的关注与描述就是很好的社交强化。

4. 为孩子提供直接或间接的辅助，帮他"创造"恰当行为

（1）设定目标行为。

（2）辅助孩子达成目标行为，给予强化。评估孩子当前所需的辅助等级（见图 7-2），在孩子能完成目标的前提下，最少的辅助是最好的辅助。

（3）尽快逐渐减少辅助，维持强化。减少辅助的过程越细致，

越能平滑地过渡到完全依赖孩子自身的能力。

（4）强化消退，成为自然行为。

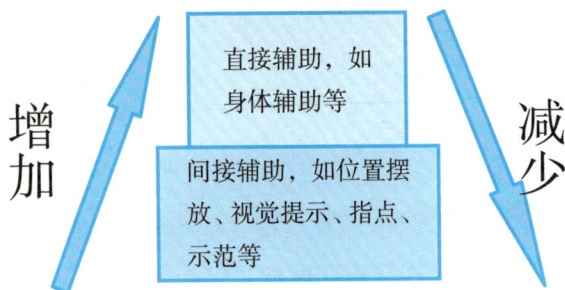

图 7-2　辅助的层级

二、技能应用示例

填写 ABC 观察记录表（见表 7-2），记录孩子的恰当行为并给予强化。

表 7-2　ABC 观察记录表示范 2

时间 / 地点	前事（A）	行为（B）	结果（C）	推论的功能
周一下午 1:30 客厅	东东搭了 3 块积木	东东抬头对着妈妈笑	妈妈称赞说"好棒呀"	获得妈妈的称赞
周一下午 2:10 客厅	积木掉到沙发下面	指着沙发说"拿"	妈妈帮助拿出积木	获得妈妈的帮助
周二晚上 6:40 餐桌上	看到了喜欢的食物	用勺子指着食物发出"要"	爸爸夹给东东	获得喜欢的食物

单元练习

（1）在下表中填写观察记录，记录至少 3 种恰当行为并给予强化。

（2）在游戏中恰当地使用强化与辅助的技巧。

表 7-3　ABC 观察记录表

时间/地点	前事（A）	行为（B）	结果（C）	推论的功能

第 8 单元　应对问题行为

学习目标:

（1）了解应对问题行为的步骤。

（2）学习应对问题行为的策略和方法。

提示:

书中第 221~230 页的内容,对本单元内容有更详尽的讲解与举例,建议搭配阅读。

一、技能和策略

问题行为的处理步骤见图 8-1。

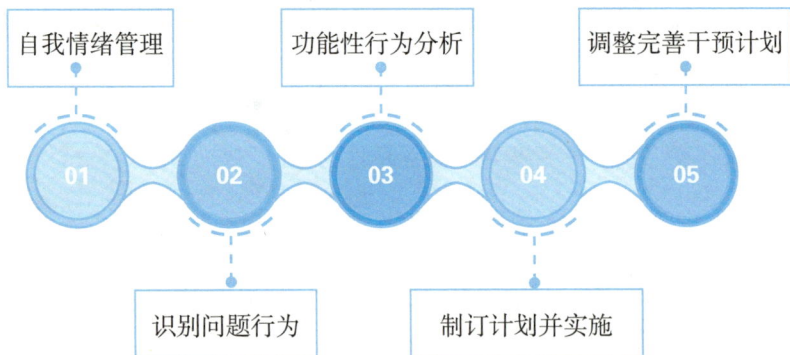

图 8-1　问题行为的处理步骤

1.自我情绪管理

（1）出现情绪问题的原因是来自"过去"和"未来"的思绪。

（2）解决情绪问题的策略，是"活在当下"（比如采用暂停、深呼吸、自我觉察等策略）。

2. 识别问题行为

（1）问题：造成显著的功能损害；违背家庭规则。

（2）行为：可测量的既发事实。

（3）以下 3 种行为是可以忽略的行为：

- 无严重干扰的自我刺激行为；
- 频率极低的干扰行为；
- 因家长情绪反应引起的过分忧虑行为。

3. 功能性行为分析（见图 8-2）

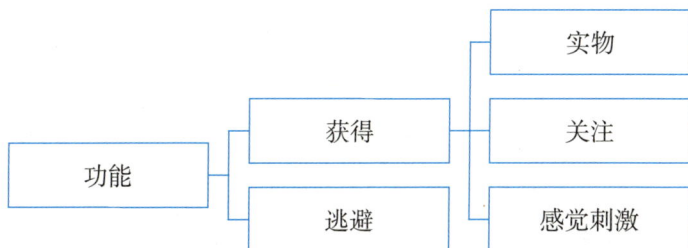

图 8-2　行为的功能

4. 制订计划并实施

根据行为功能，制定计划教授孩子替代行为，见表 8-1。

表 8-1　问题行为干预计划

行为功能	调整	控制与控制	教授替代行为
获得实物	调整环境设置	不能获得	教授恰当的需求性技能，并辅助孩子使用

续表

行为功能	调整	控制与控制	教授替代行为
获得关注	考虑孩子是否不舒服或害怕	忽视	教授恰当的引起关注的方法和情绪表达方式
获得感觉刺激	调整环境设置	必要时制止	安排更符合社交规则的活动
逃避	调整任务难度，提前预告	不可逃避	教授恰当的情绪表达和求助方式

5. 调整完善干预计划

通过行为记录验证行为计划的有效性。有效则坚持计划，无效重新做假设和调整。

二、技能应用示例

对问题行为进行观察和分析，教授孩子恰当的替代行为，记录在下表（表8-2）中。

表8-2　行为观察及干预计划记录示范

时间/地点	前事（A）	行为（B）	结果（C）	推论的功能	替代行为
上午 8:00 床上	妈妈给大壮穿袜子	大壮把袜子扔了	妈妈把袜子捡回来	逃避穿袜子	挥手表示不要
上午 8:30 餐桌前	看到喜欢的包子够不着	把勺子扔了	爸爸捡起勺子	获得帮助	用手指包子表示"要"
上午 9:35 小广场	看见小朋友手里有小汽车玩具	大壮跑过去直接抢过来	妈妈说不可以	获得小汽车玩具	用手指着表示"要"
上午 9:40 小广场	拿着小汽车玩具	反复用手拨车轮玩	妈妈阻止	获得自我刺激	引导孩子把小汽车玩具从滑坡上推下去

单元练习

观察和分析孩子的问题行为，推断其行为功能并教授恰当的替代行为，记录在下表（表 8-3）中。

表 8-3　行为观察及干预计划记录

时间/地点	前事（A）	行为（B）	结果（C）	推论的功能	替代行为

读书笔记

技能和策略+技能应用示例+单元练习

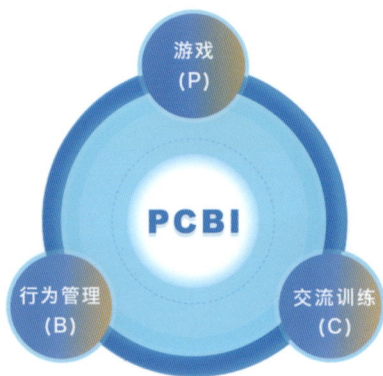

在游戏和日常活动中
自然而然地提升交流能力和行为能力